추천사

이 책은 성경에서 '믿음'(faith)과 '믿는다는 것'(believing)의 의미가 무엇인지를 제대로 탐구한다. 니제이 굽타는 교리·덕·충성·신뢰·순종·충실로서의 믿음과 같은 주제를 다루기 위해 모든 방법을 동원한다. 그 과정에서 '그리스도의 신실하심'(pistis christou), 사회적 정체성 표식으로서의 믿음과 같은 오래된 난제를 꺼내어 명확하고 통찰력 있게 해결해 나간다. 성경 세계에서 믿음이 갖는 의미를 주해하는 놀라운 책이다. - 마이클 버드 | 리들리대학 교수

니제이 굽타는 자신이 현재 주목받는 유능한 젊은 성경학자라는 사실을 다시 한 번 입증했다. 이 인상적인 책에서, 무엇보다도 그는 최신 자료를 근거 삼아 'pistis christou' 논쟁을 명쾌하게 다루고, 바울의 종교 패턴을 잘 설명하기 위해 '언약적 믿음주의'라는 용어를 사용하자고 제안한다. 또한 루터와 칼뱅에 대한 고전적인 해석에서부터 베냐민 슐리서, 테레사 모건, 그 외 여러 학자들의 최근 제안까지 연결하는 다리를 놓는다. 전체적으로 굽타는 역사 비평가의 예리한 안목으로 텍스트의 세부 내용을 이해하고 신학자의 감각으로 이 논의들의 중요한 관계들을 파악해서 글을 쓴다. 이 책은 학생들에게는 신뢰할 만한 안내서이고 학자들에게는 귀중한 자료이다. - 매슈 노벤슨 | 에든버러대학교 교수

이 책은 기독교 복음의 핵심 개념인 '믿음'을 다각도로 살피면서 하나의 결론을 끌어내는데, 곧 믿음의 역동성과 능력이다. 당연할 수도 있는 이 결론에 도달하기 위해 이 책은 포괄적이고 치밀하게 논증해 나간다. 당연한 결론에 이르기 위해 긴 설득이 필요하다는 것은 그만큼 성경이 가르치는 복음, 특히 바울이 설파하는 복음에 대한 사람들의 선입견이 단단하다는 뜻이리라. 저자가 믿음을 바라보는 다양한 관점을 따라가면서, 독자는 믿음에 관해 습관화된 자신의 사유가 얼마나 좁고 비현실적인지, 자신의 편견으로 인해 성경의 가르침조차 얼마나 쉽게 무시해 왔는지 깨닫게 될 것이다. 이런 아픈 자성과 더불어, 믿음의 '역동적인' 진면목을 발견하는 즐거움도 있을 것이다. - 권연경 | 숭실대학교 기독교학과 교수

믿음, 늘 사용하는 신앙의 언어이지만 누군가 그것의 뜻이 무엇이냐고 물어보면 대답하기 쉽지 않다. 이 책은 성실하고 능력 있는 학자가 바울이 사용하는 '믿음'을 전방위적으로 탐색하고 정리하여 독자가 이를 쉽고도 간명하게 이해하도록 돕는다. 흩어진 지식을 갈무리할 수 있고 새로운 통찰을 얻게 되는, 전형적으로 좋은 책의 특징을 충분히 갖추고 있다. - 김학철 | 연세대학교 학부대학 교수

성경의 많은 주제는 성경 저자의 신학적인 성찰을 통해 전개되기에 이를 고려하여 성경 주제나 언어를 해석할 필요가 있다. 예수의 구원 사역을 매우 좁은 의미로 해석해서 개인 구원으로만 환원시키고, 이와 관련한 '인지적인 성격의 믿음'이라는 편협하고 인습적인 믿음을 강조해 왔던 기독교 역사에서, 본서는 하나님의 거대 담론(메타내러티브)인 성경 안에서 '믿음'을 넓은 의미론적인 영역에서 창조적으로 이해할 수 있게 해 준다. 기독교 '신앙'과 관련한 인습적인 사고를 깨뜨리는 아주 중요한 학문적인 기여를 하고 있다. - 류호영 | 백석대학교 신학대학원 신약학 교수

최근 바울 연구의 중요한 논의들과 관련하여 바울의 'πίστις'(pistis)라는 용어를 신뢰, 믿음, 신실의 통합적 의미로 제시하면서 방대한 문헌과 세밀한 주석을 통해 이 주제를 설득력 있게 풀어 나가는 책이다. 신약 성경에서 매우 중요한 개념인 믿음의 풍성한 뜻을 깨닫는 데 도움이 되는 이 책을 바울 연구에 관심 있는 신학생들과 목회자들에게 강력하게 추천한다. - 이상일 | 총신대학교 신학대학원 신약학 교수

'믿음'의 정의에 따라 사뭇 다른 방향의 바울 읽기가 가능한데도, 정작 이 단어에 대한 성서 신학적 연구가 미흡했던 것이 사실이다. 저자는 '믿음'이 문맥에 따라 의미를 달리하는 역동적인 개념이라는 점과, 바울의 '믿음' 어법이 어떠한 경우에라도 그리스도와의 관계성 속에 뿌리내려 있음을 밝힌다. '믿음'이라는 단어의 모호성 때문에 고민해 본 적이 있는 모든 이들에게 이 책을 권한다.
- 정성국 | 아세아연합신학대학교 신약학 교수

우리가 가장 잘 알고 있다고 생각하는 말이 때로 가장 잘 모르는 말일 수도 있다. 믿음 용어가 그러하다. 굽타는 바울의 믿음 용어가 가지는 다기능적, 다면적 특성을 매우 균형 잡힌 시각으로 잘 천착하고 있다. 때로 그는 흥미로운 주장을 제시하기도 하는데, 이는 우리가 생각 없이 읽고 넘어갔던 믿음 용어를 다시 생각해 보게 만드는 자극제 역할을 한다. 굽타는 바울이 언약의 기반 위에서 믿음 용어를 사용하고 있다는 좋은 출발점을 견지하면서, 언약적 율법주의를 넘어서는 '언약적 믿음주의' 개념을 제시한다. 그는 바울의 믿음 용어가 가지는 관계적 측면과 인지적 측면을 포괄적으로 아우른다. 그중 어느 하나의 틀에만 갇혀서 답답함을 느끼고 있던 사람이라면 이 책을 통해 시원한 청량감을 맛보게 될 것이다. 많은 것을 배울 수 있는 매우 유용한 책이다. - 최승락 | 고려신학대학원 신약학 교수

바울과 믿음 언어

바울과 믿음 언어
Paul and the Language of Faith

초판 1쇄 인쇄   2021년 8월 2일
초판 1쇄 발행   2021년 8월 9일

지은이   니제이 굽타
옮긴이   송동민

기획, 마케팅   김정태
편집   송혜숙, 오수현
총무   곽현자

발행처   도서출판 이레서원
발행인   문영이
출판신고   2005년 9월 13일 제2015-000099호
경기도 고양시 일산동구 백석로71번길 46, 1층 1호
Tel. 02)402-3238, 406-3273 / Fax. 02)401-3387
E-mail: Jireh@changjisa.com   Facebook: facebook.com/jirehpub

ISBN 978-89-7435-574-6 (93230)

Copyright © 2020 Nijay K. Gupta

Originally published in English as *Paul and the Language of Faith*
by Wm. B. Eerdmans Publishing Co., Grand Rapids, Michigan, U.S.A.

All rights reserved.

This Korean translation edition © 2021 by Jireh Publishing Company, Goyang-si, Gyeonggi-do, Republic of Korea.

This Korean edition is published by arrangement of Wm. B. Eerdmans Publishing Co. through rMaeng2, Seoul, Republic of Korea.

이 한국어판의 저작권은 알맹2를 통하여 Wm. B. Eerdmans Publishing Co.와 독점 계약한 이레서원에 있습니다. 신 저작권법에 의하여 한국 내에서 보호받는 저작물이므로 무단 전재와 무단 복제를 금합니다.

바울과 믿음 언어

그리스도인의 믿음은
지적 동의인가, 신실한 행함인가

니제이 굽타 Nijay K. Gupta 지음
송동민 옮김

이레서원

목 차

* 한국 독자를 위한 저자 서문 · 10
* 서문 (제임스 D. G. 던) · 12
* 감사의 말 · 15
* 약어 표 · 17

1장 | '지적인 신념' 너머로 19

1. 견해로서의 믿음 · 20
2. 교리로서의 믿음 · 21
3. 수동적인 믿음 · 23
4. 바울의 πίστις 용법이 지닌 구약적 토대 · 26
5. 믿음인가, 신실함인가? · 29
6. 이 책의 주제는 πίστις Χριστοῦ(그리스도의 믿음) 논쟁에 관한 것일까? · 40
7. πίστις와 '바울의 사상에서 하나님의 역할과 인간의 역할'에 관한 논쟁 · 42
8. 방법론에 관한 질문 · 48
9. 이 책에서 논의될 내용 · 50
10. 이 책의 활용법: 각기 다른 독자들을 위한 조언 · 52

2장 | 바울의 사상에서 믿음의 위치 55

1. 믿음의 어법에 관한 초기와 중세의 용례 · 56
2. 믿음에 관한 루터와 칼뱅의 견해 · 61
3. 바울과 기독교 신앙에 관한 현대 학자들의 견해 · 67
4. 테레사 모건의 『로마의 믿음과 기독교의 믿음』 · 76
5. 결론 · 84

Paul and the Language of Faith

3장 | 고대의 비(非)유대 문헌과 유대 문헌에서 쓰인 πίστις 87
1. 이방의 헬레니즘 문헌 · 88
2. 유대의 헬레니즘 문헌: 칠십인역과 위경 · 99
3. 유대의 헬레니즘 문헌: 필론 · 105
4. 유대의 헬레니즘 문헌: 요세푸스 · 109
5. 결론 · 116

4장 | 그가 이 땅에서 믿음을 보겠느냐? 119
1. 회개하고 믿으라: 마가복음에 나타난 믿음의 어법 · 120
2. 찾고, 신뢰하고, 순종하라: 마태복음에 나타난 믿음의 어법 · 122
3. 인자가 이 땅에서 믿음을 보겠느냐?: 누가복음 · 142
4. 요한복음에 나타난 믿음 · 145
5. 결론 · 149

5장 | 신실함이 더 낫다 151
1. 플루타르크와 침묵을 지킨 오디세우스의 친구들 · 151
2. 데살로니가전서 · 157
3. 빌립보서 · 166
4. 계시록 · 176
5. 결론 · 179

6장 | 기이한 지혜 181

  1. 고린도전서에 나타난 믿음의 어법 · 183
  2. 기이한 지혜, 겸손한 믿음(2:5) · 184
  3. 바울과 πίστις의 은사(12:9; 13:2) · 203
  4. 믿음, 소망, 사랑: 믿음은 영원한가?(13:13) · 208
  5. 결론 · 215

7장 | 믿음과 형상들에 관하여 217

  1. 고린도후서와 당시 고린도 교회의 상황 · 219
  2. 우상 숭배의 신학 · 224
  3. 고린도후서 4:1-5:10 · 230
  4. 결론 · 248

8장 | 언약적 믿음주의 251

  1. πίστις와 바울의 구원론 탐구 · 251
  2. 언약적 율법주의인가, 언약적 '믿음주의'인가? · 261
  3. 갈라디아서에 나타난 πίστις · 265
  4. 갈라디아서에 나타난 그리스도적인 관계성 · 273
  5. 언약적인 믿음주의와 신-인 역할 논쟁 · 283
  6. 결론 · 286

9장 | 의인은 신뢰로써 살리라 289

1. 로마서 1:16-17: 간단한 주해와 분석 · 293
2. 하박국 2:4의 배경과 그 구절이 초기에 수용된 방식 · 296
3. 누구의 πίστις인가? · 301
4. 신뢰, 믿음, 신실함? אמונה와 πίστις를 번역하고 해석하기 · 304
5. πίστις에서 πίστις로 · 309
6. 결론 · 311

10장 | '그리스도의 믿음'을 다시 살피기 313

1. πίστις Χριστοῦ에 대한 다른 가능성 있는 독법들 · 317
2. πίστις Χριστοῦ와 그리스도적인 관계성이 지니는 중심적인 성격 · 319
3. 번역상의 문제 · 321
4. 그리스도적인 관계성에서 인간의 믿음이 지니는 중요성 · 322

11장 | 지적인 신념을 넘어서는 믿음 323

1. 순종하는 믿음 · 324
2. 믿는 믿음 · 326
3. 신뢰하는 믿음 · 327
4. 초기 기독교 강론에서 '긴장감이 담긴 상징'이었던 πίστις · 329
5. 바울이 사용한 πίστις 어법에 영향을 끼친 요소 · 333
6. 믿음과 행위는 어떤 관계인가? · 335
7. 하나님과 인간의 역할: 믿음, 신뢰, 행함 · 339
8. 그리스도인들은 어떻게 해서 '믿는 자'들로 불리게 되었는가? · 350

∗ 참고 문헌 · 353
∗ 이름과 주제 색인 · 373
∗ 성경과 고대 문헌 색인 · 376

※ 역자 주: 이 책에서 문맥에 따라 '믿음', '신앙'으로 번역된 영어 단어는 모두 'faith'이다.

한국 독자를 위한 저자 서문

지난 한 해 동안 제 책 『바울과 믿음 언어 Paul and the Language of Faith』가 받은 평가와 반응에 대해 기쁘고 영광스럽게 생각합니다. 지금 제 책이 한국어로 번역되어 한국 학생들과 신학자들에게 제 생각을 전할 수 있게 된 것은 제게 또 다른 영광입니다. 저는 새로운 독자들의 의견을 듣고 그분들과 토론할 수 있기를 기대합니다.

지난 10년 동안 제가 연구해 온 바울 신학을 돌이켜 보면서, 저는 이 책에서 제가 쓴 것이 바울이 믿음 언어를 어떻게 사용했는지 그 이상을 다루고 있음을 알 수 있었습니다. 이 연구의 핵심은 'πίστις'(pistis)와 그 관련 용어임에도 불구하고, 저는 관심 분야를 넓혀서 그리스도 안에 참여함, 바울에 관한 새 관점, 바울과 그 당시 유대교(유대교 교리), 바울의 기독론과 교회론 같은 주제에도 관심을 가지고 이를 다루었습니다. 제가 이 책을 쓰도록 동기를 부여해 준 "문제"는 바울의 믿음 어법이 학계에서 무시되거나 오해되는 경우가 자주 있다는 것입니다. 한편, 일부 학자들은 "믿음"이 행위의 반대라고 주장해 왔습니다. 어떤 학자들은 "믿음"은 항상 인간의 신실함과 충성에 관한 것이라고 주장합니다. 수년 동안 저는 바울이 πίστις를 많이 사용한 것을 연구하면서, 두 가지 중요한 사실을 알았습니다. 첫째로, 바울은 한 가지 방법 이상으로 이 단어를 사용했고, 우리는 단어 πίστις의 융통성 있고 다원적인 특성에 민감해야 한다는 것입니다. 둘째로, 우리가 "언약" 관계에 대해 생각하는 것과 비슷한 방식으로 바울 당시에 유대인들이 단어 πίστις를 사용하게 된 그 흐름을 추적할 수 있다고 저는 주장합니다. 이는 바울 서신에서 믿음 어법이 했던 역할과 예수 그리스도를 통해서 맺게 된 하나님과의 관계 안에서 살아가는 방식에 대해 바울이 어떻게 생각했는지를 다시 고찰해 보는 기회가 됩니다.

다시 말씀드리지만, 특히 번역을 통해서 제 연구 내용을 새로운 독자들과 공유할 수 있게 되어서 무척 기쁩니다. 저는 (안타깝게도) 한국어를 말하거나 읽지 못하지만, 영어를 아는 독자들이 서평을 써 주시거나 제게 의견을 보내 주시면 좋겠습니다. 지금 우리는 전 세계가 연결되는 놀라운 공동체 안에서 살고 있고, 이로 인해 저는 깊이 감사합니다.

니제이 굽타

서문

이 책은 매혹적인 연구서이다. 이 책의 내용은 πίστις(피스티스)와 믿음의 어법에 관한 흥미로운 논의로 시작되며, 이후 저자는 과연 신앙이 능동적인 것인지 혹은 수동적인 것인지, 독자가 πίστις를 '믿음'과 '신실함' 중 어느 쪽으로 번역해야 하는지, 그리고 이 두 용어는 서로 어떻게 연관되는지에 관해 살펴 나간다. 니제이 굽타는 '믿음'에 관한 논의의 역사를 검토하면서, 믿음에 관한 어법의 교리적인 쓰임새('기독교 신앙', '신앙고백')를 향한 움직임이 이미 아우구스티누스의 사상에 뚜렷이 드러나고 있음을 지적한다. 저자는 적절하게도, '그리스도께 의존하는' 방편으로서 '그리스도적인 관계성(Christ-relation, 우리가 그리스도를 통해 하나님과 맺게 되는 관계를 의미한다. -역주)에 능동적으로 의존하는 믿음'을 강조한 루터의 견해에 주된 관심을 쏟고 있다.

이어 굽타는 특히 마태복음에 풍성한 믿음의 어법이 담겨 있음을 밝힌다. '구하는 믿음', '신뢰하는 믿음', '신실함/충성하는 믿음' 등이 그것이다. 또 그는 요한복음에서 동사 πιστεύω(피스튜오)를 자주 사용하면서도(여기서 나는 '매우 자주'라고 덧붙일 수 있다!) 명사 πίστις는 언급하지 않는 이유를 흥미롭게 고찰하고 있다. 굽타는 신약 시대 당시의 다른 문헌들을 다루는 동시에 신약 본문에 관한 이후의 기독교 사상을 살펴면서, πίστις 개념이 지닌 깊이와 넓이를 놀라울 정도로 풍성하게 드러 낸다. 예를 들어, 데살로니가전서와 빌립보서에서 그 단어는 전반적으로 "충성" 또는 "신실함"으로 번역되어야 한다는 것이 그의 입장이다. 또 굽타는 고린도전서 1-4장에 담긴 믿음과 지혜의 관계에 관해 도전적인 논의를 펼치면서, '어리석은 믿음의 은사'에 관해 언급하고 있다.

이어 굽타는 갈라디아서를 살피면서, '언약적 율법주의'라는 용어를 '언약적 믿음주의(pistism)'로 대체할 것을 제안한다. 여기서 그는 바울이 전자의 입장에 반대하면서 후자를 옹호한다는 점을 요약적으로 제시한다. 굽타는 πίστις 개념을 "행위와 무관한 일, 곧 그리스도를 향한 일종의 수동적인 의존 상태"로 이해하는 입장을 단호히 반대하며, 대신에 그 개념을 "서로 간의 충실성이 기대되며 신뢰가 그 핵심에 놓이는 … 언약의 역학 관계"를 나타내는 것으로 간주한다. 이처럼 그는 갈라디아서에 관해 흥미로우면서도 도발적인 독법을 제시하고 있으며, 이는 좋은 일이다.

더 나아가 9장에는 πίστις가 "믿음" 또는 "신실함" 중 어느 쪽으로 번역되어야 할지에 관한 흥미로운 논의가 있다. 여기서 굽타는 이 둘을 양자택일의 방식으로 다루는 일의 위험성을 보여 준다. 이 헬라어 단어의 경우, 그 두 의미가 서로 융합되어 있기 때문이다. 마지막 장에서는 신앙과 행위 사이의 바울적인 대조가 무엇을 의미하는지, 또 πίστις Χριστοῦ(피스티스 크리스투)가 "그리스도를 믿음"과 "그리스도의 믿음" 중 어떤 쪽으로 번역되어야 할지에 관해 유익한 설명을 제시한다. 마지막 종합과 결론에서 굽타는 이 책 도입부의 논의를 다시 상기시키면서 그 논의를 한 걸음 더 진전시킨다. 그는 πίστις가 '믿음'이나 '신뢰', '신실함/충성' 등으로 다양하게 번역될 수 있음을 언급하는 동시에, 이 모든 의미가 πίστις 안에서 하나로 결합됨을 지적한다.

이 책에서는 성경의 '믿음', 특히 바울이 사용한 '믿음'의 개념을 명쾌하게 논하면서 그 개념의 폭넓은 범위와 구체적인 성격을 살핀다. 따라서 이 책을 주의 깊게 읽어 갈 때, 믿음에 대한 독자들의 이해가 더욱 견고해질 뿐 아니라 어쩌면 바로잡히기까지 할 것이다. 이보다 더 좋은 일이 어디 있겠는가?

제임스 D. G. 던

2018년 10월

감사의 말

무엇보다도 먼저, 나는 마이클 톰슨이 보여 준 우정과 조언에 감사한다. 우리는 오랫동안 친구로 지내 왔으며, 나는 그가 이 책의 집필 계획을 지지해 준 일을 깊이 감사하고 있다. 또한 포틀랜드 신학교를 이끌면서 내 학문 활동을 변함없이 후원해 주는 척 콘리와 로저 남에게 마음의 빚을 졌다. 이 책에 담긴 일부 내용은 성서 문헌 학회의 연례 회합에 속한 성경 윤리 분과, 리젠트 칼리지, 틴들 하우스의 여름 회합, 조너선 페닝턴이 주관한 서던 뱁티스트 신학교의 박사 과정 세미나에서 발표했던 것들이다. 이 모든 모임에서, 청중이 던진 질문과 논평들은 내 사유를 날카롭게 다듬어 주었으며 때로는 바로잡아 주기도 했다. 몇몇 학자들은 감사하게도 이 책 원고의 일부분을 읽고 귀중한 조언을 제공해 주었다. 맷 베이츠와 제임스 D. G. 던, 마이클 고먼과 패트릭 슈라이너, 켄트 잉어가 바로 그들이다. 마지막으로 가족들의 격려가 없이는 이 책을 쓸 수 없었을 것이며, 특히 아내 에이미의 지지가 큰 힘을 주었다. 아이들은 자기들의 이름이 책에서 언급되는 것을 꼭 보고 싶다고 이야기하곤 했는데, 내 작은 보물들인 그 아이들의 이름은 시므린, 에이든, 리비이다.

나는 이 책을 제임스 D. G. 던 교수에게 헌정한다(여기서는 그를 '지미'

로 부르겠다). 오래전에 나는 지미의 지도를 받기 위해 박사 과정에 지원했다. 하지만 그는 자신이 이미 은퇴했음을 알려 주었으며, 따라서 그에게 공식적인 지도를 받을 수는 없었다. 그래도 나는 더럼 대학교에 가서 탁월한 학자 두 분에게 지도를 받았는데, 스티븐 바턴과 존 바클레이가 그들이다. 하지만 지미는 정기적으로 나와 함께 커피를 마시면서 바울에 관한 모든 것을 논하기로 약속했다. 나는 지미와 그의 아내인 메타와 더불어 나누었던 모든 대화를 통해 풍성한 은혜를 누렸다.

지미, 나는 신학교 시절에 깊은 존경심과 감사의 마음을 품고서 당신의 모든 단행본과 주석을 읽었습니다. 신약학자로서 당신만큼 나에게 깊은 영감을 준 이는 없습니다. 당신은 신사이자 너그러운 멘토이며, 깊이 있는 대화의 상대자입니다. 수수께끼 같은 인물인 바울을 평생 탐구해 가는 동료 학자이기도 하지요. 나는 당신의 더 많은 저서를 읽게 되기를 고대합니다. 그와 동시에, 당신이 전해 준 주의 깊고 통찰력 있는 바울 연구의 유산을 나 자신의 작업을 통해 이어 가게 되기를 희망합니다.

※ 약어 표

ASV	American Standard Version
BDAG	Danker, Frederick W., Walter Bauer, William F. Arndt, and F. Wilbur Gingrich. *Greek-English Lexicon of the New Testament and Other Early Christian Literature*, 3rd ed. Chicago: University of Chicago Press, 2000.
CEB	Common English Version
ESV	English Stanard Version
KJV	King James Version
LCL	Loeb Classical Library
LXX	Septuagint
NASB	New American Standard Bible
NET	New English Translation
NET	New English Translation
NETS	New English Translation of the Septuagint
NIV	New International Version
NLT	New Living Translation
NRSV	New Revised Standard Version
RSV	Revised Standard Version

1장
'지적인 신념' 너머로
믿음에 관한 바울의 역동적인 어법

내가 '믿는다'(credo in)는 것은 곧 내가 홀로 있지 않음을 의미한다. 우리가 겪는 영광과 비참함 가운데서, 우리 인간들은 혼자가 아니다. 하나님은 우리를 만나기 위해 찾아오시며, 우리의 주인과 주님이 되시는 분으로 임하신다. 그분은 우리를 도우러 오신다. … 모든 상황에서, 나는 어떤 식으로든 그분과 함께 있다. … 우리 자신의 힘으로는 그분과 '함께 있음'을 성취할 수 없으며, 이 일은 과거에도 그러했을 뿐 아니라 미래에도 마찬가지다. 우리에게는 그분을 우리의 하나님으로 삼을 자격이 없으며, 그분에게 무언가를 지시하거나 요구할 권한도 없다. 하지만 그분은 우리에게 과분한 친절을 베푸셔서, 인간의 하나님, 곧 우리의 하나님이 되기로 결심하셨다. 이 일은 그분의 장엄한 자유 가운데서 이루어진 것이다. – 칼 바르트, 『교의학 개요』

믿음을 품는 일은 곧 열린 마음으로 취약한 상태를 받아들이는 것을 의미한다. 이때에 우리는 움찔하면서 뒤로 물러서게 되기도 한다. 그렇기 때문에, 신실한 이들은 꾸준한 자세를 가져야만 한다. 우리의 믿음은 권능과 영광보다, 끈기 있는 인내와 더 관계가 있다. 믿음의 열쇠는 그 지속성에 있다. 어떤 이들의 죄에 직면할 때 우리가 믿음 안에서 인내하는 일은 매우 어려운 것이며, 이는 그 죄가 노골적인 악행이든, 단순히 혼란을 가져다주는 것이든 간에 마찬가지이다. 그리고 어떤 시험에 직면할 때(그것이 욕망이든, 재난이든 간에), 우리가 신실한 태도를 유지하는 일은 어렵다. 하지만 종교적인 유대인들에게 해답은 오직 '테슈바'(teshuvah), 곧 회개 또는 '다시 돌이킴'에 있을 뿐이다. 이것은 마치 늘 북쪽을 가리켜 보이는 나침반 바늘과도 같다.
– 데이비드 블루먼솔(David Blumenthal), "유대주의에서 믿음과 은혜의 위치"

성 아우구스티누스는 요한복음 20장에 대한 설교에서 부활하신 예수님이 제자들에게 나타나셨던 일을 살피면서, 어떻게 (부활하신) 인간인 예수님이 벽을 통과해서 제자들 앞에 모습을 드러낼 수 있었는지에 관한 문제를 논한다. **이 일은 어떻게 가능했던 것일까?** 여기서 아우구스티누스는 예수님이 죽음과 부활을 겪기 이전에도 이미 독특하신 분이었음을 지적한다. (예를 들면 그분은 정상적인 체중을 지녔음에도 물 위를 걸을 수 있었다.) 그런데 그는 자신의 논의를 다음의 인상적인 개념으로 마무리 짓는다. "이성이 실패하는 곳에서, 믿음은 우리를 일으켜 세웁니다."[1] 물론 아우구스티누스는 이성의 사용을 반대하는 인물이 전혀 아니었다.[2] 하지만 기독교 역사를 보면 신앙과 이성 사이에 문제의 소지가 있는 긴장 상태가 이어져 온 것이 사실이다. 여기서 '믿음'(faith)이라는 용어가 기독교만의 독특한 어휘가 된 데에는 충분한 이유가 있다. 결국 "믿음"으로 자주 번역되는 그리스어 πίστις(피스티스)는 신약성경에서 수백 번 언급되고 있기 때문이다(로마서에서만 서른다섯 번 등장한다). 그러나 '믿음'과 같이 중요한 어휘들이 남용될 때, 그 단어들은 단조로운 것이 되며 믿음에 관한 성경 자체의 어법과는 무관한 의미와 함의를 부여 받는 경향이 있다. 그런 경우에는 그 단어나 단어군(群)이 지니는 깊이와 풍성함이 제대로 드러나지 않기도 한다. 그리스도인들(그리고 다른 이들)이 믿음의 어법을 종교적으로 사용해 온 방식에서는 문제 있는 경향이 다음과 같이 세 가지로 나타난다.

1. 견해로서의 믿음

몇 년 전, 나는 대학교 1학년생들에게 기독교의 기초를 소개하는 강의를 맡아 가르쳤다. 첫 수업이 끝난 후 오래지 않아, 학생들은 복음서

---

[1] Augustine: "Ubi deficit ratio, ibi est fidei aedificatio"; Sermon 247, 저자의 번역.
[2] 마크 베이스플록(Mark Boespflug)은 아우구스티누스의 믿음 개념을 초(超)이성적인 것이라기보다는 이성적인 것으로 이해해야 한다는 점을 설득력 있게 주장한다. "Is Augustinian Faith Rational?" *Religious Studies* 52 (2016): 63–79를 보라.

의 역사적인 신뢰성이나 예수님의 부활과 신성을 입증할 수 있는 가능성 등에 관해 토론하기 시작했다. 한 학생이 다음과 같이 말하면서 그 토론을 마무리 지으려 했을 때 나는 당황스러웠다. "저는 제가 믿는 바를 입증하는 일에 관심이 없습니다. 저는 신앙으로써 그 일을 믿으며, 그것으로 충분합니다(I believe it by faith, and that should be enough)." 수업이 이어짐에 따라, 나는 학생들이 '믿음'의 어법을 어떤 이가 '견해'(opinion)에 관해 말할 때와 같은 방식으로 사용하는 경향이 있음을 알아차리게 되었다. 그런 의미에서, '믿음'(faith)은 모든 논쟁의 토대를 제거함으로써 학문적인 대화가 진행되는 것을 막는 하나의 방편이 되었다. 이런 맥락에서 "나는 신앙으로써 그 일을 믿는다"(I believe it by faith)라는 말은 그 일에 어떤 이유가 필요치 않음을 뜻했으며, 심지어는 **이성 자체가** 불필요함을 의미할 수도 있었다. 하지만 바울이 '믿음'에 관해 논했을 때 의미했던 바가 과연 이것이었을까? 나는 마크 트웨인이 남긴 익살맞은 금언을 많은 이들이 부지중에 따르고 있는 것은 아닌지 우려하게 되었다. "신앙이란 실제로는 그렇지 않음을 아는 무언가를 믿는 일이다."(Faith is believing what you know ain't so.) 그러므로 우리가 기독교적인 '믿음'의 개념이 어떤 것인지를 바르게 헤아리기 위해서는, 신약 성경과 특히 바울의 사상으로 돌아가야만 한다. 과연 신앙과 이성의 바른 관계는 무엇일까?

2. 교리로서의 믿음

현대의 종교적인 언어들 가운데서 나타나는 믿음에 관한 어법의 두 번째 경우는 신앙 진술이나 신앙적인 전통 같은 일들과 연관이 있다.

우리는 초기 기독교 신조들로부터 이런 용례들을 이어받았으며, 이는 "나는 믿습니다"(라틴어로는 credo)로 시작하는 교리적 진술들이다. 그러므로 '종교 간의 대화'(interfaith dialogue) 같은 표현의 경우에서 보듯이, '믿음'은 교리 또는 종교적인 언어와 거의 같은 뜻을 지닌다. 신약의 일부 구절에 근거해서 살필 때, 이런 용법은 그리 부적절한 것이 아니다(예를 들어, 딤전 4:6을 보라). 하지만 이같이 '믿음'을 교리와 동일시하는 사고방식을 취할 경우, 우리는 이를테면 체크 리스트를 하나씩 따져 나가는 심리 상태에 놓일 수 있다. 이때에는 우리의 믿음이 무언가 메마르고 지식적이며 심지어는 영지주의에 가까운 것으로 변질될 수 있다. 그의 책 『신조』(The Creed)에서, 루크 티머시 존슨은 신약 성경의 영어 역본에서 그리스어 πίστις가 자주 "믿음"(faith)으로 번역되지만 실제로 그 단어는 폭넓은 스펙트럼을 포괄하는 광범위한 의미를 지니고 있음을 지적한다. 곧 '신념'(belief), '신뢰', '인내', '충성', '순종' 등이 그것이다. 그렇기 때문에 우리가 πίστις를 '믿음'**으로만** 번역할 경우, 다양한 역할을 지니는 그 단어의 성격이 억제되고 그 단어의 인지적인 측면만이 종종 지배적인 위치에 놓이게 된다. 존슨은 πίστις를 이같이 단조롭게 번역하거나 이해하는 방식이 기독교적인 삶과 고백의 참된 본성을 헤아리는 데 심각한 장애를 끼친다고 여긴다.

우리는 어떤 일이 참임을 믿으면서도, 그 믿음을 자신의 삶에서 중요한 요소로 삼지 않을 수 있다. 이때 기독교의 신조 전체는 그저 흥미로운 견해들에 불과한 일련의 신념들로 간주될 뿐이다. 그러나 야고보서에서는 바로 그런 종류의 믿음을 비판하고 있다. "네가 하나님은 한 분이신

줄을 믿느냐? 잘하는도다. 귀신들도 믿고 떠느니라!"(약 2:19)³

존슨은 오히려 πίστις가 "전인격적인 응답"을 의미한다고 설명한다.⁴ 그러므로 이 책에서 내가 독자에게 요청하는 일 중 하나는 바로 바울의 서신들을 끈기 있게 (다시) 읽는 것이다. 이는 바울이 신약에서 πίστις에 가장 깊이 초점을 맞추었던 저자이기 때문이다. 이 읽기의 목적은 바울이 πίστις라는 용어를 어떤 식으로 활용했는지, 또 그 이유는 무엇인지를 헤아리는 데 있다.

3. 수동적인 믿음

마르틴 루터가 자신이 이해한 기독교에 관해 언급하면서 '믿음'의 어법을 즐겨 썼다는 사실은 그리 놀라운 것이 아니다. 그리스도를 통해 의로움의 참된 본성을 깨달았던 체험을 술회하면서, 루터는 이렇게 쓰고 있다.

> 하나님의 자비에 힘입어 밤낮으로 말씀을 묵상하면서, 나는 마침내 다음 구절에 주의를 쏟게 되었다. "복음에는 하나님의 의가 나타나서 … 기록된바 믿음을 통해 의롭게 된 자는 살리라 함과 같으니라."(개역개정 판에는 "오직 의인은 믿음으로 말미암아 살리라"로 번역되어 있다. - 역주) 그때에

---

3 Luke Timothy Johnson, *The Creed* (New York: Doubleday, 2003), 45. 『신조』(컨콜디아사). 이 책에서 존슨은 기독교회의 보편적인 신조들을 바르게 이해하는 일에 관심을 둔다. 그런데 그에 따르면, 그 신조들에 담긴 믿음의 어법(credo, credere)이 중요성을 띠는 이유는 신약 성경에서 πίστις가 그러한 역할을 수행한다는 점에 그 토대를 두고 있다. 이 점은 위의 인용문에서 뚜렷이 드러나는 바와 같다.
4 Johnson, *Creed*, 44.

나는 하나님의 의가 복음을 통해 계시되었다는 사실을 이해하게 되었다. 곧 자비로우신 하나님이 믿음에 의해 우리를 의롭다 하시는 그 수동적인 의가 그 안에 나타났던 것이다. 이는 "믿음을 통해 의롭게 된 자는 살리라"라는 그 말씀에 담긴 내용과 같았다. 이때 나는 자신이 완전히 거듭났음을 체험했으며 마치 열린 문을 통해 낙원에 들어간 듯한 느낌을 얻었다. 그 구절을 통해, 성경 전체의 온전히 다른 모습이 내 앞에 드러났다.[5]

알리스터 맥그래스의 설명처럼, 루터는 불의한 우리 인간들에게 낯선 의가 믿음으로 전가되는 일을 뜻하는 것으로 칭의를 이해했다. "칭의가 이루어질 때 우리 자신은 수동적인 상태에 머무르며, 하나님이 능동적으로 행하신다. 하나님은 은혜로써 그 일을 베푸시며, 우리는 감사하면서 믿음으로 그 일을 받아들인다. 그리고 그 믿음까지도 하나님의 은혜로운 선물로 간주되어야만 한다."[6]

실질적인 측면에서, 우리가 하나님의 의를 수동적으로 받아들인다는 이 개념은 일부 학자들이 믿음 자체의 본성을 묘사하는 방식과 유사성을 지니는 것으로 보인다. (다만 나는 루터 자신이 궁극적으로 '수동적인 믿음'의 개념을 선호했다고 여기지는 않는다. 이에 관해서는 이 책의 61-67쪽을 보라.) 예를 들어 구약학자인 월터 카이저는 우리의 본이 되는 아브라함의 믿음을 살피면서, 아무 공로 없이 하나님의 은혜를 받아들이는 일의 의미를 다음과 같이 요약한다.

---

5 Martin Luther, *Commentary on Romans,* Luther's Works, ed. Jaroslav Pelikan and Helmut T. Lehmann (Philadelphia: Fortress, 1972), 34.336-38. 『루터의 로마서 주석』(크리스챤다이제스트).
6 Alister McGrath, *Studies in Doctrine* (Grand Rapids: Zondervan, 1997), 390.

하나님이 친히 아브라함의 문제를 헤아리고 판단하셨으며, 그에게 필요한 것을 공급하셨다. 하나님은 아브라함에게 칭의를 행하셨으니, 곧 그를 의로운 자로 선포하셨다. 이때 아브라함은 아무것도 한 일이 없다. 하나님은 그에게 약속을 베푸셨으며, 아브라함이 할 일은 그저 그 약속을 받아들이는 것뿐이었다. 때로 우리는 이런 질문을 던지곤 한다. "믿는 일은 그 자체가 하나의 행위일까?" "우리는 '자신의 믿음을 신뢰해도' 되는가?" "우리는 자신의 힘으로 자신을 곤경에서 건져낼 수 있을까?" 물론 이런 질문들에 대한 답은 "우리의 믿음은 수동적인 성격을 띤다"라는 것이다. 우리의 믿음은 수동적인 행동이며, 이는 마치 크리스마스 선물을 받는 일과 같다. 우리는 그 선물을 얻고 취하며 받아들이기 위해 손을 내민다. 이때에 이루어지는 것은 오직 수동적인 행위일 뿐이다. 우리는 자신의 공로로써 크리스마스 선물을 획득하는 것이 아니며, 이 점은 신앙의 경우 역시 마찬가지이다.⁷

신약 저자들은 하나님이 그분의 은혜로써 우리가 받을 자격이 없는 선물을 우리에게 베푸셨음을 분명히 믿었다. 그러므로 우리가 신자들을 두고서 '그 선물을 **받은** 자들'로 지칭하는 것은 적절한 일이다. 하지만 위에서 언급된 것과 같은 **수동성**의 언어는 과연 바울적인 πίστις의 본성에 부합하는 것일까? 바울 당시에 πίστις라는 단어는 과연 비활동적이거나 수동적인 성격, 또는 하나의 수동적인 행위를 나타내는 것이었을까?

---

7   Walter C. Kaiser, *The Christian and the Old Testament* (Pasadena CA: William Carey Library, 1998), 54; 그리고 Grant Osborne, *Romans* (Downers Grove, IL: InterVarsity, 2004), 281을 참조하라: "신앙은 하나의 '행위'가 아니다. 오히려 그것은 우리 안에서 역사하시는 성령님의 사역에 우리 자신을 수동적으로 개방하는 일일 뿐이다."

이런 문제들을 논할 때, 어떤 이들은 믿음과 행위를 서로 대립시키는 바울의 어법에 호소할 수도 있다(롬 3:21-31; 9:32; 갈 2:16; 참조. 엡 2:8-9). 그러나 서구 사회와 교회에는 바울 해석의 복잡한 역사가 존재하므로, '믿음'(πίστις)에 관한 그의 어법을 논할 때에는 먼저 구약의 경우를 살피는 것이 가장 적절할 것이다. 특히 **유대적인** 관점에서 믿음의 어법을 다루는 연구를 통해, 우리는 (단순히) 지적인 신념을 넘어서는 방식으로 바울의 신학을 이해할 수 있다.

4. 바울의 πίστις 용법이 지닌 구약적 토대

바울은 하박국 2:4("의인은 믿음으로 말미암아 살리라")을 두 차례 인용하는데, 그 목적은 그리스도인의 삶이 πίστις에 의해 결정됨을 언급하려는 데 있다(갈 3:11; 롬 1:17). 이 점은 믿음에 대한 바울의 이해가 칠십인역(LXX)의 영향을 깊이 받았음을(그 영향력이 독점적인 것은 아니었다 하더라도) 보여 주는 핵심 표지와도 같다. 이 칠십인역은 구약 성경의 그리스어 역본이며, 바울은 이 역본을 주로 읽었던 것이 거의 분명하다.[8] 그러므로 바울이 썼던 πίστις라는 단어가 무엇을 의미했는지를 최대한 파악하기 위해서는, 칠십인역의 번역자들이 이 단어를 어떻게 사용했는지를 살피는 일이 꼭 필요하다. 이때 우리는 특히 히브리어와 아람어의 용어와 개념들에 비추어 그 역본의 용법을 조사해 볼 필요가 있다. 이 πίστις 용법에 관해서는 이후 3장에서 실질적으로 논하겠지만, 지금 여기서는 성경적인 믿음의 어법에 관한 올바른 관점을 개략적으로 제

---

8 특히 T. Michael Law, *When God Spoke Greek* (Oxford: Oxford University Press, 2013)을 보라.

시하는 일이 꼭 필요하다.

히브리어 구약 성경과 칠십인역의 관계를 살펴보면, 칠십인역에서는 πίστις를 써서 여러 히브리어 단어들을 번역했지만 그중에서도 가장 자주 그 대상이 되었던 단어 세 가지는 바로 אמן(아만)과 אמונה(에무나), 그리고 אמת(에메트)였다는 점이 드러난다. 이 중 첫 번째 단어인 אמן은 '신뢰' 또는 '믿음직함'을 의미하며, 두 번째 단어인 אמונה 역시 비슷한 뜻을 지닌다.9 인간적인 관계를 논하는 맥락에서, אמונה는 "종종 삶의 불안정한 상황에서도 안정적인(즉 신실한) 상태를 유지할 수 있는 이들을 지칭하는 데 쓰인다. 이들은 하나님의 진리가 자신을 지탱하고 있음을 체험한 자들이다."10 예를 들어, 이 단어는 르비딤의 산에서 아론과 훌이 모세의 손을 붙들어 올렸던 일을 가리키는 데 쓰였다(출 17:12). 그러므로 모세의 손은 **확고하고 변함없으며 믿음직한** 상태를 유지했던 것이다.

세 번째 단어인 אמת는 "신실함" 또는 "의지할 만함"으로 번역될 수 있다.11 이 점에서 이사야서 38:3은 참고할 만한 사례다. 이 구절에서 병에 걸린 히스기야는 하나님께 이렇게 간구하고 있다. "여호와여 구하오니, 내가 주 앞에서 **신실함**[אמת]과 전심으로 행하며 주의 목전에서 선하게 행한 것을 기억하옵소서."(개역개정판에는 "진실"로 번역되어 있다. - 역주)

월터 브루그만은 믿음에 관한 구약의 어법이 항상 언약적인 관계에

9　James D. G. Dunn, *The Theology of Paul the Apostle* (Grand Rapids: Eerdmans, 1998), 373n159를 보라. 『바울 신학』(크리스천다이제스트).
10　Marvin Wilson, *Our Father Abraham* (Grand Rapids: Eerdmans, 1989), 183.
11　T. F. 토런스(Torrance)는 이 구약 용어를 "언약 관계 속에 계시는 하나님의 실재"를 표현하는 것으로 간주했다. "One Aspect of the Biblical Conception of Faith," *Expository Times* 68 (1957): 111-14 at 112를 보라.

결부되어 있다는 점을 강조한다. 이런 구약의 틀 안에서, 믿음은 신학적 개념보다는 신뢰의 관계가 지니는 본성이나 그 순전함과 더 깊은 연관성을 지닌다. 이 점에 관해 그는 이렇게 언급한다.

"신앙"은 약속의 성격을 띤 관계에 주의 깊게 참여하는 일과 연관이 있다. 구약에서 "신앙"을 이스라엘 백성이 "믿어야" 할 일군의 가르침들로 간주하는 일은 드물게 나타날 뿐이다. 물론 이스라엘 백성의 신앙에는 규범적인 내용이 결핍되어 있지 않으며, 그 신앙은 속이 텅 빈 것도 아니다. 하지만 그 백성의 신앙에서는 약속의 성격을 띤 관계가 그 관계에 관해 성찰하는 가르침의 내용보다 더 본질적인 역할을 한다. 구약에서는 신앙을 근본적으로 '지적인 동의'보다 '신뢰'로 간주한다는 점이 공적인 신학적 진술들에서는 종종 무시되곤 한다. 한편 여기서 우리는 '신뢰'를 주로 정서적인 관점에서 이해해서는 안 된다. 오히려 그 신뢰는 토라[율법]와 그 구체적인 요구들에 대한 순종을 수반하는 실천이다. 혼인 관계에서 요구되는 정절의 경우와 마찬가지로, 이스라엘 백성들이 여호와 하나님을 향해 지키는 신의의 관계는 그분을 진지한 태도로 대하는 구체적인 행동들로 이루어져 있었다.[12]

이처럼 믿음에 관한 구약의 어법을 간단히 살피면서, 우리는 바울 서신을 읽는 현대의 많은 독자들이 지닌 그릇된 관점 세 가지를 의문시하기에 충분한 증거를 얻는다. 신앙은 단순한 종교적 견해가 아니며, 그저 교리적인 개념에 그치지도 않는다. 과거에 히브리어 구약 성경이나 그리스어로 기록된 칠십인역을 읽었던 이스라엘 백성 또는 유대인

---

12 Walter Brueggemann, *Reverberations of Faith* (Louisville: Westminster John Knox, 2002), 78.

들은 그 누구도 '수동적'이라는 표현을 '믿음'의 의미론적 범주에 속한 단어들의 용법에 적용할 수 있다고는 여기지 않았을 것이다.

5. 믿음인가, 신실함인가?

칠십인역에서 사용된 πίστις의 배후에 놓인 히브리어 용어들(이 책의 3장을 보라)이 종종 '신실함'(faithfulness, 또는 '충성', '믿음직함', '헌신')으로 이해되는 편이 적합한 단어들이라는 점을 감안할 때, 대부분의 영어 성경 역본에서 바울 서신의 πίστις를 "믿음"(faith)으로 번역하곤 하는 이유는 무엇일까?[13] 이 질문은 이 책의 핵심 관심사이며, 내 생각에 이것은 바울을 연구하는 모든 이들이 주의 깊게 살펴야 할 문제이다.

대다수의 영어 성경 역본에서는 기본적으로 πίστις을 "믿음"으로 번역하고 있기 때문에, 그 역본들의 본문에서 그와 다른 번역어들이 나타나는 부분을 살피는 것은 유익한 일이다. 첫째로, 거의 모든 역본에서는 πίστις가 하나님의 본성과 활동에 연관될 때 그 단어를 "신실하심"(faithfulness)으로 번역하는 경향이 있다. 예를 들어 로마서 3:3에서, 바울은 이렇게 기록한다. "어떤 이들이 신실하지 않았다면 [ἠπίστησάν] 어찌하겠습니까? 그들의 불신실함[ἀπιστία]이 하나님의 신실하심[πίστις]을 무효화할 수 있겠습니까?"(개역개정판에는 "어떤 자들이 믿지 아니하였으면 어찌하리요 그 믿지 아니함이 하나님의 미쁘심을 폐하겠느냐"로 번역되어 있다. - 역주) 거의 모든 현대 영어 성경 역본들은 이 구절의 πίστις를 "신실하심"으로 번역하는데, 이는 그 단어가 하나님의 충실하

---

13 Varghese P. Chiraparamban, "The Translation of Πίστις and Its Cognates in the Pauline Epistles," *Bible Translator* 66 (2015): 176–89를 보라.

고 믿음직스러운 성품을 가리키고 있기 때문이다(예를 들어 NASB, NIV, ESV, RSV, NRSV, NET을 보라; 참조. 호 2:22 LXX).

바울 서신에서 나타나는 두 번째 사례 역시 유익한데, 이 경우는 갈라디아서의 본문에 연관되어 있다. 이 서신의 끝부분에서, 바울은 뚜렷한 육체의 행위들(예를 들어 부정, 우상 숭배, 증오, 시기, 분열 등)과 "성령의 열매"를 서로 대조한다. 곧 사랑과 기쁨, 평화와 인내, 친절과 선함, **신실함**(πίστις)과 부드러움, 절제가 그 열매이다(5:22-23). 리처드 롱제네커는 이 구절에서 πίστις를 "신실함"으로 번역하는 (하지만 갈라디아서의 다른 구절들에서는 그 단어를 "믿음"으로 옮기는 경향이 있는) 대다수의 학자들이 취하는 관점을 다음과 같이 요약한다.

> '피스티스'(pistis)는 갈라디아서의 다른 구절들에서 하나님이 그리스도 예수 안에서 베푸신 구원을 신뢰하는 인간의 응답을 나타내는 데 쓰였지만, 이 구절에서 그 단어는 분명히 윤리적 미덕인 '신실함'을 의미한다. … 이 구절에서 … 그 단어의 주체는 신자이며, 본문의 맥락이 그 의미를 결정하는 역할을 한다. 그 단어는 인간의 미덕을 열거하는 여덟 개의 다른 명사들 사이에 배치되어 있으므로, 여기서 '피스티스'는 인간적인 신실함의 미덕을 나타내는 것으로 이해되어야만 한다. 이는 신실하신 하나님이 그분의 성령을 통해 신자의 삶에서 자라나게 하시는 덕목이다.[14]

롱제네커에 따르면, 바울 서신에서 πίστις의 기본적인 의미는 (하나

---

14 Richard N. Longenecker, *Galatians*, World Biblical Commentary 41 (Grand Rapids: Zondervan, 1990), 262.

님을 향한 '신뢰의 응답'인) '믿음'이며, 그 '믿음'은 '신실함'과 뚜렷이 구별되는 성격을 지닌다(여기서 그는 πίστις가 신자들에게 결부될 경우에는 '신실함'의 의미를 지니는 경우가 많지 않음을 시사한다). 이런 그의 언급은 믿음에 관한 로마서의 어법에 대한 더글러스 무의 논평과 유사한 성격을 띤다.[15] 대개의 경우, 학자들은 바울의 사상에서 믿음의 작용을 본질적으로 내적이거나 비활동적인 것으로 간주하는 편을 선호하는 듯하다(이는 결국 로마서 10:10에서 보듯이, 그리스도인들은 그들의 마음과 지성으로써 복음을 믿기 때문이다). 이런 그들의 관점에서는 '신실함'이 **지나치게** 활동적이거나 외적인 성격을 지닌 단어로 간주되기까지 한다.[16]

빌레몬서 주석에서, 마르쿠스 바르트는 바울의 글에 나타난 πίστις를 살피면서 사도가 이 단어로써 '믿음'과 '신실함' 중 어느 쪽을 의미했는지에 관해 흥미로운 논의를 제시한다. 바르트에 따르면, 빌레몬서 주석가들은 흔히 그 서신의 5절에 언급된 πίστις를 주 예수께 대한 "믿음"으로 간주하곤 한다. "나는 모든 성도를 향한 당신의 사랑과 주 예수께 대한 당신의 믿음[πίστις]에 관해 들었습니다."(NRSV) 우리가 예상할 수 있듯이, 주요 영어 성경 역본들은 모두 이 구절의 πίστις를 "믿음"(faith)으로 옮기고 있다(예를 들어 ASV, NASB, NIV, ESV, RSV, NRSV, NET를 보라). 이 경우, 독자들은 빌레몬이 그리스도인 형제자매들을 향한 사랑과 예수 그리스도에 대한 "믿음/신앙" 때문에 칭찬을 듣고 있다는 인상을 받게 된다. 그러나 바르트에 따르면, 믿음의 개념이 바울의 사상에서 중요한 것이기는 하지만 여기서 πίστις를 "믿음"으로 번역하는

---

15 Douglas J. Moo, *The Epistle to the Romans*, New International Commentary on the New Testament, 2nd ed. (Grand Rapids: Eerdmans, 2018), 245-46. 『로마서』(솔로몬).

16 우리는 언뜻 보기에 믿음과 행위가 서로 충돌하는 것처럼 여겨지는 로마서 4:5에 대한 해석에서 종종 이런 관점이 나타나는 것을 보게 된다.

것은 그 사도의 수사학적이며 신학적인 요점을 놓치는 일이 될 수 있다. πίστις는 '충실함' 또는 '충성'을 나타낼 수도 있으므로, 우리는 이 구절에서 바울이 지칭한 것이 바로 그런 의미일 가능성 역시 숙고해야만 한다.[17] 바르트는 데살로니가전서 1:3("믿음의 역사")나 로마서 1:5("믿음의 순종") 같은 구절들에 의존하면서, (일부 바울 해석자들이 품은 견해와는 달리) 많은 경우에 믿음과 순종은 서로 명확히 구분 지을 수 있는 인간적인 활동이 아니라는 점을 강조한다. 이 점을 염두에 두고서, 바르트는 바울이 ἀγάπη(아가페)와 πίστις를 함께 썼을 때 독자들이 이 단어들을 서로 구분지어 이해하도록 의도하지 않았을 것이라고 추정한다(즉 '성도들을 향한 **사랑**과 주 예수께 대한 **믿음**'으로 서로 떼어놓지 않았다는 것이다). 오히려 이 두 단어를 서로 연관 지어 이해하는 것이 더 바람직하며, 어쩌면 이 단어들은 다음과 같이 일종의 중언법(hendiadys, 두 단어를 연결해서 하나의 뜻을 나타내는 수사법 - 역주)으로 쓰였을 수도 있다는 것이 그의 해석이다. "당신이 주 예수님과 모든 성도를 향해 품어 온 변함없는 사랑(steadfast love)."[18] 그러면 빌레몬서 5절의 πίστις가 이같이 능동적인 성격을 지닌다는 바르트의 견해는 옳은 것일까? 과연 이 문맥에서, πίστις는 (본질상 인지적인 성격을 지닌) "믿음"(belief)과 (능동적인 성품으로서 우리의 전 인격을 포괄하며 순종의 개념과 결합되는) "신실함"(faithfulness) 가운데서 어느 쪽으로 이해되는 편이 바람직할까?

    부분적으로 이런 혼란은 πίστις라는 단어 자체의 다기능적인 본성 때문에 생겨난다. 여기서 우리는 어떻게 πίστις가 '믿음' 또는 '신실함'

---

17 Markus Barth, *The Letter to Philemon*, Eerdmans Critical Commentary (Grand Rapids: Eerdmans, 2010), 273.
18 Barth, *Philemon*, 271-74.

의 의미 모두를 함축할 수 있는지를 설명하기 위해, 신약에서 언급되는 πίστις의 주된 동족어들을 살펴볼 수 있다. 한편, 동사인 πιστεύω(피스튜오)는 '내가 믿는다'를 뜻한다(이 단어가 '내가 순종한다'거나 '내가 신실한 모습을 보인다'를 의미하는 경우는 거의 없다.).[19] 또한 형용사인 πιστός(피스토스)는 '신실한'을 의미한다.[20] 그런데 신약에서 πίστις는 이 동족어들의 의미를 모두 포괄할 수 있다. 그러므로 바울 서신에서 πίστις는 적어도 두 개의 구분되는 (하지만 서로 연관되어 있기도 한) 의미들을 지닐 수 있다. '믿음'과 '신실함'이 바로 그것이다.

1) 첫 번째 의미: 믿는 믿음 ('믿음'[belief]으로서의 πίστις)

나는 πίστις를 수동적인 형태의 믿음으로 간주하는 일을 경계한다. 하지만 다른 한편으로, 바울의 글에는 πίστις가 우리의 인식에 초점을 둔 의미 역시 지니고 있음을 보여 주는 충분한 증거들이 존재한다. (이런 증거들은 신약의 다른 부분에서도 나타난다.) 이 인식은 계시와 진리를 향한 우리 마음과 지성의 올바른 작용에 연관되며, 마르쿠스 바르트는

---

19 이 점에 관해서는 R. Barry Matlock, "Detheologizing the Πιστις ΧΡΙΣΤΟΥ Debate: Cautionary Remarks from a Lexical Semantic Perspective," *Novum Testamentum* 42 (2000): 13-15를 보라.

20 어떤 성경 역본에서는 πιστός가 이와 다르게 번역되는 몇 가지 흥미로운 사례들이 있다. 갈라디아서 3:9의 경우, 일부 역본에서는 τῷ πιστῷ Ἀβραάμ를 "신자인 아브라함"(NET)이나 "믿음의 사람"(ESV)으로 옮기는 편을 택한다. 그러나 실제로는 "신실한 아브라함"(KJV, ASV)이 더 자연스러운 표현이다. 이처럼 πιστός의 가장 적절한 번역어가 "신실한"(faithful)임에도 불구하고, 대부분의 역본에서는 "믿음"(faith) 또는 "신자"(believer)로 옮기는 편을 선호한다. 이는 갈라디아서에서 바울이 전반적으로 아브라함의 언약적인 신실함 대신에, 그가 처음에 품었던 하나님을 향한 믿음과 신뢰를 강조하고 있기 때문이다. 그러므로 3:9에서는 "신자인 아브라함"이라는 표현이 문맥상 타당하긴 하지만, 그런 번역은 바울의 논증에서 πιστός라는 단어를 사용한 일이 지녔던 도발적인 성격을 제거하는 것이 된다. 이런 단어 선택에 담긴 의미들에 관한 논의로는 Paul Trebilco, *Self-Designations and Group Identity in the New Testament* (Cambridge: Cambridge University Press, 2012), 87를 보라. 그리고 갈라디아서에 관한 이 책 8장의 논의를 참조하라.

이것을 "인식론적이며 해석학적인 의미"의 πίστις로 지칭한다.²¹ πίστις 가 이런 의미로 쓰일 때, 그 단어의 강조점은 바른 인식의 방법론에 놓이게 된다. 이 방법론은 세상의 지식이나 실재를 이해하는 인간적인 관점들과 대립하는 성격을 지닌다(이 점에 관해서는 고린도전후서를 다룬 이 책의 6장과 7장을 보라). 여기서 바르트는 적절하게도 히브리서 11:1의 내용에 의존하는데, 이 구절에서 πίστις는 "우리가 소망하는 것들에 대한 보증이자 우리가 보지 못한 일들에 대한 확신"으로 규정되고 있다(NRSV).²² 이런 의미로 쓰일 때, πίστις는 하나님이 가능하게 하신 것으로서 일종의 감각을 초월하는 인식을 나타낸다. 이는 사물을 파악하고 헤아리는 두 번째 방식이다. 이때 우리는 눈에 보이지 않는 일들에 관해 확신을 품을 수 있으며, 그 확신은 단순한 직감이나 견해가 아니다. 오히려 우리는 신적인 실재를 드러내 주는 인식의 열쇠를 얻게 된다. 아마도 바울의 글에서 이 점을 가장 잘 보여 주는 사례는 고린도후서 5장일 것이다. 이 본문에서 바울은 "우리가 믿음으로 행하고 보는 것으로 행하지 아니함이로라"라고 선포한다(5:7). 여기서 바울은 눈에 보이는 것 너머로 나아가는 믿음을 칭찬하며, 그런 믿음이 나타나기 위해서는 우리 마음에서 새로운 인식의 렌즈가 작동되어야만 한다.²³ 이 책

---

21 Barth, *Philemon*, 273.
22 Barth, *Philemon*, 273.
23 데이비드 갈런드(David Garland)는 바울이 사도인 자신의 연약함을 바르게 이해하는 관점에 관해 고린도후서 5:6-8에서 언급하는 핵심 요점을 다음과 같이 표현한다. "'보는 것이 아니라 믿음에 의존해서 살아가는' 것은 고대 이스라엘 백성과는 달리, 우리의 안내자가 될 어떤 불 기둥이나 구름 기둥 없이 하나님과 동행하게 되는 일을 의미한다. 바울은 우리 생명이 감추어져 있다고 믿었으며, 따라서 자신의 겉모습을 통해 그 생명을 입증해 보일 수가 없었다. 그리고 (물리적인 연약함과 고난, 죽음의 위협을 겪는 등의) 외적인 모습만을 가지고서 모든 일을 판단하는 이들은 바울이나 다른 그리스도인들에 관한 온전한 진실을 파악할 수가 없었다. 우리는 오직 믿음의 관점을 통해서만 장차 올 세상에 속한 보이지 않는 영원한 실재를 헤아릴 수 있으며, 그때에 지금 이 세상의 모든 연약함과 필멸성은 더욱 새롭고 숭고한 모습으로 변화될 것이다." *2 Corinthians*, New American Commentary (Nashville: Broadman & Holman, 1999), 265를 보라.

의 6장과 7장에서, 나는 바울이 이런 종류의 의미론적인 뉘앙스를 강조하면서 πίστις를 사용한 경우를 다룰 것이다.

2) 두 번째 의미: 순종하는 믿음 ('신실함'[faithfulness]으로서의 πίστις)

바르트는 πίστις가 지니는 두 번째 의미를 살피면서, 구약의 언약 개념에 논의의 근거를 두는 동시에 신실함이 하나님과 인간의 관계에서 중심적인 역할을 하는 사회적 토대가 된다는 점을 지적한다. 이 하나님과 인간의 관계는 서로 간의 사랑과 선의, 상호성과 충실성을 요구하는 관계이다.[24] 이 점을 좀 더 포괄적으로 언급하는 것은 이 책의 주된 과제가 되겠지만(5장을 보라), 여기서는 간단한 설명을 위해 마태복음 23:23을 살펴보자. 예수님은 바리새인들과 서기관들의 부정직한 행실과 근시안적인 태도를 비판하면서 이렇게 책망하셨다. "화 있을진저, 외식하는 서기관들과 바리새인들이여! 너희가 박하와 회향과 근채의 십일조는 드리되 율법의 더 중한 규정인 정의와 긍휼과 신실함[faithfulness, πίστις]은 버렸도다. 그러나 이것도 행하고 저것도 버리지 말아야 할지니라."(NET)[25] 울리히 루츠는 이 구절에서 πίστις가 ("믿음"[faith]이 아닌) "신실함"으로 번역되어야 할 이유에 관해 대부분의 주석가들이 취하는 관점을 다음과 같이 요약한다.

여기서 "신실함/믿음"은 예수님께 대한 믿음을 의미할 수 없으며, 기도하는 믿음이나 사랑의 역사를 행하는 능동적인 믿음을 가리키지도 않

---

24 Barth, *Philemon*, 273.
25 영어 성경 역본들은 대부분 이 구절의 πίστις를 "신실함"으로 옮기지만(NASB, NIV, ESV, NET), 소수 역본들은 "믿음"이라는 표현을 선호한다(KJV, RSV, NRSV).

는다. 이는 마태복음에서, 믿음은 결코 율법의 본질적인 요구 사항이 아니었기 때문이다. 오히려 우리는 성경 언어의 전통을 좇아 [πίστις를] '신실함'으로 이해해야 한다. 이는 당시 헬라인들이 이해했을 법한 의미이기도 하다.[26]

그런데 마태복음 주석가들인 W. D. 데이비스와 D. C. 앨리슨은 이 본문에 관해 논의하면서, 루츠의 이 해석에 반대한다. 그들은 마태복음의 다른 구절에서 πίστις가 '신실함'을 의미한 적이 없기 때문에, 여기서도 그 단어가 그런 의미를 나타낼 수 없다고 주장한다. 그러므로 그 단어는 "믿음"으로 번역되어야 한다는 것이다.[27] 그러나 데이비스와 앨리슨은 이 본문에서 서기관들과 바리새인들이 정의와 긍휼, πίστις를 **행하는**(ποιέω) 데 실패했다고 예수님이 언급하시는 점을 놓치는 것으로 보인다. (마태가 "**믿는 믿음**"에 관해 언급하는) 마태복음의 다른 구절들에서는, (ποιέω와 같이) 행함을 나타내는 동사들이 πίστις와 결부되지 않는다. 하지만 23:23에서는 그런 동사를 사용하는 것이 적합한데, 이 구절에서는 πίστις 사용 방식이 윤리적인 성격을 지니기 때문이다.[28]

여기서 나는 '순종하는 믿음', 곧 어떤 이가 **행하는** 일로서 πίστις가 지니는 의미를 가볍게 다루었을 뿐이다. 하지만 지금으로서는, 적어도 몇몇 본문들의 경우에 이처럼 πίστις가 좀 더 **능동적인** 성격을 지닌다는 점을 보여 주는 것만으로도 충분하리라고 믿는다.

---

26 Ulrich Luz, *Matthew 21–28*, Hermeneia (Minneapolis: Fortress, 2005), 124.
27 W. D. Davies and Dale C. Allison, *Matthew*, International Critical Commentary (Edinburgh: T&T Clark, 1997), 3:294를 보라.
28 나는 R. T. 프랑스(R. T. France)에게서 이 같은 통찰을 얻었다. *The Gospel according to Matthew*, New International Commentary on the New Testament (Grand Rapids: Eerdmans, 2007), 873–74를 보라. 『마태복음』(부흥과개혁사).

그런데 πίστις라는 단어의 다기능적인 성격이 제기하는 도전은 그저 그 단어가 서로 다른 두 가지 의미를 지닐 수 있다는 데 있지 않다. (우리는 이와 유사한 상황을 παῖς[파이스]에서 보게 되는데, 이 단어는 '종' 또는 '아이'를 모두 의미할 수 있다. παῖς는 거의 모든 정황에서 이 두 의미 중 하나만을 나타내며, 따라서 대개는 특정한 본문에서 둘 중 어떤 의미가 의도된 것인지를 그 문맥에 의존해서 판별한다.) πίστις의 경우에는 훨씬 더 복잡하다. 이 단어의 두 가지 가능한 의미들(**믿는 믿음**과 **순종하는 믿음**)은 서로 밀접히 연관되어 있으며, 때로는 (아마도 자주) 서로 뒤섞이거나 용법상의 구별이 불가능하다. 그러므로 우리는 πίστις의 세 번째 의미 또는 함의를 도입함으로써 이 문제를 해결해야만 한다. 이 세 번째 의미는 어떤 측면에서 이 두 가지 의미의 중간쯤에 놓이기도 하며, 혹은 그 폭이 확대되어 그 두 의미 모두를 포괄하기도 한다.

3) 세 번째 의미: 신뢰하는 믿음 ('신뢰'[trust]로서의 πίστις)

우리는 πίστις의 의미가 각기 고립된 영역 속에 머물지 않고, 다음과 같이 일종의 스펙트럼을 좇아 펼쳐져 있다고 여기는 편이 유익하다.

(인지적인) 믿음   (사회적으로 능동적인) 신실함
├───┤

여기서 문제는 대부분의 경우, 바울은 이 의미론적인 범위의 어느 한 극단만을 언급하려 하지 않는다는 데 있다(다만 그렇게 의도할 가능성도 있기는 하다). 그러므로 어떤 주어진 맥락과 용법 가운데서 바울이 이 단어를 통해 의미하는 바는 각각의 사례별로 결정되어야만 한다. 우리는

πίστις의 의미를 고정된 영역의 관점에서 바라보는 대신에, 바울이 뜻하는 그 단어의 의미가 상황에 따라 **조절될** 수 있다는 점을 고려해야 한다. 곧 그가 의도하는 바에 따라, 그 단어의 의미는 이 의미론적인 범위 가운데서 조금씩 이동할 수 있다는 것이다.

만일 바울이 이처럼 위의 양 극단 중 어느 한쪽에 늘 머물기를 원하지 않았다면, 우리는 그 단어의 의미를 어떻게 나타낼 수 있을까? 때로 우리는 바울이 양 극단의 함의를 모두 담아내는 방식으로 πίστις을 사용하려 했음을 인정해야만 한다(나는 **많**은 경우에 그렇다고 주장하고 싶다). 이 경우, 우리는 그것을 '**신뢰하는** 믿음'으로 부를 수 있다.

―――――――――― 신뢰 ――――――――――
믿음   신실함
├――――――――――――――――――――――――――――――┤

여기서 우리가 '신뢰'라는 단어를 선택해야 할 이유는 무엇일까? 어쨌든 이 단어는 영어 성경 역본에서 πίστις의 번역어로 그다지 널리 쓰이지 않는 단어이기는 하다. 리처드 헤이스는 (일반적인 관점에서) '신뢰'(trust)를 πίστις의 번역어로 쓸 것을 주장하는데, 이는 그 단어가 이를테면 πίστις가 지닐 수 있는 의미의 인지적인 측면들과 능동적인 함의(행동과 실천에 연관된 측면들) 사이의 충돌을 해소시켜 줄 수 있기 때문이다. 헤이스는 "믿음을 갖다"(have faith)라는 표현보다 "신뢰하다"(trust) 쪽을 선호한다고 밝히며, 특히 그 이유로 사람들이 믿음/신앙의 어법을 '신자 개개인의 주관적인 태도'로 해석하려는 경향이 있다는 점을 든다. 그에 따르면, 이런 경향은 바울 서신의 독자들로 하여

금 바울 사도가 구원론적인 강조점을 관계적인 **신뢰**보다 각자의 내면에 품은 신념(belief)에 둔다고 생각하도록 잘못 이끌 수 있다.[29] 헤이스가 "신뢰"를 바울이 사용한 πίστις의 적절한 번역어로 간주하는 이유는 특히 이 단어가 하나님에 관해 올바른 생각을 품기로 선택하는 인지적인 측면들과 그분께 순종하며 헌신하는 언약적인 측면들을 동시에 담아낼 수 있기 때문이다.

믿음, 신뢰, 신실함 사이의 차이점을 정확히 구분 짓기는 어려운 일이지만, 여기서는 독자들의 이해를 돕기 위해 인위적으로 다음 모델을 채택하려 한다.

- '믿는 믿음'(believing faith)은 인지적인 측면에서 능동적인 성격을 지닌다. 우리는 지성을 사용해서 '믿는' 일을 행하게 되며, 그것은 사유의 기능이다(참조. 마 21:32).
- '순종하는 믿음'(obeying faith)은 관계적인 측면에서 능동적인 성격을 지닌다. 이런 논의에서 '신실함'은 능동적인 형태의 충성과 순종으로 이해된다. 위에서 언급했듯이, 학자들은 '순종하는 믿음'을 사랑과 인내 같은 미덕과 윤리적 실천에 결부하는 성향이 있다. 이 믿음에 관해 고찰할 때, 우리는 그것을 능동적인 자아의 기능으로 언급할 수 있다. 이는 곧 충성심을 표현할 수 있는 관계 속에 있는 자아이다.
- '신뢰하는 믿음'(trusting faith)은 의지적인 측면에서 능동적인 성격을 지닌다. 여기서 '의지'(will), 또는 '의지력'(volition)은 '신뢰하는 믿음'을 나타내기 위해 의도적으로 선택한 단어이다. 이는 우리가 영어 단

---

29 Richard B. Hays, "Lost in Translation: A Reflection on Romans in the Common English Bible," in *The Unrelenting God*, ed. David J. Downs and Matthew L. Skinner (Grand Rapids: Eerdmans, 2014), 92-94.

어 "will"[의지]을 써서 행동 이전의 상태를 나타내기도 하며("will to act"[행동하려는 의지]), 때로는 그 자체가 행동의 성격을 지닌 것을 지칭하기도 하기 때문이다("goodwill"[선의]). 어떤 이가 다른 존재에게 관계적으로 헌신하는 일에서 의지의 작용은 핵심적인 역할을 하며, 그러므로 이 단어는 많은 경우에 바울이 πίστις를 사용하는 의도를 정확히 담아내는 것으로 보인다.

어떤 경우에는 특정 구절에 쓰인 πίστις가 이 세 가지 선택지 중 하나에 속한다는 점을 명확히 밝히기가 어려울 수도 있다. 하지만 이론적인 측면에서 살필 때, 이런 구분법은 여전히 바울 서신의 독자들로 하여금 다기능 명사인 πίστις가 그 고유의 방식을 좇아 폭넓은 의미론적 뉘앙스들의 범위 가운데로 이동해 갈 수 있다는 점을 염두에 두도록 도움을 준다.

6. 이 책의 주제는 πίστις Χριστοῦ(그리스도의 믿음) 논쟁에 관한 것일까?

내가 이 책의 연구를 시작하면서 믿음에 관한 바울의 어법을 탐구하는 일에 관심 있다고 동료들에게 이야기했을 때, 가장 자주 접했던 질문은 바로 이것이었다. "그러면 πίστις Χριστοῦ(피스티스 크리스투) 논쟁에 관해 글을 쓰고 계신 건가요?" 이 점은 그 학문적인 논쟁이 얼마나 깊은 지속성과 강도를 지닌 것인지를 보여 주지만, 이제껏 나는 그 논쟁에 직접적인 관심을 품어 본 적이 없다.[30] 무엇보다도 먼저, 나는

---

30 피터 오크스(Peter Oakes)는 이 πίστις Χριστοῦ 논쟁 때문에, 믿음에 관한 바울의 어법에 대

바울을 연구하는 학자들과 독자들이 종종 믿음에 관한 그의 어법을 제대로 다루어 보지 않고 넘어가곤 하는 모습을 보게 된다. 곧 그들은 그 언어가 지닌 고유한 의미의 폭과 신학적 깊이를 꼼꼼히 살펴보기보다, 그저 바울이 의미하는 바('종교적인 신념')를 자신들이 이미 알고 있다고 간주해 버린다. 둘째로, 나는 πίστις에 대한 바울의 용법을 당시 유대인들과 이방인들이 종교적인 담론의 안과 바깥에서 그 단어를 사용한 방식과 연관 지어 살피고자 한다. 우리는 '믿음'(faith)을 주로 종교적인 용어, 혹은 그저 **기독교적인** 용어로 간주하기가 쉽다. 하지만 실제의 경우를 살필 때, 우리는 믿음에 관한 바울의 어법이 칠십인역과 예수 전승의 영향을 깊이 받았음을 깨닫게 된다. 물론 바울은 역동적인 사상가였으므로, 분명히 '믿음'의 본성에 무언가 새로운 성격을 부가했을 것이다. 하지만 '믿음'이라는 단어 자체는 결코 그가 새로 만들어 낸 말이 아니었다.

πίστις Χριστοῦ에 관해 논하자면, 나는 이 문제를 이 책의 중심 내용으로 삼지 않기로 결정했다. 여기서 내 바람은 한 걸음 뒤로 물러서서 믿음에 관한 바울의 어법을 개괄적으로 폭넓게 살펴보는 데 있기 때문이다. 따라서 나는 그 특수한 학문적인 논쟁에 너무 얽혀 들고 싶지 않다. 나는 갈라디아서를 다룬 이 책의 8장에서도 그 논쟁에 관해 얼마간 언급했다. 하지만 πίστις Χριστοῦ에 대한 내 해석과 그 논의의 성격에 관심이 있는 독자들은 주로 이 책의 10장을 참조하기 바란다.

한 연구가 정체 상태를 겪고 있다고 주장한다. "Πιστις as Relational Way of Life in Galatians," *Journal for the Study of the New Testament* 40 (2018): 255-75 at 257를 보라.

7. πίστις와 '바울의 사상에서 하나님의 역할과 인간의 역할' 에 관한 논쟁

자칫 πίστις Χριστοῦ 논쟁을 소홀히 하게 될 위험을 감수하면서, 이 책에서 나는 신자와 하나님, 그리고 신자와 예수 그리스도의 관계를 바울이 어떻게 이해했는지에 대해 믿음에 관한 그의 어법이 알려 주는 바에 초점을 맞추려 한다. πίστις에 대한 바울의 용법은 특히 바울의 사상에서 '하나님의 역할과 인간의 역할'의 문제를 놓고서 현재 활발히 벌어지고 있는 학문적 논쟁에 중요한 영향을 끼칠 수 있다.[31] 지금 학자들은 이 문제를 논하면서 구원과 행위, 칭의와 은혜에 관한 바울의 어법들을 살피고 있다. 하지만 안타깝게도, πίστις에 관한 그의 용법은 많은 관심을 받지 못했다.[32] 어떤 이들은 '믿음'에 관한 바울의 어법은 행위와 무관한 구원의 (수동적인) 수용을 의미한다고 주장한다. 또 다른 이들은 바울이 언급한 '믿음'은 인간들이 행하는 어떤 일이 **아니라** 오직 그리스도의 신실하심을 지칭한다고 여긴다. 그러므로 바울의 구원론적인 체계에서 인간의 믿음은 그다지 중요하지 않다는 것이다. 이 두 경우 모두에, 구원론적인 행위의 작용은 마치 하나의 수학 공식처럼 간주되고 있다. 곧 [인간적인 작용] + [신적인 작용] = [구원]이라는 것이다. 일부 학자들의 관점에서, πίστις를 인간이 **행하는** 어떤 일로 진지하게 받아들이려는 모든 시도는 곧바로 우리가 신적인 범주에

---

31 John M. G. Barclay and Simon Gathercole, eds., *Divine and Human Agency in Paul and His Cultural Environment* (London: T&T Clark, 2006)를 보라.
32 다만 근래에 다음과 같은 중요한 연구서들이 있다. Benjamin Schliesser, *Was Ist Glaube? Paulinische Perspektiven* (Zurich: Theologischer Verlag, 2011); 그리고 Teresa Morgan, *Roman Faith and Christian Faith: Pistis and Fides in the Early Roman Empire and the Early Churches* (Oxford: Oxford University Press, 2015)를 보라.

포함시킬 수 있는 양을 자동적으로 **감소시키는** 일이 된다. 그러므로 그런 시도는 '(세미) 펠라기우스주의'나 '신인협력적인' 입장으로 분류될 수 있다. 하지만 바울이 우리의 구원을 하나의 제로섬 공식(zero-sum, 양측 가운데 한쪽이 늘어나면 다른 한쪽은 줄어드는 공식 - 역주)으로 여겼다는 이런 가정은 과연 어느 정도나 타당성이 있는 것일까? 다시 언급하지만, πίστις에 대한 바울의 용법을 좀 더 면밀히 살필 때 우리는 이 문제에 관해 매우 중요한 통찰을 얻게 된다. 이 책에서 우리는 몇 차례에 걸쳐 이 문제를 숙고해 볼 것이다.

우리가 바울의 종교나 인간과 하나님의 관계를 논할 때 주로 고려해야 할 점은 πίστις와 언약 개념의 연관성을 살피는 데 있다. 학자들은 종종 바울의 사상에서는 '언약'(covenant)이라는 단어가 지니는 역할이 거의 없다고 언급하곤 한다. 이 점은 특히 바울이 διαθήκη(디아데케)라는 단어를 그리 자주 쓰지 않는 점을 감안할 때 옳은 것으로 보인다(갈 3:15, 17; 4:24; 롬 9:4; 11:27; 고전 11:25; 고후 3:6, 14; 참조. 엡 2:12). 하지만 이 점을 논할 때, 우리는 초기 유대교와 그 그리스어 문헌들에서 나타난 패턴과 발전상을 살피는 편이 유익하다. 이때 우리는 성경 바깥의 유대 문헌에서도 διαθήκη가 제한적으로 사용되었음을 알게 되며(이 책의 3장을 보라), 당시 유대 저자들에게는 좀 더 일반적인 관계의 어법(여기에는 πίστις도 포함된다)을 써서 언약적인 종교 사회학을 표현하려는 의도가 있었음을 헤아리게 된다. 이 점에서 중요하며 유익한 사례는 칠십인역에서 찾아볼 수 있는데, 구체적으로 느헤미야서 10:1(이는 에스드라 2서 19:38이며, 칠십인역의 일부 판본에서는 20:1로 표기된다)이 그런 경우이다.

이 본문의 맥락을 간단히 소개하자면, 느헤미야서 8-10장에서는 포로 생활에서 돌아온 이스라엘 백성이 재건된 예루살렘 성벽을 봉헌하기에 앞서 거행한 언약 갱신 의식을 서술한다. 9:38에서 그 언약의 참여자들은 이렇게 공표한다.

이 모든 일로 인하여 우리가 글로써 견고한 협약을 세우고, 그 인봉된 문서 위에 우리의 관리들과 레위인들, 제사장들의 이름을 기록하였나이다. (NRSV)

이 모든 정황들에 관련하여 우리는 하나의 언약을 세우고 **그것을** 글로써 기록하였으며, 우리의 방백과 레위인들, **그리고** 우리의 제사장들이 **그것에** 자신들의 인을 쳤나이다. (LXX, trans. Brenton)

καὶ ἐν πᾶσι τούτοις ἡμεῖς διατιθέμεθα πίστιν καὶ γράφομεν, καὶ ἐπισφραγίζουσιν πάντες ἄρχοντες ἡμῶν, Λευῖται ἡμῶν, ἱερεῖς ἡμῶν. (Rahlfs)

이 구절에서 "언약을 세우다"로 번역된 히브리어 어구는 כרתים אמנה (코레팀 아마나)이며, 이는 문자적으로 '확고함을 자르다'(to cut a firmness)를 의미한다. 이것은 예외적인 어법인데, 일반적인 경우에는 언약(ברית)을 "자른다"라고 언급하기 때문이다. 여기서 אמנה(아마나, '확고함')는 우리가 기대할 법한 단어인 "언약"을 대체하는 일종의 우회적인 표현으로 보인다. 때로 칠십인역에서는 히브리어 원문을 번역하는 일에 매우 기계적이며 엄격한 접근법을 취한다. 그러므로 여기서 אמנה의 번역어로 πίστις가 쓰인 것은 아마도 자연스러운 선택이었을 것이다. 하지만 애초에 **히브리어 원문의** 저자가 אמנה라는 표현을 선택했던 이유는 무엇이었을까? 솔직히 말해서 그 이유는 명확하지 않다. 하지만 한 가지 설명을 제시해 보자면, 지금 이 구절에서 언급되는 것은 하나의 새로운 언약을 제정하는 의식이 아니라 기존의 언약을 갱신하는 의식이었다는 점을 들 수 있다.[33] 하지만 그렇다 하더라도, 그 저자가 כרת(카라트, '자르다')를 사용한 이유는 과연 무엇이었을까?

여기서 헬라어 본문 번역자는 이 본문의 정황이 지닌 일반적인 협약의 성격을 뚜렷이 밝히기 위해 '확정하다'를 뜻하는 단어(διατιθέμεθα)를 선택했다. 그런 다음에 그는 다소 안정적인 방식을 취하여 אמנה를 πίστις로 번역했던 것이다. 비록 히브리어 원문의 어구는 다소 기이하지만(이 어구는 헬라어 본문에서도 약간 덜 어색하게 표현되었을 뿐이다), 우리는 포로기 이후에 אמנה가 언약과 비슷한 성격을 지닌 유대(bond) 관계를 나타내는 역할을 했을 것이라고 결론지을 수 있다.[34] 이 구절에 쓰인 πίστις 용법은 고대 이방인들이 사용한 πίστις의 일상적인 용법에 상응하는데, 당시의 용법에서 이 단어는 종종 신뢰와 충실성, 선의가 담긴 관계들을 지칭하는 데 쓰였다. 그러므로 칠십인역과 헬레니즘 시대의 다른 유대 문헌들 모두에서, πίστις가 언약적인 유대를 나타내는 용어가 된 것은 적절한 일이다(이 책의 3장을 보라). 이 점은 바울이 자신의 서신에서 핵심적이거나 중요한 비중을 차지하는 방식으로 명확한 언약의 어법(διαθήκη 등의 단어들 - 역주)을 사용하지 않은 이유를 헤아리는 데 도움을 준다. 여기서 우리는 믿음에 관한 바울의 어법이 유대의 언약

---

33 Philip Noss and Kenneth Thompson, *A Handbook on Ezra and Nehemiah* (New York: United Bible Societies, 2005), 461.
34 Andrew E. Steinmann, *Ezra and Nehemiah* (St. Louis: Concordia, 2010), 530를 보라. 한편 L. H. 브록킹턴(Brockington)은 이 단어가 하나의 언약을 지칭할 수 있음을 좀 더 확신하고 있다. 그의 *Ezra, Nehemiah, and Esther*, New Century Bible (London: Nelson, 1969), 177를 보라.

개념과 상당히 중첩될지도 모른다는 점을 생각해 볼 수 있다. 이런 통찰들은 바울의 사상에서 하나님과 인간의 역할에 대한 학문적 논의에 유익을 끼칠 큰 잠재력을 지닌다. 곧 우리는 성서학자들이 구약의 언약 개념을 숙고하는 방식을 염두에 두면서, 그 방식이 바울의 사상에서 하나님과 인간의 관계에 대한 우리의 접근법에 어떻게 영향을 끼치거나 그 형태를 바꾸어 놓을 수 있을지를 고려해 볼 수 있다. 이는 특히 하나님과 인간의 역할을 수량적인 측면에서 나타내려는 경향에 연관해서 그러하다. 성경의 언약들은 주는 만큼 받는다는 사회-경제적 원칙에 따라 작동하는 사업상의 계약이 아니다. 유대의 언약에서, 하나님은 그분의 사랑 때문에 이스라엘 백성에게 스스로를 헌신하신다(신 7:8). 이스라엘 백성은 그분께 순종하기로 동의했으며, 이때 그들의 죄는 그 약속의 성사를 가로막는 요인이 되지 못했다. 다음 진술은 그 언약의 역학이 어떠한지를 잘 나타낸다.

> 만약 이스라엘 백성과 여호와 하나님의 관계가 현대 사회의 계약에서 시사되는 유형의 것이었다면, 그 관계에 대한 여호와 하나님의 헌신 여부는 이스라엘 백성이 그 계약의 의무를 준수하는지에 달려 있었을 것이다. 그러나 당시 언약 관계에서 여호와께서 자신의 역할(그분이 주신 약속들)을 이행하셨던 이유는 그분의 사랑 때문이었으며, 또한 그분 자신이 하나님이시기 때문이었다. 물론 주님은 이스라엘 백성의 불순종을 징계하셨으며, 그들의 완고한 불신에 대해 한 세대 전체를 징벌하실 수도 있었다. 하지만 그때에도 언약은 여전히 유효한 상태로 남아 있었으니, 이는 그분의 본성이 불변하기 때문이었다.[35]

---

[35] William S. LaSor, David Allan Hubbard, and Frederic William Bush, *Old Testament Survey*

현대 사회의 계약은 법률상의 규정과 제재 조치들에 의존하며, 우리가 법적인 권리와 상업적인 거래에 관해 논할 때 그것은 나쁜 일이 아니다. 하지만 유대의 거룩한 언약들은 그런 식으로 작용하지 않았다. 오히려 그 언약들은 데이비드 블루먼솔이 '신앙과 은혜의 융합'으로 지칭한 일에 연관되어 있었다. "은혜는 신앙을 불러일으키며, 신앙은 은혜를 끌어들인다. 곧 우리에게 과분한 사랑을 베푸시는 하나님의 행하심은 우리로 하여금 그분 앞에서 신실하게 행하도록 인도하며, 우리의 신실한 행위는 다시금 과분한 사랑을 베푸시는 그분의 행하심을 낳는다. 그리고 이 일은 존재의 모든 측면에서 그러하다. 그러므로 하나님은 그분의 은혜 안에서 우리를 사랑하시고 우리는 그분을 신실히 따르며, 그 반대도 마찬가지인데, 우리는 그분을 신실히 따르고 그분은 자신의 언약적인 은혜 안에서 우리를 사랑하신다."[36] 블루먼솔은 아브라함 헤셸(Abraham Heschel)의 말을 인용함으로써 자신의 논의를 요약한다. **"신앙은 하나님의 뜻을 분별하고 헤아리며, 그분과 관계를 맺고 헌신하는 일이다."** 이런 관점을 살피면서, 우리는 믿음과 언약에 관한 이 유대적인 사고방식이 믿음에 관한 바울의 어법이 지닌 의미를 어떻게 조명해 줄 수 있는지를 곧바로 파악할 수 있다. 이스라엘 백성이나 유대인들이 하나님께 대한 믿음을 생각할 때, 그들은 그 믿음을 결코 수동적인 것으로 여기지 않았다. 그러므로 믿음에 관한 어법의 수동적인 표현처럼 여겨지는 구절들을 접할 때, 우리는 그 믿음의 개념을 "능동적인 수용의 상태"로 지칭하는 편이 더 나을 것이다. 또는 그 개념을

(Grand Rapids: Eerdmans, 1982), 122. 『구약 개관』(크리스천다이제스트).
36 David Blumenthal, "The Place of Faith and Grace in Judaism," in *A Time to Speak*, ed. James Rudin and Marvin R. Wilson (Grand Rapids: Eerdmans, 1987), 104-14 at 111.

'환영하고 맞아들이며 따르고 수용하는 의지, 곧 진지하게 경청하고 응답하는 태도'로 표현할 수도 있다.[37]

8. 방법론에 관한 질문

우리가 믿음에 관한 바울의 어법에 대한 이 연구를 수행하는 최상의 방식은 무엇일까? 주해적인 신학 작업을 진행하려는 모든 시도는 필연적으로 다차원적인 접근법을 취하게 된다. 아래에서 나는 이 책 전체에 걸쳐 따르게 될 작업의 원리와 방법론을 제시했다.

1) 단어들의 의미에 대한, 의미론적 영역에 근거한 접근법

많은 전통적인 사전과 어휘집에서는 단어들의 의미를 기술할 때 무계획적인 접근법을 취한다. 그러나 각 단어들의 **용법**을 헤아리고 그 의미를 파악하기 위해서는, 그 단어들을 의미론적인 범주 또는 영역의 관점에서 숙고하는 편이 현명하다. πίστις와 같은 단어들은 분명히 몇 가지 더 넓은 영역을 아우르는 광범위한 용법을 보여 주고 있다. *Greek-English Lexicon: Based on Semantic Domains*(의미론적 영역에 근거한 그리스어-영어 사전)의 서문에서, 라우와 유진 나이다는 전통적인 사전들의 경우에 "한 단어가 지닌 다양한 의미들이 의미론적인 공간 안에서 비교적 서로 멀리 떨어져 있다는 것"을 인식하지 못하고 있다고 언급한다. 그들은 πνεῦμα(프뉴마)를 예로 들면서, 이 단어가 더 넓은 여러 범주를 넘나드는 여덟 가지 서로 다른 의미론적 뉘앙스를 지니고

---

37 Walther Eichrodt, "Covenant and Law," *Interpretation* 20 (1966): 302-21 at 310를 보라.

있다는 점을 지적했다.³⁸ 이런 그들의 지적은 πίστις에 대한 우리 연구에서도 중요한 역할을 한다. 앞에서 이미 살폈듯이, 바울은 이 단어를 사용해서 몇 가지 서로 다른 일을 언급할 수 있었기 때문이다. 각자의 사고방식이나 예수 그리스도에 대한 신뢰, 다른 이에 대한 사회적 충실성 등이 그런 것들이다.

2) 문화적인 언어학

이 책에서 나는 사람들이 선택하는 어휘들은 그들이 지닌 문화적 유산과 전제들에 깊이 연관되어 있다는 개념을 고수한다. 바울의 글에 쓰인 πίστις에 관해 논의할 때, 우리는 당시의 특수한 시간과 문화 속에서 그것이 지녔던 더욱 광범위한 용례 안에서 그 단어의 용법을 헤아리기 위해 최선을 다해야만 한다. 이런 작업이 하나의 주어진 정황 속에서 πίστις가 함축하는 의미를 정확히 밝혀 주는 것은 아니지만, 이를 통해 우리는 그 단어를 그것 자체의 역사적인 용례에 결부시키며 그 단어가 일반적으로 지닐 법한 함의들을 파악할 수 있다.

3) 맥락 가운데서 분별되는 의미

(일반적인 관점에서 살필 때) 바울이 사용한 주요 어휘들을 연구하는 일에 대한 한 가지 장애물은, 그 서신의 독자들이 특정 단어의 쓰임새를 단순화시키며 각 본문의 문학적인 맥락을 무시하는 경향을 보인다는 데 있다. 하지만 πίστις 같은 단어들이 주어진 정황 가운데서 지니는 의미를 정확히 분별하기 위해서는, 바로 그 문학적인 맥락이 가장 중요

---

38 Johannes P. Louw and Eugene Albert Nida, *Greek-English Lexicon of the New Testament: Based on Semantic Domains* (New York: United Bible Societies, 1996).

한 요소가 된다. 그러므로 나는 바울의 글에 나타난 πίστις의 몇 가지 용례를 살피면서, 각각의 구체적인 맥락에서 바울이 그 단어를 사용해서 전달하고자 했던 의도에 자세히 관심을 기울이려 한다. 이때 πίστις는 각 본문의 정황이 지닌 뉘앙스를 통해, 조금씩 다른 의미들을 부여받게 될 것이다. 물론 이 작업이 한 걸음 뒤로 물러서서 더 넓은 본문의 패턴들과 반복되는 신학적 주제들을 관찰하는 일을 방해하는 것은 아니다. 하지만 우리가 전반적인 진술을 제시하려는 유혹 때문에 각각의 본문을 사례별로 살펴 나가는 과정을 생략해서는 안 될 것이다.

9. 이 책에서 논의될 내용

나는 바울 서신을 본격적으로 다루기 전에, 2장에서 먼저 πίστις와 믿음에 관한 바울의 어법이 해석되어 온 역사를 간단히 살피는 것으로 논의를 시작하려 한다. 개신교 학자들이 성경 본문에서 언급되는 πίστις를 읽고 해석하는 방식을 형성하는 데에 루터와 불트만이 중추적인 역할을 감당했던 것은 아마 놀라운 일이 아닐 것이다. 그다음에 나는 그리스어로 기록된 고대의 이방과 유대 문헌에서 πίστις가 사용되었던 방식들을 다양한 측면에서 조사해 보려 한다(이 책의 3장). 이 작업은 우리로 하여금 당시에 그 단어가 지녔던 폭넓은 용법과 특히 유대 문헌에서 나타났던 흥미로운 패턴과 발전을 살필 수 있게 해 줄 것이다. 그 뒤에 나는 예수 전승에서 나타났던 πίστις 용례를 검토해 보려 한다(4장). 어떤 면에서 이 작업은 시대착오적인 것으로 보일 수도 있다. 데살로니가전서와 갈라디아서의 경우, 정경의 복음서들보다 먼저 쓰인 것이 거의 확실하기 때문이다. 그러나 예수 전승에서 믿음의 어법이 중심적인 역할을 감당한 것을 감안할 때, 우리는 예수 전승의 어법이 믿음의 어법에 관한 바울 자신의 생각과 활용에도 상당한 영향을 끼쳤을 것이라고 추정할 수 있다.

이 앞부분의 장들은 이후 바울의 각 서신에 나타나는 πίστις와 믿음의 어법에 관한 일련의 연구를 위한 배경 역할을 한다. 5장에서 나는 데살로니가전서와 빌립보서의 일부 본문을 발췌해서 살펴볼 것이다. 이 서신들에서 바울은 (인간적인) 신실함의 개념과 유사한 의미로 πίστις를 사용하는 경향을 보인다. 6장과 7장에서는 각기 고린도전서와 고린도후서에 나타난 믿음의 어법을 다루어 볼 것이다. 바울의 어느 서신에서도 πίστις가 단 하나의 의미로 일관되게 사용되는 경우는 없지만, 나는 이 고린도전후서의 일부 본문에서는 πίστις의 좀 더 인지적인 뉘앙스가 잘 드러나고 있다는 점을 주장하려 한다. 특히 믿음이 지혜나 인식론적인 변혁과 연관되는 본문들의 경우에 그러하다. 8장은 갈라디아서에서 쓰인 πίστις에 관해 길게 연구하는 부분이며, 여기서 나는 믿음에 관한 바울의 어법이 하나님과 인간의 역할에 관한 문제나 '언약적 율법주의'로 알려진 관점과 어떻게 연관되는지를 좀 더 자세히 언급하려 한다. 9장에서는 로마서 1:17과 그 구절에 인용된 하박국 2:4("의인은 믿음으로 말미암아 살리라")의 연관성을 논할 것이다. 이 사례 연구는 로마서 1:16-17에 담긴 그 서신의 주된 논지에 초점을 맞추는 동시에, 바울의 '믿음' 신학에서 중심적인 역할을 하는 구약의 한 본문을 살펴볼 기회를 제공한다. 바울 서신을 다룬 이 장들(5-9장)에서, 우리가 그 서신들에 쓰인 πίστις의 모든 용례를 하나씩 열거하면서 논의하는 일은 불가능하다. 여기서 내가 제시하는 것은 그저 바울 서신에서 πίστις의 어법이 의미론적으로나 수사학적으로 어떻게 사용되었는지를 보여 주는 특정 구절 또는 단락들을 살피는 일련의 스케치일 뿐이다.

이어 10장에서는 πίστις Χριστοῦ 논쟁을 다루었다. 11장에서는 앞선 장들에서 제시했던 통찰의 다양한 가닥들을 한데 모아 정리한 뒤, 이런 관점이 바울과 그가 사용한 믿음의 어법에 대한 우리의 접근 방식에 어떤 영향을 줄 수 있을지를 좀 더 포괄적인 수준에서 논해 보려 했다.

10. 이 책의 활용법: 각기 다른 독자들을 위한 조언

처음에 이 책을 집필했을 때, 나는 바울 학계에서 진행되는 그의 신학에 관한 학문적인 논의들을 염두에 두고 있었다. 현재 학계에는 바울이 사용한 믿음의 어법에 관해 많은 오해들이 존재하며, 고대 유대인들과 이방인들이 πίστις를 사용한 방식과 그들이 바울의 믿음 어법을 수용한 태도에 관해서도 깊은 무지가 자리 잡고 있다. 그러므로 이 책 본론의 첫 두 장(2-3장)은 필연적으로 길고 전문적이다. 나는 학자들이 이 장들에서 논의되는 내용을 주의 깊고 끈기 있게 읽어 줄 것을 요청한다.

바울의 신학에는 관심이 있지만 처음부터 그렇게 복잡한 내용을 읽어 나가기는 부담스러운 독자들도 있을 것이다. 이런 독자들에게는 앞부분을 건너뛰고 4장부터 읽어도 좋다고 제안하고 싶다. 물론 이 책의 앞부분에서 제시되는 서론적인 논의와 주장들은 바울 서신을 다룬 장들의 논의를 위한 토대 역할을 한다. 하지만 나는 앞의 두 장을 제외한 나머지 부분의 경우, 독자들이 어렵지 않게 읽어 나갈 수 있을 것이라고 생각한다. 혹시 어떤 이들은 바울이 사용한 믿음의 어법에 관해, 그리고 그 어법과 그의 신학(특히 하나님과 인간의 역할에 대한 그의 이해)의 연관성에 관해 내가 이 책에서 제시하는 핵심 주장을 우선적으로 파악하고 싶을지도 모르겠다. 그런 독자들은 결론 부분(11장)을 **먼저** 읽은 뒤에 본론의 장들로 넘어가도 좋겠다.

2장
바울의 사상에서 믿음의 위치
간단한 역사

우리는 … 자신의 지혜나 분별력, 또는 경건함이나 독실한 마음으로 행한 일들을 통해 바르게 되는 것이 아닙니다. 우리는 오직 믿음을 통해 그렇게 됩니다. 전능하신 하나님은 이 믿음의 방편을 통해 모든 이들을 바르게 만들어 오셨으며, 그 일이 이루어진 것은 만물의 시초부터였습니다. 그분께 영광이 세세토록 있기를 빕니다.
- 클레멘스 1서 32.4

'그리스도를 향한 신앙'은 영적으로 현존하시는 그리스도와의 친교를 통해 생명력을 드러내는 믿음이다. 이것은 '하나님을 향한 신앙'이기도 하며, 그 내용 면에서는 종교적인 과거 시대에 아브라함이 품었던 믿음과 동일하다. 곧 이것은 의심하도록 유혹받는 중에도, 살아 계신 하나님을 무조건적으로 신뢰하는 믿음이다.
- 아돌프 다이스만(Adolf Deissmann)

과연 우리는 믿음에 관한 성경의 어법에 대한 연구의 발전사를 어떻게 요약할 수 있을까? 이에 관해 답하자면, 그 요약은 불완전할 수밖에 없다. 하지만 이런 요약은 여전히 유익한 시도로서, 신학자와 성서학자들이 여러 세기에 걸쳐 믿음의 어법을 어떻게 활용해 왔는지를 헤아리는 데에 도움을 준다. 이때 가장 중요한 문제는 아마도 그 연구가 (바울의 사역 이후 몇 세기 내에) 이 어법의 인지적인 측면들에 초점을 맞추는 쪽으로 빠르게 진전해 갔다는 점을 파악하는 것과, 루터(더 정확하게는 루터파의 해석)가 현대 서구 세계에서 바울 서신을 읽는 독자들이 믿음의 어법을 해석하고 활용하는 방식에 끼친 영향을 분별하는 데 있을 것이다. 이 장에서 우리는 먼저 사도 교부들(apostolic fathers, 사도들의 세대를 곧바로 계승한 초기 기독교 지도자들 - 역주)을 논한 뒤, 초기와 중세의 기독교 역사를 간단히 살펴보려 한다. 종교개혁 시대와 현대의 학자들에 관해서는 좀 더 자세히 다루어 볼 것이다.

1. 믿음의 어법에 관한 초기와 중세의 용례

앞서 서론에서 언급했듯이, 현대의 바울 독자들은 믿음에 관한 그의 어법을 주로 인지적인 성격을 띤 것으로 간주하는 경향이 있다. 곧 **"우리는 마음과 지성으로 믿거나 신앙을 소유한다"**라는 것이다. 기독교는 그 역사의 다소 이른 시기부터 이런 방향으로 움직여 나갔지만, 우리는 사도 교부들을 살필 때 그런 발전상이 **아직** 잘 드러나지 않으며 포괄적인 성격을 띠지도 않은 모습을 보게 된다.

클레멘스가 고린도 신자들에게 보낸 긴 분량의 편지(클레멘스 1서)에서는 πίστις가 몇 차례에 걸쳐 언급되고 있다.[1] 클레멘스는 신자들이 그리스도를 믿는 이들로서 어떻게 고난을 감내해야 할지를 논하면서 이 단어를 자주 사용한다. 그는 사도 바울의 예를 드는데, 바울은 여러 차례 감옥에 갇히고 고문을 겪으면서도 믿음을 잃지 않았던 인물이다(5.5-6). 그리고 클레멘스는 다나이즈와 디르카에라는 두 여인을 칭찬한다. 이 여인들은 고문을 받으면서도 "믿음의 경주"를 꿋꿋이 완주했던 이들이다(6.2).

---

[1] 클레멘스에 관한 모든 인용문은 다음 책에서 가져왔다. Bart Ehrman, *The Apostolic Fathers*, vol. 1: *I Clement, II Clement, Ignatius, Polycarp, Didache*, LCL 24 (Cambridge: Harvard University Press, 2003).

클레멘스는 또한 큰 위험이나 불확실성 가운데서도 하나님을 향해 경외심을 품고 순종했던 인물들, 특히 "믿음과 환대"의 영역에서 그리했던 인물들을 칭찬한다. 아브라함은 환대의 형태로 믿음을 드러냈으며, 그에 대한 상급으로 아들을 얻었다(10.7). 이와 마찬가지로, 라합 역시 그녀의 "믿음과 환대" 덕분에 하나님이 베푸시는 복을 받았다(12.1). 이런 구절들의 경우, 클레멘스가 '믿음'을 통해 의미하는 바가 곧바로 드러나지는 않는다. 하지만 이후에 그는 아브라함의 사례를 언급하면서, 아브라함이 **믿음을 통해** 의와 진리에 속한 일들을 행했다고 서술한다(31.2). 여기서 클레멘스가 믿음과 행위를 동일시하지는 않지만, 그 믿음은 순전히 인지적인 것, 또는 주로 인지적인 것 이상의 무언가를 함축하는 것으로 보인다. 오히려 클레멘스의 어법은 그 단어의 **의지적인** 용법, 곧 '사람의 의지를 움직여서 순종하게 만드는 힘'에 해당하는 성격을 띤다.

다른 구절들에서, 클레멘스는 믿음과 행위를 분명하고 뚜렷하게 구분 짓는다. 그는 고린도 신자들에게 다음 내용을 설명한다. "우리는 … 자신의 지혜나 분별력, 또는 경건함이나 독실한 마음으로 행한 일들을 통해 바르게 되는 것이 아닙니다. 우리는 오직 믿음을 통해 그렇게 됩니다. 전능하신 하나님은 이 믿음의 방편을 통해 모든 이들을 바르게 만들어 오셨으며, 그 일이 이루어진 것은 만물의 시초부터였습니다. 그분께 영광이 세세토록 있기를 빕니다."(32.4) 이런 언급은 클레멘스가 πίστις를 미덕으로 여기지 않았다는 의미가 아니다. 그는 πίστις를 인내와 오래 참음, 절제와 순결, 분별력과 함께 그리스도인들이 기도로써 구할 덕목으로 열거한다(64.1). 이런 덕목들과 함께 제시될 때, πίστις는 일종의 충성 또는 헌신의 성격을 띤다.

이그나티우스가 "에베소인들에게 보낸 편지"에서 πίστις를 활용하는 방식도 이와 유사한 범위의 용례를 따른다. 다른 사도 교부들과 마찬가지로, 이그나티우스는 신자가 그리스도를 향해 품는 두 가지 성향으로서 πίστις와 ἀγάπη를 함께 짝짓는 편을 선호했다(1.1). '믿음'이 신자와 하나님 사이에 존재하는 관계의 토대라면, 사랑은 그 관계의 궁극적인 목표라는 것이 이그나티우스의 생각이었다(아마도 그의 이런 견해는 고린도전서 13장에 근거했을 것이다)(14.1). 요한 서신들을 상기시키거나 그와 유사한 방식으로, 이그나티우스는 사람의 영적인 성격과 육신적인 성격을 나타내는 방법으로서의 신앙과 불신앙을 서로 대조하기 위해 πίστις를 활용했다(8.2). 한편 우리는 그가 16.2에서 πίστις를 교리적인 방식으로 사용하는 것을 보게 되는데, 여기서 그는 신자들의 믿음을 약화시킬 수 있는 이단적인 가르침들의 문제를 언급하면서 그 단어를 사용한다.

이와 마찬가지로, 바나바 역시 사랑과 믿음을 짝짓는다(1.4; 11.8). 그는 신자의 삶에서 핵심이 되는 영적인 삼각 구도를 언급하는데, 그중 첫 번째 요소는 "생명의 소망"이다. 그는 이 요소를 "우리가 품은 믿음의 시작과 완성"으로 해설한다(ἀρχὴ καὶ τέλος πίστεως ἡμῶν, 1.6).[2] 바나바 2서에서는 악과 유혹에 직면한 신자들이 품어야 할 태도를 다룬다. 그에 따르면, 우리의 '믿음'(πίστις)은 "두려움과 인내", 그리고 "오래 참음과 절제"를 요구한다(2.2).

디오그네투스는 전반적인 측면에서 인식론적으로 좀 더 무게감 있

---

[2] 두 번째와 세 번째 요소들은 의("이것은 심판의 처음과 끝이 된다")와 사랑("이것은 의로운 행위들을 증언해 준다")이다. 이 단락들의 영어 번역문은 Michael W. Holmes, *The Apostolic Fathers: Greek Texts and English Translations*, 3rd ed. (Grand Rapids: Baker, 2007), 381, 383를 보라.

는 πίστις 용법을 제시한다.³ 그에 따르면, 바위와 불의 가시적인 형상으로 드러나는 신들을 믿는 것이 어리석은 이유는 하나님이 인간의 눈에 보이지 않으시는 분이기 때문이다. "하나님은 믿음을 통해 자신을 계시하셨으며, 이 믿음은 우리가 그분을 보도록 허용된 유일한 방편이다."(8.6)⁴ 디오그네투스는 자신을 계시하시는 하나님의 은혜에 의존하면서 믿음의 눈으로 세상을 바라보도록 독자들을 설득한다. 이때 하나님은 그분의 은혜로써 "비밀들을 드러내시며", 진리를 찾는 이들에게 상을 베푸신다(11.6). 이같이 마음과 눈이 열릴 때, 우리는 율법의 경건한 성격이나 선지자들을 통해 주어진 은혜, "복음서들의 믿음"(εὐαγγελίων πίστις)과 "사도들의 전통", 그리고 "교회의 기쁨"을 헤아리고 파악할 수 있게 된다(11.6). 이 구절에서, πίστις는 그리스도를 향한 '믿음'을 지칭하는 것으로 보인다. 독자들은 디오그네투스의 글에서 전반적으로 πίστις가 지적인 성격의 '믿음'(belief)을 지향하는 뉘앙스를 지님을 분명히 파악할 수 있지만, 이 글에서 그 단어가 오직 그런 의미로만 사용된 것은 아니다. 바로 앞 구절에서 그는 특정한 종교적 한계 안에 머무르는 일을 지칭하면서 πίστις를 언급했는데, 이는 "믿음의 서약[ὅρκια πίστεως]을 어기지" 않는 일이었다(11.5). 이런 표현은 관계적인 충실성을 나타내는 헬레니즘 시기의 고전적인 어법을 상기시킨다.

우리는 특히 아우구스티누스에게서 믿음의 어법이 좀 더 지성적이거나 교리적인 방식으로 쓰이기 시작하는 모습을 보게 된다. 『신망애

---

3 디오그네투스의 글이 뚜렷이 변증적인 목적을 지니고 있음을 생각할 때, 이 점은 그리 놀라운 일이 아니다. 그는 불신자들로 하여금 기독교 주장들이 사리에 맞는 것임을 깨닫고, 하나님을 향한 믿음을 받아들이도록 감화하는 것을 목적으로 삼았다. 이에 관해서는 Michael W. Holmes, *The Apostolic Fathers in English* (Grand Rapids: Baker, 2006), 289-91를 보라.
4 Holmes, *Apostolic Fathers*, 297.

편람』(*Enchiridion*)에서, 아우구스티누스는 "기독교 신앙"(16,60)과 "신앙고백"(24,96)이라는 어구를 언급한다. 그의 관점에서, 신앙은 곧 기독교적인 삶의 안내자이다. 아우구스티누스는 믿음과 소망과 사랑으로 이루어진 기독교적인 삶의 삼각 구도에 관해 논하면서, "믿음은 어떠한 일들을 사실로 믿으며", "소망과 사랑은 기도한다"라고 언급한다(다만 이후에 그는 "믿음 역시 기도한다"라는 점을 확언했다; 참조. 2.7). 이처럼 분명히 인지적인 성향을 띤 믿음의 어법을 사용하고 있음에도 불구하고, 그는 또한 **참된 믿음**은 **그저** 지성적이거나 이성적이기만 할 수 없다는 점을 주장한다. 『신망애 편람』 전체에서, 아우구스티누스는 사랑으로 역사하는 믿음에 관한 바울의 어법을 매우 중요시한다(갈 5:6; *Enchiridion* 7,21; 18,67; 31,117를 보라). 또한 그는 *On Faith and Works*(믿음과 행위에 관하여)라는 논문 전체를 믿음의 문제에 할애한다. 여기서 그는 '믿음만으로' 구원을 얻는다는 기독교 신학을 옹호하며, 이 믿음은 우리가 어떤 일을 사실로 믿는 것과 연관이 있음을 확언한다. 다만 이때 이 믿음은 행위가 결여된 것이 될 수 없다는 것이 그의 입장이다. 아우구스티누스에 따르면, 기독교적인 은혜에 속한 참된 믿음은 곧 "사랑으로써 행하는 신앙"이기 때문이다(chap. 16).

그로부터 팔백 년 뒤에, 토마스 아퀴나스는 『신학 대전』(*Summa Theologica*) 일부분에서 믿음과 소망, 사랑과 분별력, 정의와 용기, 절제의 미덕들을 다루었다.[5] 그는 '믿음'을 "사실로 믿어지는 어떤 내용에 대한 지성의 동의"로 정의한다(2,2,4). 나아가서 아퀴나스는 이 '믿음'에 두 가지 핵심 요소가 내포되어 있다고 설명하는데, 믿음의 대상과

---

5 Thomas Aquinas, *The Summa Theologica*, trans. L. Shapcote and D. J. Sullivan (Chicago: Encyclopedia Britannica, 1909–90). 『신학 대전』(바오로딸).

우리의 지성이 바로 그것이다. 이때 우리의 지성은 어느 한 사물 대신에 다른 사물을 그 대상으로 선택하는 역할을 한다. 아퀴나스는 믿음을 기독교의 매우 구체적인 핵심 교리들과 결부 짓는데, 하나님의 신성에 대한 교리뿐 아니라 그리스도의 성육신과 교회의 성례전, 그리고 인간의 죄악 된 상태까지 그 대상으로 삼는다. 그는 믿음과 학문의 관계를 자세히 숙고하는데, 여기서 '학문'은 객관적인 증명을 통해 알려지는 사실들을 의미한다. 아퀴나스는 먼저 학문이 우리의 지식과 이성과 논리에 토대를 둔다는 점을 설명한다. 그러므로 우리의 신앙 역시 학문적인 것이 되어야만 하는데, 이는 사도들이 논리적인 변론을 통해 신앙의 참됨을 입증했기 때문이다(2.2.5를 보라). 하지만 아퀴나스는 우리의 신앙이 필연적으로 비가시적인 실재에 의존할 수밖에 없고, 그 반면에 학문 활동에서는 시각적인 관찰을 통한 입증을 기대한다는 점 역시 언급한다.

2. 믿음에 관한 루터와 칼뱅의 견해

루터가 믿음에 관해 할 말이 많다는 것은 놀라운 일이 아니다. 우리는 믿음과 행위에 관한 루터의 신학 중 많은 내용을 그의 논쟁적인 갈라디아서 주석에서 배운다. 이전에 나는 늘 루터가 믿음의 어법을 숙고하고 활용하는 데 한 가지 제한된 방식에만 초점을 둔다고 여겼다. 하지만 루터는 바울의 '믿음' 신학을 이해하는 데 있어서 놀라울 정도로 세심한 태도를 보인다. 루터는 "거룩한 성경에서 성령님이 믿음에 관해 다양한 방식으로 말씀하신다"라고 주장한다. 곧 믿음에 관한 성경의 가르침에는 다양한 의미론적인 가능성들이 포함되어 있다는 것이다.[6] 루터는 먼저 칭의와 연관되는 믿음의 절대적인 용법을 언급한다(74). 둘째로, 그는 믿음이 행위와 뚜렷이 구분된다는 점을 지적한다. 이 믿음이 행함의 토대가 되기는 하지만, 이 둘이 동일시되어서는 안 된다는 것이다. 루터는 "신실한 행함, 곧 우리의 믿음에 의해 영감을 받은 행위"에 관해 언급한다. 이때 우리가 "먼저 그리스도를 향한 믿음을 품으면, 그분이 우리로 하여금 삶 속에서 행할 수 있게 하시리라"라는 것이 그의 입장이다(74). 루터는 (설령 신학적인 이유에 근거할 경우에도) 믿음과 행위를 개념적으로 분리하는 것이 쉽지 않은 일임을 놀랍도록 정직하게 시인한다. 그는 (아마도 유감스러운 어조로) 이렇게 서술한다. "우리의 믿음이 행위와 무관하게 존재함을 가르치는 동시에, 여전히 어떤 일들을 행하라고 요구하는 것은 쉬운 일이 아니다."(143) 루터가 제시하는 '믿음'의 세 번째 용법은 인간적인 미덕인 믿음과 관계가 있다. 예를 들어 이것은 "사람들에 대한 믿음"을 언급하는 경우에 나타난다(151).

루터는 믿음과 행위의 관계를 논하면서, '믿음'을 "행위의 신적인 요소"라고 부른다. 곧 "믿음은 신자가 행하는 모든 일에 스며들어 있으며, 이는 그리스도의 신성이 그분의 인간성에 충만히 깃들어 있는 것과 마찬가지"라는 것이다(74). 족장인 아브라함이 "의롭게 여겨진 이유는 그의 전 인격과 모든 행위에 믿음이 스며들어 있었기" 때문이었다(74). 여기서 루터는 믿음과 행위를 서로 구분 짓고, 믿음을 더 중심적인 관심사로 제시하려는 의도를 품고 있다. 그러므로 "참된 믿음의 사

---

6   Martin Luther, *Commentary on the Epistle to the Galatians*, trans. T. Graebner (Grand Rapids, Zondervan, 1965), 74. 아래에서 이 주석의 내용을 인용할 때, 나는 그 페이지 번호를 괄호 안에 표시했다.

도인 바울은 '믿음'이라는 단어를 늘 자신의 입에 두었다"라고 언급했던 것이다(96; 참조. 갈 3:26).

루터는 믿음을 기독교와 깊이 결부 지었으며, 이에 따라 그 개념은 이를테면 그리스도나 의의 전가와 동일한 범주에 속하게 되었다(43). 거의 모든 점에서, 믿음은 곧 기독교**이다**. 믿음은 "최상의 예배이자 으뜸가는 의무이며, 최초의 순종이자 가장 중요한 희생 제사이다"(65). 그뿐 아니라 믿음은 "가장 높은 지혜이며, 올바른 종류의 의인 동시에 유일하게 참된 종교이다"(60). 그런데 이 믿음은 무엇**이며**, 우리가 이 믿음을 통해 믿고 받아들이는 바는 정확히 무엇인가? 루터의 관점에서, 그리스도인들은 아무 죄가 없는 이들이 아니었다. 그들은 "그리스도를 믿는 믿음 때문에, 하나님께서 더 이상 그들의 죄를 묻지 않으시는" 이들이었다(43).

또한 루터는 당시 갈라디아 교회의 문제가 무엇이었는지에 관해서도 분명한 견해를 갖고 있었다. 그에 따르면, 당시 갈라디아 신자들은 쓸데없이 그들의 일에 참견하면서 행위로 얻는 의를 가르치는 교사들에게 시달리고 있었다. 그 교사들은 "사람이 구원을 얻기 위해서는 그리스도를 믿는 믿음 외에 하나님의 율법을 행하는 것도 필요하다"라고 가르친 이들이었다(74). 루터는 행위로 얻는 의를 가르쳤던 이 고대의 교사들을 곧바로 자신이 속한 시대의 교황 절대주의자들과 연관 지었다. 그에 따르면 교황 절대주의자들은 믿음을 전파하지 않고, 오히려 "스스로 고안해 낸 전통과 행위, 곧 하나님이 명령하신 적이 없는 일들"을 가르치는 자들이었다(19). 이런 교황 절대주의자들의 입장이 이단에 속하는 이유는 어떤 전통도 죄를 극복할 수는 없기 때문이었다. 심지어 율법으로도 그 죄를 극복할 수 없으며, 그 일은 오직 그리스도만이 하실 수 있다(74).

루터는 복음 안에서 믿음과 행위를 서로 혼합하는 것은 거짓 복음, 곧 "조건적인" 복음을 낳는다는 점을 분명히 알아야 한다고 주장했다(32). 행위는 기독교적인 삶의 중요한 일부분이지만, 우리를 칭의로 이끌 수 있는 것은 오직 믿음뿐이다. 이는 우리가 "그것을 통해 그리스도가 구속자 되심을 깨닫기" 때문이다(32). 하나의 인상적인 진술에서 루터가 설명하는 바에 따르면, 사람들이 (믿음 없이) 이성적인 방식으로만 사유할 때, 그들은 율법의 행위를 통해 의롭다고 여김받기를 기대한다. 이때 그들은 "나는 이 일을 행했으며, 저 일은 행하지 않았습니다"라고 말하면서 스스로를 내세운다. 그러나 "믿음이 있는 이는 하나님의 아들이신 예수 그리스도, 온 세상의 죄를 위해 죽음에 넘겨지신 그분을 바라본다. 그분에게서 눈을 돌리는 것은 곧 율법에 의지하는 일과 같다."(32)[7]

갈라디아서에 근거해서, 사람들은 종종 루터가 '믿음'을 '행위가 아닌 일(들)'을 나타내는 암호 문구와 같이 여겼다고 이해한다. 곧 그것은 하나님 안에서 안식을 얻으며 예수 그리스도를 통해 의롭다 함을 얻

---

[7] Siegbert Becker, *The Foolishness of God: The Place of Reason in the Theology of Martin Luther* (Milwaukee: Northwest Publishing, 1999), 69-92. 지그베르트 베커는 이 책에서, 신앙과 이성의 관계를 이해하는 루터의 관점에 관해 흥미로운 논의를 제시한다. 베커는 루터의 입장을 살피면서, 신앙에 대한 그의 이해를 주로 인지적인 것으로 간주한다. 그에 따르면, 루터에게 신앙은 "지성을 통제하는" 사유의 방식인 동시에 "신자 개개인이 그리스도의 공로를 받아들이며 소유하게 되는 수단"이라는 것이다(88). 신자들이 회심할 때에는 그들의 상상력이 새로워지며, 이때 그들은 마치 뱀이 낡은 허물을 벗듯이 그들의 어두웠던 정신을 뒤에 남겨 두게 된다(89). 그러나 베른하르트 로제(Bernhard Lohse)는 신앙에 관한 루터의 신학에 대해 베커와는 다른 접근법을 취한다. 로제에 따르면, 그 개혁자에게 신앙은 주로 (이성의 경우처럼) 정신(mind)에 속한 것이 아니라 오히려 우리의 마음(heart)에 연관되어 있었다. 그리고 이 마음은 곧 하나님 말씀으로부터 흘러나오는 죄의 용서와 부르심에 전인적으로 응답하는 우리 인격의 능동적인 부분이라는 것이다. 이에 관해서는 그의 *Martin Luther's Theology: Its Historical and Systematic Development* (Minneapolis: Fortress, 1999), 200-205를 보라.

기 위해 그분을 신뢰하는 일을 의미한다고 보는 것이다. 루터가 끊임없이 믿음과 행위를 서로 대조하는 점을 고려할 때, 우리는 그런 결론이 어떻게 도출되는지를 헤아릴 수 있다. 하지만 우리가 그의 변함없는 그리스도 중심주의를 주의 깊게 살필 때, 그의 구원론과 πίστις에 관한 신학의 핵심에는 '믿음은 그리스도적인 관계성(Christ-relation)에 능동적으로 의존하는 일'이라는 개념이 자리 잡고 있음을 보게 된다.[8] 루터가 '오직 믿음만으로 얻는 칭의'에 관심을 두었던 것은 분명하지만, 그에게는 이 개념에 관해 유창한 말들을 늘어놓으려는 의도가 없었다. 오히려 그의 본질적인 관심사는 '믿음'을 그리스도께 의존하는 일, 곧 사람이 구원을 얻기 위해 그리스도만을 붙드는 일로 다루려는 데 있었다. "참된 믿음은 그리스도를 붙잡으며, 오직 그분께만 의존한다. 그러나 우리를 대적하는 자들은 이 진리를 이해하지 못한다. 그들은 영적으로 눈이 멀었기에 귀중한 진주이신 그리스도를 내버리고, 자신들의 완고한 행위만을 고집한다."(32) 이 점이 중요한 이유는 루터가 기독교를 하나의 올바른 교리 또는 일련의 교리들로 축소하는 일을 격렬히 반대했기 때문이다(이는 그것이 어떤 종류의 교리일지라도 마찬가지였다). 오히려 우리의 죄가 사함받는 것은 그리스도 안에서, 그리고 그분을 통해서였으며, 이는 그리스도를 믿는 **믿음**을 통해 이루어지는 일이었다. 루터에게 믿음은 그것 자체로서 존재하는 실재가 아니라, 우리가 그리스도와 관계를 맺으며 그분께 우리 자신을 연합시키는 방편이었다. "우리는 믿음으로 예수 그리스도를 붙든다고 고백한다. 기독교 신앙은

---

[8] 나는 크리스 틸링의 논의를 통해 이 '그리스도적인 관계성'(Christ-relation)이라는 표현을 배웠다. Chris Tilling, *Paul's Divine Christology* (Grand Rapids: Eerdmans, 2015), 8-9, 108, 181, 188, 196를 보라.

우리의 마음속에 있는 하나의 정적인 기질이 아니다. 만일 우리의 믿음이 참되다면, 그것은 분명히 그리스도를 그 대상으로 삼게 된다. 이처럼 우리의 믿음에 의해 포착되고 우리 마음속에 거하시는 그리스도는 기독교적인 의의 내용이 되신다. 하나님은 이 의 때문에 우리에게 영원한 생명을 베푸신다."(42-43) 루터의 '믿음' 신학에 대한 이 같은 설명은 루터가 뚜렷이 참여를 강조하는 신학적 성향을 지니고 있었음을 **보여 준다**. 나는 루터 사상의 전문가가 아니지만, 그가 다음 개념을 다소 명확히 표현했던 것은 분명한 사실이다. "믿음은 우리를 그리스도께 친밀하게 연합시킨다. 그리하여 그분과 우리는 마치 하나의 인격체와 같이 된다."(52)[9]

칼뱅은 갈라디아서와 로마서에 나타난 믿음의 어법에 대한 루터의 해석에서 깊은 영향을 받았다. 하지만 이와 동시에, 칼뱅이 이 어법을 활용하는 방식은 더욱 교리적인 성격을 띤다. 『기독교 강요』에서, 칼뱅은 믿음을 "하나님과 그리스도를 아는 지식"으로 정의한다.[10] 그는 또한 이 어법을 죄나 구원과 같이 주요한 신학적 개념들에 연관 짓기도 한다.[11] 칼뱅에 따르면, 우리가 참된 기독교 신앙을 품기 위해서는 "하나님의 진리에 대한 굳건한 신념"이 요구된다.[12] 곧 이때에는 "완전하

---

9 루터의 신앙관에 대한 설득력 있는 논의로는 Stephen Chester, *Reading Paul with the Reformers* (Grand Rapids: Eerdmans, 2017), 175-217를 보라. 체스터는 믿음에 관한 루터의 이해를 이렇게 정의한다. "믿음은 신자들로 하여금 그리스도를 붙잡으며 그분과 연합하게끔 이끈다. 그럼으로써 그들은 그분의 의를 얻는다."(215) 투오모 마네르마(Tuomo Mannermaa)는 루터의 관점에 대한 이 해석을 다음과 같이 강력히 옹호한다. "신앙 안에서 그리스도의 인격과 신자들의 인격은 서로 하나가 되며, 이 하나 됨은 결코 분리되어서는 안 된다. 그들이 구원을 얻느냐, 또는 상실하고 마느냐의 문제가 여기에 달려 있기 때문이다." *Christ Present in Faith: Luther's View of Justification* (Minneapolis: Fortress, 2005), 1-42 at 42.
10 John Calvin, *Institutes of the Christian Religion*, trans. H. Beveridge (repr. Grand Rapids: Eerdmans, 1964), §2.3. 『기독교 강요』.
11 Calvin, *Institutes*, §1.313.
12 Calvin, *Institutes*, §3.42.

고 결정적인" 확실성이 요청된다.[13] 하지만 칼뱅은 믿음을 순전히 지적이기만 한 것으로 취급하지는 않았다. "하나님의 말씀이 그저 우리 머릿속에만 떠돌고 있을 때에는 그 말씀을 믿음으로 받아들였다고 말할 수 없다. 오히려 그 말씀이 우리 마음속 깊이 뿌리를 내렸을 때, 그리고 모든 유혹과 공격을 견뎌 내고 물리칠 수 있는 견고한 방어벽이 되었을 때에만 우리는 그 말씀을 믿는다고 고백할 수 있다."[14]

3. 바울과 기독교 신앙에 관한 현대 학자들의 견해

바울이 사용한 믿음의 어법에 관한 현대의 학문적 이해는 루돌프 불트만과 함께 시작되었다. 불트만은 독일의 성서신학자로서 루터의 일부 사상을 계속 이어 나갔으며(예를 들면, 루터가 내세웠던 행위/신앙의 이분법), 다른 한편으로는 성경의 실존적인 해석을 발전시켰다. 『신약 성서 신학』(*Theology of the New Testament*)에서, 불트만은 믿음의 성격을 다음과 같이 묘사했다. "그것은 '하나님의 의'를 선물로 받아들이는 인간의 태도이며, 그 안에서 신적인 구원의 씨앗이 마침내 결실을 맺는다."[15] 그는 이런 믿음의 개념을 자신이 이해한 유대 사상과 대조했는데, 유대 사상은 **행위**를 그 중심에 놓는다. 이에 반해 믿음은 신적인 계시와 우리를 각성시키는 지식에 밀접히 연관되어 있으며, 이를 통해 신자는 자신에 대한 새로운 이해에 이르게 된다(참조. 고후 4:6; 2:14). 하지만 이

---

13 Calvin, *Institutes*, §3.15.
14 Calvin, *Institutes*, §3.36.
15 Rudolf Bultmann, *Theology of the New Testament*, 2 vols., trans. K. Grobel (New York: Scribner, 1951, 1955 (독일어판 원본: *Theologie des Neuen Testament*, 2 vols. [Tübingen: Mohr Siebeck, 1948–53], 1.314). 『신약 성서 신학』(한국성서연구소).

점은 신앙이 인지적인 성격**만을** 지닌다는 것을 의미하지 않는다. 궁극적으로, 불트만에게 신앙은 '복음을 받아들이는 일'을 뜻하는 것이었다. 우리의 믿음은 단순한 정신적 동의의 차원을 넘어서는 것으로서, 하나님을 향한 **응답**인 동시에 **순종**이기까지 하다.[16] 여기서 불트만은 **가시적으로 드러나며** 우리의 삶 속에서 실천되는 믿음에 관해 바울이 언급하는 로마서 구절들을 제시한다(1:5, 8; 16:19).[17]

칼 바르트는 몇몇 저서에서 신약 성경, 더 구체적으로는 바울의 사상에서 언급되는 믿음에 관해 다룬다. 그 저서들에는 그의 로마서 주석이 포함되지만(이 책의 9장을 보라), 바르트는 특히 『교회 교의학』(*Church Dogmatics*)에서 이 주제에 집중적으로 초점을 맞추고 있다.[18] "화해의 교리"라는 더 포괄적인 범주 아래서, 바르트는 인간의 타락과 칭의 같은 주제들을 논한다. 믿음에 관한 가장 집중적인 논의는 그의 글인 "믿음만으로 얻는 칭의"와 "성령과 기독교 신앙"에 나타난다.[19] 궁극적으로, 바르트는 믿음을 곧 하나님을 향한 응답으로 간주한다.[20] 그런데 그는 이 응답을 다음 네 단계로 나누었다. (1) 지식. 여기에

---

16 Bultmann, *Theology of the New Testament*, 1.314. 우리는 아마도 아돌프 슐라터(Adolf Schlatter)가 불트만에게 중요한 영향을 끼쳤을 것이라고 볼 수 있다. 슐라터가 처음으로 출간한 주요 저서는 *Der Glaube im Neuen Testament* (Stuttgart: Calwer, 1883)였다. 슐라터에 따르면, 당시 팔레스타인 지역의 유대인들은 그들이 따르는 신앙의 초점이 율법에 대한 순종에 있다고 여겼다. 그들의 신앙은 행위에 우선순위를 두는 종교였으며, 이 종교는 하나님을 향한 신뢰보다 더 우선시되었다. 하지만 예수님과 바울은 참된 신앙을 가르쳤으며, 그 신앙의 중심에는 신뢰와 순종을 통해 하나님과 대면함으로써 우리의 인격이 변화되는 일이 자리 잡고 있었다는 것이다.
17 Bultmann, *Theology of the New Testament*, 1.318.
18 Karl Barth, *Church Dogmatics*, vol. 4.1: *The Doctrine of Reconciliation*, ed. G. W. Bromiley and T. F. Torrance (Edinburgh: T&T Clark, 1956). 『교회 교의학』(대한기독교서회).
19 Barth, *Church Dogmatics*, 4.1.608–42 and 4.1.740–80.
20 바르트가 믿음에 관해 내리는 더 자세한 정의 중 하나는 다음과 같다. "[믿음은] 하나님의 신실하심을 향해 신실하고 참되며 적절한 방식으로 응답하는 인간적인 행동이다. 이 응답은 하나님의 용서를 통해 의롭다 하심을 입은 인간의 실질과 존재를 온전히 반영하는 것이며, 하나님은 그 행동을 그분의 신실하심에 부합하는 것으로 여기고 승인해 주신다. 곧 하나님은 인간의 이 행동을 옳은 것으로 인정하고 판단하며 받아들여 주시고, 이에 따라 자신이 의롭다 함을 입었음을 아는 일은 순전하

는 예수 그리스도를 참되게 알고, 그분이 **나를 위해** 계시는 분임을 헤아리는 일이 포함된다. (2) 인식. 이것은 더 구체적으로 그리스도에 대한 앎을 통해 우리가 더 깊은 수준의 자기 인식에 이르게 되는 일을 가리킨다. "나는 나 자신이 그분의 뜻에 따라 불가항력적으로 결정된 상태에 있음을 깨닫는다. 그분이 내 안에 뚜렷이 자신의 인을 치셨으며, 이제 나는 존재의 깊은 곳, 가장 깊은 곳에서 그분의 빛 안에 놓이게 되었다. 그 심연에서 나는 그분과의 관계성 속에 있음을 발견하게 된다."[21] (3) 고백. 이것은 자신의 신앙을 공적으로 정직하게 선포하는 일이다. 그리고 (4) **행위**로서의 믿음이 있다.[22] 바르트는 지성적인 신앙, 곧 예수 그리스도의 복음에 대한 믿음(이는 회심을 의미한다)이 분명히 우리 신앙의 중심에 놓이지만, 우리가 신앙에 관해 언급해야만 할 내용은 그것이 다가 아니라는 점을 독자에게 일깨워 준다. 곧 회심에 근거한 신앙이 신자들의 존재 중심에 놓이지만, "그 중심은 주변부 역시 지니고 있다"는 것이다.[23]

아마도 믿음에 대한 바르트의 접근 방식이 지닌 더 독특한 측면 중 하나는 그가 겸손의 개념에 많은 비중을 부여한다는 데 있을 것이다. 유한한 인간은 믿음을 통해 자신의 교만함을 대면하며, 그 속에 담긴 공허함과 무력함을 인식하게 된다. 교만은 우리 자신을 부패시키지만, "믿음은 자만심에 찬 사람들로 하여금 그 자만심과 허영을 포기하게 만든다."[24]

고 구체적인 측면에서 하나의 인간적인 사건이 된다." *Church Dogmatics*, 4.1.618.
21 Barth, *Church Dogmatics*, 4.1.770.
22 Barth, *Church Dogmatics*, 4.1.758를 보라.
23 Barth, *Church Dogmatics*, 4.1.618.
24 Barth, *Church Dogmatics*, 4.1.618.

바울이 사용한 '믿음'의 어법에 대한 에른스트 케제만의 접근 방식은 불트만의 방식과 유사하다. 우리는 케제만의 견해를 두고서 불트만의 사상을 묵시론적인 음조로 변주한 것으로 여길 수도 있다. 불트만과 마찬가지로, 케제만은 기독교 신앙을 하나의 응답과 결단으로 간주한다.[25] 케제만은 신앙을 "신적인 부름의 수용"으로 정의하는 편을 더 적절하게 여겼다.[26] 그의 접근법은 좀 더 전통적인 루터파의 성격을 띠며, 여기에는 그의 독특한 종말론적 견해가 가미되어 있다. "진정한 요점은 신적인 말씀을 끊임없이 새롭게 경청하며 그 말씀을 굳게 붙드는 데 있다. 그 말씀은 우리를 지속적인 출애굽으로 인도하며, 앞에 놓인 일, 곧 하나님께 속한 미래를 향해 나아가게끔 우리를 늘 이끌어 간다."[27] 나아가서 케제만은 참된 믿음은 교조적인 것이 아니며, 고정된 것이나 편협한 것 역시 아니라는 점을 강조한다. 그 믿음은 유한한 인간이 자신의 힘으로 만들어 내거나 발휘할 수 있는 것도 아니다. 오히려 "우리는 하나님의 말씀과 기적을 통해 우리 자신의 바깥으로 나오도록 요청받는다."[28]

권터 보른캄 역시 불트만이나 케제만과 비슷하게, 믿음을 복음에 응답하는 일로 묘사한다.[29] 하지만 그에 따르면 믿음은 독자적으로 연구하기가 어려운 주제인데, 이는 바울이 그 개념의 의미를 정의한 적이 없기 때문이다. 믿음은 하나의 행위나 기질 그 자체로 취급될 수 없다는 것이 그의 입장이다. 보른캄에 따르면, 그것은 하나님을 향한 응답

---

[25] Ernst Käsemann, "The Faith of Abraham in Romans 4," in *Perspectives on Paul* (London: SCM, 1971), 79-101 at 83.
[26] Käsemann, "Faith of Abraham," 83.
[27] Käsemann, "Faith of Abraham," 84.
[28] Käsemann, "Faith of Abraham," 84.
[29] Günther Bornkamm, *Paul*, trans. D. M. G. Stalker (New York: Harper & Row, 1971), 141.

또는 그분을 향해 나아가는 성향이다.

바울의 '믿음'에 관한 아돌프 다이스만의 분석은 불트만의 접근법과는 뚜렷이 다른 특징을 지닌다. 다이스만은 믿음을 "그리스도와의 교제를 통해 생겨나는 하나님과의 연합"으로 정의한다.[30] 불트만이 하나님을 향한 응답의 성격에 집중했다면, 다이스만은 변혁적인 참여의 이미지를 선호한다. "'그리스도를 향한 신앙'은 영적으로 현존하시는 그리스도와의 친교를 통해 생명력을 드러내는 믿음이다. 이것은 '하나님을 향한 신앙'이기도 하며, 그 내용 면에서는 종교적인 과거 시대에 아브라함이 품었던 믿음과 동일하다. 곧 이것은 의심하도록 유혹받는 중에도, 살아 계신 하나님을 무조건적으로 신뢰하는 믿음이다."[31]

조지프 피츠마이어는 가톨릭의 관점에 속한 학자로서, 그 역시 바울의 '믿음'을 그리스도를 통해 하나님을 **체험하는** 일로 간주한다. 로마서 10장을 염두에 두면서, 피츠마이어는 믿음을 "그리스도의 주 되심이 인간의 역사에 가져온 변화를 인식하는 일"로 정의한다.[32] 나아가서 신자 개개인의 수준에서 믿음은 "생명력 있고 인격적인 헌신"이며, 이때 신자는 "하나님과 다른 사람들, 그리고 이 세상과 맺는 모든 관계 속에서 자신의 전 인격을 그리스도께 드리게 된다."[33] 또한 다이스만과 마찬가지로, 피츠마이어는 "그리스도와의 새로운 연합"을 이 체험의 근거로 삼는다. 이 연합은 우리의 지성으로 믿고 받아들일 수 있는 수준을 넘어서는 실재이지만, 동시에 이 연합은 전인적인 차원에서 우

---

30 Adolf Deissmann, *St. Paul: A Study in Social and Religious History* (New York: Hodder & Stoughton, 1912), 143.
31 Deissmann, *St. Paul*, 142.
32 Joseph Fitzmyer, *Pauline Theology: A Brief Sketch* (Englewood Cliffs, NJ: Prentice-Hall, 1967), 84–85. 『바울로의 신학』(분도출판사).
33 Fitzmyer, *Pauline Theology*, 85.

리의 존재를 변화시킨다는 것이다. 그리하여 우리의 의지가 믿음의 능동적인 인도 아래 놓이게 된다는 것이 그의 견해이다.[34]

더글러스 무는 창세기 15:6에 관한 초기 기독교의 용법을 살피면서 신약 성경에 담긴 '믿음'의 어법에 대한 생각을 제시한다.[35] 무는 믿음과 순종을 뚜렷이 구분한다(다만 이와 동시에 이 둘이 서로 연관되어 있다고 여긴다). 믿음을 하나의 미덕이나 행위로 여겨서는 안 되며, 오히려 그것은 하나님을 향한 신뢰의 응답으로 간주되어야 한다는 것이 그의 입장이다.[36]

이와 유사하게, 토머스 슈라이너는 바울의 '믿음'을 하나님이 그분의 은혜로 베푸신 선물로 묘사한다. 그리하여 우리는 "십자가에 못 박히고 부활하신 주님을 통해 하나님이 성취하신 일을 믿고 의지하게" 된다는 것이다.[37] 그에 따르면, 우리의 선한 행실은 우리가 하나님 앞에서 올바른 지위를 얻게 하는 데 도움을 주지 못한다. 그러나 순전한 믿음은 우리의 행함과 순종을 통해 열매를 맺게 되어 있다는 것이 그의 입장이다.[38]

우리가 위의 입장과 **대조적인** 관점을 살피려면, 리앤더 켁(Leander Keck)의 견해를 참조할 수 있다. 켁은 (케제만의 사상에 근접한 입장을 취하면

---

34 Fitzmyer, *Pauline Theology*, 85.
35 Douglas J. Moo, "Genesis 15:6 in the New Testament," in *From Creation to New Creation: Biblical Theology and Exegesis: Essays in Honor of G. K. Beale*, ed. Daniel M. Gurtner and Benjamin L. Gladd (Peabody MA: Hendrickson, 2013), 147–62.
36 Moo, "Genesis 15:6 in the New Testament," 151.
37 Thomas Schreiner, *Magnifying God in Christ: A Summary of New Testament Theology* (Grand Rapids: Baker, 2010), 185. 『간추린 신약 신학』(CLC).
38 또한 Thomas Schreiner, "Justification apart from and by Works: At the Final Judgment Works Will Confirm Justification," in *Four Views on the Role of Works at the Final Judgment*, ed. Alan P. Stanley (Grand Rapids: Zondervan, 2013), 71–98를 보라. 『최후 심판에서 행위의 역할 논쟁』(새물결플러스).

서) 믿음과 순종을 거의 동일한 것으로 간주한다. 하지만 그가 순종을 하나의 행위로 여기는 것은 아니다. 그보다도 믿음이 (복음을 향한 응답으로서) 강력한 힘을 지니기 위해서는 신자 개개인에게 총체적인 효과를 발휘할 수밖에 없다는 것이 그의 입장이다. 그런 다음에 켁은 믿음을 본질적으로 도덕적인 성격을 지닌 일로 언급한다(우리는 그가 믿음을 하나의 미덕으로 여긴다고까지 해석할 수 있을 것이다). "우리의 지성이나 감정이 그리하듯이, 믿음은 우리의 의지를 움직인다. 신뢰는 우리의 인격 전체로써 드러내는 응답이다. 그 응답이 우리에게 무언가를 요구하는 말씀을 향해 이루어질 때, 우리는 그 응답을 '순종'이라고 부를 수 있다."[39]

미하엘 볼터는 그의 책 *An Outline of Paul's Theology*(바울 신학 개요)에서, 믿음에 관해 다소 자세한 논의를 제시한다. 먼저 그는 바울이 믿음을 예수 그리스도의 복음과 연관 지으며(갈 1:23; 빌 1:27), 그리스도의 사건이 지닌 기본적인 내러티브와 결부시키고 있다는 점(롬 6:8; 10:9; 살전 4:14)을 지적한다.[40] 볼터는 믿음을 그저 기독교로 들어가는 하나의 문으로 취급하는 태도와, 그것을 기독교적인 삶의 지속적인 토대를 이루는 정신으로 받아들이는 관점을 구분 짓는다. 그에 따르면, 신앙과 믿음은 "선포된 복음이 옳음을 확언함으로써 생겨나는 단회적인 회심의 사건을 의미할 뿐 아니라, 자신이 확언한 그 복음을 변함없이 붙들고 고수하는 일이기도 하다."[41] 볼터는 믿음을 "삶의 영속적인 지향성"으로 지칭하며, 이 지향성은 신자 개개인의 기질을 넘어서는 차원을 지닌다. 오히려 이 지향성은 필연적으로 "**공동체를 형성하**

---

39 Leander Keck, *Paul and His Letters* (Philadelphia: Fortress, 1979), 51.
40 Michael Wolter, *Paul: An Outline of His Theology* (Waco: Baylor University Press, 2015), 73.
41 Wolter, *Paul*, 81.

게"된다. 볼터에 따르면, 이런 특징은 (고대 유대인들이나 이방인들과 견주어 볼 때) 당시 그리스도인들이 '믿음'의 어법을 사용한 방식에서만 다소 독특하게 나타난다. 이런 그의 언급은 1세기 당시에 어떤 집단이 그저 공유하는 일련의 종교적 신념들에만 근거해서 서로의 동질성을 확인하는 일이 예외적인 것이었음을 의미한다.[42] 이런 관행의 증거들은 바울 서신 전체에서 찾아볼 수 있지만, 볼터는 바울이 사용했던 "믿음의 가정들"(household of faith)이라는 표현을 하나의 사례로 제시한다 (갈 6:10).[43]

볼터는 삶의 정신으로서의 믿음뿐 아니라, 바울이 사용한 πίστις/πιστεύω라는 단어들이 지닌 인식론적인 요소에도 관심을 보인다. 그는 믿음을 확신보다는 망설임으로 여기는 현대의 개념이 바울의 입장과는 거리가 멀다고 주장한다. 그에 따르면, 신앙은 증거 없이 무언가를 믿는 일이 아니다. 오히려 기독교 신앙에서 "특정한 일들을 순전한 사실로 간주하는 이유는 이 일들이 하나님께서 말씀하시는 실재와 일치하기 때문이다. 이런 말씀의 토대가 있기 때문에, 기독교 신앙에서 **상정하는** 실재는 무엇보다도 **신앙에 속한 확신**의 문제가 된다."[44] 볼터는

---

[42] "믿음은 당시에 소수 그리스도인들의 집단이 공유했던 특성이자 그들을 하나로 결속시켜 주는 개념이었다. 이와 동시에, 그 개념은 그들 자신과 당시의 주류에 속한 사회 질서 사이에 뚜렷한 차이점이 있음을 드러내 주었다." Wolter, *Paul*, 82. 볼터는 토라가 유대인들을 하나로 결속시켜 주었듯이, 믿음 역시 그리스도인들을 위해 그와 동일한 역할을 수행했다고 주장한다. 토라의 경우에 관한 증거로서, 요세푸스의 글에 담긴 다음 내용을 인용한다. "그분(곧 **우리에게 율법을 주신 분**)은 동일한 율법 아래서 우리와 함께 거하기를 원하는 모든 이들을 호의적으로 받아들여 주신다. 이는 우리의 가문에 속한 지체들이 그저 자신들의 혈통뿐 아니라, 자신들이 따르는 삶의 방식에 근거해서도 그 자격을 얻게 되는 것이 바로 그분의 의도이기 때문이다." *Against Apion* 2.165; 2.210.
[43] 이런 볼터의 언급들과, 바울의 사상에서 인간적인 믿음이 지닌 위치를 '언약의 증표'(covenantal badge)로 이해하는 N. T. 라이트의 접근법 사이에는 얼마간의 유사성이 존재한다. *Paul and the Faithfulness of God* (Minneapolis: Fortress, 2013), 848–49를 보라. 『바울과 하나님의 신실하심』 (크리스천다이제스트).
[44] Wolter, *Paul*, 85.

또한 바울의 사상에서 인간의 믿음이 속죄에 어떻게 연관되는지에 관해서도 언급한다. 그에 따르면, 바울의 신학에서는 그리스도께서 행하신 일이 구원의 효력을 지닌다. 하지만 그 일이 우리를 구원하시는 실재가 되는 것은 오직 그 사건이 믿음으로 해석될 때뿐이다. 이때 우리는 믿음으로 "예수의 죽으심이 지닌 구원의 성격을 인식하며, 이를 통해 그 일이 지닌 구원의 효력이 작용하게" 된다.[45]

바울과 선교에 관한 최근의 저서에서, 마이클 고먼 역시 믿음에 관한 바울의 어법에 직접적인 관심을 기울이고 있다.[46] 고먼은 오늘날의 바울 독자들이 종종 믿음을 지적인 동의에만 결부 짓는 점을 비판한다. 그는 '믿음'을 '신실함'으로 번역하거나, 혹은 "믿고 충성하는 태도"나 "신실한 충실성"이나 "신뢰하는 충성" 등의 다른 강력한 표현들로 옮기는 쪽을 권장한다.[47] 또 고먼은 그 단어의 정의를 내리면서 다음과 같이 서술한다. "믿음은 곧 진심 어린 경건과 구체적인 헌신의 자세이다." 이런 믿음의 성향은 과거 유대인들이 이스라엘의 하나님과 관계를 맺었던 방식과 밀접한 유사성을 지닌다.[48] 고먼의 이 같은 해석은 몇몇 학자들이 πίστις를 능동적인 미덕 또는 삶의 방식으로 논하는 일에 관심을 보인 것과 동일한 시점에 제시되었다.

여기서 우리는 또한 매튜 베이츠의 저서인 『오직 충성으로 받는 구원』(*Salvation by Allegiance Alone*)을 언급할 수 있다.[49] 베이츠의 책은 좀

---

45 Wolter, *Paul*, 105-6.
46 Michael J. Gorman, *Becoming the Gospel: Paul, Participation, and Mission* (Grand Rapids: Eerdmans, 2015). 『삶으로 담아내는 복음』(새물결플러스).
47 Gorman, *Becoming the Gospel*, 90-91.
48 Gorman, *Becoming the Gospel*, 91.
49 Matthew W. Bates, *Salvation by Allegiance Alone: Rethinking Faith, Works, and the Gospel of Jesus the King* (Grand Rapids: Baker, 2017) 『오직 충성으로 받는 구원』(새물결플러스).

더 포괄적인 성격을 지니며, 이 책에서 그는 신약 전반을 다룬다. 하지만 그 역시 믿음에 관한 바울의 어법에 관심을 보인다. 신약의 믿음에 관한 그의 접근법은 그리스도의 이야기를 중심으로 삼으며, 특히 그분의 통치권이 그 핵심에 놓인다. 그렇기에 그분을 따르는 이들을 (왕에게 하듯이) 충성을 고백하는 이들로 간주하는 것은 자연스러운 일이다. 따라서 그리스도인들은 그저 '믿음'으로 불릴 법한 지적인 동의를 표하도록 부름받은 이들이 아니라, 그분을 향한 충성을 구체적으로 드러내도록 부름을 받은 이들이다. 아마도 베이츠의 접근법이 지닌 가장 독특한 특징은 (바울과 같은) 신약의 저자들이 믿음의 어법을 사용한 방식과 그 어법이 지닌 총체적이며 특히 정치적인 성격을 본문의 이야기가 지닌 맥락 가운데서 풀어내 보인다는 데 있을 것이다. 한편 여기서 '정치적인 성격'은 공식적인 의미의 정치를 가리키는 것이 아니다. 오히려 그것은 πίστις라는 개념이 우리와 예수 그리스도의 관계뿐 아니라, 우리의 일상적인 삶 속에서 이 세상 전체와 관계 맺는 방식과도 불가피하게 연관되어 있음을 나타낸다.

4. 테레사 모건의 『로마의 믿음과 기독교의 믿음』

처음에 내가 바울의 글에서 쓰인 πίστις에 관해 책을 쓰겠다는 아이디어를 한 출판사와 의논하기 시작했을 때, 나는 바울이 사용한 믿음의 어법에 관한 연구가 오랫동안 심각하게 무시되어 왔으며, 수십 년 동안 그 주제에 관해 중요한 저술이 출간된 적이 없다는 사실을 다소 무덤덤하게 언급했다. (여기서 예외가 되는 것은 πίστις Χριστοῦ 논쟁이었는데, 이 논쟁은 πίστις라는 단어 자체의 성격보다도 Χριστοῦ의 속격 문법에 더 초점을 두는 경향이 있다.) 그 대화가 오간 것은 2014년이었으며, 그 이후로 중요한 연구서 몇 권이 출판되었다(예를 들면 베이츠의 『오직 충성으로 얻는 구원』과 여러 저자들의 공동 기고로 이루어진 *Glaube: Das Verständnis des Glaubens im frühen Christentum und in seiner jüdischen und hellenistisch-römischen Umwelt* 등이 있다).⁵⁰ 그 가운데서도 믿음에 관한 바울의 어법을 다룬 근래의 가장 중요한 저서는 바로 테레사 모건의 *Roman Faith and Christian Faith*(로마의 믿음과 기독교의 믿음)이다.⁵¹

모건의 책이 처음 나왔을 때, 나는 그녀의 전문적인 역사 지식과 더불어 바울과 초기 기독교에서 사용한 πίστις 어법에 대한 그녀의 해석에 깊은 관심을 품게 되었다. 여기서는 먼저 모건이 수행한 과업이 나의 것과 어떻게 다른지를 밝힘으로써 논의를 시작하는 것이 중요할 듯싶다. 그녀의 저서는 내가 쓴 이 책보다 훨씬 더 규모가 큰데, 기본적으로 신약 성경 전체를 포괄하고 있다(그 이후에 기록된 자료들 역시 얼마간 언급된다). 그녀는 자기 책의 여러 장에서 바울의 글에 속한 여러 단락들을 한데 모아 논의하고 있다. 그렇기에 바울과 πίστις에 관해 그녀와 내가 각기 취하는 접근법을 서로 비교하기는 다소 어렵다. 여기서 나는 그녀의 논의가 지닌 맥락과 그 배경 자료에 초점을 맞춘 뒤, 그녀가 명확히 바울의 것으로 인정되는 서신들에 관해 구체적으로 논의한 부분들(212-306)을 더 자세히 살펴보려 한다.

---

50 Jörg Frey, Benjamin Schliesser, and Nadine Ueberschaer, eds., *Glaube: Das Verständnis des Glaubens im frühen Christentum und in seiner jüdischen und hellenistisch-römischen Umwelt*, Wissenschaftliche Untersuchungen zum Neuen Testament 373 (Tübingen: Mohr Siebeck, 2017).

51 Teresa Morgan, *Roman Faith and Christian Faith: Pistis and Fides in the Early Roman Empire and the Early Churches* (Oxford: Oxford University Press, 2016). 아래에서 이 책의 내용을 인용할 때, 나는 그 페이지 번호를 괄호 안에 표시했다.

모건의 주된 연구 질문은 분명하다. "믿음이 그리스도인들에게 그렇게 중요한 이유는 무엇인가?"(1) 더 구체적으로, 그녀는 이렇게 질문하고 있다. "'피스티스'가 이미 [신약 성경에서부터] 중요한 역할을 감당할 정도로, 예수 그리스도를 따르던 초창기 제자들에게 그토록 짧은 시간 안에 중요한 개념이 된 이유는 무엇인가?"(2) 그녀는 믿음이 본질적으로 개인적이며 명제적인 성격을 지닌다는 대중적인 인식을 비판한다. 그녀는 '피스티스/피데스'(πίστις/fides)에 대한 역사적인 접근법에 의존하면서, "이런 어휘들을 통해 표현되는 일련의 관계와 행습들이 초기 교회들이 생겨난 그 세계에서 작동했던 방식"에 초점을 맞춘다(15). 그녀는 초기 기독교 문헌들을 초기 원수정(principate, 표면적으로는 로마 공화정 전통을 고수했던 전기 로마 제국의 체제 - 역주) 시대에 속했던 당시 로마 세계의 역사와 맥락에서 살피면서, πίστις의 사회학을 발전시킨다. 곧 여기서 모건은 πίστις가 삶의 모든 수준에 속한 온갖 종류의 관계들을 확립하고 중재하는 용어로서 기능했던 방식을 고찰한다(120). 그녀는 πίστις가 당시 그리스-로마 세계의 사회적인 삶의 구조를 뒷받침하며 그 안에 깊이 스며든 용어였던 점을 강조한다. 당시에 πίστις는 "새로운 관계와 공동체들의 형성을 가능하게 하며, 새로운 형태의 행위와 사회 구조들이 생겨나게끔" 만들었다(210). 이 점은 당시 로마 세계에 속한 유대인 공동체에서도 마찬가지였다. 모건은 칠십인역의 내용에 특별히 주의를 기울이면서, 유대인들이 하나님을 향한 순종과 "이스라엘과 하나님의 관계가 가져다줄 소망"의 개념을 뒷받침하기 위해 πίστις 어법을 사용했다고 주장한다.

바울을 다룬 첫 번째 주된 장에서("*Pistis* and the Earliest Christian Preaching"), 모건은 데살로니가전서와 고린도전후서에 초점을 맞춘다.

여기서 그녀는 바울이 신자들 간의 πίστις를 권장하기는 했지만, 그의 사상에서 우선순위는 하나님과 인간의 관계 속에 있는 πίστις에 놓인다는 점을 지적하고 있다. 그리고 수평적인 차원의 πίστις에 대한 권면은 그 근원적인 관계로부터 흘러나온다는 것이다(215; 참조. 218, 259). 그러므로 "'피스티스'(pistis)에 속한 경륜"이 생겨나게 된다. 이때에는 "신실하신 하나님이 그분의 사도를 '피스티스'로 나아오도록 부르시며, 그 신실한 사도 역시 하나님께 속한 중재자로 활동하면서 다른 이들도 하나님을 향한 '피스티스'로 나아오도록 그들을 부른다. 그 사람들은 다시 다른 이들에게 감화를 준다. 이때 그 감화는 적극적인 설교를 통해서가 아니라면 그들의 모범적인 삶을 통해 이루어진다."(217) 바울은 교회를 가족적인 공동체 또는 가정을 닮은 공동체로 묘사했으므로, 이때 πίστις는 하나의 사회적인 용어로서 그 구도 속에 잘 들어맞았을 것이다(220-21).

이 장에서 모건은 바울의 초기 가르침에서 πίστις가 지녔던 성격에 상당한 관심을 기울인다. 그녀는 이 시기에 속한 바울의 가르침에서 πίστις가 단순히 관계적인 성격을 띠는 데 그치지 않고, "인지적이며 정서적인 측면들"까지 포함한다고 주장한다(224, 225-26, 261). 그녀는 이 장의 논의를 요약하면서 다음과 같이 서술한다. "초기 기독교 전파자들은 '믿는 자들'(hoi pisteuontes)의 마음과 생각, 종교적인 유대 관계와 행실을 변화시키려고 했다. 그들을 하나님의 나라와 그분께 속한 가족 안에 편입시키며, 그들로 하여금 이 땅에서 그분을 사랑하며 경배하는 공동체를 이루게 하려는 것이 그 전파자들의 목표였다."(231)

바울을 다룬 두 번째 주된 장에서, 모건은 갈라디아서, 로마서, 빌립보서, 빌레몬서를 한데 모아 논의한다. 여기서 그녀가 갈라디아서에 관해 언급하는 내용들은 πίστις에 관한 그녀의 전반적인 접근 방식에서 가장 중요하다. 이 장에서 모건은 바울이 하나님과 인간의 관계를 우선시하고 있다는 점을 옹호하면서, "[πίστις가] 만들어 내는 신뢰성의 위계"에 관해 언급한다. 이는 "하나님께로부터 그리스도를 거쳐 바울 자신에게로 내려오며, 그런 다음에는 바울이 '신실한 자들'(pistoi)로 표현한 그의 동역자들에게로 이어지는" 위계이다(305). 모건에 따르면, 우리는 이 후기 서신들에서 상당히 독특하게 발전한 모습들을 발견하게 된다. 예를 들어 우리는 이 서신들에서 행위/믿음의 대조를 보게 되는데, 그녀는 이 대조를 "강한 대립"으로 해석해서는 안 된다는 점을 바르게 지적한다(270). 이 장에서 언급되는 중요한 논의 중 하나는 갈라디아서와 로마서와 빌립보서에 나타난 πίστις Χριστοῦ라는 어구에 연관된다. 이 어구를 목적어적 속격(πίστις Χριστοῦ를 '그리스도를 믿는 믿음'으로 해석하는 입장 - 역주)으로 보는 해석에 맞서, 모건은 그렇게 해석할 경우에 갈라디아서 2:16 같은 본문에서는 비슷한 어구가 불필요하게 중복된다는 점을 언급한다(다만 그녀는 이 점에 지나치게 의존하지는 않는다). 전반적인 측면에서 그녀는 이 어구를 주어적인 속격(πίστις Χριστοῦ를 '그리스도의 믿음'으로 해석하는 입장 - 역주)으로 해석하는 견해를 좀 더 자연스럽게 여기면서도, 자신만의 다소 독특한 해석을 제시한다(바울의 글에 나타난 πίστις Χριστοῦ 문제에 관해서는 이 책의 11장을 보라). 모건은 그리스도의 πίστις("신실하심")가 동시에 두 가지 서로 다른 방향성을 띤다고 여긴다. 곧 그리스도의 그 성품은 하나님과 신자들을 향해 **동시에** 드러나고 있다. 그러므로 "그리스도는 하나님과 인간 사이에 있는 '피스티스'의 중심에 위치하며", 이에 따라 바울이 사용한 πίστις 개념은 "양면적인 성격"을 띠게 된다(273; 참조. 272).

모건의 저서는 πίστις(그리고 그 동족어들), δικαιοσύνη(디카이오쉬네, '의, 옳음')와 같이 그녀가 적절한 맥락에서 해석하는 여러 핵심 용어에 관한 역사적이며 의미론적인 정보들이 가득 담긴 보물 창고와도 같다. 그녀는 πίστις가 당시 그리스 로마 세계에서 매우 중요한 용어였음을 설득력 있게 주장한다. 곧 그 단어는 신뢰와 상호성으로 맺어진 관계들의 그물망을 나타내는 데 쓰였다. 다만 그 관계들은 상황에 따라 여러 다양한 방식으로 기능할 수 있었다. 바울에 관해 논할 때, 그리스도께서 신적인 πίστις를 신자들에게 중개해 주셨으며 그다음에는 그 πίστις가 교회 안에서 수평적으로 **확산되었다는** 모건의 말은 분명히 옳다.

한편 나는 그녀의 저서에서 나타난 상당히 큰 문제점 한 가지와 사소한 문제점 한 가지를 지적하고 싶다. 그런 다음에는 바울이 사용한 πίστις 어법에 관한 우리 각자의 접근법이 서로 접목되어 일종의 상승효과를 나타낼 법한 부분에 관해 언급하려 한다. 첫째, 모건은 바울이 πίστις와 πιστεύω 어법을 사용한 방식이 지닌 인지적인 측면을 충분히 다루지 않고 있다. 고린도후서 4:4, 13과 5:7, 로마서 10:9-10 같은 본문들의 경우, '믿음'에 관한 바울의 어법이 지닌 인지 지향적인 측면이 분명히 드러난다. 그녀는 이 문제를 다음과 같이 요약하는데, 이는 사실을 상당히 과장한 것이다. "그리스-로마와 유대, 그리고 기독교의 문헌들은 모두 '피스티스/피데스'가 하나의 감정이나 인지적인 행위, 또는 미덕으로서 지니는 성격과 내적인 관계성을 탐구하는 데 의아할 정도로 관심을 보이지 않는다. 그 문헌들은 '피스티스/피데스'의 사회적인 역할을 묘사할 때, 그 단어의 내면성, 관계성, 행위적인 측면 사이를 거의 구분하지 않고 있다."(472; 참조. 455-88)

모건은 πίστις의 내면적인 성격을 서술하면서, 믿음과 인식의 문제에 관해서는 불과 몇 쪽을 할애했을 뿐이다. 심지어 그 부분에서도 그녀는 기독교 문헌을 전혀 다루지 않았다. 유대 문헌의 경우에도, 그녀는 요세푸스의 글만 간단히 언급한다.[52] 내가 보기에, 그녀의 이런 논의는 믿음의 어법에 관한 바울의 역동적인 사용 방식이 지닌 한 가지 주된 요소(인지적인 측면 - 역주)를 놓치는 것으로 보인다. 물론 바울의 용법에서는 관계적인 측면이 핵심 축을 이루지만, 그가 πίστις를 하나의 변혁된 인식론과 새로운 형태의 지혜(즉 '그리스도의 마음')에 연관 짓는 방식 역시 중요하다. 아마도 모건이 이런 측면을 경시한 이유는 대중적인 바울 서신의 독법들 가운데 널리 퍼진 '믿음'에 관한 명제적인 해석들을 강력히 반대하거나, 바울의 '믿음'이 비이성적인 것이 아님을 주장하고 싶었기 때문일 수도 있다. 그러나 모건은 바울이 유대의 예언적이며 묵시적인 전통에서 영향을 받았다는 점을 파악하지 못하고 있다(이 점에서는 이사야 53:1이 중요하다). 이 전통에 따르면, 하나님께 속한 백성은 우리 눈에 드러나지 않는 그분의 사역을 믿고 받아들이도록 부르심을 받는다(나는 이것을 "믿을 수 없는 일을 믿는 것"[believing the unbelievable]으로 부른다). 이런 특징은 바로 고린도전후서의 경우와 같이 바울이 변혁된 인식론을 전달하는 데 집중하는 서신들에서 뚜렷이 나타난다.

모건의 저서가 지닌 또 하나의 사소한 문제점은 그녀가 πίστις에 관한 유대의 어법을 유대적인 언약 개념에 결부 짓지 않는다는 데 있다.

---

[52] 여기서 그녀는 분명히 필론의 글을 살필 수 있었을 것이다(*On the Life of Joseph* 100; *On the Life of Moses* 1.90; *On the Decalogue* 15를 보라). 이 부분에 관해서는 Morgan, *Roman Faith and Christian Faith*, 455-58를 보라.

(이 책의 3장에서 살펴볼 것과 같이) πίστις가 실제로 '언약'을 **의미하지는 않** 지만, 이 단어는 칠십인역에서(요세푸스 같은 이들의 글에서도) 유대인들이 따랐던 그런 유형의 관계 양식을 지칭하는 데 쓰였던 것으로 보인다. 만약 모건이 이 점을 언급했더라면, 이는 그녀의 논의에 도움이 되었 을 것이다. 유대적인 용법과 바울의 어법에서 πίστις의 관계성에 대한 그녀의 서술에는, 유대의 언약 개념에 담긴 것과 동일한 유형의 역학 과 전제들이 반영되어 있는 것으로 보이기 때문이다. 협력과 충실성, 의무와 선의가 바로 그것들이다.

바울에 관한 우리 각자의 접근법이 서로 소통할 수 있는 부분에 관해 살피자면, 나는 πίστις Χριστοῦ 문제에 대한 모건의 견해에 큰 관심을 느낀다. 그녀는 이 어구를 주어적 속격으로 이해하는 성향을 보이지만, 나는 그것을 목적어적 속격으로 간주하는 쪽을 따른다. 하지만 나는 모건이 학계의 이분법적인 틀에 따른 단순화된 해법을 벗어나서, 그리스도를 중심에 두면서도 신자들을 향한 그분의 πίστις를 중요시하는 입장을 취한 점을 높이 평가한다. 모건은 갈라디아서에 언급된 πίστις Χριστοῦ를 논할 때 인간적인 πίστις가 지니는 역할을 기본적으로 거부하며, 그렇기에 그녀의 입장은 던(Dunn)을 비롯한 학자들이 언급한 다음 이유들에 근거해서 설득력이 덜하다. 그 이유들은 갈라디아서에서 아브라함이 신자들을 위한 믿음의 본보기로 제시되고 있다는 점, 그리고 아브라함의 경우와 기본적으로 동일한 유형의, 하나님을 향한 인격적인 신뢰 관계를 확립하기 위해 하박국 2:4이 인용되고 있다는 점이다(이는 내 생각에 그 구절의 명백한 독법으로 보이는 것에 근거해서 살필 때 그러하다). 하지만 이런 문제점이 있음에도 불구하고, 바울이 여기서 다소 포괄적인 방식으로 언급하는 것이 **그리스도적인 관계성**(the

Christ-relation)이라는 내 견해와 πίστις Χριστοῦ에 관한 모건의 견해 사이에는 주목할 만한 양립 가능성이 존재한다. 여기서 그리스도적인 관계성은 '그리스도께서 하나님과 그분의 백성을 맺어 주기 위해 수행하시는 중재자의 역할'을 가리키며, 갈라디아서에서 바울은 그런 관계성이 존재한다는 사실과 그 효력을 언급하면서도 하나님을 향한 방향과 인간을 향한 방향 가운데 어느 쪽이 더 중요한지를 구체적으로 밝히지는 않았다는 것이 내 해석이다.

5. 결론

이 짧은 장에서 우리는 여러 세기에 걸쳐 '믿음'에 관한 바울과 신약의 어법을 다루어 온 이들의 역사를 간단하고 포괄적인 방식으로 살펴보았다. 내가 보기에, (클레멘스와 이그나티우스 같은) 많은 신학자들은 πίστις를 바울의 용법이 지닌 성격과 의미의 범위에 가까운 방식으로 사용했다. 물론 '믿음'은 우리가 신앙과 신뢰로써 복음에 응답하는 방식을 나타내는 용어이지만, 사도 교부들은 πίστις를 (행위가 아닌) 일종의 미덕으로 간주하고 그것을 '사랑'이나 '환대' 같은 단어들과 함께 짝짓는 일을 상당히 자연스럽게 여겼다. 그리고 아우구스티누스의 사상에서, 우리는 믿음의 어법이 좀 더 인지적인 방식으로 사용되기 시작한 것을 보게 된다. 그는 우리의 지성으로 믿는 내용을 강조했으며, 하나님을 향한 신앙 위주의 접근 방식과 행위 위주의 접근 방식 사이의 충돌에 관해 숙고했다. 나아가서 아퀴나스는 좀 더 관심의 초점을 좁혀서 신앙의 인지적이며 인식론적인 측면들에 집중했다.

루터는 부분적으로 아우구스티누스에게서 영감을 받아, 신앙을 하나님이 우리에게 믿음을 심어 주시기 위해 우리의 마음과 지성을 조명해 주시는 일로 바라보았다. 다만 그 자신의 고유한 맥락에서, 루터는 행위와 관계없이 믿음만으로 얻는 칭의를 명확히 진술한 인물로도 알려져 있다. 그런데 (특히 미국에서) 루터의 유산을 물려받은 바울 사상 해석자들은 '믿음'에 관한 그의 신학이 지닌 참여적인 측면을 헤아리지 못하는 듯이 여겨진다. 그러나 루터의 신학이 지닌 그런 측면은 그의 갈라디아서 주석에서도 찾아볼 수 있다. 근현대의 시기 전체에 걸쳐, 대부분의 학자들은 믿음을 '하나님을 향한 응답'으로 이해하는 성향을 보여 왔다. 그런데 그중 일부 학자들은 인지적인 변혁의 측면에 관심을 쏟는 반면에, 또 다른 이들은 믿음을 순종으로 이해하는 입장을 더 강조해 왔다. 이제 다음 장에서는 다시 바울 당시의 세계로 돌아가서, 고대의 헬레니즘 문헌에서 πίστις가 어떤 식으로 사용되었는지를 살펴보려 한다.

3장
고대의 비(非)유대 문헌과
유대 문헌에서 쓰인 πίστις

'믿음'에 관한 고대의 어법

당신이 원한다면, 그 계명들을 보존할 수 있다. 충성심을 간직하는 일은 당신의 선한 의지에 달린 문제다[ἐὰν θέλῃς, συντηρήσεις ἐντολὰς καὶ πίστιν ποιῆσαι εὐδοκίας].
— 벤 시라(Sirach 15:15 NETS)

만일 우리가 가장 큰 대적과도 신뢰의 관계를 유지할 여지가 있다면, 우리의 벗들에게 대해서는 더욱 엄밀하게 그 관계를 보존해야 한다[ὡς ἥ γε πίστις ἔχουσα καὶ πρὸς τοὺς πολεμιωτάτους τόπον τοῖς γε φίλοις ἀναγκαιοτάτη τετηρῆσθαι].
— 요세푸스(*Jewish Antiquities* 15.134, trans. Jan Willem van Henten)

우리는 사도 바울이 πίστις를 유의미한 방식으로 사용한 최초의 종교적인 인물이었다고 생각해서는 안 된다. 물론 나는 이후에 바울이 매우 독특하고 세련된 '믿음'의 신학을 지니고 있었음을 주장할 것이다. 그러나 당시에는 (다른) 유대인들과 이방인들 역시 자연스럽게 이 단어를 사용했으며, 이 단어의 용례는 특히 사회적인 맥락과 논증, 개념들에 밀접하게 연관되어 있었다. 그러므로 우리는 시간을 들여서 고대인들의 온갖 유형의 여러 문헌에서 πίστις를 어떻게 사용했는지를 살펴볼 필요가 있다. 이는 그 단어가 활용된 범위와 그 대중적인 성격을 파악하기 위함이다. 그 단어의 유대적인 용법을 더욱 면밀히 다루어 볼 필요도 있다. 우리는 먼저 그리스어로 기록된 이방 문헌에서 πίστις가 어떻게 쓰였는지를 조사한 뒤, 유대 문헌들로 시선을 돌려서 칠십인역과 구약 위경들, 필론과 요세푸스의 글을 검토해 볼 것이다. 이런 고찰을 통해, 우리는 πίστις가 매우 다양한 의미를 지닌 단어였음을 발견하게 될 것이다. 그 단어는 쓰인 문맥에 따라 여러 가지 표현들로 번역될 수 있으며, '의견'과 '신실함', '신뢰의 서약', '신뢰'와 '믿음' 등의 의미가 포함된다. 다만 이방과 유대의 문헌에서, 그 대다수 용법은 주로 관계적인 측면의 충실성에 연관된다.

1. 이방의 헬레니즘 문헌

현존하는 고대 그리스어 문헌에서는 πίστις가 문자적으로 수천 번 등장하며, 그 모든 경우를 살피는 일은 불가능할 뿐 아니라 불필요하다. πίστις가 언급되는 문헌들 중 대다수는 정치와 전쟁에 관한 내용을 다루는 역사책들이며, 이때에 그 단어는 동맹 관계를 나타낸다. 여기서 나는 그중 하나의 역사서에만 초점을 맞추려 한다. 곧 할리카르낫소스의 디오니시우스가 쓴 *Roman Antiquities*(로마 고대사)이다. 디오니시우스는 주전 1세기에 태어났으며, 주후 1세기가 되기 직전에 로마의 역사를 저술했다. 그는 로마의 귀족들에게 경의를 표하고자 했으며, 동시에 로마 지도자들이 지녔던 미덕들을 그리스인들에게 보여 주려 했다. 원래 디오니시우스의 저서는 스무 권으로 구성되어 있었지만, 이제는 그중에서 절반도 남아 있지 않다.[1]

---

[1] 디오니시우스와 이 역사서에 대한 유익한 소개의 글을 살피려면, H. Hill, "Dionysius of Halicarnassus and the Origins of Rome," *Journal of Roman Studies* 51 (1961): 88-93를 보라.

디오니시우스는 *Roman Antiquities* 11권에서 πίστις를 자주 사용하는데, 여기서는 십인 위원회(decemvirs, 열 명으로 구성된 고대 로마 통치 기관 - 역주)의 종말에 관해 서술하면서 집정관이었던 아피우스 클라우디우스 크라수스의 잘못된 행실에 특별히 관심을 보이고 있다. 이 본문에서 아피우스가 원로원 앞에 불려왔을 때, 그는 속임수를 쓰지 말 것과 함께 거짓된 협약이나 πίστεις(πίστις 복수형 - 역주), 곧 은밀한 충성의 서약들을 맺는 일의 위험성에 관해 경고를 받는다(11.11.5).

당시 아피우스에게 부과된 죄목 하나는 그가 한 백부장의 딸을 납치해서 그녀를 노예로 삼았다는 것이었다. 이 사안이 재판에 넘겨졌을 때, πίστεις는 이 사건에 대한 "증거들"을 제시하는 일을 나타내는 용어로 쓰였다(11.34.5).

> 자신을 변호할 시간이 되었을 때, 아피우스는 자신의 빛나는 혈통과 공화국을 위해 수행한 여러 선한 일을 언급했다. 또 자신이 선의를 품고서 행한 서약과 맹세들에 호소했는데, 이런 일들은 사람들이 각자의 견해 차를 조정할 때에 의존하는 것들이었다. 아피우스는 자녀들과 친척들을 [데리고 나아왔으며], 겸손히 탄원하는 자의 모습을 [보여 주기까지] 했다. 또한 그는 다수의 청중이 자신을 불쌍히 여기는 마음을 품게끔 만들기 위해 여러 일들을 행했다. (11.49.4, trans. Cary in LCL)

11권 뒷부분에서, 디오니시우스는 십인 위원회가 해체된 뒤에 벌어진 일들을 서술한다. 집정관의 직책이 마르쿠스 게누키우스와 가이우스 퀸티우스에게로 넘어가게 되었다. 그런데 이 시기에, 평민들은 집정관의 직책은 귀족들의 목소리뿐 아니라 대중의 목소리도 반영해야 한다는 점을 요구했다. 이 정치적으로 불안정한 상황은 아에쿠이인들(Aequians)과 볼스키인들(Volscians)의 공격이 임박해 옴에 따라 잠시 가라앉았다. 이때 원로원은 즉시 집정관들의 인솔로 군대를 파견할 것을 승인했다. 그러나 한 평민 출신의 호민관은 이런 원로원의 지시를 자신들의 관심사를 회피하려는 조치로 여기고 그 행동 방침에 반대했다. 이에 원로원 측은 평민들을 상대로 설득을 시도하면서, 외부의 위협이 해소된 뒤에 다시 이 집정관 선출 문제를 다루기로 약속했다. 하지만 그 호민관은 뜻을 굽히지 않았다. 그리하여 평민들은 군대를 파견하기 전에 먼저 집정관의 직책에 관한 자신들의 제안을 잠정적으로 받아들일 것을 촉구했다. 그들은 이 문제를 원로원에 가지고 가서 논했을 뿐 아니라, 로마 백성의 총회에서도 다루었다. 이때 그들은 "자신들에게 가장 구속력을 지닌 서약, 곧 그들 자신의 선의[πίστεως(πίστις의 속격)]에 의거한 서약으로써 맹세했다"(ὅρκους, οἵπερ εἰσὶ μέγιστοι παρ' αὐτοῖς, κατὰ τῆς ἑαυτῶν πίστεως διομοσάμενοι, 11.54.4).

 *Roman Antiquities*에 나타나는 이 같은 사례들은 πίστις가 지닌 여러 다양한 의미들 가운데 몇 가지를 보여 주며, 특히 그 단어가 헌신과 맹세, 약속과 서약을 지칭할 수 있다는 점을 드러낸다. 또한 그 단어는 어떤 주장을 펼칠 때 무언가를 입증하거나 증명하는 일을 가리킬 수도 있다.

 플루타르크의 *Dialogue on Love*(Amatorius, 사랑에 관한 대화)에는 그의 아들인 아우토불루스가 서술하는 이야기가 있다. 그 이야기의 배경이 되는 곳은 테스피아이(Thespiae)라는 도시이며, 갓 혼인한 플루타르크는 이곳에서 한 부유한 과부(이스메노도라)가 십대 청년에게 청혼한 일에 관해 논의를 이어 간다.[2] 그 이야기에서, 플루타르크는 어떻게 에로스가 신이 되었으며 당시 사람들이 어떻게 사랑에 그처럼 부정할 수 없는 힘을 부여할 수 있었는지에 관해 방문객과 대화를 나눈다. 여기서 그는 이렇게 언급한다.

> 펨프티데스여, 내 생각에 당신이 거론하는 사안은 매우 중대하고도 위험한 문제입니다. 이같이 신들 각각에 대한 설명과 입증을 요구함으로써, 지금 당신은 그 신들에 대한 우리의 신성한 믿음을 완전히 훼손하고 있다고도 말할 수 있습니다. 고대로부터 이어져 온 우리의 전통적인 믿음은 충분히 선합니다[ἀρκεῖ γὰρ ἡ πάτριος καὶ παλαιὰ πίστις]. 우리는 그 믿음보다 더 명백한 증거를 내세우거나 발견할 수가 없습니다. … 이 믿음은 우리가 따르는 종교의 토대, 이를테면 그것의 공통적인 기반이 됩니다. 만약 어느 한 지점에서 우리의 확신과 정착된 용법이 방해를 받거나 흔들릴 경우, 그 종교의 체계 전체가 약화되며 불신의 대상이 될 것입니다. (*Dialogue on Love* 756AB, trans. Helmbold in LCL)

흥미롭게도 여기서 플루타르크는 일련의 믿음들을 πίστις로 지칭하는데, 이는 그 단어가 종교적인 신앙을 나타내는 데 쓰인, 드물면서도 분명한 사례이다.[3] 그는 더 나아가 믿음이 종교적인 경건(πρὸς εὐσέβειαν)

---

[2] John M. Rist, "Plutarch's *Amatorius*: A Commentary on Plato's Theories of Love," *Classical Quarterly* 51 (2001): 557-75를 보라.

[3] 이에 관해서는 Daniel Babut, "Du scepticisme au depassement de la raison: Philosophie et foi religieuse chez Plutarque," in *Parerga: Choix d'articles de D. Babut (1974-1994)* (Lyon: Maison de L'Orient Méditerranéen, 1994), 549-81; Benjamin Schliesser, "Faith in Early Christianity," in *Glaube: Das Verständnis des Glaubens im frühen Christentum und in seiner jüdischen und hellenistisch-römischen Umwelt*, ed. Jörg Frey, Benjamin Schliesser, and Nadine Ueberschaer, Wissenschaftliche Untersuchungen zum Neuen Testament 373 (Tübingen: Mohr Siebeck, 2017), 1-50 at 15; Rainer Hirsch-Luipold, "Religiöse Tradition

의 토대가 된다는 점을 설명하면서, 종교적인 사유의 구조 전체를 지탱하는 그것의 능력을 인정한다(756B). 이후에 그는 우리가 이 일에 대한 증거(πρὸς πίστιν)로서 신화에 의존할 수 있다는 점을 언급한다. 이 부분에서 플루타르크는 사람에게 최면을 거는 듯한 사랑의 능력에 관해 여러 우화와 전설을 들려준다. 그는 당시 연인들에게 이올라우스(Iolaus)의 무덤을 방문하는 문화적 관습이 있었음을 서술하는데, 이올라우스는 헤라클레스의 조카이자 남자 연인(eromenos)이었다. 그 무덤에서, 연인들은 이올라우스를 기리면서 "맹세와 서약들"(ὅρκους τε καὶ πίστεις)을 주고받곤 했다(761E). 또 다른 이야기에서, 플루타르크는 어떤 이가 사랑에 빠질 때 이성에 대한 통제력과 자제력을 상실하는 일이 어떻게 가능한지에 관한 질문을 다시 논한다.

> 이것(사랑에 빠지는 일 – 역주)은 신적인 사로잡힘을 보여 주는 하나의 명백한 사례가 아닐까? 이 일은 우리의 영혼이 초자연적으로 뒤흔들리는 것이 아닌가? 제단을 부여잡은 피티아(Pythia, 아폴로 신을 섬겼던 델피의 무녀들 – 역주)가 느꼈던 동요가 이때만큼 격렬할까? 과연 키벨레 여신(프리기아 지방에서 숭배했던 대지의 여신 – 역주)을 기리는 피리와 탬버린 소리, 찬송 소리가 그 여신의 추종자들에게 이때만큼이나 강렬한 황홀감을 불러올 수 있을까? (763A, trans. Helmbold in LCL)

---

und individuelle Glaube: Πίστις und Πιστεύειν bei Plutarch," in *Glaube*, ed. Jörg Frey, et al., 251–73 at 258–59를 보라. 또한 다음 글에서는 「아마토리우스」(*Amatorius*)에서 쓰인 πίστις에 관해 비평적으로 논의하고 있다. Françoise Frazier, "Returning to 'Religious' ΠΙΣΤΙΣ: Platonism and Piety in Plutarch and Neoplatonism," in *Saint Paul and Philosophy*, ed. Gert-Jan van der Heiden, George van Kooten, and Antonio Cimino (New York: de Gruyter, 2017), 189–208. 다음의 글 역시 참조하라. Gerhard Barth, "Pistis in hellenistischer Religiosität," *Zeitschrift für die neutestamentliche Wissenschaft* 73 (1982): 110–26.

많은 사람들이 동일하게 매력적인 용모를 지님에도 불구하고, 그중에서 어떤 이를 보면서 특정한 사람만이 사랑에 빠지는 이유는 무엇일까? 바로 이런 이유들 때문에, 플루타르크는 다시금 에로스가 지닌 신적인 영향력을 확신한다. 물론 그는 우리의 감각들을 통해 과학적인 일, 눈으로 관찰 가능한 진리를 파악할 수 있음을 인정한다. 하지만 우리가 무언가를 아는 데에는 또 다른 방식 역시 존재한다는 것이 그의 입장이다. 플루타르크는 우리의 믿음(πίστις)이 세 가지 요소에 기반을 둔다고 언급하는데, 곧 신화와 법과 이성적인 설명이다. 이를 달리 표현하자면 우리는 우리의 지성과 감각들을 통해서도 가르침을 받지만, 이와 동시에 입법자와 시인들과 철학자들의 안내와 지도에도 의존하게 된다는 것이다(763C).

Dialogue on Love 뒷부분에서, 플루타르크는 에로스의 영감을 받은 사랑의 미덕들을 칭송한다. 이런 가치들 가운데는 통일성과 일치가 있는데, 이런 특성들은 "육신적으로는 서로 분리되어 있지만 그들의 영혼은 강력히 결속되어 하나로 연합된 이들"에게서 나타나는 실재이다. 이들은 "더 이상 서로 분리된 인격체가 되기를 바라지 않으며, 자신들이 그런 상태에 있다고 여기지도 않는다."(767E) 그다음에 플루타르크는 자기 통제와 절제를 언급하는데, 이는 결혼에 꼭 필요한 덕목들이다. 그에 따르면 에로스 신은 자기 통제를 가치 있게 여기며 우리 마음속에서 이 덕목을 고취시키는데, 이는 그 신이 연인들의 "상호 신뢰"(πίστεως μέτεστιν)를 존중하기 때문이다(767E).

얼마 후에, 플루타르크는 남자들 사이의 성적인 사랑을 더욱 직접적으로 해설한다. 여기서 그는 '수동적인 파트너'의 위치를 즐기는 일이 문화적으로 멸시를 받으며, 그런 남자들은 우정이나 신뢰의 대상으로 간주되지 않는다는 점을 지적한다(οὔτε πίστεως μοῖραν οὔτ' αἰδοῦς οὔτε φιλίας νέμομεν, 768E). 이어 그는 남성 연인과 아내들 사이의 차이점을 언급한다. 이 부분에서 플루타르크는 결혼 생활을 논하면서, 혼인 관계에서 나타나는 사랑과 헌신의 서약이 지닌 아름다움을 찬미한다. 이 관계에는 잠깐 동안의 쾌락을 초월하는 일종의 우정이 담겨 있다. 혼인 관계는 우리에게 날마다 "존경과 친절, 서로의 애정과 충실성"(τιμὴ καὶ χάρις καὶ ἀγάπησις ἀλλήλων καὶ πίστις, 769A)을 요구한다. 여기서 플루타르크는 여성들이 약한 존재라든지, 그들에게는 신뢰와 헌신을 베풀 능력이 없다는 개념들을 거부한다. 그는 이렇게 묻는다. "이제 여인들이 지닌 분별력과 지성, 또는 그녀들의 충성스러움과 정의로움[πίστεως καὶ δικαιοσύνης]에 관해 굳이 논할 필요가 어디 있겠는가? 이미 많은 여인들이 담대하고 고결한 용기를 발휘함으로써 실로 남성적인 특성을 드러내 보이지 않았던가?"(769B) 그 뒷부분에서, 플루타르크는 사랑을 통한 남녀의 연합이 "소년 연인들"을 향한 끌림보다 더욱 강한 힘을 지닌다는 주장을 고수한다. 이는 우리가 "모든 종류의 충실성과 열렬한 충성심"(πάσης πίστεως κοινωνίαν πιστῶς ἅμα καὶ προθύμως, 770C)을 보여 주는 여러 성공적인 혼인 사례들을 쉽게 열거할 수 있기 때문이다.

우리는 플루타르크가 Dialogue on Love에서, πίστις를 다양한 의미로 사용하고 있음을 볼 수 있다. 그 글에서 이 단어는 때로 '지적인 믿음'을 의미하며, 때로는 혼인 관계 속에 존재하는 상호성과 충실성을 나타낸다.

두 개의 연속적인 강화인 On Trust(신뢰에 관하여)와 On Distrust(불신에 관하여)에서, 디온 크리소스토무스(Dio Chrysostom)는 중요한 일을 위임받은 이들이 겪는 위험에 관해 가르친다. 이때 디온은 대체로 동사 πιστεύω(피스튜오)에 초점을 맞추면서 이 문제를 다룬다.[4] 이 점은 인상적인데, πιστεύω는 '~을 사실로 믿다'(believe)라는 의미로 쓰이는 것이 일반적인 경향이기 때문이다. 그러나 여기서 이 동사는 분명히 '~를 신뢰하다(맡기다)'를 의미한다. 디온은 πιστεύω에 이 같은 의미를 부여했기 때문에, πιστεύω와 πίστις를 다소 유연하게 서로 번갈아 가며 사용할 수 있었다. 글의 처음 부분에서, 디온은 이렇게 질문한다. "우리는 과연 무언가를 위임받은 이들[τοὺς πιστευομένους]이 그 신뢰[τῆς πίστεως]로부터 어떤 유익을 얻었다고 말할 수 있을까?"(73.3) 나아가서 그는 다양한 사람들이 이 신뢰 때문에 고난과 부당한 처우를 받았던 몇 가지 사례를 제시한다. 먼저 그는 공적인 인물들이 신뢰를 받았기 때문에 죽음을 맞게 되었던 경우를 언급한다. 여기서 그는 니케라투스의 아들이었던 니키아스의 예를 든다. 니키아스는 동료 시민들의 보호자로 위임을 받았기 때문에 위험한 원정에 착수해야만 했다. 그는 병에 걸렸음에도 불구하고 이 여정에 나섰으며, 디온은 그가 이 신뢰 때문에 죽음을 맞게 된 일을 언급한다(διὰ τὴν πίστιν ταύτην; 73.7). 그 이후에 디온은 사적인 인물들의 경우를 다룬다. 여기서 어떤 이들은 사적인 개인으로서 신뢰(πίστις)의 대상이 되는 편이 훨씬 더 안전하다고 여길 수도 있으며, 분명히 그 위험성은 더 적다(73.9). 하지만 디온에 따르면, 누구든지 신뢰받는 위치에 있는 이들에게는 실제로 "막대한 시련과 수고", 그리고 다른 이들의 배은망덕한 태도가 기다리고 있다. 이는

---

4 *On Trust* 1: Ἆρά γε τὸ πιστεύεσθαι τοῖς πιστευομένοις ἀγαθόν ἐστι καὶ τοιοῦτον οἷον τὸ πλουτεῖν καὶ τὸ ὑγιαίνειν καὶ τὸ τιμᾶσθαι τοῖς τιμωμένοις καὶ ὑγιαίνουσι καὶ πλουτοῦσιν, αὐτοῖς ἐκείνοις τινὰ φέρον ὠφέλειαν; (과연 당신은 어떤 이들이 재물이나 건강, 명예를 얻는 것이 그들 자신에게 유익한 것과 마찬가지로, 신뢰를 얻는 것 역시 그 신뢰의 대상이 되는 이들 자신에게 무언가 유익을 가져다주기 때문에 좋은 일이라고 말하는 것입니까?)

시민들의 경우에도 마찬가지다. 그들이 돈이나 재화로 보상이라도 받으면, 그들이 지나친 보상을 받았다고 여길 사람이 나중에라도 있으리라는 것이 디온의 견해이다.

*On Distrust*에서, 디온은 자신의 논의가 지닌 어두운 측면에 몰입하면서 우리 인간들은 아무도 신뢰할 수 없다고 주장한다. 대적을 신뢰할 수 없는 것은 당연하며, 벗이나 심지어는 우리 자신까지도 신뢰의 대상이 될 수 없다는 것이다. 디온은 어떤 사람들이 자살을 범하기도 한다는 점을 생각하면서, 이렇게 질문한다. "이 같은 본성을 지닌 사람들을 대하면서, 우리가 어떤 신뢰를 품을 수 있겠는가?"(ποία δὴ πίστις πρὸς τοὺς τοιούτους; 74.5)

이후에 디온은 한 스파르타인의 사례를 제시한다. 그 스파르타인은 한 파티에 초대를 받았으며, 그곳에서 어떤 손님들이 그에게 우정의 서약을 맺자고 청했다. 이때 그들은 그 스파르타인에게 그가 선택한 서약의 보증(πίστιν)을 언급할 기회를 주었다. 그는 다음과 같이 응답했다.

> 이 일에는 오직 하나의 보증[πίστιν]이 있을 뿐입니다. 이는 사람들이 심지어 그리하기를 원할 경우에도 서로에게 해를 입힐 능력이 없다는 것이지요. 다른 모든 보증들은 그저 어리석으며 전혀 쓸모가 없을 뿐입니다. 우리는 많은 이들과의 관계에서 오직 위의 이 보증[πίστιν]만을 받아들일 수 있습니다. 그 밖의 어떤 어구나 친분, 서약 또는 혈족 관계에 근거한 보증은 전부 우스울 따름이지요.[5] (11 – 12, trans. Cohoon in LCL)

---

5 μίαν ἔφη πίστιν εἶναι τὸ ἐὰν θέλωσιν ἀδικῆσαι μὴ δύνασθαι, τὰς δὲ λοιπὰς πάσας εὐήθεις καὶ τελέως ἀσθενεῖς. ταύτην μόνην παρὰ τῶν πολλῶν τὴν πίστιν δεῖ λαμβάνειν, ἑτέραν δὲ οὐδεμίαν. ἡ γὰρ ἐκ τῶν λόγων καὶ τῆς συνηθείας καὶ τῶν ὅρκων καὶ τοῦ γένους καταγέλαστος.

당시에 그리스어로 기록된 파피루스 문서에서 πίστις가 흔히 언급되었던 것은 놀라운 일이 아니다. 그 단어는 특히 사업상의 문제를 논할 때 자주 쓰였다. 예를 들어, O.Did 415는 에파프로디토스라는 사람에게 보낸 편지의 단편이다(이 편지는 이집트 인근에 있는 디디모이에서 발견되었다). 이 편지의 저자는 에파프로디토스에게 화가 나 있었던 것이 분명하지만, 본문에서 그 이유가 뚜렷이 드러나지는 않는다. 다만 그 두 사람은 몇 가지 거래에 연관되어 있었던 것으로 보인다. 이 편지의 저자는 서로의 합의가 깨어지고 신뢰(πίστις)가 파기된 일을 언급한다.[6] (기원전 260년에 기록된) P.Hib II 268도 단편적인 문서인데(아마도 청구서였을 것이다), 이 문서는 '관장을 행하는 의사'(ἰατροκλύστης)에 관한 언급으로 유명하다. 이 문서에는 어떤 이가 구입한 품목들에 대한 저당 증서/차용증(πίστις)이 기록되어 있다. P.Bad. 2.35는 요한나라는 여성이 에파가토스에게 보낸 편지다(이것은 기원후 87년에 기록되었으며, 프톨레마이스 헤르메이우[Ptolemais Hermeiou]에서 발견되었다). 이 편지에 따르면 에파가토스는 사업상의 협약을 위반했으며, 요한나는 원금을 돌려줄 것을 요구하기 위해 편지를 썼다. "나는 당신을 신뢰할 수 없게 된 일을 놀랍게 여깁니다[θαυμαζω, πῶς τὴν πίστιν σου ἤλλαξαι]." 요한나는 마음이 상해 있었지만(학자들은 이 편지에 종종 '비난이 가득 담긴 편지'라는 부제를 단다), 다음의 인사말로 편지를 끝맺는다. "무엇보다도 당신의 몸을 잘 돌보십시오. 그리하여 편안한 상태에 있기를 바랍니다."[7]

(번역문은 본문에 있음 - 역주)
6 Adam Bülow-Jacobsen, "Private Letters," in *Didymoi: Une garnison romaine dans le désert oriental d'Égypte*, vol. 2: *Les textes*, Fouilles de l'Ifao 67 (Cairo: Institut français d'archéologie orientale, 2012), 317–465 at 349–50을 보라.
7 이 번역은 Roger S. Bagnall and Raffaella Cribiore, *Women's Letters from Ancient Egypt, 300 BC–AD 800* (Ann Arbor: University of Michigan, 2006), 291에서 인용했다.

또 다른 개인적인 서신의 경우로서, 한 알려지지 않은 저자가 후원자인 제논이라는 사람에게 보낸 편지가 있다. 제논은 이 편지의 저자가 니카노르와 하카타이오스의 호감을 살 수 있도록 돕고 있었다. 여기서 저자는 니카노르가 자신을 온전히 신뢰하면서 받아들여 주었다는 점을 언급한다(πᾶσαν πίστιν; P.Col. 4.64).[8] 그런데 프톨레마이오스 왕(그리고 그의 왕비)에게 보낸 또 다른 편지에는(P.Erasm. 1.1), 못된 세입자들을 처벌해 줄 것을 왕에게 호소하는 내용이 담겨 있다. 그 세입자들은 헤라클레이데스와 그의 '공범자'인 호리온이며, 이들은 "사람들 사이에서 준수되는 신뢰에 대한 믿음을 깨뜨렸다"(καὶ ἀθετήσας τὴν ἐν ἀνθρώποις ὑπάρχουσαν πίστιν).[9] 게다가 그 일만으로는 충분치 않았던지, 이후에 그 사람들이 집으로 찾아와서 다시금 그 집을 빌릴 수 있게 재차 약속을 받으려 했다(ἐνεχυρασίας)는 것이 글쓴이의 설명이었다.

SB 14.12172는 프톨라스가 이사스에게 쓴 짧은 편지(기원후 7년)로, 돈을 빌려간 이사스가 2년 동안 갚지 않았음을 일깨우고 있다. 이 편지에서 프톨라스는 처음에 자신이 그 돈을 빌려준 것은 이사스가 "신뢰할 만한"(εἰδὼς τὴν σὴν πίστιν) 사람임을 알았기 때문이라고 확언한다. 그리고 그가 성실한(πιστὸν) 사람으로서 그 돈을 온전히 다 갚으리라고 믿었음을 언급한다.[10]

이런 사례들은 고대의 일상적인 삶을 들여다볼 수 있게 하는 작은

---

8 http://papyri.info/ddbdp/p.col;4;64. Peter Arzt-Grabner, "Zum alltagssprachlichen Hintergrund von Πίστις," in *Glaube: Das Verständnis des Glaubens im frühen Christentum und in seiner jüdischen und hellenistisch-römischen Umwelt*, ed. Jörg Frey, Benjamin Schliesser, and Nadine Ueberschaer, Wissenschaftliche Untersuchungen zum Neuen Testament 373 (Tübingen: Mohr Siebeck, 2017), 241-49 at 244를 보라.
9 http://papyri.info/ddbdp/p.erasm;1;1.
10 http://papyri.info/ddbdp/sb;14;12172.

창문과도 같다. 이를 통해 우리는 당시 πίστις가 다양한 관계에 쓰였음을 발견하는데, 그중 대부분은 사업에 연관된 것들로서 이 영역에서는 신뢰를 확보하거나 유지하거나 파기하는 일들이 이루어졌다.[11] 에픽테토스의 글에서 언급되듯이, 당대 그리스 로마 세계에는 'πίστις의 미덕이 없이는 사회 자체가 기능을 할 수 없다'는 개념이 널리 퍼져 있었던 것으로 보인다.[12]

2. 유대의 헬레니즘 문헌: 칠십인역과 위경

유대의 헬레니즘 문헌들을 살필 때, 우리는 먼저 칠십인역부터 다루어야 한다. 이는 그 역본이 초기 유대교와 기독교 형성 과정에서 중요한 역할을 감당했기 때문이다.[13] 앞의 서론에서 언급했듯이, 칠십인역의 번역자들은 אמונה(에무나) 같은 히브리어 단어들을 πίστις로 옮기는 편을 택했지만 때로는 ἀλήθεια(알레데이아)로 표현하기도 했다.[14] 당

---

11 그리스의 이교 문헌에서 πίστις가 지녔던 의미들은 다음 자료들에 잘 정리되고 서술되어 있다. James H. Moulton and George Milligan, *The Vocabulary of the Greek Testament* (repr., Peabody, MA: Hendrickson, 1997 [originally 1930]), 515; 그리고 Ceslas Spicq, "Πίστις," in *Theological Lexicon of the New Testament*, ed. and trans. J. D. Ernest (Peabody, MA: Hendrickson, 1994), 3.110-17. 때로 학자들은 πίστις가 지녔던 수동적인 의미와 능동적인 의미들을 서로 구분 지으려고 한다(즉 성질로서의 πίστις와 행동으로서의 πίστις를 대립시키려 한다). 하지만 여기서 우리는 스피크(Spicq)의 말에 귀를 기울일 필요가 있다. "일반적인 관계에서 πίστις가 사용되었을 때, 그 단어가 지니는 '실천적인 충실성'과 '선한 의도'의 의미를 구분하기는 종종 불가능했다."(3.115)
12 Epictetus, *Discourses* 2.4: "사람은 πίστιν을 위해 태어났다. … 이 같은 충실성을 전복시키는 이들은 인간의 고유한 본성을 거스르는 것이다." 그리고 *Enchiridion* 24.4-5를 보라. 이런 내용들은 Suzan Sierksma-Agteres, "The Metahistory of Δικη and Πιστις," in *Saint Paul and Philosophy*, ed. Heiden, et al., 209-30 at 219에서 언급되고 있다. 또한 Schliesser, "Faith in Early Christianity," 12를 참조하라.
13 Dieter Lührmann, "Pistis im Judentum," *Zeitschrift für die neutestamentliche Wissenschaft* 64 (1973): 19-38를 보고, 칠십인역에 관해서는 특히 20-25를 참조하라.
14 Frank Ueberschaer, "Πιστις in der Septuaginta," in *Glaube: Das Verständnis des Glaubens im frühen Christentum und in seiner jüdischen und hellenistischrömischen Umwelt*, ed. Jörg Frey, Benjamin Schliesser, and Nadine Ueberschaer, Wissenschaftliche Untersuchungen

시 이방 문헌에서 πίστις가 지녔던 의미를 생각할 때, 그들이 πίστις를 번역어로 삼은 것은 분별력 있는 선택이었다.[15] 오경에서 πίστις가 언급되는 구절은 단 하나뿐인데, 바로 신명기 32:20이다. 이 구절은 모세의 노래 중 일부분이며, 여기서는 사악한 이스라엘 백성의 세대가 '신뢰할 수 없는 자녀들'(υἱοί οἷς οὐκ ἔστιν πίστις ἐν αὐτοῖς)로 지칭되고 있다. 칠십인역의 역사서에서는 πίστις가 십여 차례 언급되며, 그 대부분은 역대상과 역대하에 있다. 사무엘상 26:23에서 다윗은 사울에게 다음과 같이 선언하고 있다. "여호와께서 사람에게 그의 공의와 신실[πίστιν]을 따라 갚으시리니 이는 여호와께서 오늘 왕을 내 손에 넘기셨으되 나는 손을 들어 여호와의 기름 부음을 받은 자 치기를 원하지 아니하였음이 니이다."(삼상 26:23 NETS) 이 구절에서 πίστις는 언약적인 충성을 다하는 동시에 주님 앞에서 바른 행실을 유지하는 일과 결부된다. 역사서에서 자주 언급된 것은 ἐν πίστει라는 어구인데, 이 어구는 אמונה의 번역어로 쓰였으며 때로는 "정직하게" 또는 "신실하게"를 의미하는 일종의 부사적인 전치사구 역할을 했다(왕하 12:16). 역대상하에서 ἐν πίστει는 '신뢰[받는 위치]에 있는'이라는 의미를 지녔으며, 이는 위에서 언

---

zum Neuen Testament 373 (Tübingen: Mohr Siebeck, 2017), 79-107 at 86-95를 보라.

15 루이스 펠드먼(Louis H. Feldman)은 칠십인역의 번역자들이 πίστις를 선택한 일에 관해 다음과 같이 다소 대담하면서도 과장된 주장을 펴고 있다. "칠십인역에서는 אמונה를 πίστις로 번역하면서, 그 단어(πίστις)를 플라톤의 『국가』(7.533E-34A)에서 사용되었던 의미로 가져다 쓰고 있다. 플라톤의 『국가』는 헬레니즘 시대 당시에 가장 영향력 있는 철학적 작품이었으며, 그 작품에서 πίστις는 실재하는 일들에 관한 단순한 의견을 지칭한다. 사실상 이 의견은 인간이 지닌 지식 가운데서 두 번째로 낮은 단계에 속한다." *Judaism and Hellenism Reconsidered* (Boston: Brill, 2006), 60. 이보다 좀 더 균형 잡힌 견해는 윌리엄 캠벨(William S. Campbell)이 제시한 다음의 결론이다. "당시 로마의 신자들이 믿음의 의미에 관해 그릇된 생각들을 품고 있었기 때문에, 바울은 자신의 서신에서 순종하는 믿음의 본질을 제시하는 데 주된 관심을 두었다. 이는 셈족의 '믿음' 개념이 헬레니즘 문화권에 번역되어 전달되는 과정에서, 로마에 있던 신자들은 유대적인 배경에 속한 이들 곧 칠십인역에 친숙한 이들에게 πίστις가 일반적으로 의미했던 내용 중 일부를 놓칠 수 있었기 때문이다." *Unity and Diversity in Christ* (Cambridge: James Clarke, 2017), 65.

급한 디온의 글 *On Trust*에서 πίστις가 쓰인 방식과 유사하다(대상 9:26, 31; 대하 31:12, 15, 18; 34:12을 보라).

칠십인역의 시가서에도 πίστις가 십여 차례 나타난다(아래 내용을 보라). 시편 32:4 LXX에서 하나님이 행하시는 일들은 ἐν πίστει, 곧 우리가 신뢰하거나 의지할 만한 것들로 묘사된다. 잠언에서는 관계적인 충실성의 중요함을 강조하며(3:3), 우리는 잠언에서 자비와 충성(ἐλεημοσύναι δὲ καὶ πίστεις; 14:22; 15:27), 의와 충성(καρδίαι δικαίων μελετῶσιν πίστεις; 15:28)이 규칙적으로 결부되는 것을 보게 된다.

선지서들의 경우, 우리는 주로 예레미야서에서 πίστις가 쓰인 것을 볼 수 있다(여덟 차례). 주님은 "정의를 행하며 신실함을 구하는"(ποιῶν κρίμα καὶ ζητῶν πίστιν[5:1], 개역개정판에는 "진리를 구하는"으로 번역되어 있다. - 역주) 이들을 찾으신다. 9:2 LXX(개역개정판의 9:3 - 역주)에서 언급되는 용례는 '진리'라는 의미에 좀 더 가까워 보인다. "그들이 자신들의 혀를 활처럼 구부리는도다. 믿음이 아닌 거짓[ψεῦδος καὶ οὐ πίστις]이 그 땅에서 강성하니, 이는 그들이 악에서 악으로 나아가며 또 나를 알지 못하기 때문이니라."(NETS) 마지막 사례는 40:6 LXX(개역개정판의 33:6 - 역주)에 담긴 회복의 비전에 나타난다. 이 구절에서 주님은 이렇게 선포하신다. "보라, 내가 이 성읍에 온전함과 치유를 가져다줄 것이다. 나는 그들에게 이 일을 분명히 나타내고 그 성읍을 치유하며, 그들에게 평안과 신뢰[εἰρήνην καὶ πίστιν]를 베풀 것이다."(NETS) 여기 쓰인 어구 εἰρήνην καὶ πίστιν은 일종의 중언법과 같은 기능을 하며, '**언약적인 평화**'를 의미한다.[16]

---

16 여기서는 칠십인역에 관한 내용을 선별적으로 간략히 살폈을 뿐이다. 하지만 이후 9장에서는 (잘 알려진 사례로서) 하박국 2:4에서 언급되는 πίστις에 관해 더 자세한 논의를 제시하려 한다.

'외경'(Apocrypha)으로 불리는 책들의 경우, 우리는 마카베오서 (the Maccabean books)에서 πίστις가 몇 차례 쓰인 것을 보게 된다. 예를 들어 마카베오서 1권 10:27에서, 데메트리우스는 요나단에게 편지를 써서 그들의 동맹을 계속 유지할 것을 촉구한다(νῦν ἐμμείνατε ἔτι τοῦ συντηρῆσαι πρὸς ἡμᾶς πίστιν). 마카베오서 3권 3:3에서는 εὔνοιαν καὶ πίστιν(선의와 신뢰)라는 어구가 언급되는데, 이 어구는 역사를 다루는 이방의 헬레니즘 문헌과 정치적인 우정에 연관된 이야기에서 매우 자주 쓰였다. πίστις가 가장 널리 사용된 것은 마카베오서 4권이다. 이 책의 끝부분에서, 저자는 유대인 순교자 일곱 명을 낳은 한 유명한 어머니의 경건함과 용기를 칭송한다. 그녀는 조상 아브라함과 동일한 마음가짐(ὁμόψυχον)을 지녔던 것으로 찬미를 받는다(14:20). 그녀는 사랑하는 아들들이 고문을 받고 처형되는 모습을 지켜보아야 했지만, 경건함(εὐσεβεία; 15:12)을 저버리지 않았다. 당시 그녀는 "자녀들의 육신이 불에 타고 그들의 손가락과 발가락이 땅에 흩뿌려지며 머리와 얼굴의 가죽이 마치 하나의 가면처럼 늘어지는 모습"을 억지로 쳐다볼 수밖에 없었다(15:15). 하지만 "그녀가 겪는 깊은 감정의 소용돌이 속에서도, 경건한 이성은 그녀의 마음에 담대한 용기를 주었다. 그리하여 그녀는 그 순간에 모성애를 외면할 힘을 얻었다."(15:23) 여기서 저자는 하나님을 향한 그녀 자신의 믿음 때문에(διὰ τὴν πρὸς θεὸν πίστιν, 15:24), 그녀가 모든 육신적이며 정서적인 고통과 장애물을 극복할 수 있었다고 설명한다. 어떤 이들은 이 구절에 쓰인 πίστις를 일종의 지적인 신념과 동일시할지도 모른다. 하지만 마카베오서 4권에서 πίστις가 전반적으로 사용된 방식을 감안할 때(참조. 16:22; 17:2), 그 단어는 문화들의 충돌이나 그 어머니가 Ἰουδαϊσμός(유다이스모스, '유대의 방식')를 향해 보인 충성과 좀 더 연관이 깊어 보인다. 이런 그녀의 충성심은 일련의 지적인 신념들 자체보다는 그녀의 경건함을 더욱 잘 드러내 주는 것이었다. 여기서 가장 중요한 점은 여호와 하나님이 실제로 존재하시는지, 또는 특정한 교리가 참인지 여부에 관한 것이 아니었다. 오히려 요점은 한 사람이 어떤 신에게 충성을 다하기 위해 죽음도 마다하지 않을 것인지, 아니면 그 신을 저버리고 다른 신을 섬길 것인지에 연관되어 있었다.[17]

지혜서 3:14에서 한 차례 언급되는 경우를 제외하면,[18] 외경의 나머지 부분에서 πίστις가 쓰인 대부분의 용례들은 집회서(Sirach)에서 나타난다. 현인이었던 벤 시라(Ben Sira)는 사람들 사이의 정직하고 분별력 있는 우정과 하나님을 향한 참된 충성심이 지니는 근본적인 중요성에 관해 수많은 지혜의 단편들을 제시한다. 벤 시라가 하나님을 향한 충성심에 관해 들려주는 다음 격언은 잠언 9:10과 성격이 유사하다. "지혜와 훈계는 주님을 두려워하는 데 있으며, 그분이 기뻐하시는 일은 바로 우리의 충성과 겸손[πίστις καὶ πραότης]이다."(1:27, NETS의 본문을 약간 수정) 벤 시라는 언약적인 순종의 중요성을 확언하면서 다음과 같이 설명한다. "당신이 원한다면, 그 계명들을 보존할 수 있다. 믿음을 간직하는 일은 [우리 자신의] 선한 의지에 달린 것이다[πίστιν ποιῆσαι εὐδοκίας]."(15:15 NETS)[19]

---

17 Stefan Krauter, "'Glaube' im Zweiten Makkabäerbuch," in *Glaube: Das Verständnis des Glaubens im frühen Christentum und in seiner jüdischen und hellenistisch-römischen Umwelt*, ed. Jörg Frey, Benjamin Schliesser, and Nadine Ueberschaer, Wissenschaftliche Untersuchungen zum Neuen Testament 373 (Tübingen: Mohr Siebeck, 2017), 207-18 at 217를 보라.
18 "또한 무법한 행실을 범하지 않은 자, 주님을 거슬러서 사악한 일들을 꾀하지 않은 자는 복이 있다. 주께서 그의 신실함에 대해[γὰρ αὐτῷ τῆς πίστεως] 특별한 은총을 베풀어 주실 것이며, 그는 주님의 성전에서 큰 기쁨의 자리를 얻게 될 것이기 때문이다."
19 패트릭 스케한(Patrick Skehan)과 알렉산더 디 렐라(Alexander A. Di Lella)는 이 구절에 쓰인 πίστις의 의미를 다음과 같이 적절히 파악한다. "어떤 이가 신실한 자가 되기 위해서는, 하나님의 율

벤 시라는 좀 더 사회적인 수준에서도 조언을 제시하면서, 독자들에게 이렇게 권면한다. "동료가 가난할 때에 그의 신뢰를 얻으라[πίστιν κτῆσαι]. 그러면 그가 번창할 때에 그대 역시 채워질 것이다. 동료가 어려움을 겪을 때에 그의 곁에 머물라. 그러면 그가 재물을 물려받을 때에 그대 역시 공동 상속자가 될 것이다."(22:23 NETS) 그리고 뒷부분에서 이렇게 언급한다. "비밀을 누설하는 자는 신뢰를 파괴한 것이며 [ἀπώλεσεν πίστιν], 결코 자기 영혼의 벗을 얻을 수 없을 것이다."(27:16 NETS)

구약의 위경을 다루기 전에, 먼저 나는 칠십인역의 느헤미야 10:1에서 이스라엘 백성과 하나님의 언약이 지닌 성격을 나타내는 용어로서 πίστις를 선택한 일은 우리에게 많은 통찰을 준다는 점을 다시 언급하려 한다. 여기서 말하고 싶은 바는 πίστις가 공식적인 형태의 언약을 **의미할** 수 있다는 것이 아니다. 오히려 내가 지적하고 싶은 점은, 그 단어의 의미가 당시의 헬레니즘 문화권 전반에서 통용되었던 의무와 충성과 헌신의 개념에 잘 들어맞는다는 것이다(이 점에서 πίστις는 διαθήκη보다 분명히 더욱 그러했다). 이 점은 칠십인역에 나타난 πίστις 용례에 대한 우리의 선별적인 조사를 통해서도 입증된다. 전반적인 측면에서 볼 때, 칠십인역의 번역자들은 אמונה(에무나)나 אמן(아만)에 대략 상응하는 그리스어 단어로서 πίστις를 선호하는 성향을 띠었다. 그들은 이 단어를 통해 '견고한, 확실한, 믿을 만한' 등의 의미를 전달했다.[20]

법을 지키며 그분의 뜻을 행해야만 한다. 성경적인 의미의 '믿음'은 하나님의 말씀을 참된 규범으로 받아들이는 지성의 활동뿐 아니라, 자신의 신념을 실천에 옮기는 의지의 활동 역시 함축하기 때문이다." *The Wisdom of Ben Sirach* (New Haven: Yale University Press, 2007), 272.

20 Hans Wildberger, "Glauben, Erwägungen zu האמין," in *Hebräische Wortforschung: Festschrift für W. Baumgartner*, Vetus Testamentum Supplement 16 (Leiden: Brill, 1967), 373. 타카미츠 무라오카(Takamitsu Muraoka)는 πίστις에 관해 다음 두 가지 의미를 제시하는데,

구약의 위경에도 πίστις가 가끔씩 언급되며, 특히 시빌라의 신탁집(the Sibylline Oracles)에 자주 나타난다.[21] 열두 족장의 유언서(the Testament of the Twelve Patriarchs)에서 πίστις는 의, 진리와 함께 제사장의 핵심 미덕으로 제시되며, 여기서는 (기적적인) 증언과 예언 활동도 더불어 언급되고 있다(T. Levi 8.2). 그리고 한 종말론적인 강화에서, 주님이 친히 그분의 자비와 ἐν πίστει로써 이스라엘을 한데 모으실 것이 예언되고 있다(T. Asher 7.7). 또한 포킬리데스 위경(Pseudo-Phocylides)으로 알려진 문헌에서는 "가장 지혜로운 자인 포킬리데스"의 통찰을 제시한다(1.13). 그 문헌에 담긴 여러 격언 중에 다음 구절이 있다. "모든 돈을 안전하게 보관하고, 모든 일에 관해 충성심을 간직하라."(13)[22] 포킬리데스 위경의 마지막 문장들 중 하나에서는 다음과 같이 우정을 강조한다. "그대의 벗들을 죽기까지 사랑하라. 이는 신실함이 더 나은 태도이기 때문이다[πίστις γὰρ ἀμείνων]."(218)

3. 유대의 헬레니즘 문헌: 필론

유대인 철학자이며 성경 주석가였던 알렉산드리아의 필론은 현존하는 그의 방대한 작품들에서 πίστις를 광범위하게 사용했다. 그의 용법은 칠십인역과 위경에서 발견되는 것보다 좀 더 다양한 성격을 띤

'충성'(loyalty)과 '믿음/신뢰'(faith/trust)이다(559). *A Greek-English Lexicon of the Septuagint* (Louvain: Peeters, 2009). '믿음/신뢰'에 속한 하부 의미로는 '신뢰를 불러일으키는 처신이나 태도, 행실'이 제시된다(예를 들면, 렘 9:3 LXX의 용례가 그런 경우이다).

21 현존하는 시빌라의 신탁집에는 복잡하고도 불확실한 기독교의 영향력이 반영되어 있기 때문에, 여기서는 그 신탁집에서 πίστις가 사용된 방식을 논하지 않으려 한다.

22 Walter T. Wilson, *The Sentences of Pseudo-Phocylides* (Berlin: de Gruyter, 2005), 92에 담긴 통찰에 근거해서 내가 번역한 문장이다.

다.²³ 필론은 일반적인 '증명'의 의미로 πίστις를 사용하기도 했으며 (*Allegorical Interpretation* 3.208), 그 단어로 '충성'이라는 기본적인 뜻을 나타내기도 했다(*On Drunkenness* 40, 여기서 이 단어는 ἀπιστία[아피스티아] 와 대조된다). 때로는 동일한 문장 내에서도 πίστις를 여러 가지 의미로 활용한다. 예를 들어, *On the Life of Abraham*(아브라함의 생애에 관하여) 273에서 그는 먼저 '믿음'의 의미로 πίστις를 쓴 다음에 그 단어로 '맹세'의 뜻을 나타냈다. *On the Life of Joseph*(요셉의 생애에 관하여) 258에서, 필론은 "그의 모든 처신 가운데서 탁월한 선의와 정직성[τοσαύτῃ πίστεως ἐχρήσατο ὑπερβολῇ]"을 드러낸 일에 관해 요셉을 칭송한다 (trans. Yonge). 그렇기에 그는 요셉이 비교할 데 없는 부의 복을 얻은 것도 이상한 일이 아님을 지적하고 있다.

또 다른 글에서, 필론은 십계명 해석에 관해 논한다. (거짓 증언에 관한) 네 번째 말씀을 다루면서, 그는 이 범주에 속한 악덕을 다음과 같이 열거한다. "속이는 일, 거짓 고발을 행하는 일, 죄를 짓는 자들과 협력하는 일, 선의가 있는 듯이 가장하면서 자신의 거짓됨을 감추는 일[τὸ μὴ ποιεῖσθαι προκάλυμμα πίστιν ἀπιστίας]" (*On the Decalogue* 172).²⁴

---

23 Martina Böhm, "Zum Glaubensverständnis des Philo von Alexandrien," in *Glaube: Das Verständnis des Glaubens im frühen Christentum und in seiner jüdischen und hellenistisch-römischen Umwelt*, ed. Jörg Frey, Benjamin Schliesser, and Nadine Ueberschaer, Wissenschaftliche Untersuchungen zum Neuen Testament 373 (Tübingen: Mohr Siebeck, 2017), 159–81를 보라. 데이비드 헤이(David Hay)는 πίστις에 대한 필론의 용법에 관해 유익한 통찰을 제시한다. 헤이에 따르면, 필론은 그 단어를 '증거'(evidence)의 의미로 사용한 경우가 가장 많다. 하지만 그의 용법에서 그 단어는 '신념'과 '신뢰', '맹세'와 '충성'을 비롯한 몇 가지 다른 의미들 역시 지닌다는 것이다. "Pistis as 'Ground for Faith' in Hellenized Judaism and Paul," *Journal of Biblical Literature* 108 (1989): 461–76; 특히 463를 보라.
24 여기서 나는 영(Yonge)의 번역문을 선호하지만, LCL에서 콜슨(Colson)이 이 문장에 관해 달아 놓은 다음의 각주 역시 읽어 볼 가치가 있다. "나는 이 어구가 상대방으로 하여금 더 많은 것을 자신에게 맡기도록 유도한 다음에 그것을 횡령하려는 목적으로, 적은 액수의 빚을 갚거나 보증금을 돌려주는 경우들을 지칭한다고 이해한다. … 하지만, 이 어구는 좀 더 일반적인 의미에서 자신이 진실한 사람인 척 가장하는 일을 가리킬 수도 있다."(91)

때로 필론은 선행의 실천과 충성의 도덕적 의무에 관해 언급하곤 한다. 이 점에서 그는 잔투스 사람들의 예를 드는데, 잔투스 사람들은 브루투스가 율리우스 카이사르를 살해한 후에 그의 편에 서기를 거부했던 이들이다. 잔투스 사람들은 브루투스가 맹렬히 공격해 왔을 때에도 굴복하지 않았다. 오히려 그들은 끔찍한 학살을 감내했으며, "자유와 충성"(ὑπὲρ ἐλευθερίας ἅμα καὶ πίστεως)을 위해 "고결하고 자유로운 정신으로" 최후를 맞이했다(*That Every Good Person Is Free* 118, trans. Yonge를 보라). 또 다른 글에서 필론은 충성을 그저 사적인 이익을 얻기 위한 하나의 방편으로 여기지 않고, 그것 자체를 하나의 미덕으로 받아들이는 일이 얼마나 중요한지를 강조했다(*On Planting* 101). 그는 πίστις를 "모든 미덕들의 여왕"으로 지칭한다(*On the Life of Abraham* 270, trans. Yonge).

필론이 '하나님을 향한 믿음'을 지칭하는 데에 πίστις를 사용했던 몇 가지 경우들이 있다(예를 들어 *On the Cherubim* 85; *On the Change of Names* 201; *On the Life of Abraham* 268). *On the Confusion of Tongues*(언어들의 혼란에 관하여) 31에서, 필론은 신명기 5:31을 살핀다. 이는 주님이 모세에게 "여기 내 곁에 서 있으라"라고 명령하시는 구절이다. 여기서 필론은 이 말씀이 단순히 장소를 나타내는 것 이상의 의미를 지닌다고 해석한다. 그에 따르면, 모세가 그곳에 그대로 서 있는 모습은 '그의 영혼이 주님을 신뢰하는 일'을 함축한다. 이때 모세는 "가장 확실하며 안정적인 특질인 믿음"[ἀποδυσάμενος τὴν ὀχυρωτάτην καὶ βεβαιοτάτην διάθεσιν, πίστιν]을 취할 수 있게 된다는 것이 필론의 해석이다.[25] 또

---

25 이 어구가 좀 더 인지적인 성격을 띤 πίστις 용법에 속한다는 것은 필론이 그 믿음을 의심이나 망설임과 대조한다는 점을 통해 입증될 수 있다. 필론은 이런 의심과 망설임을 "불안정한 정신의 특질들"

창세기 15:5에 관한 연구에서, 필론은 하나님이 아브라함의 미래와 그 가족에 관해 주신 신적인 약속의 문제를 논한다. 아브라함은 그 당시에 어떤 일이 생겨날지를 알지 못했기에 오직 하나님을 신뢰해야만 했다. 필론에 따르면, 이 일은 우리의 영혼이 기대와 소망을 품고서 하나님을 믿는 신앙을 보여 주는 하나의 사례였다(On the Migration of Abraham 43). 다른 글에서 필론은 아브라함의 믿음을 다시 살피면서, πίστις를 가장 큰 미덕으로 지칭한다(Who Is the Heir? 91). 여기서 그는 순전한 마음을 지닌 이들만이 "유일하게 참되시며 신실하신 하나님을 향한 믿[음]"에 도달할 수 있다고 주장한다(93, trans. Yonge). 그렇다면 아브라함의 믿음이 '의'로 여겨진 일은 무엇을 의미했을까? 이에 관해 필론은 이렇게 설명한다. "유일하신 하나님을 향해 순수하고 온전한 믿음을 품는 일만큼 의로운 것은 없다"(94, trans. Yonge). 또 그에 따르면, 하나님을 향한 종교적인 경건함에는 세 가지 일이 요구된다(이 일들은 마치 반지, 팔찌, 지팡이와 같다). 믿음(πίστις), 사유와 행동의 공존과 연합, 그리고 올바른 훈육이 그것이다(On Flight and Finding 152). 필론은 이 일들을 다시 참된 경건함을 파괴하는 세 가지 요소와 대조하는데, 곧 믿음 없음(ἀπιστία), 사유와 행동의 불일치, 그리고 무지가 그 요소들이다. 필론이 약속의 아들인 이삭의 자손을, 하나님을 향해 참된 신앙을 드러내는 이들로 간주한 어떤 글에서, 우리는 그가 πίστις를 가장 초(超)이성적인 방식으로 사용한 경우를 보게 된다. 그에 따르면, 이 신앙은 육신의 감각에 의존하지 않는 합리성을 수반하는 통찰력과 믿음이다(πρὸς θεὸν πίστεως καὶ ἀφανοῦς ὑπολήψεως; On Dreams 1.68). 따라서 그런

로 간주한다(On the Confusion of Tongues 31).

이들은 "스스로 가르침을 얻은"(αὐτομαθής; 1.68; *On the Life of Moses* 1.280 참조) 이들로 지칭될 수 있다.²⁶

4. 유대의 헬레니즘 문헌: 요세푸스

πίστις에 관한 요세푸스의 용법은 특별히 흥미로운 동시에 바울 연구를 위해 역사적인 중요성을 지니므로, 그의 작품들을 주의 깊게 살피는 일은 유익할 뿐 아니라 꼭 필요하다. πίστις에 관한 요세푸스의 용법을 데니스 린지만큼 자세히 다룬 이는 없으며, 그는 특히 *Josephus and Faith*(요세푸스와 믿음)에서 그 작업을 수행했다.²⁷ 린지는 요세푸스의 글에서 πίστις가 지녔던 여섯 가지 용법을 다음과 같이 구분한다: (1) 신뢰, 신앙, 확신, (2) 충성, 충실성, (3) 신뢰 또는 확신을 불러일으키는 서약, (4) 위임된 일, (5) 정치적인 보호를 위한 조약 또는 다른 형태의 보증, (6) (신빙성을 지닌다는 구체적인 의미의) 믿음.²⁸ 여기서 나는

---

26 Böhm, "Zum Glaubensverständnis des Philo," 165.
27 Dennis R. Lindsay, *Josephus and Faith:* Πίστις *and* Πιστεύειν *as Faith Terminology in the Writings of Flavius Josephus and in the New Testament* (Boston: Brill, 1993). 또한 Dennis R. Lindsay, "Πίστις in Flavius Josephus and the New Testament," in *Glaube: Das Verständnis des Glaubens im frühen Christentum und in seiner jüdischen und hellenistisch-römischen Umwelt*, ed. Jörg Frey, Benjamin Schliesser, and Nadine Ueberschaer, Wissenschaftliche Untersuchungen zum Neuen Testament 373 (Tübingen: Mohr Siebeck, 2017), 183–205를 보라.
28 Lindsay, "Πίστις in Flavius Josephus," 185. 또한 린지의 이런 구분은 더글러스 캠벨(Douglas Campbell)이 필론과 요세푸스의 글에 관해 내린 결론과도 긴밀한 유사성을 지닌다. 캠벨은 필론과 요세푸스의 글에서 πίστις가 다음 의미로 쓰였다고 언급한다: (1) 충실성 또는 신실함, (2) 보증(이때 이것은 충실성의 증표 또는 다른 이에게 위탁받은 물건이 될 수 있으며, 구체적인 측면에서 이 둘은 상당히 다른 실재들을 가리킨다), (3) 신뢰, (4) 신념, (5) 증명, (6) 최상의 미덕인 신앙(이 의미로 쓰인 경우는 매우 적다). 캠벨은 이 중 마지막 것을 "모든 것을 아우르는 미덕"(over-arching virtue)으로 부르기도 하며, 이 의미들 중 일부는 요세푸스보다는 필론의 글에서 더욱 두드러지게 나타난다. *The Quest for Paul's Gospel: A Suggested Strategy* (London: T&T Clark, 2005), 180를 보라.

πίστις에 관한 요세푸스의 이런 용법이 더 넓은 헬레니즘 세계의 용법과 일치한다는 점이 거의 명확해졌으리라고 믿는다.29

요세푸스의 『자서전』(The Life)에서, 우리는 πίστις가 예상 가능한 용법으로 쓰이는 것을 보게 된다. 곧 이 문헌에서 그 단어는 정치적인 충실성에 연관되며, 이는 그가 로마를 향한 충성(τὴν πρὸς Ῥωμαίους πίστιν; Life 39)을 약속했던 경우에 언급되는 것과 같다. 이것은 이 문헌에서 πίστις가 언급되는 많은 구절에서 그 단어가 주로 지니는 의미이다. 『아피온 반박문』(Against Apion)에서, 요세푸스는 어떤 주장이나 논리적인 명제들(1.72), 또는 증언들(2.18)을 지칭할 때 πίστεις라는 단어를 사용했다. 사회적인 특질로서 πίστις를 언급할 때, 그 단어를 미덕(ἀρετή)이나 자비(ἐπιείκεια)와 연관 짓기도 했다(2.42-43). 또 모세의 지혜를 찬미한 글에서(여기서 그는 모세를 그리스의 지혜로웠던 미노스 왕에 견주었다), 요세푸스는 **자신이 섬기는** 하나님이 최상의 법을 제정하셨다는 믿음(πίστις)을 모세가 품고 있었음을 설명한다(2.163). 그에 따르면, 실제로 모세는 매우 설득력 있는 방식으로 백성에게 하나님의 법을 가르쳤다. 그리하여 모세는 "하나님을 향한 이 믿음[περὶ θεοῦ πίστιν]을 그 모든 후손들의 마음속에 깊이 심어 주었으며, 그 믿음은 결코 흔들릴 수가 없었다."(2.169)

『유대 고대사』(Jewish Antiquities)에서는 흥미로운 사례들이 몇 가지 더 나타난다. 요셉(헤롯 대왕의 삼촌 - 역주)과 마리암느(Mariamne, 헤롯 대왕의 두 번째 아내 - 역주)의 관계를 논하면서, 요세푸스는 그 둘 사이에 깊은 신뢰 관계가 형성되었음을 언급한다(μεγάλης αὐτοῖς πίστεως ἐγγενομένη,

---

29 Campbell, Quest for Paul's Gospel, 185에서도 이렇게 언급하고 있다.

15.87). 헤롯왕에 관해 살피면서, 요세푸스는 그가 비난에 민감하게 반응했으며 고압적인 방식으로 통치했던 점을 거론한다. 요세푸스에 따르면, 헤롯은 평민의 복장을 하고서는 길거리 사람들과 어울리면서 그들이 자신의 통치를 어떻게 여기는지를 살피러 다니곤 했다(15.366). 만일 자신을 공개적으로 반대하는 이들이 있을 경우, 헤롯은 그들을 재판에 넘겼다. 전반적으로, 그의 통치 방식은 백성들에게 충성의 서약(ὅρκοις πρὸς τὴν πίστιν)과 선의(εὔνοιαν; 15.368)의 맹세를 요구하는 데 있었다. 요세푸스는 실제로 많은 이들이 헤롯에게 충성을 바쳤음을 분명히 밝힌다. 이때 어떤 이들은 정치적인 이득을 얻으려는 기대에서 그렇게 행했으며, 다른 이들의 동기는 두려움에 있었다. 물론 헤롯에게 반기를 든 이들도 일부 있었지만, 왕은 그런 이들을 제거할 방법을 찾아냈다(15.369). 이 모든 사례의 경우에, 플루타르크나 필론이 그랬듯이 요세푸스는 πίστις의 사회적-관계적인 용법과 좀 더 인지적인 용법들 사이를 다소 자연스럽게 오갈 수 있었다.

요세푸스의 『유대 고대사』에서 나타나는 한 가지 흥미로운 현상은 이스라엘 백성과 그 중요한 지도자들의 이야기를 서술하면서 개인적인 수준에 속한 여러 약속과 충성의 서약들을 표현할 때 πίστις의 복수형 πίστεις를 사용했다는 점이다. 예를 들어 사무엘상 20장에는 다윗과 요나단이 특별한 맹약을 맺은 이야기가 있는데, 칠십인역은 이 약속을 διαθήκη(언약)로 지칭한다(20:8). 그러나 요세푸스는 전반적으로 동일한 이야기를 서술하면서도 이 약속을 πίστεις로 표현한다(*Jewish Antiquities* 6.228). 그러나 요세푸스가 διαθήκη라는 단어 자체를 꺼려했던 것은 아니다. 『유대 고대사』에서 수십 차례에 걸쳐 그 단어를 사용하고 있기 때문이다. 다만 벡(C. T. Begg)이 설명하듯이 당시에 '언약'은 이방인들이 손쉽게 알아들을 수 있는 개념이 아니었으므로, 요세푸스는 당시에 널리 쓰였던 '상호적인 약속'(πίστεις)의 개념을 가지고서 '언약적인 헌신'의 의미를 전달하려 했던 것으로 보인다.[30]

이와 마찬가지로, 요세푸스는 사무엘하 3:12에 기록된 다윗과 아브넬의 이야기를 언급한다(*Jewish Antiquities* 7.24). 칠십인역에 따르면, 아브넬은 전령들을 보내어 자신과 다윗 사이에 하나의 언약(διαθήκη)을 맺으려 했다. 그러나 요세푸스는 διαθήκη 대신에 πίστεις를 사용하면서 이 이야기를 서술한다. 또 다른 사례는 『유대 고대사』 10.63에 나타난다. 이 구절에서는 요시야 왕이 이스라엘의 모든 백성, 특히 레위인과 제사장들을 소집하여 그들로 하여금 하나님께 경배하며 모세의 율법을 준수할 것을 "맹세하며 서약하도록"(ὅρκους ποιήσασθαι καὶ πίστεις) 명령한 일을 서술한다(참조. 왕하 23:3 // 대하 34:31). 이때 열왕기하 23:3과 역대하 34:31에서는 모두 διαθήκη라는 단어를 사용했지만, 요세푸스는 동일한 '충성의 서약' 개념을 전달하는 데 πίστεις를 선택하고 있다. 이 모든 사례들의 경우에, 그는 διαθήκη를 사용하지 **않기로** 의도적인 결정을 내린 것으로 보인다. 요세푸스가 그렇게 결정한 이유는 분명히 그가 διαθήκη를 '유언'(will)의 의미로 사용했기 때문일 것이다 (예를 들어 *Jewish Antiquities* 13.349; 17.1, 53, 78, 146를 보라). 이에 반해 요세푸스는 συνθήκη(쉰데케)라는 단어를 사용하는 데에는 훨씬 더 편안

---

30 Christopher T. Begg, *Josephus' Account of the Early Divided Monarchy* (AJ 8,212–420) (Leuven: Peeters, 1993), 100–101, n609. 레스터 그랩(Lester Grabbe) 역시 이 문제를 이렇게 지적한다. "[요세푸스의 글에서] 성경의 언약들에 관해 언급하지 않는 것은 언뜻 수수께끼처럼 여겨진다. 요세푸스에게는 구약의 여러 언약을 거론할 기회가 많이 있었지만, 그는 일절 그 언약들에 관해 논하지 않는다. 우리는 그의 이런 태도가 의도적인 것이라고 결론지을 수밖에 없다." "Covenant in Philo and Josephus," in *The Concept of the Covenant in the Second Temple Period* (Boston: Brill, 2003), 251–66 at 257.

한 모습을 보였는데, 이는 그 단어가 관습적으로 '계약' 또는 '협약'의 의미를 지녔기 때문이다. 실제로 συνθήκη에 관한 요세푸스의 용법은 πίστεις에 관한 그의 (사회-정치적인) 용법과 동일했던 것으로 보인다.

요세푸스는 (그리스어로) 하나님과 이스라엘 백성의 관계를 언급할 때 '언약'의 어법을 사용하지 않았으며, 이는 고대의 다른 유대인 저자들 역시 대부분 마찬가지였다.[31] 이 점은 용어상으로 볼 때에도 옳은 것으로 보이며, 우리가 살펴본 『유대 고대사』 내용 역시 이 점을 지지해 준다. 그러므로 요세푸스나 당대의 다른 유대인들이 하나님과 이스라엘 백성 사이에 **하나의** 언약이 존재한다고 여겼다는 점을 입증하기는 어려운 일이다. 존 바클레이는 『아피온 반박문』 내용을 살피면서, 요세푸스가 유대인들의 공적인 정체성을 이해한 방식, 또는 그것을 묘사한 방식에 관해 유익한 분석을 제시한다. 바클레이는 당시에 유대 민족의 정체성을 구성했던 몇 가지 특질을 열거하는데, 그 가운데는 공통의 선조와 역사, 특정한 지역(곧 유대 땅)에 초점을 두는 것, 유대 민족의 역사적인 언어(히브리어), 공통적인 일련의 거룩한 문서들, 그리고 그 민족의 중심축이 되는 성전 등이 있다.[32] 끝으로 바클레이는 유대인들이 독특한 πολίτευμα(폴리튜마)를 공유했다는 점을 지적하면서, 이 단어를 하나의 "체제"(constitution)로 번역한다(모세는 이를테면 그 체제의 입법자로 언급된다). 요세푸스는 이 정치적인 어법을 활용하여 유대 백성의 삶을 묘사하면서, 그 삶의 모습을 그리스인들의 경우에 견주고자 했다. 그러나 요세푸스가 『아피온 반박문』에서 기술하는 내용이 지

---

31 Grabbe, "Covenant in Philo and Josephus," 258–66.
32 John M. G. Barclay, *Flavius Josephus: Translation and Commentary*, vol. 10: *Against Apion* (Boston: Brill, 2007), lvii–lviii.

닌 한 가지 중요한 특질은 바로 그가 자신들의 체제를 '신정'(theocracy, θεοκρατία; *Against Apion* 2.165)으로 지칭한다는 데 있다. 그에 따르면, 유대인들에게 하나님은 최상의 권위를 지녔으며 지극히 높임을 받기에 합당하신 분이었다. 또 하나님은 모든 선한 일의 창조자였으며, 궁핍한 자들의 기도에 응답하시는 분이었다. 나아가서 하나님은 사람의 모든 행동을 살피시며, 그뿐 아니라 사람의 내적인 기질과 생각까지 전부 헤아리시는 분이다(2.165-66).

전반적인 측면에서, 바클레이는 요세푸스가 그리스인들에게 친숙한 용어와 개념을 써서 유대인의 삶을 묘사하기 위해 애썼다고 설명한다. 요세푸스의 글에서 하나님과의 언약에 관한 내용을 찾아볼 수 없는 이유는 바로 여기에 있다.[33] 그러므로 바클레이에 따르면, 요세푸스는 유대인들의 집단적인 정체성을 '언약적 율법주의'(covenantal nomism)보다는 '체제적인 율법주의'(constitutional nomism)로 묘사한다.[34] 폴 스필스버리(Paul Spilsbury) 역시 요세푸스가 유대인들과 하나님의 관계를 설명한 방식을 이와 비슷하게 묘사한다. 다만 스필스버리는 '체제'의 어법을 사용하는 대신에, 로마적인 후원 제도의 관점에서 요세푸스의 서술 방식을 살피고 있다. 스필스버리에 따르면, 특히 『유대 고대사』와 『아피온 반박문』에서 요세푸스가 언약의 개념을 사용하지 **않기로** 한 이유는 그가 이스라엘과 하나님의 관계를 후원자와 피보호자의 관계로 묘사하기를 원했기 때문이다. "요세푸스의 관점에서, 하나님은 군사적인 협력을 비롯한 여러 혜택을 베푸심으로써 이스라엘의 후원자

---

33 Barclay, *Against Apion*, lx. 그랩 역시 유사한 결론을 내렸다. 그에 따르면, 요세푸스는 그리스 로마 세계의 독자들을 상대로 책을 저술했다. 이때 언약들에 관해 언급하는 것은 "그의 목적에 부합하지 않았으며, 자칫 독자들에게 오해를 살 수도" 있었다. "Covenant in Philo and Josephus," 266.
34 Barclay, *Against Apion*, lx.

역할을 감당했다. 그 혜택들 가운데서 가장 중요한 것은 바로 모세의 율법이었다. 하나님께 호의를 입은 피보호자로서, 이스라엘 백성에게는 경건한 삶을 통해 자신이 받은 혜택에 관해 깊은 감사를 나타낼 의무가 있었다. 이때 이 경건한 삶은 모세의 율법에 대한 순종으로 매우 명확하게 규정되었다."35

바클레이와 마찬가지로, 스필스버리는 샌더스의 '언약적 율법주의' 패턴을 가지고서는 요세푸스의 글에 담긴 내용을 정확히 포착하기가 어렵다고 여겼다. 그보다 더 적합한 명칭은 '후원적인 율법주의'(patronal nomism)가 되리라는 것이 스필스버리의 생각이었다. 이런 논의들은 요세푸스가 유대의 전통적인 (언약의) 어법을 그리스 로마 문화의 성격에 맞추어 변형시키는 일에 관심을 품고 있었음을 시사한다.36 스필스버리는 요세푸스가 유대의 언약적 어법보다 그리스 로마 세계의 정치적 동맹에 관한 어법을 선호했으리라는 점에 관해 충분한 근거를 제시한다. 이 측면에서 벡은 추가적인 개념들을 언급한다.37 첫째, 이방인들의 일반적인 용법에서 그리스어 διαθήκη는 ('언약'이 아닌) '유언'(will)을 의미했다. 둘째, 벡은 (스필스버리와 마찬가지로) 정치적으로 배타적인 성격을 띤 어법('언약'의 어법 - 역주)을 사용하는 일이 지녔던 위험성을 언급한다. 그런 어법은 당시 사람들의 눈에 의심스럽게 보일 수 있었기 때문이다. 다만 여기서 벡은 요세푸스가 당시 **그리스도인들**

---

35 Paul Spilsbury, "Josephus," in *Justification and Variegated Nomism: The Complexities of Second Temple Judaism*, ed. D. A. Carson, Peter T. O'Brien, and Mark Seifrid (Grand Rapids: Baker, 2001), 241–60 at 250; 참조. 259.
36 스필스버리는 요세푸스가 독자들에게 자신이 군사적인 메시아주의를 설파하는 듯한 인상을 주지 않기 위해, 이같이 언약에 관한 유대의 전통적인 어법을 회피했을 수도 있다고 주장한다. "Josephus," 252.
37 Begg, *Josephus' Account of the Early Divided Monarchy*, 100–101, n609.

이 '새 언약'의 어법을 사용했던 위험한 방식을 염두에 두고 있었을 가능성 역시 고려하고 있다. 벡은 기원후 1세기 이후에 유대인들이 만든 그리스어 구약 역본들에 διαθήκη가 거의 나타나지 않는다는 점을 지적한다(그 단어는 대부분 우회적인 표현들로 대체되고 있다). 이로부터 추론할 수 있는 한 가지 요점은 요세푸스가 언약에 관한 구약의 어법 또는 그와 유사한 어법을 논할 때 πίστεις라는 단어를 자연스럽게 사용했으리라는 것이다. 이런 그의 선택은 자의적인 결정이 아니었으며, 오히려 협약과 의무를 나타내는 친숙한 어법을 사용함으로써 헬레니즘 문화권에 속한 독자들에게 자신의 말뜻을 명확하고 설득력 있게 전달하려는 바람에 근거한 것이었다. 이 같은 통찰은 바울이 πίστις 어법을 사용한 방식을 헤아리는 데 유익할 뿐 아니라, 그가 하나의 인간적인 미덕인 πίστις나 하나님 혹은 그리스도께 속한 πίστις, 그리고 우리가 하나님과 관계 맺는 길로서 πίστις에 관해 언급한 방식을 파악하는 데에도 도움이 될 수 있다.

5. 결론

고대의 이방인과 유대인들이 πίστις를 사용한 방식에 관한 이 장의 고찰을 통해, 우리는 사도 바울이 믿음의 어법을 사용했던 당시 세계와 문화를 더 깊이 이해하는 데 도움을 얻을 수 있다. 첫째로 이것이 주로 종교적인 어법이었다는 대중적인 오해가 있는데, 이는 분명히 사실이 아니다. 둘째, 사람들은 종종 바울이 유대인 또는 유대 기독교인 반대자들이 지닌 행위(또는 토라에 속한 행위) 신학에 맞서기 위해 '믿음'의 어법을 사용했다고 주장하곤 한다. 하지만 유대인들 역시 자신들의 종교적인 헌신과 의무를 논할 때 πίστις라는 단어를 쉽게 사용할 수 있었다.[38] 그러므로 πίστις에 관한 바울의 어법이 독특한 성격을 띠긴 했지만, 그 어법이 무(無)로부터 생겨난 것은 아니었다.

이제 우리는 (부분적으로는) 칠십인역의 저자들이 אמונה의 번역어로 πίστις를 선택했다는 점, 그리고 요세푸스가 유대의 언약적인 헌신을 묘사하거나 전달하는 용어로서 πίστεις를 의도적으로 선호했던 점에 비추어 바울이 πίστις를 사용한 방식을 재고해 볼 수 있다. 여기서 특히 관심의 대상이 되는 것은 그가 이 어법을 사용해서 어떻게 하나님과 인간 사이에 존재하는 새로운 유형의 관계를 언급했는지 하는 부분이다. 우리는 이 관계를 '새로운 언약'이라고도 표현할 수 있으며, 이는 '그리스도적인 관계성'을 통해 생겨나는 관계이다. 이 장에서 우리는 바울이 사용한 πίστις 어법을 그 당시의 맥락 속에서 살펴보는 중요한 논의를 수행했다. 이 논의는 이 책의 8장에서 갈라디아서에 나타난 πίστις에 관해 다룰 때, 특히 중요한 문맥과 역사적인 배경의 역할을 하게 될 것이다.

---

38 Lührmann, "Pistis im Judentum," 36를 보라: "유대교에서 이 단어(πίστις - 역주)는 하나님을 향한 경배의 구체적인 특질로서 율법과 그 율법에 대한 충실성을 서로 결부시킨다. 이에 반해, 기독교에서 '믿음'(faith)이라는 핵심 단어는 이러한 연관성을 직접적으로 지칭하는 것이 될 수 없다."

4장
그가 이 땅에서 믿음을 보겠느냐?
예수 전승에 나타난 '믿음'의 어법

누가 우리의 메시지를 믿었으며,
누구에게 주님의 팔이 계시되었는가?
– 요한과 이사야(요한복음 12:38에 인용된 이사야 53:1 NIV)

인자가 올 때, 그가 세상에서 믿음[πίστιν]을 발견하겠느냐?
– 예수님(누가복음 18:8 NIV)

믿음에 관한 바울의 어법에 주된 영향력을 끼친 요소는 무엇이었을까? 우리는 바울이 πίστις로써 얻는 칭의의 본질에 관해 논하면서 하박국 2:4 같은 본문을 언급하는 경우를 쉽게 볼 수 있다(갈 3:11; 롬 1:17). 학자들은 바울이 믿음의 중심적인 성격을 숙고하는 방식에 이런 사안들이 영향을 끼쳤다고 여겨 왔다. 하지만 그보다 덜 논의되어 온 것은 예수 전승이 믿음에 관한 바울의 어법에 끼쳤을지 모르는 잠재적인 영향력의 문제이다.[1] 아마도 이 영역이 경시되어 온 주된 이유는 바울 서신들이 현존하는 형태의 복음서들보다 먼저 기록되었다는 데 있을 것이다. 하지만 예수님이 믿음의 어법을 사용하셨던 방식이 어떤 면에서 믿음에 관한 바울의 어법에도 영향을 주었을지 모른다는 점을 숙고하

---

1 Maureen W. Yeung, *Faith in Jesus and Paul* (Tübingen: Mohr Siebeck, 2002); 참조. Teresa Morgan, *Roman Faith and Christian Faith: Pistis and Fides in the Early Roman Empire and the Early Churches* (Oxford: Oxford University Press, 2015), 347–48.

지 않는 것은 여전히 무책임한 일이 될 수 있다.

1. 회개하고 믿으라: 마가복음에 나타난 믿음의 어법

이 장에서 우리는 예수 전승에 나타난 믿음의 어법을 살피면서, 먼저 마가복음부터 다루어 보려 한다. 이는 그 복음서가 아마도 현존하는 최초의 복음서일 것으로 여겨지기 때문이다. 마가는 예수님이 믿음 중심의 설교를 선포하신 일을 전하면서 복음서를 시작한다. 세례 요한이 체포된 뒤, 예수님은 갈릴리에 오셔서 하나님의 좋은 소식을 전파하셨다. "때가 찼고 하나님의 나라가 가까이 왔으니 회개하고 복음을 믿으라"(막 1:15). 이것은 이스라엘 백성을 향해 죄에서 벗어나서 하나님께로 돌이킬 것을 촉구하는 한 선지자의 부름이었다.[2] 예수님은 세례 요한이 사라진 상황에서 그의 메시지를 계속 이어 나가고 계셨다.[3] 예수님은 이스라엘 백성을 향해 "지금까지 고수해 온 삶의 방식을 전부 내려놓고, 그분을 신뢰하면서 전혀 다른 방식을 따를 것"을 요구하셨다.[4] 이제는 새로운 시대가 시작되었으며 하나님의 통치가 임박했다는 것이 그분의 메시지였다. 그 나라에 참여하고자 하는 이들은 회개

---

[2] Craig A. Evans, "Prophet, Sage, Healer, Messiah: Types and Identities of Jesus," in *Handbook for the Study of the Historical Jesus*, ed. Tom Holmén and Stanley E. Porter (Leiden: Brill, 2010), 1219-22; R. T. France, *The Gospel of Mark*, New International Greek Testament Commentary (Grand Rapids: Eerdmans, 2002), 93를 보라. 『NIGTC 마가복음』(새물결플러스). 회개의 주제에 관해, 그리고 회개와 믿음의 연관성에 관해서는 Mark J. Boda, *"Return to Me": A Biblical Theology of Repentance* (Downers Grove IL: InterVarsity, 2015), 163-64, 184(145-61에서는 성경에 담긴 회개의 신학을 좀 더 전반적으로 논하고 있다)를 보라.
[3] W. D. Davies and Dale C. Allison, *Matthew* (Edinburgh: T&T Clark, 1988), 1:72를 보라.
[4] N. T. Wright, *Jesus and the Victory of God* (Minneapolis: Fortress, 1996), 258. 『예수와 하나님의 승리』(크리스천다이제스트). 라이트는 회개를 향한 예수님의 부르심에 대한 이 민족주의적인 독법을 적절히 옹호한다. 그러나 당시에 그 백성이 지녔던 문제가 "민족주의적 폭력"에 있었다는 그의 구체적인 주장은 설득력이 덜하다(253).

해야 했는데, 이는 그들의 죄로 인해 그 일이 요구되었기 때문만이 아니었다. 이제 하나님이 그분의 통치에 관한 약속을 이 땅 위에서 성취하고 계셨기 때문이다.[5] 앞서 세례 요한 역시 회개를 선포했지만, **믿음**(belief)을 요구하지는 않았었다.

구약에서 회개를 촉구할 때, 죄에서 돌이키는 일의 대응물이 되는 것은 하나님께 헌신하며 옳은 것을 행하는 일이었다(렘 34:15; 겔 18:21). 하지만 예수님은 "회개하고 하나님께 **순종하라**"라고 하지 않으시고, 오히려 "회개하고 복된 소식을 **믿으라**"라고 선포하셨다. 이스라엘 백성이 이 소식을 **믿어야만** 했던 점은 이 일이 그저 하나의 명백한 사실을 받아들이는 것에 관한 문제가 아니었음을 함축한다. 오히려 그 일에는 **믿음**, 이를테면 이성을 초월하는 신앙의 도약이 요구되었다. 곧 예수님이 "하나님의 주권을 드러내시는 분"이라는 것, 그리고 예수님이 가져오실 나라를 기대하면서 그분께 신뢰와 순종으로 응답해야만 한다는 것을 받아들이는 삶을 살기 위해서는 그들의 믿음이 요구되었다.[6] 프랭크 마테라가 설명하듯이, 마가복음에서 믿음의 본질을 표현하는 방식에는 중요한 **인식론적인** 성격이 존재한다.

마가복음에서 믿음은 그저 여러 미덕들 가운데 하나가 아니다. 마가의 이야기에서, 믿음은 하나님 나라를 받아들이는 이들의 도덕적이며 윤리적인 삶을 묘사하는 포괄적인 용어가 된다. 믿음은 분별하고 이해하는

---

5 Guy D. Nave, *The Role and Function of Repentance in Luke-Acts* (Leiden: Brill, 2002), 132를 보라.
6 Christopher D. Marshall, *Faith as a Theme in Mark's Narrative* (Cambridge: Cambridge University Press, 1994 [originally 1989]), 44-56 at 54를 보라. 그리고 Wright, *Jesus and the Victory of God*, 263; Frank Matera, *New Testament Ethics: The Legacies of Jesus and Paul* (Louisville: Westminster John Knox, 1996), 22 역시 참조하라. 『신약 윤리학』(CLC).

일이며, 이에 반해 믿음이 없는 사람은 맹목과 몰이해에 빠지게 된다. 예수께서 말씀하시며 행하시는 일을 믿고 분별하며 헤아리는 이들은 그분의 사역에서 하나님 나라가 임한 모습을 파악할 수 있으니, 이는 비록 현재 그 나라의 모습이 사람들의 눈에 감추어져 있으며 외관상으로는 미미해 보일지라도 그러하다. 그런 믿음을 지닌 이들은 하나님 나라가 아직 권능 가운데 나타나지는 않았지만 이미 현존하고 있음을 확신하며, 이에 따라 예수의 주위에 모여든 제자들의 공동체 안에서 제자도의 삶을 살아가게 된다. 이처럼 마가복음의 이야기에서, 사람들은 보기 위해서 먼저 믿는다.[7]

그러나 마가복음에서 πιστεύω는 하나님 나라의 복된 소식을 그저 인지적으로 **믿는** 것보다 더 많은 내용을 함축하고 있다. 이 동사는 우리 자신을 그 복된 소식 가운데로 온전히 던져 넣는 일, 곧 스스로를 그 소식에 굳게 결부시키는 일까지도 의미한다.[8] 잭 딘 킹스버리가 적절히 표현했듯이, 마가복음에서 "믿음은 철저한 확신, 곧 복음을 온전히 신뢰하면서 그 메시지를 무조건적으로 받아들이는 일을 함축한다."[9]

2. 찾고, 신뢰하고, 순종하라: 마태복음에 나타난 믿음의 어법

마태복음은 믿음에 관한 예수님의 어법과 관련해서 마가복음의 관

---

7 Matera, *New Testament Ethics*, 23.
8 France, *Mark*, 94를 보라.
9 Jack D. Kingsbury, *The Christology of Mark's Gospel* (Philadelphia: Fortress, 1983), 73.

심사를 공유한다.[10] 마태복음과 마가복음에서는 예수님에 관한 몇몇 이야기와 그분의 가르침들이 유사한 형태로 나타나는데, 이를테면 특정한 기적 이야기에서 치유와 믿음이 서로 연관되는 일 등이 그런 경우이다(참조. 마 9:2-8 // 막 2:1-12; 마 9:18-26 // 막 5:21-43; 마 15:21-28 // 막 7:24-30). 마태복음 역시 무화과나무가 저주받은 일을 언급하면서, 믿음에 관한 진술을 그 이야기에 포함시키고 있다(마 21:18-22 // 막 11:20-26). 다만 마태복음에 포함된 믿음-기적 이야기들 가운데는 마가복음에서 언급하지 않는 것들도 있다(예를 들어, 마 9:27-31). 또 마태복음은 마가복음에 기록된 것과 유사한 방식으로 예수님이 폭풍을 잠잠케 하신 이야기를 제시하지만, 마태복음의 본문에서는 예수님이 제자들의 빈약한 믿음을 지적하신 반면에(ὀλιγόπιστος; 마 8:26) 마가복음에서 예수님은 그들에게 믿음이 **없음**을 책망하고 계신다(οὔπω ἔχετε πίστιν; 막 4:40).

만일 우리가 마가복음을 다루면서 살폈던 내용이 마태복음의 경우에도 참되다고 가정한다면(다만 마태복음에서 사용된 믿음의 어법에는 좀 더 구체적인 뉘앙스가 담겨 있다), 예수 그리스도의 복된 소식과 믿음 사이에는 일종의 포괄적인 연관성이 존재하는 셈이 된다(예를 들어, 막 1:14-15을 보라). 이런 사실은 마태복음 27:42에서도 함축적으로 드러나는데, 이 구절에서 군중은 예수님을 야유하고 조롱하면서 말한다. "그가 남은 구원하였으되 자기는 구원할 수 없도다. 그가 이스라엘의 왕이로다. 지금 십자가에서 내려올지어다. 그리하면 우리가 [그를] **믿겠노라**

---

10 메리 앤 비비스(Mary Ann Beavis)는 마가복음의 믿음에 관한 짧은 글에서 이 점을 설득력 있게 강조한다. 다만 공관복음서에 나타난 믿음의 개념에 관해 마태복음과 누가복음이 기여하는 바가 거의 없다는 그녀의 견해는 다소 지나친 감이 있다. "Mark's Teaching on Faith," *Biblical Theology Bulletin* 16 (1986): 139-42를 보라.

[πιστεύσομεν ἐπ᾽ αὐτόν].' 이 구절에 담긴 것은 실제로 군중이 외친 내용일 수도 있고, 마태가 그와 비슷한 내용을 가지고서 기독교적인 고백의 어법으로 재구성한 것일 수도 있다.[11] 위와 같이 믿음에 관한 예수님의 어법을 간단히 살펴볼 때(참조. 마 18:6), 우리는 마태가 온전한 제자도에서 드러나는 예수님께 대한 믿음을 기독교적인 영성의 궁극적인 표현으로 보았다는 점을 상기하게 된다.[12]

믿음에 대한 마태의 개념은 세 가지 범주로 나뉘는데, 곧 구하는 믿음, 신뢰하는 믿음, 충성하는 믿음이다.

1) 구하는 믿음

마태가 믿음의 어법에 초점을 맞추는 일곱 가지 핵심적인 이야기들 가운데서, 다섯 개의 본문에서는 예수님을 찾아와서 누군가를 위해 치유/도움을 베풀어 주시기를 청하는 이들의 믿음을 언급한다(8:5-13; 9:2-8; 9:18-26; 9:27-31; 15:21-28). 종종 지적되듯이, 이들의 πίστις는 예수님의 제자들이 소유한 온전한 형태의 믿음이 아니다. 오히려 이들은 예수님을 단순히 하나님의 능력을 발휘하실 수 있는 분으로 알고서 찾아온 이들이었다.[13]

마태복음에서 πίστις가 처음으로 언급되는 곳은 백부장의 종이 고침을 받은 이야기이다. 예수님이 직접 가서 중풍에 걸린 종을 고쳐 주시

---

11 Davies and Allison, *Matthew*, 3,620를 보라. 그들은 행 11:17; 16:31과 딤전 1:16에서도 이와 유사한 어법이 나타난다고 지적한다.
12 프랑스는 마태복음 18:6에서 믿음의 특질이 뚜렷이 요한적인 방식으로 언급되고 있으며, 이는 매우 보기 드문 경우라고 지적한다. 그에 따르면, 이 구절은 공관복음서에서 그 믿음을 지칭하는 특정한 어구("나를 믿는 … 자")가 등장하는 유일한 사례이다. *The Gospel according to Matthew*, New International Commentary on the New Testament (Grand Rapids: Eerdmans, 2007), 681.
13 James D. G. Dunn, *Jesus Remembered* (Grand Rapids: Eerdmans, 2003), 501를 보라. 『예수와 기독교의 기원』(새물결플러스).

기로 했을 때, 백부장은 다음과 같이 만류했다. "주여, 내 집에 들어오심을 나는 감당하지 못하겠사오니 다만 말씀만으로 하옵소서. 그러면 내 하인이 낫겠사옵나이다. 나도 남의 수하에 있는 사람이요 내 아래에도 군사가 있으니 이더러 가라 하면 가고 저더러 오라 하면 오고 내 종더러 이것을 하라 하면 하나이다."(마 8:8-9) 이에 예수님은 그의 말을 놀랍게 여기시고 이렇게 말씀하셨다. "내가 진실로 너희에게 이르노니 이스라엘 중 아무에게서도 이만한 믿음[πίστις]을 보지 못하였노라."(8:10) 이때 예수님이 이 백부장의 믿음을 이스라엘 백성의 경우에 견주신 이유는 무엇일까? 여기서 마태의 관심사는 당시 이스라엘 백성이 믿음으로 나아오기를 지체하고 있는 반면에, 어떤 이방인들은 분별력 있는 태도로 예수님께 응답하고 있음을 지적하는 데 있다.[14] 유대인들은 마땅히 누구보다도 먼저 예수님 앞에 나아오며 그분을 신뢰하는 사람들이 되어야만 했다. 그러나 여기서는 한 이방인이 망설임 없이 분명한 확신을 품고서 예수님의 권위에 의지하는 모습을 보여 주었던 것이다. 이 구절에서 예수님은 낯설고 전례가 없으며 인간의 지식과 의사 결정의 일반적인 영역 바깥에서 작동하는 한 가지 현상에 관해 언급하시는 것으로 보인다. 바울의 어법을 빌려 표현하자면, 이때에는 "율법과 무관하게 하나의 믿음이 나타났다"(참조. 롬 3:21). 백부장처럼 예수님을 찾은 이들, 곧 **일반적인** 이유들과 무관하게 그분 앞에 나아왔던 이들은 하나의 독특한 믿음을 보여 주었으며, 우리는 그것을 일종의 '육감'이라고도 지칭할 수 있다.[15] 어떤 방식을 통해서든, 그들

---

14 Donald A. Hagner, *Matthew*, World Biblical Commentary 33A-B (Grand Rapids: Zondervan, 1993-95): 1,205.
15 마태는 이 특별한 통찰력의 근원이 어디에서 오는지를 보여 준다. 베드로가 예수님을 메시아로 고백했을 때, 그분은 그를 칭찬하신 다음에 이렇게 말씀하셨다. "이를 네게 알게 한 이는 혈육이 아니요

은 이 예수라는 분이 무언가 특별한 사람임을 **알았던** 것이다. 제럴드 호손은 이런 종류의 믿음을 '영적인 통찰력'이라고 부른다.

> 내가 말하는 '믿음'은 우리 영혼의 눈이 되어 주는 기능을 가리킨다(참조. 히 11장). 그러므로 믿음의 사람들은 자신의 시야를 제한하는 물질과 감각의 장벽 너머를 바라볼 수 있게 된다. 또 그들은 영적인 실재의 비밀을 꿰뚫어 보며, 우리 인간들이 처한 곤경을 넘어서서 하나님을 바라보고 그분의 선하심과 지혜, 그분의 능력을 깨닫게 된다. 그뿐만 아니라 그들은 현재의 문제를 넘어서서 하나님이 열어 주시는 가능성을 파악하며, 자연적인 제약을 넘어서서 하나님의 한없는 전능하심을 바라보게 된다. 그들은 하나님이 삶의 문제들에 대한 해결책을 주심을 믿으며, 단순한 가능성을 분명한 현실로 만드실 뿐 아니라 인간적인 속박의 경계들을 무너뜨려 주심을 신뢰한다.[16]

예수님은 이를테면 다른 모든 사람들보다 앞서 있었던 백부장의 믿음을 보면서 놀라워하신다. 백부장은 물리적인 증거들이 가리켜 보이는 곳보다 몇 발짝 더 나아와 있었다. 이스라엘 백성에게 주어졌던 모든 특권을 감안할 때, 예수님은 마땅히 그들이 누구보다도 먼저 그분 안에 임해 있는 하나님의 능력을 감지해야 한다고 여기셨다. 하지만 실제로는 그렇지가 못했다.[17]

하늘에 계신 내 아버지시니라"(16:17).
16 Gerald F. Hawthorne, "Faith: The Essential Ingredient of Effective Christian Ministry," in *Worship, Theology, and Ministry in the Early Church*, ed. Michael H. Wilkins and Terence Paige (Sheffield: JSOT Press, 1992), 249–59 at 250.
17 John Nolland, *The Gospel of Matthew*, New International Greek Testament Commentary (Grand Rapids: Eerdmans, 2005), 356를 보라.

예수님은 백부장에게 말씀하셨다. "가라. 네 믿은 대로[ὡς ἐπίστευσας] 될지어다."(8:13) 어떤 이들은 복음서에서 치유가 이루어지기 위해서는 믿음이 필요했다는 점을 소홀히 여기지만,[18] 여기서 우리는 그 사실을 분명히 보게 된다. 위르겐 몰트만은 이 점을 다음과 같이 대담하게 지적한다.

> 신적인 치유 능력은 오직 [예수의] 편에서만 나오는 것이 아니었다. 그 치유가 단순히 예수 자신의 '사역'이어서, 그가 원할 때마다 마음대로 그 일을 행할 수 있는 것도 아니었다. 오히려 그 치유는 예수와 그가 지닌 이 능력을 찾고 간구하는 이들 사이에서 이루어지는 어떤 일에 가까웠다. 예수와 그들의 믿음이 이런 상호적인 활동 가운데서 만날 때, 치유가 일어날 수 있었다. … 복음서에 있는 치유 이야기들은 그것들이 예수에 관한 이야기인 것과 마찬가지로, 사람들의 믿음에 관한 것이기도 하다. 그것은 예수와 사람들의 믿음 사이에 존재하는 상호 관계에 대한 이야기이다. 예수는 그들의 이 믿음에 의존했으며, 이는 그 병자들이 예수에게서 나오는 능력에 의존했던 것과 마찬가지이다.[19]

중풍병자가 고침받은 일에 관한 마태복음 이야기(9:2-8)에서, 예수님은 다시금 사람들의 믿음에 깊은 인상을 받으신다. 이때에도 그분의 마음에 인상을 남긴 것은 그 어려움에 처한 사람 자신의 믿음이 아니

---

[18] Sigurd Grindheim, "'Everything Is Possible for One Who Believes': Faith and Healing in the New Testament," *Trinity Journal* 26 (2005): 11-17를 보라.

[19] Jürgen Moltmann, *The Way of Jesus Christ: Christology in Messianic Dimensions* (Minneapolis: Fortress, 1993), 111; 그리고 Gerd Theissen, *The Miracle Stories of the Early Christian Tradition*, trans. F. McDonagh, ed. John Riches (Edinburgh: T&T Clark, 1983), 140 역시 참조하라.

라, 그 병자를 예수님께 데리고 나아온 이들의 믿음이었다(9:2). 여기서 마태는 예수님이 그분을 찾기 위해 담대하게 행하는 이들에게 응답하신다는 점을 우리에게 일깨운다. 마가복음의 경우와 마찬가지로, 마태복음에서 묘사되는 예수님은 "사람들의 믿음을 보실 때 그 정통성 여부에 따라서가 아니라 그들이 품은 결단과 용기, 그리고 끈기에 근거해서 판단하시는 분이었다. 그러므로 중요한 점은 그들이 과연 교리적인 세부 사항들을 정확히 고수하고 있느냐가 아니라, 그분께 나아오기 위해 어떤 장애물을 극복했느냐에 있었다."[20]

마태복음에서 '**구하는 믿음**'이 강조되는 세 번째 이야기는 혈루증을 앓던 여인의 경우이다(9:18-26). 이 본문에서 그녀는 (위에 언급한 이들의 경우와 마찬가지로) 예수님을 만나 도움 얻기를 간절히 바랐으며, 다만 이 경우에 치유의 대상이 되는 것은 그녀 자신이었다. 이때 어떤 이유에서인지 그녀는 그저 예수님의 옷자락을 만지는 것만으로도 충분하리라고 믿었다(9:21). 이처럼 그 여인은 예수님의 옷자락을 만지기 위해 노력했지만, 마태복음에서 예수님은 그녀가 치유받은 일을 그녀의 **믿음**에 결부시키고 계신다(9:22).[21] 이 본문은 마태복음에서 예수님이 친히 구원(σῴζω)이라는 용어를 사용하신 첫 번째 구절이며, 그 용어는 1:21에 기록된 다음 예언에 이어 두 번째로 제시된다. "아들을 낳으리니 이름을 예수라 하라. 이는 그가 자기 백성을 그들의 죄에서 구원할[σῴζω] 자이심이라." 이때 예수님은 **구원하는** 그분의 사역을 수행

---

[20] 이에 관해서는 앨런 컬페퍼(Alan Culpepper)가 마가복음 2:5에 관해 *Mark* (Macon, GA: Smyth & Helwys, 2007), 77에서 언급한 내용을 살펴보고, 그와 유사한 논의로 David M. Rhoads, *Reading Mark* (Minneapolis: Fortress, 2004), 82를 보라. 마셜은 *Faith as a Theme*, 237에서 마가복음의 믿음을 "순전하고 끈질긴 인내"(sheer dogged perseverance)로 지칭한다.
[21] Graham Twelftree, *Jesus the Miracle Worker* (Downers Grove, IL: InterVarsity, 1999), 118-19, 337를 보라.

하셨지만, 자신에게서 나온 치유의 능력을 그 여인의 믿음에 연관 지으셨다.[22]

치유에 관한 또 다른 본문에서, 두 맹인이 (다윗의 아들이신) 예수님께 나아와 자비를 베풀어 주시기를 청했다(9:27-31). 이에 대한 응답으로, 예수님은 이렇게 물으셨다. "내가 능히 이 일 할 줄을 믿느냐?"(9:28) 이에 그들이 그렇다고 대답하자, 예수님은 그들의 눈을 만지면서 말씀하셨다. "너희 믿음대로 되라."(9:29; 참조. 8:13; 15:28) 이 본문은 마태복음에서 예수님이 사람들의 믿음에 관해 질문하신 유일한 경우였다.[23]

마지막 이야기는 예수님이 가나안 여인과 대화를 나누시는 본문이다(15:21 - 28). 예수님이 두로와 시돈 지방에 머무시는 동안에, 한 이방 여인이 귀신 들린 자기 딸의 문제를 가지고서 나아왔다(15:22). 처음에 제자들은 그녀를 쫓아 버리시기를 예수님께 호소했으며("저 여인이 우리를 귀찮게 하나이다", 15:23 NLT), 예수님은 그 여인에게 이렇게 선언하셨다. "나는 오직 이스라엘 집의 잃어버린 양들에게로 보내심을 받았노라"(15:24 NRSV). 하지만 그 여인은 예수님 앞에 무릎을 꿇고서 계속 간청했다. 이때 예수님은 "자녀의 떡"을 "개들"에게 주어서는 안 된다고 말씀하시면서 그녀의 청을 거절하려는 듯한 모습을 보이셨다. 그러자 가나안 여인은 그 말씀에 동의하면서도 이렇게 응답했다. "주여, 옳소이다마는 개들도 제 주인의 상에서 떨어지는 부스러기를 먹나이다."(15:27) 예수님은 그 여인의 말에 깊은 인상을 받고서 이렇게 답하셨다. "여자여, 네 믿음이 크도다. 네 소원대로 되리라."(15:28상) 이때

---

22 Walter T. Wilson, *Healing in the Gospel of Matthew: Reflections on Method and Ministry* (Minneapolis: Fortress, 2014), 217, 224-25를 보라.
23 France, *Matthew*, 367.

그 여인의 딸은 즉시 온전해졌다(ἰάομαι). 이 이야기는 믿음에 대한 마태복음의 관심사를 뚜렷이 보여 준다. 그 관심사는 특히 이스라엘 백성이 여러 특권을 누렸음에도 불구하고, 믿음을 드러낸 것은 오히려 이방인들이었다는 데 있었다. 이 본문에서 예수님은 그 여인의 의지를 시험하시고, 그녀는 **놀라운** 믿음으로(μεγάλη σου ἡ πίστις) 그 시험에 응답한다.[24]

이 마태복음의 이야기들은 믿음에 관해 우리에게 무엇을 가르쳐 주는가? 위에서 살펴본 인물들 중 어느 누구도 예수님의 제자가 아니었으며, 그들은 메시아이신 그분에 대한 믿음을 고백한 이들도 아니었다. 하지만 마태가 묘사하는 방식에 따르면, 그들은 신앙의 본이 되는 이들이다. 그렇다면 그들은 복음서 독자들에게 어떤 면에서 본이 되었던 것일까? 위에서 인용한 제럴드 호손의 글에서 지적했듯이, 복음서들은 예수님을 향한 믿음의 **기이함**과 그 역설적인 성격을 보여 주려 한다. 아일랜드의 옛 찬송가인 "내 맘의 주여 소망 되소서"(Be Thou My Vision)를 한번 생각해 보자. 내가 어린 시절에 썼던 찬송가집에 실린 그 곡의 악보 위에는 다음 성경 구절이 기록되어 있었다. "[그들이] 눈을 들고 보매 오직 예수 외에는 아무도 보이지 아니하더라"(마 17:8, 변화산 사건). **오직** 예수님만을 바라보며 다른 모든 일을 잊는 것, 바로 **이것이** 백부장과 가나안 여인을 비롯해서 그 사람들이 품었던 믿음의 본질이었다. 그들의 믿음에는 **단순하고 저돌적인 성격**이 있었으며, 이는 마치 진주 하나를 사기 위해 모든 소유물을 내놓는 이의 모습과도 같았다(13:46).

---

24 Twelftree, *Jesus the Miracle Worker*, 134-35를 보라. 마가복음에 실린 병행 본문에 대한 통찰력 있는 해석으로는 Matthew L. Skinner, "'She Departed to Her House': Another Dimension of the Syrophoenician Mother's Faith in Mark 7.24-30," *Word and World* 26 (2006): 14-21 (특히 18-19)를 보라.

마태복음의 기원과 목적에 관해 주목할 만한 한 이론에서는 1세기 말엽 당시에 정체성 위기를 놓고 씨름했던 한 유대 그리스도인들의 공동체에 관해 논한다. 이 점에 관해, 도널드 해그너는 다음과 같이 추론한다.

> 유대인 친족들 앞에서, 그들은 늘 그들이 이스라엘의 종교를 저버렸다든지, 모세의 율법을 저버렸다는 비난(또는 적어도 율법을 지키지 않는 이들과 한 패가 되었다는 비방)에 대해 스스로를 변호해야만 했다. 이방 종교는 아닐지라도 낯선 종교인 기독교에, 신봉자의 대다수가 이방인들인 그 종교에 참여한 점에 관해서도 스스로를 옹호해야만 했다. … 당시 마태복음의 첫 독자들은 난처한 위치에 처해 있었다. 그들은 유대인들과 이방인 그리스도인들 사이에서 일종의 '중간 지대'에 놓여 있었던 것이다. 그들은 옛 신앙과의 연속성을 유지하기 위해 뒤를 돌아보는 한편, 주로 이방인들로 구성된 교회 안에서 하나님이 행하고 계셨던 새로운 사역에 발맞추기 위해 앞으로 나아가야만 했다. 이를테면 그들은 유대인들과 이방 그리스도인들 모두에게 응답해야만 했다.[25]

그들이 이런 정체성의 위기 속에서 살아남기 위해서는 **믿음**이 필요했으며, 이는 다른 모든 일을 내려놓고 예수님만을 바라보는 종류의 믿음이었다. 물론 예수님께 나아와서 치유와 도움을 청했던 위의 인물들은 헌신된 제자가 **아니었다**. 하지만 그들이 신앙의 본보기로 제시되

---

25 Hagner, *Matthew*, 1:209; 그리고 Donald A. Hagner, "Matthew: Christian Judaism or Jewish Christianity?," in *The Face of New Testament Studies: A Survey of Recent Research*, ed. Scot McKnight and Grant Osborne (Grand Rapids: Baker, 2004), 263–82 역시 참조하라. 『현대 신약 성서 연구』(새물결플러스).

는 이유는 어설프고 부자연스러운 방식으로라도 예수님을 찾았으며 부끄러움 없이 믿음을 드러내었기 때문이다. 마태복음에서 제자들은 소란스럽게 예수님을 찾았던 그들을 멀리 쫓아 버리려 했지만, 예수님은 그들을 앞으로 부르시고 그들의 믿음을 칭찬하셨다.

2) 신뢰하는 믿음

한편 제자들은 예수님의 메시아적인 정체성을 어느 정도 의식하고 있었으므로(마 16:16, 20), 그들에게 요구되는 것은 **'신뢰하는 믿음'**이었다. 마태복음에서 예수님은 제자들에 관해 언급할 때에도 πίστις를 사용하셨지만(17:20; 21:21-22), 그분이 그들의 믿음을 지칭할 때 주로 선호하셨던 표현은 ὀλιγόπιστος(올리고피스토스, '믿음이 작은')였다(6:30; 8:26; 14:31; 16:8; 17:20; 참조. 눅 12:28). 이 ὀλιγόπιστος는 공관복음 바깥에서는 나타나지 않으며, 마태복음(그리고 누가복음)에서 이 단어는 어떤 사실을 묘사하기보다는 일종의 별명처럼 사용되고 있다. 예를 들어 다음 구절에서는 이렇게 언급한다. "어찌하여 무서워하느냐, 믿음이 작은 자들아."(8:26) 여기서 다시 언급하자면, 마가복음에서 제자들은 믿음이 **없는** 자들로 책망을 받는 반면에 마태복음에서는 그들에게 작은 분량의 믿음이 있음을 인정해 준다.[26] 울리히 루츠는 마태복음의 ὀλιγόπιστος가 지녔던 의미를 다음과 같이 설명한다. "'작은 믿음'은 예수님을 따라나섰지만 이내 낙심하고 만 자들의 믿음이다. 그것은 두려움과 의심이 뒤섞인 믿음이며, 믿기를 원하지만 그럴 수 없는 이들의 믿음이다."[27]

---

[26] Pheme Perkins, *Introduction to the Synoptic Gospels* (Grand Rapids: Eerdmans, 2009), 187를 보라.
[27] Ulrich Luz, *The Theology of the Gospel of Matthew*, New Testament Theology (Cambridge: Cambridge University Press, 1995), 68.

이와 유사하게, 존 마이어는 이렇게 언급한다. "[ὀλιγόπιστος는] 불신자나 배교자를 지칭하는 이름이 아니다. 오히려 그것은 참된 제자이긴 하지만 위기의 순간에 두려움에 사로잡히는 이들, 그리하여 마치 믿음 없는 자들처럼 행동하는 이들을 가리키는 이름이다."[28]

이제 우리는 이 점을 염두에 두면서, 마태복음에서 πίστις가 제자들에 관해 쓰인 두 가지 용례를 살펴보려 한다. 이 두 용례는 모두 마태복음 후반부에 있다(17:14-21; 21:18-22). 마태복음의 경우, 16:5부터 제자들에게 좀 더 많은 관심을 드러내기 시작한다(다만 여기서 13:36은 예외적인 구절이다). 대니얼 해링턴이 지적했듯이, 귀신 들린 소년이 고침받은 일이 있은 이후에는 자신이 수난 받으실 것에 대한 예수님의 예고가 이어진다. 이런 일들의 흐름은 그분이 제자들에게 주신 마태복음 18장의 가르침에서 절정에 이른다.[29]

17:14-16에서는 한 사람이 예수님께 나아와서, 간질에 시달리는 아들을 제자들이 고쳐 주지 못했음을 호소한다. 이에 예수님은 대답하셨다. "믿음이 없고[ἄπιστος] 패역한 세대여, 내가 얼마나 너희와 함께 있으며 얼마나 너희에게 참으리요?"(17:17) 그런 다음에 예수님은 곧바로 귀신을 꾸짖고 그 아이를 고쳐 주셨으며(17:18), 이에 제자들은 **자신들이** 그 일을 행하지 못한 이유가 무엇인지를 질문한다(17:19). 예수님은 이렇게 설명하셨다. "너희 믿음이 작은[ὀλιγοπιστία] 까닭이니라. 진실

---

[28] John P. Meier, *Matthew* (Wilmington: Glazier, 1980), 67; 참조. Michael Wilkins, *The Concept of Disciple in Matthew's Gospel as Reflected in the Use of the Term Mathētēs* (Boston: Brill, 1988), 182. 마태복음에서 제자들에 관해 언급하면서 썼던 믿음의 어법에 관한 고전적인 연구로는 Gerhard Barth, "Glaube und Zweifel in den synoptischen Evangelien," *Zeitschrift für Theologie und Kirche* 72 (1975): 269-92를 보라.

[29] Daniel Harrington, *The Gospel of Matthew*, Sacra Pagina 1 (Collegeville, MN: Liturgical Press, 1991), 259를 보라.

로 너희에게 이르노니 만일 너희에게 믿음[πίστις]이 겨자씨 한 알 만큼만 있어도 이 산을 명하여 여기서 저기로 옮겨지라 하면 옮겨질 것이요 또 너희가 못할 것이 없으리라."(17:20)[30]

무엇이 잘못된 것일까? 과연 이 제자들이 치유를 행할 수 **없었던** 이유는 무엇 때문이었을까? 가능성 있는 대답 중 하나는 그들이 치유 능력을 일종의 마술처럼 간주했으며, 그들 자신의 힘으로 이 일을 행할 수 있으리라고 여겼다는 것이다.[31] 하지만 좀 더 가능성 있는 것은 예수님이 곁에 계시지 않은 상태에서 그들의 마음이 위축되기 시작했으며 결국 믿음을 잃고 말았다는 해석이다. 그들은 의심에 압도되었다.[32] 그런데 이 이야기에서는 하나의 흥미로운 역설이 나타난다. 여기서 예수님은 제자들을 "믿음이 작은 자들"로 부르시는데, 이는 책망의 뜻이 담긴 말이다. 그런데 이와 동시에, 그분은 겨자씨만큼 작은 믿음을 갖도록 권면하고 계신다. 그러므로 바람직한 종류의 작은 믿음과 그렇지 못한 유형의 작은 믿음이 있음이 분명하다.[33] 그렇다면 겨자씨만 한 크기의 이 바람직한 믿음은 정확히 **무엇**일까? 이 사건을 다룬 마가복음 본문에서, 예수님은 이렇게 말씀하신다. "기도 외에 다른 것으로는 이런 종류가 나갈 수 없느니라"(막 9:29). 제자들이 겪은 실패는 훈련의 문제가 아니라 **신뢰**의 문제에 연관되어 있었다. "당시 제자들이 지녔던 작은 믿음은 주님의 말씀을 **이해하고 동의하면서도** 그분

---

30 마태복음 앞부분에서 믿음의 어법은 (그들 자신 또는 다른 이들을 위해) 병이 낫기를 **구하는** 이들을 언급하는 데 쓰였지만, 이 본문에서는 그 치유를 행하는 이들의 믿음을 강조한다. Hagner, *Matthew*, 2:505를 보라.
31 Leon Morris, *The Gospel according to Matthew* (Grand Rapids: Eerdmans, 1992), 448를 보라.
32 France, *Matthew*, 662-63를 보라.
33 나는 이 책을 읽다가 이 역설을 알아차리게 되었다. Frederick Dale Bruner, *Matthew*, vol. 2: *The Churchbook* (Grand Rapids: Eerdmans, 2004), 191.

을 온전히 **신뢰하지는** 못하는 믿음이었다. 이에 반해, 하나님을 신뢰하는 사람의 믿음은 세상의 눈으로 보기에 겨자씨처럼 작고 미미해 보일 수 있다. 그러나 그렇게 신뢰하는 이의 믿음은 불가능한 일을 이루어 낼 수 있다."[34]

마태복음에서 제자들의 믿음에 초점을 맞춘 두 번째 주요 본문에서는 예수님이 무화과나무를 저주하신 이야기를 다룬다(마 21:18-22). 당시 배고픔을 느끼신 예수님은 길가에 한 무화과나무가 서 있는 것을 보셨다. 그러나 그 나무에 다가갔을 때, 그분은 열매 대신에 잎사귀만 무성한 모습을 보셨다(21:18-19). 이에 예수님은 그 나무를 꾸짖으면서 말씀하셨다. "이제부터 영원토록 네가 열매를 맺지 못하리라"(21:19하). 그러자 무화과나무가 시들어 버렸다. 제자들은 그 나무가 즉시 말라 버린 모습을 보면서 놀라고 당황했다(21:20). 예수님은 그들에게 다음과 같이 가르치셨다. "내가 진실로 너희에게 이르노니 만일 너희가 믿음이 있고 의심하지 아니하면[ἐὰν ἔχητε πίστιν καὶ μὴ διακριθῆτε] 이 무화과나무에게 된 이런 일만 할 뿐 아니라 이 산더러 들려 바다에 던져지라 하여도 될 것이요 너희가 기도할 때에 무엇이든지 믿고 [πιστεύοντες] 구하는 것은 다 받으리라"(21:21-22). 여기서 예수님은 다시 믿음을 산이 옮겨지는 일에 연관 지으신다(17:20을 보라; 참조. 사 40:4; 49:11; 54:10). 제자들이 무엇을 구하든지 다 받을 수 있다는 말씀은 마태복음 7장에 기록된 예수님의 가르침을 상기시킨다. "구하라 그리하면 너희에게 주실 것이요 찾으라 그리하면 찾아낼 것이요 문을 두드리라 그리하면 너희에게 열릴 것이니 구하는 이마다 받을 것이요 찾는

---

34 Meier, *Matthew*, 194.

이는 찾아낼 것이요 두드리는 이에게는 열릴 것이니라"(7:7-8). 산상수훈에서 이같이 구하는 일의 초점은 하나님께 맞추어져 있었지만, 지금 이 본문에서 마태는 예수님이 무화과나무를 저주하고 나서 주신 가르침을 언급한 다음에 대제사장과 장로들이 예수님의 권위에 도전했던 일을 서술해 나간다(21:23 - 27). 제자들은 하나님을 믿도록 부르심을 받았지만, 이와 동시에 마태는 그 믿음의 중심이 예수님께 놓여야 한다는 점을 분명히 드러내는 것이다(1:23; 참조. 18:6; 27:42; 28:18).

그렇다면 마태가 제자들의 작은 믿음과 그들이 의심 없이 주님을 신뢰해야 할 필요성에 관한 이 이야기들을 통해 전달하려 했던 메시지는 무엇이었을까? 도널드 시니어는 당시 그리스도인들이 겪었던 일들이 마태복음 이야기들이 구성되는 방식에 지배적인 영향을 끼쳤을 것이라고 언급하는데, 그의 견해는 아마도 옳을 것이다.

> 교회는 주님이 죄와 어둠을 다스리시는 그분의 능력을 그들에게도 나누어 주셨음을 믿는다. 하지만 두려움과 의심 역시 실제로 존재하며, 그것들은 믿음의 생명력을 질식시키는 것처럼 보인다. 그러나 이때에도 우리의 기도는 헛되지 않다. 우리가 "풍랑이 치는 배 안에" 있을 때에도, 자비로우신 주님은 "믿음이 작은" 우리를 그 파도에서 건져 주실 수 있기 때문이다. …
>
> 주님이 택하신 그 제자들은 그분이 구원하러 오신 "병든 자들"과 실질적으로 동일한 존재들이었다. 주님은 그들의 우둔함을 인내하셨다. 물론 그분은 정직하고 엄밀한 태도로 그들을 대하셨지만, 그분의 책망이나 명령은 파괴적인 성격을 띤 것이 아니었다. 그러나 제자들이 보여 준 모습은 그리 좋지 않았다. 그들은 주님께 불평했고 그분을 오해했으며,

서로 다툴 뿐 아니라 주님을 저버리고 부인하기까지 했다. 그들 중 하나는 버림받은 자가 되었다. 하지만 그들의 이야기가 "복음", 곧 "좋은 소식"이 된 이유는 바로 그들이 실망시킨 주님의 얼굴빛 가운데서 하나님의 무한한 긍휼을 발견할 수 있었기 때문이다. 그들은 이 기억을 교회에 전수해 주었다.[35]

3) 충성하는 믿음

마태복음에서 πίστις가 마지막으로 언급되는 곳은 예수님이 서기관과 바리새인들을 책망하면서 네 번째로 그들에게 임할 화를 선포하시는 부분이다(23:23; 23:1-36을 보라). 이 구절에서 예수님은 그들이 박하와 회향과 근채의 십일조는 철저하게 드리면서도 "율법의 더 중한 바" 곧 공의와 자비와 신실함(τὴν κρίσιν καὶ τὸ ἔλεος καὶ τὴν πίστιν)을 소홀히 한 일을 꾸짖으셨다. 성경의 번역자들은 여기서 πίστις를 어떻게 옮길 것인지를 두고 서로 의견이 갈린다. 어떤 이들은 "신실함"(faithfulness, NIV, NET, ESV)을 선호하는 반면에, 다른 이들은 "믿음"(faith, RSV, NRSV, NLT; 참조. KJV)으로 번역한다. 여기서 "믿음"이라는 번역어를 선택하는 이들은 믿음에 관한 마태복음의 어법이 지닌 더 폭넓은 맥락에 비추어 23:23을 이해하려 한다. 예를 들어 로버트 건드리는 병행 구절인 누가복음 11:42의 말씀에서 πίστις가 생략된 점에 비추어 볼 때, 여기서 마태는 (하나님을 향한) 믿음에 독특한 강조점을 부여한 것으로 보인다고 언급한다.[36] 하지만 다른 이들은 "신실함"으로 옮기는 편을 선호하는데, 이 구절에서 마태가 언약적인 신실함을 지칭하는 것으로 여겨지기

---

35 Donald Senior, *Jesus: A Gospel Portrait* (Mahwah, NJ: Paulist, 1992), 61.
36 Robert Gundry, *Matthew: A Commentary on His Literary and Theological Art* (Grand Rapids: Eerdmans, 1982), 463–64.

때문이다. 이는 하나님과의 언약에 따라 요구되는 일들을 염두에 두면서 충성과 순종의 자세로 행하는 것을 의미한다.[37] R. T. 프랑스는 이 구절에서 πίστις가 윤리적인 의미로 사용되었으며 이는 예수님이 그런 일들을 "행해야" 한다고 언급하신 점을 통해 입증된다고 지적하는데, 그의 이런 지적은 중요하다. 곧 여기서 πίστις는 '신실함'이라는 하나의 미덕을 나타낸다는 것이다(참조. 갈 5:22-23).[38]

마태복음의 영성에서 πίστις의 이런 용법은 세 번째 유형의 '믿음'으로 제시된다. '충성하는 믿음', 또는 '신실함으로서의 믿음'이 바로 그것이다. πίστις의 이 용법은 이방의 헬레니즘 문헌에서 자주 발견되는 것과 성격이 유사하다. 그 문헌들에는 친구와 협력자들(여기에는 나라들 역시 포함된다)이 서로를 향해 충성을 서약하는 모습이 나타나기 때문이다(이 책의 88-99쪽을 보라). 그렇다면 마태는 이런 종류의 πίστις를 자신의 그리스도인 독자들에게도 권장했던 것일까? 아니면 이 구절에 담긴 정죄의 말씀은 그저 당시 서기관과 바리새인을 꾸짖으려는 것뿐이었을까?[39] 마태복음 전체에서 πίστις가 중요한 역할을 한다는 점, 마태가 πίστις의 중심적인 성격을 강조하고 있다는 점을 염두에 둘 때, 이 구절의 사례가 그의 독자들과 관련이 없다고 간주하기는 어려워 보인다. 만약 마태가 이 구절의 가르침을 독자들에게 적용하기를 원하지 **않았다면**, 여기서 다른 단어를 썼거나 그저 πίστις를 생략해 버렸을 것이

---

37 Hagner, *Matthew*, 2:670를 보라. 몇몇 학자들은 이 구절에 담긴 예수님의 말씀이 미가서 6:8을 반영할 가능성도 고려한다. 예를 들어 Nolland, *Matthew*, 937-38를 보라.
38 R. T. France, *The Gospel of Matthew*, NICNT (Grand Rapids: Eerdmans, 2007), 873-74.
39 예를 들어 카슨은 마태복음 23:23에서 구약과 신약 사이의 연속성/불연속성 문제를 다루지 않는다고 주장한다. 오히려 그 구절에서는 다만 "[구약의] 내부에서 그 내용(마 23:23에서 언급하는 '정의와 긍휼과 믿음' - 역주)이 지니는 상대적인 중요성"을 제시하고 있을 뿐이라는 것이다. "Matthew," in *Matthew and Mark*, ed. Tremper Longman and David E. Garland, New Expositor's Bible Commentary (Grand Rapids: Zondervan, 2005), 23-670 at 540를 보라.

다(참조. 눅 11:42).

이 구절에서 예수님은 유대 종교 지도자들이 보인 불순종과, 그분 자신이 하나님과 그분의 언약을 향해 품으셨던 참된 충성의 태도를 분명히 대조하고 계셨다. 이에 관해 데이비드 바우어는 이같이 언급한다. "그들의 불신실한 태도는 제자들에게 기대되었던 신실함을 더욱 돋보이게 만드는 역할을 했다. 당시 그 제자들은 예수님을 따르는 이들이었으며, 그분은 회개할 줄 모르는 이스라엘 백성, 특히 종교 지도자들과 서로 대립하는 상태에 계셨다. 그러므로 제자들 역시 예수님을 좇아서 그 반대자들과는 상반되는 모습을 보여 주어야만 했다."[40]

이처럼 마태복음의 예수님은 그저 제자들을 지적인 의미의 **믿음**, 곧 이 세상을 새로운 관점에서 파악하는 일[41]로만 부르신 것이 아니었다. 이와 동시에 예수님은 제자들에게 그분을 **신뢰할** 것을 요구하실 뿐 아니라, **신실한** 자세를 취할 것을 당부하셨다. 이 자세는 그들의 행동으로 입증되는 유형의 πίστις였다.

4) 믿음에 관한 마태복음의 어법을 요약하기

마태복음에서 πίστις는 우리가 예수님과 하나님께 응답할 때 마땅히 취해야 할 핵심적인 방식이다. 이 점은 표면적으로도 그 복음서의 본문에서 명백히 드러난다. 하지만 믿음에 관한 마태복음의 어법이 **함축**

---

[40] David Bauer, *Structure of Matthew's Gospel: A Study in Literary Design* (London: Bloomsbury, 2015), 106.
[41] 스티븐 웨스터홀름(Stephen Westerholm)은 마태복음에 담긴 등불의 교훈(6:22-23)을 활용해서, 이 점에 관해 다음과 같이 적절한 비유를 들고 있다. "예수님의 말씀에 따르면, 하나님을 알고 신뢰하며 사랑하는 일은 마치 자신의 시야가 빛으로 가득 차게 만드는 일과 같다. 이와 대조적으로, 하나님 없이 살아가는 일은 곧 어둠 속을 걷는 일과 같다." *Understanding Matthew* (Grand Rapids: Baker, 2006), 39를 보라.

하는 바를 좀 더 면밀히 살필 때, 우리는 그 속에서 흔히 간과되곤 하는 더 깊고 풍성한 내용을 발견하게 된다. 마태는 예수님을 찾고 구했던 이들의 믿음을 매우 강조했는데, 이들은 그분이 무언가 특별한 존재라는 점 외에는 예수님에 관해 아는 것이 거의 없었다. 하지만 당시 그들은 모든 것이 끝난 듯한 상황에 처해 있었으며, 그 절박한 필요의 시기에 예수님이 치유와 도움을 베풀어 주실 수 있다는 소망을 붙잡았다. 이것은 **구하는 믿음**이다. 마태는 주로 그리스도인을 위해 복음서를 기록했으며, 이들은 이미 어떤 식으로든 예수님을 찾고 구했던 이들이다. 그런데 여기서 우리가 분명히 지적할 수 있는 것은 마태복음에서 이 예수님을 찾았던 이들이 **위대한 믿음**의 본보기로 제시되고 있다는 점이다. 이런 신앙의 본이 되는 인물들이 보여 준 것은 예수님의 독특성을 민감하게 파악하고 분별하는 감각이었다. 그러므로 마태는 결코 정체되어 있지 않은 믿음, 늘 예수님과 하나님 나라를 찾고 구하면서 앞으로 나아가는 이들의 믿음을 칭찬했던 것이다.

마태복음에서 강조되는 믿음의 두 번째 유형은 하나님을 신뢰해야 하는 이들의 믿음이다(신뢰하는 믿음). 당시 제자들은 눈먼 종교 지도자들보다는 나은 상황에 있었지만, 여전히 "믿음이 작은 자들"로 지칭되었다. 그들은 이미 예수님을 따르기 시작했지만, 그분이 누구시며 어떤 일을 성취하실 것인지, 그리고 그 성취가 어떻게 모든 것을 바꿔 놓을 것인지를 미처 알지 못하는 상태에 있었다. 또한 그들은 자신이 이 새로운 질서 속에서 수행할 수 있으며 또 수행해야 할 역할이 무엇인지도 헤아리지 못하고 있었다. 예수님은 불가능한 일을 행하도록 그들을 부르셨지만(17:20), 그들은 오직 하나님을 온전히 신뢰함을 통해서만 그 일을 행할 수 있었다. 마태복음 10장에서 예수님이 제자들에게 말씀하신 내용을 염두에 둘 때, 그분이 주신 가르침의 맥락에서 '**불가능한 것을 행하는 일**'이 의미했던 바는 아마도 위대한 치유와 구출 사역을 행하는 일(10:1, 8), 그리고 임무를 감당할 때 겪게 될 핍박과 배척을 감내하는 일(10:14-39)이었을 것으로 보인다.

또한 마태복음에서는 **신실함**의 성격을 띤 πίστις를 강조한다(**충성하는 믿음**; 23:23). 당시 종교 지도자들에게 결핍되어 있었던 것은 언약적인 신실함, 곧 하나님이 그분의 백성에게 기대하시는 바에 비추어 옳은 일을 **행하는** 것이었다. 여기서 마태는 아마도 순종적인 의지의 경향성을 지칭하는 데 이 용어를 사용했던 것으로 보인다. 우리가 그 점을 선뜻 헤아리기가 어려울 수도 있지만, 믿음은 사적이거나 은밀한 실재가 아니다. 오히려 믿음은 공적이고 능동적이며, 우리의 행함과 사역을 통해 드러난다. 우리의 믿음은 능동적인 자비와 공의를 실천하는 일과 함께 결합되어 있다. 마태복음을 읽는 현대 서구 독자들은 대개 그 복음서 안에 담긴 믿음의 어법이 우리의 **내면성**(곧 우리의 내적인 신념들)에 초점을 둔다고 여기곤 한다. 물론 마태에게는 신자들의 내면 역시 중요했다. 그러나 이처럼 복음의 능력이 우리 내면에서도 역사하기는 하지만, 하나님의 복된 소식이 지닌 목적이 성취되기 위해서는 그 능력이 반드시 우리의 외적인 삶에서 발휘되어야만 한다. 스티븐 바턴은 열매 맺는 일과 의를 **행하는** 일에 관한 마태복음의 강조점을 살피면서 이 점을 다루었다.[42] 그에 따르면, 마태복음의 주제와 그 복음서의 영성이 지닌 본질은 우리가 믿음에 의해 하나님의 은혜로써 새로운 존재로 변화된다는 데에 있다. 그러므로 바턴은 이렇게 언급한다. "간

---

[42] 마태복음의 중심 주제가 되는 '의'에 관한 논의로는 Benno Przybylski, *Righteousness in Matthew and His World of Thought* (Cambridge: Cambridge University Press, 1980)를 보라.

단히 말해, 교회는 장차 임할 하늘나라를 지금 이 세상 안에서 구현하고 드러내는 공동체가 되어야 한다." 이 일에는 우리의 믿음과 신뢰와 순종이 요구된다.[43]

3. 인자가 이 땅에서 믿음을 보겠느냐?: 누가복음

누가복음에 담긴 믿음의 어법에는 대체로 마태복음에서 나타나는 것과 동일한 패턴과 주제들이 반영되어 있다. 마태의 경우와 마찬가지로, 누가는 πίστις를 용서(눅 5:20)와 치유(7:9, 50; 8:48; 17:19; 18:42), 그리고 예수님의 인격과 사명에 대한 믿음(8:25; 17:5-6)에 결부시킨다. 그러나 누가복음의 몇몇 본문에는 믿음에 연관된 것으로서 마태복음에서 언급하지 않은 내용들이 있다. 마지막 만찬에서, 예수님은 시몬 베드로가 그분을 저버릴 것을 예고하면서 이렇게 말씀하셨다. "시몬아, 시몬아, 보라 사탄이 너희를 밀 까부르듯 하려고 요구하였으나 그러나 내가 너를 위하여 네 믿음[πίστις]이 떨어지지 않기를 기도하였노니 너는 돌이킨 후에 네 형제를 굳게 하라"(22:31-32). 여기서 회개와 돌이킴(ἐπιστρέψας)의 어법은 매우 구체적인 성격을 띠며, 이는 이 구절에 쓰인 πίστις의 의미를 더 자세히 파악하는 데 도움을 준다. 이 정황에서 베드로의 저버림은 주님을 향한 충성을 능동적으로 깨뜨리는 일을 의미한다. 나아가서 베드로가 다소 경솔한 태도로 자신의 충성심을 확언했던 다음의 표현 역시 뚜렷이 능동적인 성격을 지닌다. "주여 내가 주와 함께 옥에도, 죽는 데에도 가기를 각오하였나이다"(22:33).

---

43 Stephen C. Barton, *The Spirituality of the Gospels* (Peabody, MA: Hendrickson, 1992), 28. 『사복음서의 영성』(CLC).

누가복음에서 πίστις가 등장하는 또 다른 중요한 구절은 18:8인데, 이는 과부와 불의한 재판장에 관한 비유(18:1-8) 끝부분에 있다. 예수님은 이 비유에 관해 논하면서, 하나님은 자신의 백성을 위해 공의를 시행하시는 데 조금도 지체하지 않으신다고 말씀하신다. 곧 그 심판이 신속하게 이루어지기를 의도하신다는 것이다(18:8상). 그런데 인자가 이 세상에 올 때에 그는 무엇을 발견하게 될 것인가? 과연 그는 세상에서 믿음을 보게 될 것인가(ἆρα εὑρήσει τὴν πίστιν ἐπὶ τῆς γῆς)? 여기서 이 πίστις가 정확히 의미하는 바는 무엇일까? 데이비드 캐치폴은 이에 관해 학자들이 고려하는 네 가지 선택지를 개략적으로 제시한다. 정통 기독교에 대한 동의,[44] 박해가 벌어지는 시기의 신실한 신앙 고백, 종말론적인 개입에 대한 신뢰, 그리고 예수님의 메시지를 지속적으로 따르는 일이 그것이다.[45] 이와 동시에, 캐치폴은 지나치게 협소하거나 시대착오적인 해석들을 경계한다. 그렇다면 여기서 πίστις가 단순히 "예수님과의 총체적인 관계성"을 지칭한다고 간주할 수는 없을까? 물론 그런 해석도 상당히 타당하지만, 캐치폴은 이 본문의 맥락을 살피면서 예수님이 던지신 이 수사학적인 질문을 과부와 기도의 문제에 분별력 있게 연관 짓는다. 과부가 끈기 있게 간청한 일은 신자의 기도에 대한 모델의 역할을 하며, 존 다너휴가 언급한 것처럼 기도가 "수동적인 기

---

44 어떤 이들은 이 구절에서 πίστις 앞에 관사가 있으므로, 이 단어는 '그 믿음'(the faith), 곧 기독교의 교리를 지칭하는 것으로 보인다고 주장한다. 하지만 그들은 그리스어 정관사가 지닌 폭넓은 쓰임새를 제대로 헤아리지 못하고 있다. 이에 반해, 조지프 피츠마이어(Joseph Fitzmyer)는 좀 더 설득력 있는 주장을 제시한다. 그에 따르면, 이 구절에서 그 관사는 전방 조응적인 기능(anaphoric function)으로 쓰였다. 이는 앞서 이미 언급한 개념을 **다시** 가리키는 기능을 의미하며, 이 경우에 그 개념은 바로 과부의 πίστις이다. *The Gospel according to Luke*, Anchor Bible 28 (Garden City: Doubleday, 1985), 2:1181를 보라.
45 David Catchpole, "The Son of Man's Search for Faith (Luke 18:8)," *Novum Testamentum* 19 (1973): 81-104 at 87.

다림"이기보다는 하나님 앞에서 "공의를 향한 능동적인 추구"임을 보여 준다.[46] 그러므로 이 경우에, 인자는 지속적인 기도, 또는 전심을 다한 기도로 하나님을 향한 신뢰를 드러내는 제자들에게서 πίστις를 보게 된다. 도로시 진 위버는 πίστις에 대한 누가의 신학을 다음과 같이 적절히 표현한다. "예수님의 시각에서나 누가의 관점에서, 기도는 정적이거나 지성적이거나 안전한 행동이 아니다. **오히려 기도는 신앙의 이름으로 수행되는 것으로서, 완강하고 대담하며 어쩌면 충격적이기까지 한 활동이다.**"[47]

나아가서 위버는 18:8에 나타난 믿음과 제자도와 기도에 관한 누가의 신학을 그 복음서의 나머지 부분들과 능숙하게 연결한다.

기도하는 이의 태도는 창자가 뒤틀리는 듯한 절박함이다. 그리하여 그는 지붕을 뜯거나 군중 사이를 헤치고, 반대편에 계신 치유자에게로 나아간다(5:17-26). 또한 기도자의 자세는 기적이 일어날 것을 보지 않고서도 믿는 놀라운 신뢰이다(7:1-20). 그 자세는 조심성을 과감히 떨쳐 버리고 모든 규율을 무시하면서, 사랑과 회개를 공개적으로 스스럼없이 드러내는 대담함이기도 하다(7:36-50). 기도하는 이들은 마침내 그들의 탄원이 응답되기까지, 치유(18:35-43)와 공의의 실현(18:1-8)을 위해 끈질기게 큰 소리로 부르짖는다. 예수님은 이 기도의 자세를 제자들에게 요구하셨으며, 이 자세는 누가가 자신의 복음서 전체에 걸쳐 생생히 그려 보

---

46 John R. Donahue, *The Gospel in Parable: Metaphor, Narrative, and Theology in the Synoptic Gospels* (Minneapolis: Fortress, 1988), 185. 『어떻게 비유를 해석할 것인가』(강남대 출판부).
47 Dorothy J. Weaver, "Luke 18:1-8," *Interpretation* 56 (2002): 317-19; 이와 유사한 논의로 루크 티머시 존슨(Luke Timothy Johnson)이 쓴 글을 보라. "누가에게, 기도는 행동하는 믿음이다. 기도는 하나님과 우리의 관계를 드러내기 위해 선택적으로 수행하는 활동에 그치지 않는다. 그것은 하나님과의 관계 **바로 그 자체이다.**" *The Gospel of Luke*, Sacra Pagina 3 (Collegeville: Liturgical, 1991), 274.

이는 것이기도 하다.⁴⁸

4. 요한복음에 나타난 믿음

학자들이 복음서에 나타난 '믿음'의 주제를 살필 경우, 공관복음, 그중에서도 특히 마태복음이 주된 관심의 대상이 되곤 한다. 요한복음은 그 본문에 πίστις가 단 한 차례도 나타나지 않는다는 점에서 독특하다. 하지만 그럼에도 불구하고, 요한복음과 요한 문헌에서 동사 πιστεύω는 수십 차례 언급되면서 매우 중요한 신학적 개념으로 제시된다.⁴⁹

첫째, 요한이 πίστις라는 단어를 쓰지 않는 일은 어떻게 가능했을까? 그것은 단순히 우연이었을까(그가 원칙적으로는 πίστις를 사용하는 일을 반대하지 않았지만, 그저 어쩌다 보니 그 단어를 쓰지 않게 되었던 것일까)? 요한 문헌을 연구하는 학자들은 전반적으로 요한이 명사보다는 **동사를** 통해 신학적인 개념을 전달하는 편을 선호했다고 주장한다. 몇몇 학자들은 1세기 말엽에 이르렀을 때, πίστις는 아마도 요한이 의도하지 않았던 전문적인 의미('교리')를 띠게 되었을 것이라고 여기기도 한다.⁵⁰ 하지만 이때, 우리는 그렇다면 왜 사도행전이나 계시록의 경우에는 이런 문제가 나타나지 않았는지에 관해 의문을 품을 수 있다. πίστις에 관한 사도 교부들의 용법을 살필 때에도 학자들의 이런 추정이 입증되지 않는다(이 책의 56-61쪽을 보라). 여기서 테레사 모건은 흥미로운 이론을 제

---

48 Weaver, "Luke 18:1-8," 319.
49 레이먼드 브라운(Raymond Brown)에 따르면, πιστεύω가 공관복음에서 서른네 차례 언급된 것에 비해 요한 문헌에서는 아흔여덟 번 언급된다. *The Gospel according to John I–XII*, Anchor Bible 29 (Garden City, NY: Doubleday, 1966), 1:512.
50 David Rensberger, *1 John, 2 John, 3 John*, Abingdon New Testament Commentary (Nashville: Abingdon, 1997), 130를 보라.

시하는데, 요한이 πίστις보다 πιστεύω를 선호하는 칠십인역의 태도를 따라가고 있었을지도 모른다는 것이다.⁵¹ 그러나 모건은 자신의 이론으로 요한 문헌에서 πιστεύω가 자주 언급되는 이유를 설명할 수는 있지만, 반대로 πίστις가 나타나지 않는 이유를 해명할 수는 없다는 점을 인정한다.

요한 문헌을 연구하는 학자들은 이처럼 그가 πιστεύω를 선호하는 주된 이유는 "요한의 믿음 개념이 지닌 역동적인 본성"에 대한 그의 관심사와 연관이 있다는 데 의견의 일치를 보고 있다.⁵² 이런 학자들의 견해가 옳은 것은 거의 확실하지만, 또 다른 이유가 더 있을 수도 있다.

일반적으로 학자들은 요한이 πιστεύω를 매우 **관계적인** 성격을 지닌 동사로 사용했다고 언급한다. 그러므로 요한복음에서 그 동사는 신뢰와 의존의 자세를 함축한다는 것이다.⁵³ 일부 πιστεύω 용례들은 그 견해를 입증해 주는 것으로 보인다(11:26; 12:11; 14:1; 16:27). πιστεύω에 관한 요한의 용법에 이같이 사회적인 측면이 나타나지만, 요한이 이 어법을 사용한 방식과 이유들이 전부 그러한 성격을 지닌 것은 아니다.⁵⁴ 요한복음에서 믿음은 종종 "예수 안에" 있는 것으로 묘사되며, 이런 표현은 그분의 정체성에 연관된 구체적인 주장을 믿는 일을 의미하는 경향이 있다. 예를 들어 예수님의 메시아 되심이라든지(11:27, 48; 13:19), 그분이 성부께로부터 보냄을 받으셨다는 것(10:38; 17:21; 참조. 14:10 – 11)

---

51 Morgan, *Roman Faith and Christian Faith*, 397.
52 Brown, *John*, 1:513. 이 관점에 속한 더욱 극단적인 접근법으로는 Yung Suk Kim, *Truth, Testimony, and Transformation* (Eugene OR: Wipf & Stock, 2014), 6–7를 보라.
53 Craig Koester, *The Word of Life: A Theology of John's Gospel* (Grand Rapids: Eerdmans, 2008), 162를 보라.
54 요한복음에서 언급되는 '믿음'에 관한 분별력 있는 논의로는 Paul A. Rainbow, *Johannine Theology* (Downers Grove, IL: InterVarsity, 2014), 286–308를 보라.

등이 그런 주장들이다. 하지만 때로 요한은 절대적인 의미에서 믿음의 어법을 사용하기도 한다(여기서 절대적인 의미의 어법은 별다른 수식어구 없이 '믿는 자'로만 언급하는 것을 가리킨다. - 역주). 곧 예수님을 진정으로 따르는 이들이 단순히 "믿는 자"로 지칭된다(6:47). 이 어법에는 일련의 특정한 주장에 동의하는 것뿐 아니라 참되신 하나님의 길에 대한 인식론적인 통찰력을 발휘하는 일까지 포함된다. 우리가 이 점을 헤아리기 위한 한 가지 방법은, 요한복음에서 예수님의 이야기를 제시할 때 그분을 피고인석에 앉힌 형사 재판의 틀 안에서 하고 있다는 이들의 주장을, 믿음에 관한 요한의 어법과 연관 지어 보는 데 있다.[55] 요한은 다른 어떤 복음서의 저자들보다도, 신앙을 위해 증언하는 사람들과 그 증언의 능력에 관해 훨씬 더 많이 언급하고 있다. 곧 그의 복음서에서는 사람들이 예수님에 관해 증언하고(1:7; 4:39; 17:20), 예수님이 나타내신 표징들이 그분에 관해 증언하고(1:50; 2:11, 23; 11:45; 12:37; 20:8), 그분이 행하신 일들(10:25, 37)과 그분의 말씀들(2:22; 4:41; 5:24; 8:30; 11:42), 그리고 유대의 성경이 그분에 관해 증언한다(5:46). 예수님을 대면하는 이들은 사물의 진상을 바르게 파악하며 이 증언의 말씀을 듣도록 부르심을 받는다. 그러므로 예수님을 믿는 것은 '**빛을** 믿는 일'과 동의어가 될 수 있다(12:36, 46). 이 같은 재판의 주제는 요한이 믿음과 진리를 자주 결부시키는 이유를 설명하는 데에도 도움이 된다(4:42; 8:45; 19:35).

우리가 믿음에 관한 요한의 어법을 해석할 때, 또 다른 중요한 요소가 되는 것은 바로 사람들이 예수님을 거부한 일에 관한 그의 해석(12:38-41)이다. 요한은 일부 사람들이 예수님의 기적적인 표징을 목격

---

55 Andrew T. Lincoln, *Truth on Trial: The Lawsuit Motif in the Fourth Gospel* (Peabody, MA: Hendrickson, 2000)를 보라.

하고도 그분을 불신한 이유를 설명하기 위해, 12:38에서 이사야 53:1을 인용한다. "주여 우리에게서 들은 바를 누가 믿었으며 주의 팔이 누구에게 나타났나이까?" 믿음은 그저 감각적인 반응, 곧 원인과 결과의 문제가 아니었다. 우리를 참된 믿음으로 이끄는 것은 바로 신적인 **계시**이며, 우리가 믿기 어려워 보이는 일을 믿기 위해서는 하늘의 **감화**가 요구된다. 요한은 곧바로 또 다른 이사야 본문(사 6:10)을 인용하면서 이렇게 언급한다. "그들의 눈을 멀게 하시고 그들의 마음을 완고하게 하셨으니 이는 그들로 하여금 눈으로 보고 마음으로 깨닫고 돌이켜 내게 고침을 받지 못하게 하려 함이라 하였음이더라"(요 12:40). 요한은 이 말씀을 예수님에 대한 믿음에 결부시키며(12:41), 이로써 우리는 참된 믿음에는 변화된 상상력이 필요하다는 것을 알게 된다.[56]

    요한이 믿음의 어법을 사용한 방식을 하나의 단순한 정의로 요약하기는 분명히 쉽지 않다. 하지만 그의 어법에서는 πιστεύω가 지닌 인식론적 측면이 뚜렷이 드러나는 것으로 보이며, 이 점은 요한이 명사 πίστις보다 동사 πιστεύω를 더 선호한 이유를 설명하는 데 도움을 준다. 요한의 관점에서, 우리가 예수님을 받아들이기 위해서는 그분의 삶과 말씀과 표징을 통해 하나님이 참으로 계시되고 있다는 예수님의 주장을 받아들여야만 한다.

---

56 드루 존슨(Dru Johnson)은 요한복음을 "복음서 가운데서 가장 뚜렷이 인식론적인 성격을 지닌 책"으로 언급한다. *Biblical Knowing* (Eugene OR: Wipf & Stock, 2013), 118; 참조. John Ashton, *Understanding the Fourth Gospel* (Oxford: Oxford University Press, 1991), 515: "요한복음의 모든 주요 주제는 계시의 개념에 결부되어 있다."

5. 결론

이 장에서는 복음서에서 사용된 믿음의 어법을 다소 간단히 살펴보았다. 하지만 이 간략한 조사를 통해서도, 이 복음서 본문에서 사용된 πίστις(그리고 πιστεύω)가 폭넓은 의미와 어조를 지닌다는 점을 쉽게 파악할 수 있었다. 이 본문들에서 이 단어(들)은 **구하는 일**과 **믿는 일**, **신뢰하는 일**과 **순종하는 일** 등의 개념을 함축한다. 사도 바울은 믿음의 문제를 다룰 때 예수님의 말씀을 직접 인용한 일이 없다. 그리고 바울이 사용한 믿음의 어법과 복음서에서 쓰인 그 어법에는 여러 차이점이 있음을 언급할 가치가 있다. 바울은 예수님의 죽으심과 부활을 믿는 일에 구체적인 강조점을 두며("메시지를 선포하셨던 분 자신이 선포의 대상이 되었다"),[57] 이와 함께 아브라함이 믿음의 본보기가 된다는 점, 그리고 믿음과 행위의 대조에 초점을 맞춘다. 하지만 기독교적인 믿음의 신학에 관해 바울의 글과 복음서 사이에 나타나는 유사점 역시 과소평가해서는 안 된다. 여기서 우리는 먼저 바울이 "산을 옮길 만한" 종류의 믿음에 관해 간단히 언급한 일을 들 수 있다(고전 13:2). 이 구절에는 마태복음 17:20에 담긴 예수님의 가르침이 반영된 것으로 보이기 때문이다(참조. 막 11:23).[58] 이 구절 외에도, 바울이 믿음의 어법을 좀 더 포

---

[57] 괄호 안의 인용문은 루돌프 불트만의 유명한 진술이며, 이후에 많은 이들이 이 진술을 다른 말로 바꾸어 표현하곤 했다. *Theology of the New Testament*, 2 vols., trans. K. Grobel (New York: Scribner, 1951, 1955), 1.33.

[58] 영(Yeung)이 지적하듯이, 대부분의 학자들은 이 구절에서 바울이 예수님이 남기신 말씀의 영향을 받았다고 여긴다. *Faith in Jesus and Paul*, 30–33. 다만 몇몇 학자들은 여기서 바울이 그저 당시에 널리 알려져 있던 문화적인 격언을 되풀이했을 뿐이라고 주장한다(따라서 그 내용은 초기 기독교 전승에서 이어져 온 것이 아니라는 것이다). 하지만 당시에 그런 격언이 존재했다는 증거는 전혀 발견된 적이 없다. 프란스 나이링크(Frans Neirynck)는 바울이 쓴 이 표현의 토대로 이사야서 54:10을 언급하지만, 이사야서의 그 구절에서는 그저 산들이 거론되고 있을 뿐이다(두 구절 모두에서 '산'이 언급되는 것 외에 다른 유사성은 없다는 의미이다. – 역주). "The Sayings of Jesus in 1

괄적으로 사용했던 다음 여러 방식은 우리가 복음서에서 발견하게 되는 내용을 상기시킨다.

- 하나님을 믿고 신뢰하는 일을 강조한 점(살전 1:8; 롬 4:5; 고전 16:13)
- 예수님을 따르는 이들의 독특한 특징인 믿음(롬 1:8)
- 믿음과 구원을 서로 결부시킨 점(고전 1:21)
- 구원에 이르는 지혜와 믿음의 신적인 기원(고전 2:5; 고후 5:7; 살전 2:13)
- 이방인들의 예외적인 믿음(롬 9:30; 참조. 갈 3:22)
- 이사야 53:1에 대한 공통의 관심사(롬 10:6)[59]

하지만 이것이 곧 바울이 사역 당시에 일종의 '복음서' 같은 책들을 읽었으리라는 점을 의미하는 것은 아니다. 다만 분명히 어떤 식으로든 예수님의 가르침을 알게 되었을 것이며,[60] 특히 성찬에 관한 전승의 경우에는 확실히 그러하다(고전 11:23-25; 참조. 막 14:22-24; 마 26:26-28; 눅 22:19-20). 믿음에 관한 바울의 어법 역시 예수 전승의 영향을 받았을지 모른다. 하지만 우리는 초창기 기독교가 영향력을 행사한 수십 년 동안에 그것의 고유한 종교적 어법이 형성되었을 것이며, 바울은 분명히 더욱 넓은 영향력의 범위 안에서 기독교 신자로 양육되었으리라는 점 또한 기억해야 한다.

Corinthians," in *The Corinthian Correspondence*, ed. Riemund Bieringer (Leuven: Peeters, 1996), 141-76 at 152를 보라.
59 여기서 우리는 바울과 요한 모두 이사야서 53:1에 관심을 보인다는 점을 덧붙일 수 있을 것이다(참조. 롬 10:6).
60 Victor P. Furnish, *Jesus according to Paul* (Cambridge: Cambridge University Press, 1993), 40-65를 보고, Craig L. Blomberg, "Quotations, Allusions, and Echoes of Jesus in Paul," in *Studies in Pauline Epistles*, ed. Dane C. Ortlund and Matthew S. Harmon (Grand Rapids: Zondervan, 2014), 129-43도 참조하라.

5장
신실함이 더 낫다
데살로니가전서와 빌립보서에서 쓰인 πίστις

그대의 벗들을 죽기까지 사랑하라. 신실함이 더 나은 태도이기 때문이다.
- 포킬리데스 위경(1.218)

인간은 믿음 없이는 살 수 없다. 우리 삶의 모험에서 무엇보다도 필요한 것은 용기이며, 그 용기를 지탱해 주는 것은 바로 믿음이기 때문이다.
- 해리 에머슨 포스딕, *The Meaning of Faith*(믿음의 의미)

1. 플루타르크와 침묵을 지킨 오디세우스의 친구들

플루타르크는 많은 글을 남긴 저술가였다. 그는 칠십 년 이상 살면서, 그 생애 동안 수십 편에 이르는 작품을 집필했다. 그는 『플루타르크 영웅전』(*Parallel Lives*) 같은 전기들을 기록한 인물로 유명하지만, 이와 동시에 도덕 철학에 특별히 관심을 품고 있었던 것이 분명하다. 그는 지혜를 얻는 법과 인생을 분별력 있게 헤쳐 나가는 법에 관한 조언을 글로 남겼다(그런 글로는 *How to Distinguish a Flatterer from a Friend*[친구와 아첨꾼을 구별하는 방법] 등이 있다). 내가 좋아하는 그의 작품 중 하나는 바로 *De garrulitate*(수다스러움에 관하여)이다. 이 주제 자체는 상당히 익살스러운 것이지만, 헬름볼트(W. C. Helmbold)가 지적하듯이 플루타르크는 이 문제를 매우 진지하게 다룬다.[1] 이 글에서 플루타르크는 수다스러운 이들이 이 문제에 관해 가르침을 받아야 하지만, 그들은 말을 멈추려 하지 않아서 그 가르침을 들을 시간도 내지 못한다고 탄식한다. 그는 철학자 아리스토텔레스가 어느 말 많은 사람에게 붙잡혀 대화를 끊기 어려워했던 이야기를 들려준다. 결국 아리스토텔레스가 상대방의 말에 응대하지 않자, 그가 이렇게 말했다는 것이다. "딱한 철학자 양반, 내 말을 듣느라 지친 모양이구려!" 그러자 아리스토텔레스는 이렇게 대꾸했다고 한다. "전혀 아닙니다. 나는 아예 듣고 있지 않았거든요."(*Moralia* 503B, trans. Helmbold in LCL)

글의 한 부분에서, 플루타르크는 침묵의 힘을 칭송하면서 비밀을 지키기 위해 입을 굳게 다무는 일의 미덕을 장려한다. 그에 따르면, 예전에 제논(Zeno)은 자신을 회유하려는 폭군에게 저항하는 표시로, 자기 혀를 물어 끊고는 뱉어 냈다고 한다. 플루타르크는 자신의 글에서 특별한 분량을 할애하여, 이 점에서 오디세우스와 그의 동료들이 보였던 미덕을 찬미한다. 특히 그들이 외눈박이 거인 폴리페모스의 무서운 위협을 받았을 때 보여 주었던 저항 정신을 언급한다.

그 외눈박이 거인이 그들을 질질 끌고 다니거나 땅에다 내던지곤 할 때에도, 그들은 오디세우스를 비난하지 않았으며 그 괴물의 눈을 찌르기 위해 준비해 놓은 불에 달군 도구를 내보이지도 않았다. 그들은 비밀을 한마디도 발설하지 않고, 차라리 그 괴물에게 산 채로 먹히는 편

---

[1] "이 책에서 플루타르크는 계속 자신의 이야기를 능숙하게 풀어나가면서 순진하거나 무의식적인 유머 감각을 발휘함으로써, 그를 냉정한 태도로 바라보는 이들(이는 그의 작품 편집자들을 가리킨다)까지 즐겁게 해 주고 있다. 그럼에도, 그는 결국 학문적인 분석과 교훈적인 권고에 몰입하려는 충동을 뿌리치지는 못했다." *Plutarch*, vol. 6: *Moralia*, trans. W. C. Helmbold, LCL 337 (Cambridge: Harvard University Press, 1939), 394–95.

을 택했다. 이 일은 참으로 탁월한 자제력과 충성심을 보여 주는 사례다[ὑπερβολὴν ἐγκρατείας καὶ πίστεως οὐκ ἀπολέλοιπεν]. (*Moralia* 506C, trans. Helmbold in LCL)

이 구절에서 πίστις는 합리적으로 "충성심"(loyalty)으로 번역되며, 이는 고문과 죽음을 눈앞에 두고서도 오디세우스에게 충성하며 헌신하는 태도를 함축한다. 여기서 이 단어가 ἐγκρατεία(엥크라테이아, '자제력')와 함께 쓰인 것은 고통이나 수치로부터 벗어나는 일보다 우정의 가치를 더욱 중시하면서 헌신과 평정심을 지킨다는 의미를 나타낸다. 그런데 πίστις의 이 같은 쓰임새(충성심이나 신실함을 나타내는 것)는 플루타르크가 이 단어를 사용하는 **유일한** 방식이 아니다. 실제로 *De garrulitate*에서는 이 단어가 놀랄 정도로 폭넓은 방식으로 쓰일 수 있음을 보여 준다. 그러나 오디세우스의 동료들에 대한 플루타르크의 묘사에 담긴 것은 그리스어 문헌에 나타나는 πίστις의 매우 일반적인 용법 중 하나이다. 이때 이 단어는 단순한 믿음이나 신뢰의 차원을 넘어서서 끝이 없을 정도의 무모한 헌신으로 이어지는 일종의 관계적인 유대와 연관된다(이 책의 88-99쪽을 보라). 고대 그리스어 문헌에서 πίστις가 언급된 천 번 이상의 사례에서 대다수가 정치적인 역사나 국가 간의 투쟁을 다룬 역사 기록에 나타난다는 점에 주목하는 것은 흥미롭고 유익하다. 이때 그 단어의 명백한 함의에는 '헌신'(allegiance)과 '충성의 서약들'(pledges of loyalty)이 포함된다.[2] 그러므로 우리가 바울의 글을

---

2 Arrian, *Anabasis*; Dionysius of Halicarnassus, *Roman Antiquities*; Diodorus Siculus, *Bibliotheca Historica*; Appian, *Civil Wars*; Appian, *Foreign Wars*; Herodotus, *Histories*; 그리고 Polybius, *Histories*를 보라. 이런 용례에 대한 주목할 만한 예외로는 스트라보(Strabo)의 *Geography*(지리학)에서 πίστις가 서른 번 넘게 쓰인 경우와 아리스토텔레스의 *Rhetoric*(수사학)

살필 때에도, 그리스어 문헌에서 광범위하게 나타나는 이 πίστις 용법을 염두에 두는 것이 중요하다. 바울이 πίστις를 이 같은 방식으로 사용할 때, 그 의미는 오늘날 우리가 '믿음'(belief) 또는 '신앙'(faith)의 내용으로 간주하는 바를 훨씬 넘어서기 때문이다.[3]

더글러스 캠벨(Douglas Campbell)은 πίστις에 관한 저서에서 이와 유사한 주장을 제기한다. *Quest for Paul's Gospel*(바울의 복음 탐구)에서, 그는 우리가 바울의 용법을 살피면서 πίστις를 "신실함"으로 번역하는 데 열린 태도를 취하는 것은 매우 자연스러운 일이라고 설명한다. 그에 따르면, 칠십인역과 요세푸스의 글을 비롯한 광범위한 헬레니즘 문헌의 용례에서 그 단어가 지녔던 지배적인 의미가 바로 그것이기 때문이다.

이 의미가 지배적인 성격을 띠었던 이유는 아마도 신실함이 인간관계에서 보편적으로 요구되는 특질이기 때문일 것이다. 바울 당시에 그러했던 것과 같이 수직적인 위계가 존재하며 각자의 사회적인 지위를 매우 민감하게 의식했던 사회의 맥락에서는 특히 그러했다. 이상적인 관점에서 볼 때 후원자와 피보호자는 서로 신실하게 행동해야 했으며, 이는 이상적인 가족과 혼인 관계, 정치적인 제휴 관계나 종교적이며 언약적인 유대 관계를 비롯한 여러 관계들의 경우에 모두 그러했다. 이런 관

에서 πίστις(증명)가 여러 차례 언급된 경우를 들 수 있다.
3   현대 영어 성경 역본들의 경우, 바울 서신에서 언급되는 πίστις를 "신실함"으로 번역하기를 매우 꺼린다는 점은 특기할 만하다. 이 역본들을 살피면서, 나는 그런 번역자들의 태도에서 행위를 배제하며 '수동적인 의'를 지향하는 신학을 보존하고자 하는 의식적인 관심사가 담겨 있다는 인상을 받았다. 곧 그들은 πίστις에 대한 바울의 인간론적인 용법에 그런 신학적 성향을 적용하고자 했다. 예를 들어 리언 모리스(Leon Morris)는 신약에서 πίστις가 인간들에 관해 쓰일 경우에 **결코** '신실함'을 의미하지 않는다는 주장을 아무런 근거도 없이 당연하다는 태도로 제시한다. *1 and 2 Thessalonians*, Tyndale New Testament Commentary (Grand Rapids: Eerdmans, 1984), 101n5 (also 51)를 보라.

계에 속한 이들은 서로에게 믿음직하고 신뢰할 만하며 신실한 태도를 취해야만 했다.⁴

캠벨은 또한 πίστις의 의미론적인 영역에는 순종과 더불어 인내와 충성, 신뢰할 만함의 개념이 포함될 수 있다고 주장한다.

신실한 종은 순종하는 종이기도 하다. 그러므로 우리는 바울의 글에서 '피스티스'(pistis)가 이같이 기본적인 의미로 쓰일 때, 때로는 순복과 복종의 개념과 나란히 언급되는 것을 보게 된다. 그리스어에서 이 개념들은 종종 '휘파코에'(hupakoê)나 동사인 '휘파쿠오'(hupakouô)와 '휘포타소'(hupotassô)로 표현되곤 했다. 순종의 주제 **자체**도 물론 바울의 글에서 뚜렷이 드러난다. 어떤 중요한 본문에서는, 심지어 그리스도까지도 하나님께 순종하는 분으로 명백히 서술된다.⁵

여기서 나는 바울의 글에서 이런 주장과 연관성을 지니는 여러 본문을 언급할 수 있으며, 캠벨 역시 자신의 논의에서 몇몇 구절을 제시한다.⁶ 하지만 나는 이 장에서 살필 본문의 범위를 데살로니가전서와 빌립보서로 한정하려 한다. 그렇다면 내가 이 서신들을 택한 이유는 무엇일까? 이 서신들은 서로 근접한 지역(고대 마케도니아)에 있는 신자들을 상대로 기록되었다는 점 외에도, 바울이 지역에서 일어나는 핍박의 무거운 짐 아래 눌리면서 어려움을 겪고 있던 신자들을 격려하기

---

4 Douglas A. Campbell, *The Quest for Paul's Gospel: A Suggested Strategy* (London: T&T Clark, 2015), 186.
5 Campbell, *Quest for Paul's Gospel*, 187.
6 이에 관해, 캠벨은 지나가는 말로 다음 구절들을 언급한다. 롬 1:5, 8, 12; 16:26; 고후 5:7; 갈 5:5, 6, 22; 빌 1:25, 27; 2:17; 몬 5, 6; 참조. 엡 1:15; 6:16, 23; 골 1:4, 23; 2:5, 7, 12; 살후 1:3, 4, 11.

위해 기록한 내용이라는 공통점을 갖고 있다. 그뿐 아니라 (이 점과 연관된 사실로서) 바울은 데살로니가전서와 빌립보서 모두에서 군사적인 은유를 활용하고 있으며, 그 목적은 신자들의 공동체가 각자의 역할과 임무를 이해함으로써 자신들이 처한 고난과 괴로움을 끈기 있게 감당하면서 헤쳐 나갈 수 있도록 도우려는 데 있다. 그는 데살로니가 신자들을 "낮에 속[한]" 이들로 지칭하며, 그들을 향해 "**믿음**과 **사랑**의 호심경을 붙이고 구원의 소망의 투구를 [쓴]" 채로 늘 준비된 상태에 머물라고 권면한다(살전 5:8). 또 빌립보서에서 바울은 (빌립보 사람인) 에바브로디도를 "함께 군사 된 자"로 언급한다(2:25). 에바브로디도를 칭찬하는 이 본문의 맥락에서, 바울은 그를 헌신적이며 흔들림 없는 신자의 본보기로 제시한다. 곧 에바브로디도는 자신의 사역과 임무를 감당하기 위해 모든 위험을 무릅쓰는 이였으며(2:27), '좋은 군인'에 대한 로마 문화권의 이미지를 실제로 구현하는 인물이었다.[7] 이러한 특질을 감안할 때, 이 서신들에서 πίστις가 쓰인 대부분의 경우에 그 단어를 "충성" 또는 "신실함"으로 번역하고 해석하는 것은 타당한 일이 된다. 당시 바울은 그 신자들이 그런 역경 가운데서도 전심으로 변함없이 복음에 헌신하는 모습을 유지하도록 돕는 데에 특히 관심을 쏟았기 때문이다. 바울의 글에서 쓰인 πίστις에 대한 최선의 번역어를 찾는 일은 주로 하나의 서신 전체가 아니라 각각의 개별적인 구절에서 나타나는 그 단어의 쓰임새에 의해 결정된다. 하지만 그 본문들이 위

---

[7] Jon E. Lendon, *Empire of Honour* (Oxford: Oxford University Press, 1997), 237–66; Nijay K. Gupta, "Paul and the *Militia Spiritualis* Topos in 1 Thessalonians," in *Paul and the Greco-Roman Philosophical Tradition*, ed. Joseph R. Dodson and Andrew W. Pitts (London: T&T Clark, 2017), 13–32; 그리고 Gupta, "Fighting the Good Fight: The Good Life in Paul and the Giants of Philosophy," in *Paul and the Giants of Philosophy*, ed. David Briones and Joseph R. Dodson (Downers Grove, IL: InterVarsity, 2019)를 보라.

치한 더 넓은 사회적인 맥락과 그 본문들의 수사학적인 목표를 생각할 때, 이 서신들에서 그 단어는 전반적으로 '신실함'의 의미를 나타내는 것으로 보인다.

2. 데살로니가전서

데살로니가전서는 바울이 어려움에 처한 교회에 보낸 격려와 위로의 편지였다.[8] 이 편지의 앞부분에서 바울은 그들이 심한 고난 속에서도 기쁨을 잃지 않았던 점, 그리하여 사도들뿐 아니라 마케도니아 전역과 아카이아 지방에 있는 동료 신자들 모두에게 깊은 감동을 주었던 점을 언급한다.[9] 바울은 특히 데살로니가 신자들의 πίστις를 칭찬하면서(1:8), 거친 폭풍우 속에서도 배가 뒤집히지 않게 분투하는 선원들이나 무더운 열기 속에서 언덕길을 오르며 마라톤을 완주하려고 애쓰는 선수를 격려할 때와 같은 태도로 그들을 권면한다. 1:3에서, 그는 그들이 보여 준 "믿음의 역사와 사랑의 수고와 우리 주 예수 그리스도에 대한 소망의 인내"가 놀랍고도 감동적이었음을 지적한다. 여기서 제시된 믿음-소망-사랑의 삼각 구도(이 구도는 고린도전서 13장에서도 반복된다)는 오랜 세월에 걸쳐 수많은 신학적 성찰의 대상이 되어 왔다(예를 들어

---

8   이 서신의 정황과 배경에 관한 내 해석을 살펴보려면, Nijay K. Gupta, *1–2 Thessalonians* (Eugene, OR: Wipf & Stock, 2015); and *1–2 Thessalonians*, Zondervan Critical Introductions to the New Testament (Grand Rapids: Zondervan, 2019)를 보라.

9   당시 데살로니가 교회가 처했던 상황에 대한 자세한 논의를 살펴보려면, Todd D. Still, *Conflict in Thessalonica*, Journal for the Study of the New Testament Supplement 183 (Sheffield: JSOT Press, 1999)를 보라. 또한 Mikael Tellbe, *Between Synagogue and State: Christians, Jews, and Civic Authorities in 1 Thessalonians, Romans, and Philippians* (Stockholm: Almqvist & Wiksell, 2001); 그리고 James Harrison, *Paul and the Imperial Authorities at Thessalonica and Rome*, Wissenschaftliche Untersuchungen zum Neuen Testament 273 (Tübingen: Mohr Siebeck, 2011)도 참조하라.

Augustine, *Enchiridion*을 보라). 하지만 특히 데살로니가전서의 경우, 이 구도를 그 서신 자체의 역사적인 맥락에서 분리시키는 것은 위험한 일일 것이다. 바울이 그들의 **역사**(work)와 **수고와 인내**와 더불어 그들이 보여 준 **믿음**과 **사랑**과 **소망**을 언급했던 이유는 바로 그들로 하여금 수많은 문화적 갈등과 대립 속에서도 꿋꿋이 그리스도와 동행하면서 전진해 나가도록 독려하려는 데 있었기 때문이다.[10]

이 서신에서 바울은 πίστις 어법을 몇 차례 사용했는데, 그 목적은 분명히 데살로니가 신자들로 하여금 그리스도를 향한 헌신을 지키는 동시에 분별력과 소망을 품고서 계속 전진하도록 격려하는 데 있었던 것으로 보인다.[11] 이런 맥락에서 볼 때, 이 서신에서 πίστις가 고난을 겪고 있는 데살로니가 신자들을 향해 **신실함**과 **충성**의 자세를 견지하라는 바울의 권면과 결부된다고 해석하는 것은 타당하다.

πίστις가 언급되는 또 다른 사례를 들자면, 데살로니가전서의 끝부분으로 넘어가 볼 수 있다. 이 부분에는 폭넓은 권고의 말이 담긴 단락이 있으며, 여기서 바울은 데살로니가 신자들을 향해 '낮에 속한' 백성으로 살아가며 "πίστεως καὶ ἀγάπης의 호심경을 붙이고 구원의 소망의 투구를 [쓸]" 것을 권면한다(5:8). 여기서 πίστεως καὶ ἀγάπης라는 어구는 거의 늘 "믿음과 사랑"(faith and love)으로 번역되곤 한다. 그 이

---

10 Elizabeth Johnson, "Paul's Reliance on Scripture in 1 Thessalonians," in *Paul and Scripture: Extending the Conversation*, ed. Christopher D. Stanley (Atlanta: Society of Biblical Literature, 2011), 143–61 at 155; B. J. Oropeza, "1 and 2 Thessalonians: Persecution, Porniea, and Parousia in a New Congregation," in *Jews, Gentiles, and the Opponents of Paul* (Eugene OR: Wipf & Stock, 2012), 36–65; 그리고 Andy Johnson, "Response to Witherington," *Ex Auditu* 24 (2008): 176–80 at 178를 보라.

11 Zeba Crook, *Reconceptualising Conversion: Patronage, Loyalty, and Conversion in the Religions of the Ancient Mediterranean*, Beihefte zur Zeitschrift für die neutestamentliche Wissenschaft 130 (Berlin: de Gruyter, 2004), 213를 보라.

유는 아마도 바울이 앞서 1:3에서 언급한 내용(믿음, 소망, 사랑)과 5:8의 본문이 서로 대칭을 이룬다고 여겨지기 때문일 것이다. 이제 이 어구에 담긴 내용을 신학적이며 영적인 개념들로 간주할 때, πίστις를 "믿음"으로 번역하는 것은 그 안에 '그리스도를 믿는 믿음'(faith in Christ)에 관한 바울의 신학적 어법을 반영하는 일이 된다. 하지만 다음 요소들은 우리로 하여금 이런 번역에 이의를 제기하면서 "충성"이나 "신실함" 같은 번역어를 선호하게 만든다.[12] 첫째로 여기서 바울은 군사적인 어법을 활용하는데(예를 들어 갑옷이나 투구 등), 이 점은 πίστις가 자연스럽게 '주권자를 향한 충성'으로 이해될 수 있게 하는 배경 역할을 한다(이 경우에 주권자는 바로 주 예수님이시다). 둘째로 이 구절에서 πίστις는 독립적으로 쓰이는 것이 아니라, ἀγάπη(아가페)와 쌍을 이루는 방식으로 제시된다. 학자들이 종종 언급하듯이, ἀγάπη의 통시적인 용례를 연구하는 일은 쉽지 않다.[13] 현존하는 그리스어 문헌에서, 이 단어의 명사형은 기원후 1세기 이전까지 아직 나타나지 않았다. 이 단어의 어원은 불확실하며, 그 규모의 측면에서 살필 때 동사형인 ἀγαπάω(아가파오) 역시 성경 바깥의 그리스어 문헌에서는 신약 성경보다 훨씬 적게 사용되었다.[14] 세슬라스 스피크(Ceslas Spicq)에 따르면, 그리스어에는 '사랑'을

---

[12] 어니스트 베스트(Ernest Best)는 πίστις의 본질을 다음과 같이 표현한다. "바울의 관점에서, 믿음은 예수 그리스도의 죽으심과 부활을 통해 드러난 하나님의 선하심에 대한 인간의 전인격적인 응답이었다. 인간들은 그 죽으심과 부활을 통해 속량을 받았다. 이같이 전인격적인 응답에는 하나님을 향한 우리의 순종이 포함되어 있었으며, 따라서 그 응답은 반드시 인간 편에서의 행위(성취)를 불러일으켜야만 했다." *A Commentary on the First and Second Epistles to the Thessalonians* (Peabody, MA: Hendrickson, 1972), 68. 베스트는 다음 내용을 명확히 진술한다. "때로 믿음은 '신실함'의 의미를 지니는데, 이는 당시 데살로니가 신자들이 그리스도인이 되기 위해 겪었던 환난에 관해 언급하는 1:6에서 드러나는 바와 같다."(68)
[13] 이에 관한 유익한 사전적 논의로는 Anthony Thiselton, *Thiselton on Hermeneutics* (Grand Rapids: Eerdmans, 2006), 특히 "Exegesis, Lexicography and Theology: 'Love, the Essential and Lasting Criterion,' 1 Corinthians 13:1–7"라는 제목의 장(305–34)을 보라.
[14] E. Stauffer, "ἀγαπάω, ἀγάπη, ἀγαπητός," in *Theological Dictionary of the New Testament*,

나타내는 네 가지 단어가 있었다. 그중에서 στοργή(스토르게)는 가족애를, ἔρως(에로스)는 성적인 사랑을, 그리고 φιλία(필리아)는 우정을 의미했다는 것이다. 그렇다면 ἀγάπη는 어떤 사랑을 나타내는 단어였을까? 스피크는 이 단어의 용례가 "가장 이성적인 유형의 사랑"을 가리킨다고 주장한다. 곧 이 단어는 충동에 이끌리지 않는 사랑, 그러면서도 관대한 마음으로 친절을 베풀면서 돌봄과 관심을 베푸는 사랑을 의미한다는 것이다.[15] 다만 스피크는 ἀγάπη의 성경 외적인 용법이 의미론적인 측면에서 φιλία의 용법과 중첩된다는 점을 실질적으로 인정한다.[16]

이 논의와 연관된 사례로서 요세푸스는 명사 ἀγάπη를 전혀 언급하지 않지만 동사 ἀγαπάω는 상당히 자주 사용하며, 때때로 정치-사회적인 동맹의 맥락에서 ἀγαπάω를 πίστις에 결부시키곤 한다(*Jewish Antiquities* 14.186; 참조. 7.43; *Jewish War* 4.418). 우리는 솔로몬의 시편에서도 이와 유사한 어법이 결합되어 나타나는 것을 보는데, 이 경우에는 그 동족어인 πιστός가 ἀγαπάω와 한 쌍을 이룬다. "주님은 진리 안에서 그분을 사랑하는 이들[τοῖς ἀγαπῶσίν], 그분의 훈육을 감내하는 이들에게 신실한[πιστός] 모습으로 행하신다."(Psalms of Solomon 14.1). 여기서 우리는 그 사랑이 주로 감정적인 애착에 연관된 것이 아님을 분명히 알 수 있다. 오히려 그 사랑은 일차적으로 하나님을 향한 헌신과 언약적인 지향성을 통해 드러난다. 우리는 이스라엘의 언약적인 틀 안에서 이 개념을 이해해야 한다. 쉐마(Shema)의 말씀에서도 사랑을 언약

---

    ed. Gerhard Kittel and Gerhard Friedrich, trans. Geoffrey W. Bromiley (Grand Rapids: Eerdmans, 1964-76), 1:36.
15 C. Spicq, "ἀγάπη," in *Theological Lexicon of the New Testament*, ed. and trans. J. D. Ernest (Peabody, MA: Hendrickson, 1994), 1.8.
16 Spicq, "ἀγάπη," 1:9-11.

적인 의무로 표현한다. "너는 마음을 다하고 뜻을 다하고 힘을 다하여 네 하나님 여호와를 사랑하라"(신 6:5). 이 점에 관해, 모셰 바인펠트는 이렇게 설명한다. "이스라엘과 하나님 사이에 존재하는 사랑의 관계에는 애착과 정서의 측면 역시 포함되어 있었지만, 여기서 그분을 사랑하라는 명령은 실제적으로 충성과 순종을 함축하는 것이었다."[17] 이처럼 쉐마와 솔로몬의 시편 14.1에서 ἀγαπάω는 충성과 순종을 의미했으며, 그것은 헬레니즘 문헌에서 전반적으로 ἀγαπάω가 정치-사회적인 맥락에서 쓰일 때 가졌던 자연스러운 의미이기도 하다.

그리스 역사가였던 알렉산드리아의 아피아노스(Appian of Alexandria, 기원후 95-165년경)는 ἀγαπάω의 이런 용법에 관해 또 하나의 사례를 보여 준다. 그가 저술한 *Mithridatic Wars*(미트리다테스 왕의 전쟁들)에서는 폰투스의 미트리다테스 왕이 키오스 지역 사람들에게 보낸 편지를 언급한다.

그대들은 지금도 로마인들을 정말 좋아하며, 그대들 가운데 많은 이들이 여전히 그들 곁에 체류하고 있습니다. 키오스 지역에서 그대들은 로마 땅에 속한 열매들을 거두면서, 그에 관해 우리에게는 아무런 몫도 지불하지 않았습니다. 그대들의 군용 갤리선은 로도스 섬 앞에서 벌어진 전투에서 내 배를 들이받아 뒤흔들어 놓았지요. 하지만 나는 그 허물을 기꺼이 그 갤리선을 조종하던 자들의 실수로 돌렸습니다. 이는 그대들이 안전하기 위해 어느 쪽이 더 나은지를 숙고해 보고 만족한 채로 머물기를 기대했기 때문입니다[εἰ' δύναισθε σώζεσθαι καὶ ἀγαπᾶν]. (12.7.47,

---

[17] Moshe Weinfeld, *Deuteronomy 1–11*, Anchor Bible 5 (New York: Doubleday, 1991), 351; 참조. Jon D. Levenson, *The Love of God: Divine Gift, Human Gratitude, and Mutual Faithfulness in Judaism* (Princeton: Princeton University Press, 2015).

trans. White in LCL)[18]

여기서 호레이스 화이트는 ἀγαπᾶν를 "만족한 채로 머물다"(rest content)로 번역했는데, 이것은 '미트리다테스 왕에 대한 키오스 사람들의 헌신'을 매우 느슨한 방식으로 지칭하는 표현이다. 다른 번역본에서, 화이트는 ἀγαπᾶν을 "나에게 순복하는 백성들로 남기를"로 옮기고 있다.[19] 이 본문에서 미트리다테스 왕은 어떤 정서나 애정이 담긴 방식으로 키오스 사람들에게 사랑받는 데 관심이 없었던 것이 분명하다. 정확히 말하자면, 왕은 그들에게 정치-사회적인 동맹의 형태로 드러나는 **헌신**을 기대하고 있다. 양자의 관계를 감안할 때, 이 헌신은 그들의 굴복과 순종을 통해 이루어지는 것이었다.

그렇다면 이런 논의들은 데살로니가전서 5:8에서 바울이 사용한 어구인 πίστεως καὶ ἀγάπης를 이해하는 데 어떤 도움을 줄 수 있을까? 내 생각에, 여기서 바울은 중언법을 써서 '철저한 헌신'(utter devotion)의 의미를 표현한 것으로 보인다. 곧 이 어구는 사람들의 핍박에도 불구하고 주님께 확고히 헌신하는 태도를 나타낸다. 물론 이런 해석 때문에, πίστις와 ἀγάπη를 기독교의 서로 구별되는 중요한 미덕들로 간주하는 관점이 완전히 배제되는 것은 아니다. 다만 우리는 이 단어들을 너무 뚜렷하게 구분 짓는 경향이 있다. 믿음은 우리가 **믿는** 바에 관한 것이지만, 사랑은 우리가 **느끼거나 행하는** 바에 연관되어 있다고 여기는 것이다. 그러나 이 단어들을 고대적인 맥락에서 살펴보면, 당

---

18 하지만 이후에 왕은 그들에게 이천 달란트에 달하는 벌금을 부과하겠다고 위협한다.
19 Horace White, *The Roman History of Appian of Alexandria* (London: Macmillan, 1899), 1:355를 보라.

시 많은 사람들은 그 단어들의 의미를 이와 같이 엄격하게 분리하려고 하지 않았다.[20] 제임스 던은 갈라디아서 5:6에서 언급되는 πίστις와 ἀγάπη의 용법을 살피면서 이와 유사한 주장을 제시한다(πίστις δι' ἀγάπης ἐνεργουμένη, '사랑으로써 역사하는 믿음'). 여기서 던은 마치 믿음은 어떤 일의 시작점이며 사랑은 그 결과가 되는 것 같이 여기면서 그 단어들을 서로 분리하려는 유혹에 맞서고 있다. "본문의 어구는 하나의 단일한 개념에 더 가깝다. 곧 '사랑을 통한 믿음'(faith-through-love), 또는 '사랑의 힘에 따른 믿음'(love-energized-faith)으로 표현될 수 있다."[21]

칠십인역/신약 성경의 바깥에서는 πίστις와 ἀγάπη가 함께 쓰인 사례를 찾아볼 수 없지만, 유대의 헬레니즘 문헌에서는 πίστις와 φιλία가 함께 언급되는 경우들이 **나타난다**. 예를 들어, 요세푸스는 하맛의 왕이 다윗과 동맹 맺기를 원했던 일을 언급하면서 φιλίᾳ καὶ πίστει라는 어구를 사용한다(*Jewish Antiquities* 7.107). 이후에 그는 로마 제국의 황제에게 경의를 표했던 도시들을 두고서 '그들이 πίστιν καὶ φιλίαν를 보여주었다'고 기술하기도 한다(*Jewish Antiquities* 19:289). 내가 이 모든 사례를 제시하는 이유는 당시 사회에서 충성과 헌신을 논할 때, 믿음과 사랑이 흔히 결합되어 언급되곤 했다는 점을 강조하려는 데 있다. 데살로니가전서 5:8과 같은 본문에서 바울이 πίστεως καὶ ἀγάπης의 갑옷을 입으라고 권면했던 것은, 아마도 데살로니가 신자들이 듣기에 일종의 **기독교적인** 전투 준비 명령으로 다가왔을 것이다. 곧 그 구절은 위

---

20 David Konstan, "Trusting in Jesus," *Journal for the Study of the New Testament* 40 (2018): 247-54 at 251.
21 James D. G. Dunn, *The Theology of Paul the Apostle* (Grand Rapids: Eerdmans, 1998), 638. 여기서 그는 이 논의와 연관된 구절들로서 데살로니가전서 1:3과 5:8을 인용한다. 이와 유사한 관점을 살피려면, Beverly R. Gaventa, *First and Second Thessalonians*, Interpretation (Louisville: Westminster John Knox, 1998), 44; Campbell, *Quest for Paul's Gospel*, 186를 보라.

협적인 적군 또는 열악한 환경에서도 끈기 있게 전투에 임하라고 군대를 격려하는 장군의 연설처럼 여겨졌던 것이다.

데살로니가전서에서 믿음의 어법이 집중적으로 나타나는 부분은 3장인데, 여기서 바울은 신자들이 지닌 πίστις의 안정성을 염려했던 일을 서술한다. 3:2에서 그는 디모데를 보내어 그들의 상태를 살피고, ὑπὲρ τῆς πίστεως ὑμῶν(너희 믿음에 대하여) 그들을 격려하며 권면하게 했던 일을 언급한다. 당시 바울은 그 신자들이 심한 핍박 때문에 동요하며 그들의 πίστις가 흔들리고 있을지도 모른다고 우려했다. '시험하는 자'(사탄 - 역주)가 신자들의 마음속에 두려움과 공포, 절망을 불어넣을지도 모른다는 염려 때문에, 바울은 디모데를 보내어 εἰς τὸ γνῶναι τὴν πίστιν ὑμῶν(너희 믿음을 알아보게) 했던 것이다(3:5). 이때 바울은 디모데에게서 그들의 τὴν πίστιν καὶ τὴν ἀγάπην(믿음과 사랑)에 관한 소식을 듣고서 몹시 기뻐했으며(3:6), 그 소식은 그에게 깊은 위로와 안도감을 가져다주었다(3:7). 그러므로 우리는 바울이 이 본문에서 πίστις를 사용할 때, 단순히 '지적인 신념들'(beliefs)을 지칭한 것이 아님을 분명히 알 수 있다.[22]

바울은 그다음 절에서 그들이 "주 안에 굳게 [서]" 있음을 알게 되어 마음을 놓았다고 언급하는데(3:8), 이 구절은 이 3장의 본문에 쓰인 πίστις을 우리가 해석하는 데 가장 큰 도움을 준다.[23] 제임스 톰프슨에

---

22 그러므로 유진 보링(Eugene Boring)은 이렇게 언급한다. "디모데는 새로 회심한 그곳의 신자들이 과연 정통적인 견해를 품고 있는지를 알아보기 위해 보냄을 받은 것이 아니었다. 오히려 그가 보냄을 받은 목적은 당시 맹렬한 문화적인 압력 때문에 그들이 교회를 떠나거나 불안감에 사로잡혀 있지는 않은지를 살피는 데 있었다." *1 and 2 Thessalonians*, New Testament Library (Louisville: Westminster John Knox, 2015), 117.
23 이에 관해 쥬엣 배슬러(Jouette Bassler)는 이렇게 언급한다. "당시 데살로니가 신자들은 사랑과 의, 소망과 평안, 그리고 인내의 성품을 소유하고 있었다(또는 마땅히 그래야만 했다). 하지만 바울에 따르면, 그 신자들에 관해 여러 지역에 널리 퍼진 소문의 중심에 있었던 것은 바로 그들의 '피스

따르면, 여기 쓰인 πίστις 용법은 칠십인역과 유대의 헬레니즘 문헌에서 과거에 이스라엘의 위대한 영웅들이 보여 준 불굴의 헌신을 언급하면서 썼던 신실함과 용기, 담대함의 용어와 유사한 성격을 띤다(Sir 45:4; 46:15; 1 Macc 2:59).[24] 여기서 톰프슨은 마카베오서 4권에서 언급한 신실한 어머니의 사례를 직접적으로 언급하는데, 본문에서 그 어머니는 πίστις를 품고서 고결한 모습을 보여 준 인물로 칭송받는다(4 Macc 17:2; 참조. 1:8). 고문을 당하며 배교를 강요받는 상황에서도, 이 두려움을 모르는 여인은 εὐσεβεία(유세베이아, '경건')를 위해 용감히 죽음을 맞도록 아들들을 격려했다(15:12). 본문의 서술자는 이렇게 기록한다. "이 어머니는 아들들이 하나씩 고문을 당하고 화형에 처해지는 모습을 보면서도, εὐσεβεία를 위하는 마음 때문에 자신의 태도를 전혀 바꾸지 않았다."(15:14) 이 같은 πίστις 용법은 데살로니가전서 3장에 나타난 바울의 어법과 주제적인 측면에서 유사한 것으로 보인다. 바울의 본문에 나타난 πίστις 어법은 신자들의 용기(courage)와 깊은 관계가 있으며, '교리 그 자체'나 기독교적인 **신념**(beliefs)의 특수한 내용들과의 연관성은 그보다 훨씬 덜하다는 것이다.[25] 전반적인 면에서 볼 때, 앤 저비스(L. Ann Jervis)는 데살로니가전서의 전체적인 목적과 바울이 사용한 πίστις 어법 사이의 연관성을 설득력 있게 제시한다. "이 서신은 그

티스'(pistis), 곧 그들의 믿음이었다. 바울은 그들이 그 믿음을 상실할 것을 가장 염려했으며, 그들이 여전히 그 믿음을 가지고 있음을 알게 되었을 때 가장 기뻐했다. 본질적인 의미에서, 신자들과 하나님의 관계를 규정하는 것은 바로 그들 자신의 '피스티스'였다." *Navigating Paul* (Louisville: Westminster John Knox, 2007), 23.

24 James W. Thompson, *Moral Formation according to Paul: The Context and Coherence of Pauline Ethics* (Grand Rapids: Baker, 2011), 69; 또한 David deSilva, *Honor, Patronage, Kinship, and Purity: Unlocking New Testament Culture* (Downers Grove, IL: InterVarsity, 2012), 98를 참조하라.

25 Gaventa, *Thessalonians*, 44를 보라.

리스도를 신실하게 따르는 삶을 살아갈 때 겪게 되는 고난을 다루고 있다."[26]

3. 빌립보서

데살로니가전서와 마찬가지로, 빌립보서 역시 바울이 고난 받는 교회를 위로하기 위해 쓴 편지이다.[27] 바울은 1장 앞부분에서 빌립보 신자들이 보여 준 우정과 복음 사역에 협력한 일에 관해 하나님께 감사를 드린 뒤, 자기가 "사슬에 매인" 상황에서 직면하고 있는 도전들에 관해 언급한다. 바울은 자신의 운명이 불확실함에도 불구하고, 결국에는 그들을 방문해서 그들이 처한 어려움을 돌볼 수 있게 되리라고 여전히 확신하고 있다. 여기서 우리는 당시 빌립보 교회에 얼마간의 문제가 있었음을 감지할 수 있다. 이는 바울이 그들에게 힘을 모아 그리스도의 복음을 잘 드러낼 것을 권면하고 있기 때문이다. 당시에 빌립보의 이 공동체를 소란스럽게 만들었을 법한 요인들로는 어떤 것이 있을까? 1:28에서 바울은 그 교회에 위협을 가했던 것으로 보이는 "대적하는 자들"을 직접 언급한다. 그러나 바울은 이 기회를 이용해서, 그들이 처한 상황이 하나의 저주가 아니라 어쩌면 축복일 수 있음을 보여 주려 했다: "이는 [하나님]이 여러분에게 그리스도를 믿을 뿐 아니라 그분을 위해 고난을 받을 수 있는 특권까지 은혜롭게 베풀어 주셨

---

26 L. Ann Jervis, *At the Heart of the Gospel* (Grand Rapids: Eerdmans, 2007), 31.
27 L. Gregory Bloomquist, "Subverted by Joy: Suffering and Joy in Paul's Letter to the Philippians," *Interpretation* 61 (2007): 270–82; Jervis, *At the Heart of the Gospel*, 37–76를 보라. 신자들을 위로하기 위한 빌립보서의 목적에 초점을 맞춘 최근 주석으로는, Paul Holloway, *Philippians*, Hermeneia (Minneapolis: Fortress, 2017)를 보라.

기 때문입니다."(1:29 NRSV) 나아가서 바울은 그들이 겪는 **투쟁**(ἀγών)이 바울 자신의 것과 동일한 것임을 설명한다. 그것은 복음을 위한 싸움이었다.

이 '대적하는 자들'의 정체는 여전히 파악하기 어려운 상태로 남아 있으며, 학자들은 이 문제에 관해 방대하고 복잡한 논의들을 쏟아냈다.[28] 다만 지금 우리의 논의를 위해서는, 그 적대자들의 정확한 성격과 관심사를 규명하는 일이 꼭 필요한 것은 아니다. 오히려 나는 이러한 핍박과 고난을 어떻게 대처하며 극복해 나갈 것인지에 관해 바울이 빌립보 신자들에게 조언하고자 했던 내용을 더 자세히 살피려 한다.

바울은 사람들의 적대에 직면한 빌립보 신자들을 위로하는 한편, 그들에게 하나로 연합해서 살아가는 법을 배울 것을 권고한다. 물론 우리는 당시 빌립보 교회 안에 있었던 분열의 문제를 지나치게 과장해서는 안 될 것이다. 결국 바울은 그 공동체가 건강한 상태를 유지하는 모습에 전반적으로 기뻐하고 있기 때문이다.[29] 그는 신자들이 복음에 꾸준히 헌신하는 모습을 열렬히 칭찬한다. 하지만 바울이 그들에게 제시했던 조언들은 그 공동체의 온전한 상태가 깨지지는 않았을지라도 여기저기에 작은 틈이나 균열이 존재했음을 암시하는 것으로 보인다.[30]

---

28 이에 관해서는 다음 글에 담긴 경고의 말을 보라. Morna Hooker, "Phantom Opponents and the Real Source of Conflict," in *Fair Play: Diversity and Conflict in Early Christianity*, ed. Ismo Dunderberg et al., Novum Testamentum Supplement 103 (Leiden: Brill, 2002), 377-95. 또한 Chris Mearns, "The Identity of Paul's Opponents at Philippi," *New Testament Studies* 33 (1987): 194-204; Joseph B. Tyson, "Paul's Opponents at Philippi," *Perspectives in Religious Studies* 3 (1976): 83-96를 참조하라.

29 이 점에서, 대버린 페터린(Davorin Peterlin)이 *Paul's Letter to the Philippians in the Light of Disunity in the Church*, Novum Testamentum Supplement 79 (Leiden: Brill, 1995)에서 전개한 논의는 다소 지나친 감이 있다. 페터린의 주장에 대한 비판을 개관한 내용을 살피려면, Nijay K. Gupta, "Mirror-Reading Moral Issues in Paul's Letters," *Journal for the Study of the New Testament* 34 (2012): 361-81을 보라.

30 Gordon D. Fee, *Paul's Letter to the Philippians*, New International Commentary on the New

그는 빌립보 신자들 간에 사랑이 넘치기를 기도한다(1:9). 또 신자들 간의 협력(2:1-2)을 격려하며, 서로 간의 경쟁(3:3-4)이나 원망(2:14)이 존재한다는 약간의 조짐도 보이지 말 것을 권고한다. 물론 바울은 유오디아와 순두게의 갈등도 언급하고 있다. 이 일은 충분히 중요한 문제였기에, 그의 서신에서 공개적으로 다루어야만 했다(4:2). 어떤 이들은 바울이 빌립보서에서 그저 연합의 중요성에 관해 일반적인 조언을 주었을 뿐일지도 모른다고 추정한다. 그러나 압박 아래 놓인 공동체가 이를테면 여러 면에서 손상되는 기미를 보여 주었으리라는 점, 그리고 관용과 인내가 소진해 가는 상황에 있었으리라는 점을 상상하기는 어렵지 않다. 바로 이 맥락에서, 바울은 다른 사안들과 함께 πίστις의 문제를 논하고 있다.

1장에서 바울은 자신의 투옥이 불운한 사건도, 복음이 패배했다는 표시도 아님을 언급하면서 빌립보 신자들을 위로하고 격려한다. 오히려 그 사건은 복음의 증언과 사역을 촉진하는 놀라운 방편이 되었다(1:13-14). 바울은 자신이 취약하고 불확실한 상황에 있음을 알면서도, "여러분의 진보와 τῆς πίστεως의 기쁨을 위하여 여러분 모두와 함께 나아갈" 것이라는 결심을 담대히 표현한다(1:25 NRSV). 여기서 그가 염두에 두는 것은 근래에 벌어진 사건들과 당시 상황들이 그 신자들의 πίστις를 억누르는 결과를 낳았다는 점이다. 1:27에서 바울은 빌립보 신자들을 향해 경계의 뜻이 담긴 명령을 전한다. "오직 여러분은 그리스도의 복음에 합당한 시민들로서 살아가십시오. 그리하면 내가 여러분을 직접 찾아가서 만나거나 멀리서 여러분의 소식을 들을 때에, 여

Testament (Grand Rapids: Eerdmans, 1995), 32-34를 보라.

러분이 한마음으로 굳게 서 있으며 뜻을 모아 τῇ πίστει τοῦ εὐαγγελίου를 위해 함께 싸우고 있음을 알게 될 것입니다."(NRSV 수정)

여기서 바울은 신자들이 복음을 (올바르게) 이해하는 일에도 관심을 보이지만, 이 구절의 πίστις를 오직 '지적인 신념'(belief)에만 연관해서 해석하는 것은 잘못일 것이다. 존 로이만은 1:27의 πίστις를 '종교'(religion)로 간주하는데, 이런 선택은 예외적인 것이긴 하지만 바울의 관심사에 좀 더 근접하며 '지적인 신념'보다는 더 나은 개념적인 영역의 역할을 하는 것으로 보인다.[31] 벤 위더링턴은 이 구절에서 믿음에 관한 바울의 어법이 지니는 의미를 "기독교적인 삶의 방식"으로 규정하며, 그 이유로 "이 편지의 초점은 행실과 올바른 실천에 맞추어져 있다"는 점을 든다.[32] 고든 피는 바울이 1:26에서 제기하는 관심사를 1:25과 1:27에서 πίστις에 관해 언급하는 내용들의 근거로 삼는데, 이때 그 관심사는 그리스도 예수에 대한 그들의 자랑이 가득 넘쳐흐르기를 바라는 마음이다.[33] 그러므로 그 신자들의 πίστις가 더디게 진보했던 일은 그들이 그리스도를 헤아렸던 방식이나 그분께 속한 백성이 이 세상 속에서 살아가는 방식에 대한 그들 자신의 이해와 관계가 있다. 여기서 피는 πίστις를 기독교의 전체적인 비전에 결부시키고, 그 가운데는 환난으로 인해 당혹스러운 중에도 복음에 헌신하는 태도 역시 포함된다. πίστις에 대한 이 포괄적인 해석은 단순한 신조나 개념의 수준을 넘

---

31 John Reumann, *Philippians*, Anchor Yale Bible 33B (New Haven: Yale University Press, 2008), 228–29.
32 Ben Witherington III, *Paul's Letter to the Philippians* (Grand Rapids: Eerdmans, 2011), 104. 위더링턴이 계속해서 설명하듯이, 당시의 빌립보 신자들이 교리적으로 교정을 받을 필요가 있었다는 증거는 전혀 없다.
33 Gordon D. Fee, *Paul's Letter to the Philippians*, New International Commentary on the New Testament (Grand Rapids: Eerdmans, 1995), 153–55.

어서서 우리의 의지와 행동까지 아우른다. 그렇기에 1:25에서는 πίστις를 "충성"이나 "헌신"으로 번역하는 것이 매우 타당하며(너희 헌신의 진보와 기쁨을 위하여), 1:27의 경우에는 한 걸음 더 나아가서 그 단어를 "임무"(mission)나 "군사 작전"(campaign) 같은 것으로 이해할 수 있다. 이는 특히 그 구절에 단합된 군사적인 행진의 어조가 담겨 있기 때문이다. 여기서 바울은 다음과 같이 언급한다. "빌립보 신자들이여, 여러분은 그리스도의 제국에 속한 참된 시민들로서 이 공동체에 주어진 과업과 진보가 중요함을 믿으면서 그 나라를 위한 싸움을 지속해 가는 일에 어느 정도나 헌신되어 있습니까?" 그러므로 빌립보서에서 바울이 제시하는 격려와 조언은 그가 데살로니가 신자들에게 주고자 했던 것과 크게 다르지 않다. 빌립보에 있는 신자들의 πίστις에 대한 바울의 관심은 그들이 예수 그리스도의 복음에 헌신하며 충성하는지에 관한 것이었으며, 특히 그들을 대적하는 자들의 압박과 장애물에도 불구하고 여전히 그리하고 있는가 하는 것이었다.

디터 게오르기가 설명했듯이, **로마 제국에 속한** 빌립보의 교회에서 πίστις는 고유한 의미가 담긴 용어였을 것이다(그 도시 또는 교회 안에 있는 모든 사람이 민족적으로 로마인이거나 로마 제국의 시민이 아니었을지라도 그러했다).[34] 당시 빌립보 신자들은 πίστις를 신실함과 충성을 나타내는 단어로 자연스럽게 받아들였을 것이 분명하다.[35] 아우구스투스 황제 시

---

[34] 또한 당시 빌립보가 로마화된 성격을 지녔던 일에 관한 조지프 헬러만(Joseph Hellermann)의 사회-역사적인 관점을 살펴보라. *Reconstructing Honor in Roman Philippi* (Cambridge: Cambridge University Press, 2005), 1–109. 과연 당시 빌립보 교회가 로마인들 또는 로마 제국 시민들로 구성되어 있었는지의 문제에 관해서는, Eduard Verhoef, *Philippi: How Christianity Began in Europe* (London: Bloomsbury, 2013), 1–52를 보라. 또한 Peter Oakes, *Philippians: From People to Letters*, Society for New Testament Studies Monograph 86 (Cambridge: Cambridge University Press, 2001), 66–68 역시 참조하라.

[35] Dieter Georgi, "God Upside Down," in *Paul and Empire: Religion and Power in Roman*

대부터, '피데스'[fides](그리고 πίστις)는 로마 세계에서 정치적으로 더욱 심오하고 중심적인 의미를 지니게 되었다. 그렇기에 바울이 "복음의 πίστις"를 언급하는 것은 이를테면 특정한 공동체와 그 지도자, 그리고 그 공동체의 지배적인 이념에 헌신하는 사람의 이미지를 떠올리게 했다. 이 점은 빌립보서의 또 다른 구절에서도 잘 드러난다(2:17). 하지만 여기서는 빌립보서 2장으로 넘어가기 전에, 먼저 크세노폰의 *Anabasis*(진군기)를 살펴보려 한다. 이 *Anabasis*에서는 그리스 로마 세계의 또 다른 지역에서 한 무리의 사람들이 자신들의 과업을 진척시키는 동시에 πίστις(그리고 ἀπιστία)의 문제와 씨름하는 모습이 어떠했는지를 잘 보여 준다.

*Anabasis*는 크세노폰 휘하의 그리스인 군대가 (부드럽게 표현하자면) 일련의 불운한 사건들을 겪은 뒤에 고국으로 돌아가는 길을 찾으려고 분투했던 일을 기록한 것으로서, 그들의 용기와 헌신, 인내에 관한 이야기다. 이 책의 3권에서는 지치고 탈진한 군대가 지도력을 둘러싼 논쟁에 빠져 동요하게 되면서, (오르코메노스 사람인) 클레아노르가 그들 앞에 서서 격려의 연설을 하게 된다. 이때 그는 그 군대가 느낀 수많은 실망감을 인정하면서 말을 시작한다. "동료 전사들이여, 그대들은 왕이 불경하게 거짓말을 늘어놓는 모습을 보았다. 그대들은 티사페르네스의 신의 없는 태도[ἀπιστίαν] 역시 목격했다."(3.2.4, trans. Brownson/Dillery in LCL)[36] 클레아노르는 또한 (키루스의 오른팔이었던) 아리에우스가

Imperial Society, ed. Richard A. Horsley (Harrisburg, PA: Trinity, 1997), 148–57 at 149. 『바울과 로마제국』(CLC).

[36] *Anabasis*에 나타난 충성과 배신의 주제에 관해서는, John Marincola, "Xenophon's Anabasis and Hellenica," in *The Cambridge Companion to Xenophon*, ed. Michael A. Flower (Cambridge: Cambridge University Press, 2016), 103–18 at 110–11를 보라. 또한 Anton-Hermann Chroust, "Treason and Patriotism in Ancient Greece," *Journal of the History of Ideas* 15 (1954):

그리스 군대의 신뢰를 저버린 일도 언급했다. 이 같은 배신이 클레아노르에게 특히 쓰라리게 다가왔던 이유는 아리에우스가 그리스인들과 충성의 서약을 교환한 뒤에(καὶ ἐδώκαμεν καὶ ἐλάβομεν πιστὰ μὴ προδώσειν ἀλλήλους; 3.2.5) 등을 돌려 동맹자를 대적했기 때문이다.[37] 아리에우스의 이름을 거론하면서, 클레아노르는 그에게 신들의 정당한 징벌이 임하기를 기원했다. 마지막 권고로, 그는 배신자들의 이런 행실을 볼 때 다음과 같이 행하라고 동료 전사들에게 당부했다. "다시는 그들에게 속아서는 안 된다. 우리는 최선을 다해 결연히 싸움을 맞이하고, 신들이 우리에게 어떤 운명을 허락하든지 간에 그것을 달갑게 받아들여야 한다."(3.2.6)

그다음에는 크세노폰이 가장 멋지고 고귀한 전투복을 차려입고서 그 군대에게 연설하기 위해 직접 일어섰다. 그 역시 "야만인들의 거짓말과 신의 없는 태도"(τὴν μὲν τῶν βαρβάρων ἐπιορκίαν τε καὶ ἀπιστίαν; 3.2.7)를 지적하면서 말을 시작했다. 이어서 그는 (야만인들의 이중성에 휘말려 배신을 당하고 살해된) 장군들이 **신뢰**(διὰ πίστεως; 3.2.8)의 부재를 경험했던 일을 언급했으며, 신들은 늘 정직하고 용감하며 의로운 자들의 편에 선다는 점을 확언했다(3.2.11). 크세노폰이 고국으로 돌아가는 위험한 여정에서 살아남을 방법에 관해 일련의 전략을 제시한 후, 군대는 다음날 행군을 위한 계획을 세운다.

그때 미트리다테스가 그들의 진영에 찾아와서 말했다. "나는 키루스를 신실하게 따랐다(Κύρῳ πιστὸς ἦν)." 그는 "우호적인"(φίλος) 뜻에서

280-88도 살펴보고, 특히 크세노폰의 *Anabasis*에 관해서는 285-86을 보라.
37 Joseph Jansen, "Greek Oath Breakers?" *Mnemosyne* 67 (2014): 122-30를 보라.

그들을 찾아왔다고 주장했으며,[38] 자신이 그들의 여정에 동참해도 되겠는지를 물었다(καὶ βουλόμενον κοινῇ σὺν ὑμῖν τὸν στόλον ποιεῖσθαι, 3.3.2). 하지만 그리스인들은 미트리다테스의 술책을 꿰뚫어 보았으며, 그의 의도를 비열한 것으로 간주했다(3.3.4). 실상 미트리다테스는 그들의 대적인 티사페르네스와 결탁하고 있었으며, 티사페르네스는 자신의 친족을 은밀히 보내어 과연 미트리다테스가 자신을 향한 충성심(πίστις)을 지키고 있는지 여부를 감시하게 한 상태였다(3.3.4). 이때 크세노폰의 군대는 미트리다테스를 진영에서 내쫓았으며, 대적들이 다스리는 지역에 있는 동안에는 어떤 동맹 관계도 맺지 않기로 의견을 모았다. 하지만 이후에 미트리다테스는 다시 군대를 이끌고 와서 그들에게 보복을 가했으며, 당시 그리스 군대가 겪었던 곤경은 이야기의 나머지 부분에서 계속 이어진다.

다소 놀랍게도, 이 *Anabasis*의 짧은 단락에서 나타나는 어법 가운데 많은 것이 빌립보서의 어법과 유사하다. 충성(πίστις), 우정(φίλος), 주고받음/상호성(ἐδώκαμεν καὶ ἐλάβομεν), 그리고 공동체 안에서 함께 나눔(κοινός)의 어법들이 바로 그것이다. 여기서 내 말뜻은 바울이 빌립보서를 기록할 때 *Anabasis*의 내용을 염두에 두고 있었다는 데 있지 않다. 그보다, 빌립보서에서 발견되는 어법들은 사회적인 담론이나 정치적인 담론, 군사 동맹에 관한 이야기들에서 전반적으로 널리 나타나는 것들이다. 이런 담론에서는 한 집단의 지도자들과 이념, 그리고 과업을 향한 충성과 헌신이 가장 중요한 것으로 간주되기 때문이다. *Anabasis*에 담긴 여정과 생존, 구원의 모티프는 바울이 빌립보 신자들을 향해

---

38 우정의 주제에 관해서는, Gabriel Herman, *Ritualised Friendship and the Greek City* (Cambridge: Cambridge University Press, 2002), 4-5를 보라.

그들의 여정에서 굳건한 자세를 유지하라고 촉구했던 방식과 유사하다. 바울은 그들에게 "너희 구원을 이룰" 길을 찾으라고 권면했으며, 이때 요구되었던 태도는 미트리다테스가 그의 운명을 그리스인들의 운명에 결속시킴으로써 자신의 생존을 확보하려 했던 것과 크게 다르지 않았다(σωτήριος in 3.2.2; σῴζω in 3.3.4).

빌립보서 2:17의 맥락에서 바울은 빌립보 신자들에게 권고하는데, 그 권고는 군대를 격려하려는 지휘관의 연설에 가깝다. "불평하거나 원망하지 말고, 별과 같이 빛나는 사람들이 되어 모범을 보이십시오. 주님과 그분이 주신 사명을 성숙한 자세로 받들어야 합니다. 그렇지 않으면 이제까지 내가 수행하며 감당해 온 일들은 모두 무의미해질 것입니다."(2:14-16) 그런 다음에 바울은 자신이 죽음을 맞게 될 가능성을 살핀다. "내 생명이 스러져 버린다면 어찌해야 할까요?" 하지만 그는 절망에 빠지지 않고, 오히려 담대한 소망을 품고서 선언한다. "내 생명은 여러분이 품은 πίστις의 제물과 섬김 위에 부어지는 한 잔의 포도주와도 같습니다." 여기서 바울의 말뜻은 설령 자신이 죽게 될지라도, 그것은 합당한 이유를 위한 죽음이며 여전히 복음의 임무와 과업을 받드는 일이 된다는 것이다. 바울은 **신자들의** 삶을 그 이야기 속에 대입시킨다. 곧 그들이 복음을 위해 당하는 고난과 괴로움은 바울이 투옥된 일과 동일한 성격을 띠며, 바울과 그들의 운명은 서로 밀접히 결부되어 있다는 것이다. 이런 본문의 맥락에서, 신자들의 πίστις를 지적인 신념이나 신조로 축소시키는 것은 그릇된 일이 될 것이다. 바울은 그들이 따랐던 삶의 방식을 곧 **제물로 드려진 것**으로 지칭하며, 그들이 복음의 사역에 힘과 열정을 쏟았음을 언급한다(1:3-7을 보라). 이런 그들의 활동은 곧 예수 그리스도를 향한 그들의 전인격적인 헌신(πίστις)

의 일부분이었다.

데살로니가전서와 빌립보서에서 바울은 특히 핍박을 겪는 교회들이 마음을 굳게 갖도록 격려하는 데 마음을 쏟는다. 두 서신 모두에서, 그는 신자들의 πίστις에 직접적인 관심을 보인다. 그렇다면 우리는 마치 바울의 관심사가 주로 교리적인 사안에 있었던 것처럼 여기면서, 이 단어를 '믿음/신앙'(belief/faith)으로 해석하는 것이 최선일까? 두 서신 모두에서, 바울은 신자들이 환난 앞에서 담대한 태도를 품도록 돕기 위해 군사적인 은유를 사용한다. 이 점을 감안할 때, 그가 사용한 πίστις 어법을 고대의 싸움이나 군사적인 일을 다룬 문헌들의 맥락에서 이해하는 편이 타당해 보인다. 이 문헌들에서는 공동체의 중심적인 지도력과 정신, 그리고 과업을 향한 충성과 헌신을 강화하기 위해, 바울이 사용한 것과 동일한 일련의 용어들을 활용하고 있기 때문이다.[39] 물론 우리는 바울이 서신에서 사용한 믿음의 어법을 전체적으로 살펴나가는 동안에, 항상 깔끔하게 맞아떨어지는 답이 나오지는 않는다는 점, 그리고 πίστις의 올바른 번역어를 찾기가 쉽지 않다는 점을 발견하게 될 것이다(번역은 반역이다!). 독자들의 이해를 돕기 위해, 여기까지는 데살로니가전서와 빌립보서에 나타나는 특정한 경향을 따로 분리해서 살펴보았다. 이는 특히 그 서신들의 역사적이며 문학적인 맥락에 비추어 드러나는 모습들이며, 이를 통해 우리는 충성심과 담대한 헌신에 결부되는 의미론적 가치와 함의를 좀 더 선호하는 쪽으로 결

---

39 Timothy Geoffrion, *The Rhetorical Purpose and the Political and Military Character of Philippians: A Call to Stand Firm* (Lewiston, NY: Mellen, 1993); 그리고 Edgar Krentz, "Military Language and Metaphors in Philippians," in *Origins and Method: Towards a New Understanding of Judaism and Christianity*, ed. B. H. McLean (Sheffield: JSOT Press, 1993), 105-27를 보라.

론짓게 된다.

4. 계시록

이제 이 장을 끝내고 믿음에 관한 바울의 어법이 지닌 다른 의미와 뉘앙스를 다루기 전에, 계시록에서 믿음의 어법이 어떻게 쓰이고 있는지를 간단히 살펴보는 편이 우리에게 유익할 것이다. 계시록은 데살로니가전서나 빌립보서와 얼마간 맥락상 유사성이 있고, 이는 특히 신자들이 사회적인 적대와 핍박에 직면한 상황에서 복음을 신실하게 증언하며 소망을 잃지 않도록 그들을 격려하는 측면에서 그러하다. 계시록을 우리의 논의 가운데 들여와서 비교의 대상으로 삼는 것이 유익한 이유는, 바울이 믿음의 어법을 사용하는 방식을 우리가 단조롭게 만들거나 그의 용법에 그저 '믿음 대 행위' 또는 '교리로서의 믿음'의 개념을 부여하는 경향이 종종 있기 때문이다. 하지만 사회적인 맥락의 관점에서 데살로니가전서와 빌립보서와 계시록 사이에 존재하는 유사성들을 감안할 때, 우리는 바울이 사용한 πίστις 어법이 계시록에서 사용된 어법과 매우 유사해 보인다는 점을 쉽게 파악할 수 있다. 계시록에서 쓰인 πίστις가 대개의 경우 충성, 신실함, 희생적인 증언을 함축한다는 점이 분명히 드러날 것이다.

계시록에는 일곱 교회에 보낸 일곱 개의 편지가 있고, 이를 통해 더 넓은 문화권과 소통했던 다양한 공동체들을 향해 말을 건네고 있다. 이 중 일부 공동체들은 그들이 보여 준 순전함과 복음 증언에 관해 칭찬을 받았지만, 어떤 공동체들은 그들의 연약한 의지와 오만한 태도 때문에 책망을 들었다. 예를 들어 서머나 교회의 경우, 선견자는 그들이 겪은 환난과 물질적인 궁핍(θλῖψιν καὶ τὴν πτωχείαν; 2:9)을 인정한다. 그는 실제로 더 많은 고난이 닥칠 것을 예언하며(2:10), 마귀의 유혹과 시련들이 찾아올 것을 알려 준다. "너희는 십 일 동안 어려움을 겪게 될 것이다. 그러나 죽기까지 신실한 태도를 지키라[πιστὸς ἄχρι θανάτου]. 그리하면 내가 너희에게 생명의 면류관을 줄 것이다."(2:10 CEB)[40]

버가모 교회는 사탄의 영역에 갇혀 있었지만, 그럼에도 그리스도의 이름을 굳게 붙들었다. "그리고 내 증인이며 나의 신실한 자인 안디바가 너희들이 거하는 곳 곧 사탄이 사는 곳에서 죽임을 당했을 때에도, 너희는 나에 대한 믿음[τὴν πίστιν μου]을 부인하지 않았다."(2:13 NRSV) 사탄의 핍박은 그들의 πίστις를 잠재적으로 위협했지만, 그들은 주님을 향한 충성심을 고수했다. 이 점은 존경받는 증인으로서 ὁ πιστός μου(나의 신실한 자)로 불렸던 안디바의 순교를 통해 입증되었다. 계시록은 여기서 πίστις와 πιστός를 결부시키며, 이 두 단어의 의미가 완전히 동일하지는 않아도 매우 밀접하게 연관되기 때문에 우리는 πίστις를 '충성'으로 해석하게 된다.[41]

두아디라 교회는 칭찬과 책망을 동시에 받는다. 이 공동체는 거짓 교사인 "여자 이세벨"을 용납한 일에 관해 질책을 받았으며(2:20), 그녀와 그 추종자들에게는 심판이 선포되었다(2:23-24). 그리고 두아디라

---

40 이 장의 서두에서 인용한 포킬리데스 위경의 경구(στέργε φίλους ἄχρις θανάτου· πίστις γὰρ ἀμείνων)와 이 구절 사이에 뚜렷한 유사성이 있음을 주목하라.
41 David E. Aune, *Revelation*, 3 vols., World Biblical Commentary 52A-C (Grand Rapids: Zondervan, 1997), 1:184를 보라. 크룩(Crook) 역시 이 본문의 맥락에서 πίστις를 "충성"으로 번역하는 편을 선호한다. "당시 그리스도인들이 로마 제국의 손에 핍박을 받게 된 것은 그리스도를 향한 충성심 때문이었다. 이전의 많은 유대인들과 마찬가지로, 당시 일부 그리스도인들은 로마 제국의 지도자들과 하나님을 동시에 섬기려 하지 않았다." *Reconceptualizing Conversion*, 213.

교회는 "너희에게 있는 것을 내가 올 때까지 굳게 잡으라"라는 경계의 말을 듣는다(2:25). 한편 이 교회에 보낸 편지의 서두에는 다음과 같은 격려의 말씀이 있다.

> 내가 너희의 행위를 아노니, 곧 너희의 사랑과 πίστιν, 그리고 섬김과 끈기 있는 인내를 안다. 나는 너희가 마지막에 행한 일들이 처음에 행한 것들보다 더욱 큼을 알고 있다. [οἶδά σου τὰ ἔργα καὶ τὴν ἀγάπην καὶ τὴν πίστιν καὶ τὴν διακονίαν καὶ τὴν ὑπομονήν σου, καὶ τὰ ἔργα σου τὰ ἔσχατα πλείονα τῶν πρώτων] (2:19 NRSV)

이 구절에서 제시되는 일련의 용어들은 신자들의 충성심을 칭찬하기 위해 사용되었다. 그중 적어도 세 가지는 데살로니가전서에서도 언급되며(사랑, 믿음, 인내), 빌립보서 2:17에서는 이 구절에 쓰인 διακονία(디아코니아, '섬김')과 유사한 방식으로 λειτουργία(레이투르기아, '섬김')라는 단어를 사용한다. 전통적인 바울 신학의 범주를 좇아 생각할 때, 어떤 이들은 계시록 2:19에서 믿음과 행위가 서로 결부되는 것을 이상하게 여길지도 모른다. 하지만 이 구절의 어법은 데살로니가전서 1:3에 쓰인 "믿음의 행위"(개역개정판에는 "믿음의 역사"로 번역되었다. - 역주)라는 어구와 성격이 매우 유사하다.[42]

---

42 이에 관해, 유진 보링(Eugene Boring)은 *Revelation*, Interpretation (Louisville: Westminster John Knox, 2011), 95에서 이렇게 언급한다. "요한은 '믿음 대 행위'의 바울적인 관점을 좇아 생각하지 않는다. 곧 그는 어떻게 죄인들이 하나님 앞에서 받아들여질 수 있는지, 또는 하나님이 이스라엘 백성을 향한 약속을 깨뜨리지 않으면서 이방인을 구원의 공동체 속에 편입시키실 수 있는 방편은 무엇인지에 관해 숙고하지 않는다. 계시록에서는 '믿는다'라는 동사가 전혀 등장하지 않으며, '믿음'이라는 명사는 '신실함'(2:13, 19; 13:10) 또는 그 믿음(the faith), 곧 기독교 신앙의 내용을 의미한다(14:12). '신실한'(faithful)이라는 형용사는 '믿는'(believing)이라는 의미가 아니라 '충성된, 인내하는, 순전함을 유지하는' 등의 의미를 나타낸다. … 이처럼 계시록에서 신앙과 믿음을 나타내는 단어들의 집단은 바울의 경우처럼 인간의 행위와 대조되는 의미로 쓰이지 않는다. 그 단어들의 집단은

이제는 이 맥락에서 πίστις를 '믿음'(faith)으로 번역하는 것이 다소 오해의 소지가 있다는 점이 분명해졌을 것이다. 이는 계시록에 담긴 이 편지들에서, 혹독한 핍박의 상황 속에서도 복음과 예수 그리스도를 변함없이 신뢰하는 일의 중요성이 재확인되고 있기 때문이다(여기서 저자는 지적이며 수동적인 의미의 '믿음'과 능동적이며 실천적인 '신뢰'를 구분하고 있다. - 역주). 이런 이유에서 그레고리 비일은 2:19에 쓰인 일련의 용어들이 "끈기 있는 증언"을 나타내며, 이 증언은 우리가 교리나 인지적인 믿음(cognitive belief)으로 간주하는 것을 훨씬 넘어서는 성격을 지닌다고 주장한다.[43] 계시록 13:10에서, 요한은 πίστις를 언급하면서 참된 증인들이 "성도들의 신실한 인내"(ἡ ὑπομονὴ καὶ ἡ πίστις τῶν ἁγίων; 저자의 번역)를 증명해야 한다는 점을 지적한다.[44]

5. 결론

바울은 때로 '신실함' 또는 '충성'의 의미로 πίστις를 사용했으며, 이런 용법은 당시의 더 광범위한 헬레니즘 문헌에서 이 단어가 그런 의미들을 지녔던 매우 많은 사례들과 일치한다. 좀 더 구체적으로 살펴

'우리와 하나님의 관계를 매개하는 인격적인 신뢰와 순종'이라는 바울적인 의미를 지니지도 않는다." 이 글에서 보링이 계시록에 관해 언급하는 요지는 옳지만, 바울에 관한 그의 진술은 지나치게 완고한 감이 있다. 특히 앞서 살펴본 바와 같이, 계시록과 데살로니가전서가 πίστις를 사용하는 방식의 측면에서 서로 유사성을 지닌다는 점을 감안할 때 그러하다.

43 Gregory K. Beale, *The Book of Revelation*, New International Greek Testament Commentary (Grand Rapids: Eerdmans, 1999), 260. 『NIGTC 요한계시록』(새물결플러스). 또한 Aune, *Revelation*, 1:202를 보고, Michael J. Gorman, *The Death of the Messiah and the Birth of the Covenant* (Eugene. OR: Wipf & Stock, 2014), 73를 참조하라.
44 Craig Koester, *Revelation and the End of All Things*, 2nd ed. (Grand Rapids: Eerdmans, 2018), 182; Greg Carey, "Revelation as Counter-Imperial Script," in *In the Shadow of Empire: Reclaiming the Bible as a History of Faithful Resistance*, ed. Richard A. Horsley (Louisville: Westminster John Knox, 2008), 157-76 at 173를 보라.

자면, 우리는 당시에 그리스어를 사용하는 저자가 압박 아래 놓인 공동체를 향해 글을 쓰면서 집단 내부의 가치와 소속감을 강화하려는 의도를 품었을 때 그 단어를 언급했으리라고 기대할 수 있다. 데살로니가전서와 빌립보서가 바로 그러했는데, 두 경우 모두, 교회 공동체들은 사회적인 압력과 배척을 겪고 있었다. 이 서신들에서, 바울은 그저 신자들이 어떤 지적인 신념에 관해 일종의 '헌신적인' 태도를 유지하기를 바랐던 것이 아니다(다만 이 문제 역시 우리의 고려 대상에서 완전히 배제해서는 안 될 것이다). 오히려 그들의 의지와 능동적인 수준의 충성까지 포함하는 의미의 총체적인 πίστις를 품기 기대했던 것이다.

이 책에서 내 목표는 바울이 사용했던 πίστις 어법을 지나치게 단순한 동시에 너무 인지적이며 영적인 성격을 띤 방식으로 정의하는 이들의 견해를 **넘어서는** 데 있다. 그러므로 이 장에서는 (이 단계에서 독자들의 이해를 돕기 위해 필요한 만큼) 바울이 '충성', 또는 '순종하는 믿음'으로 부를 법한 개념을 다루었던 특정한 사례들을 분리해서 살펴보았다. 하지만 바울이 πίστις를 사용할 때마다 늘 '충성'을 함의했다고 간주한다면, 그것 역시 동일하게 잘못된 일일 것이다. 이제 (고린도전서를 다룬) 다음 장에서 설명하겠지만, 바울은 πίστις를 의미론적인 측면에서 좀 더 지성의 영역에 근접해서 지혜/어리석음과 사유/신념 같은 단어들과 결부되는 방식으로 사용할 수 있었다. 바울은 πίστις가 지닌 다기능적인 성격을 잘 알았으며, 그 단어의 역동적인 특성을 활용해서 자신이 예수님의 도를 전달하는 방식에 일종의 풍부한 의미를 부여했다.

6장
기이한 지혜
고린도전서에 나타난 십자가의 지혜와 신앙의 겸손한 어리석음

> 신앙은 스스로 만들어 낸 지식과 지혜, 스스로에게 의존하는 지식과 지혜가 궁핍한 것임을 인식하고 그 인식에 부합하게 살아가는 일이다. 그것은 곧 예수 그리스도 안에 있는 하나님의 '기이한 지혜'를 붙드는 일이다.
> – 니제이 굽타(Nijay K. Gupta)

마르틴 루터는 "그리스도인의 자유"라는 글에서, 예수 그리스도를 통해 얻는 율법의 행위로부터의 자유와 신앙을 강조하는 자신의 입장을 제시했다. 이때 루터는 자신의 견해가 그 이전이나 당시에 존재했던 수많은 기독교 사상을 거스르는 것임을 인정했다. 그러므로 글의 끝부분에서 그는 만일 독자들이 그의 입장을 진지하게 받아들이려 한다면, 그들은 전혀 새로운 방식으로 생각해야 한다고 주장한다. 여기서 루터는 그들이 '떼오디다크티'(theodidacti), 곧 하나님께 가르침을 받을 필요가 있다고 언급한다. 이는 그 독자들이 자연적인 지혜와 이성에 의존할 경우, 그리스도 안에 있는 자유와 신앙을 옹호하는 루터의 복음을 향해 **나아가기는커녕** 오히려 그 복음에서 **멀어지게** 될 것이기 때문이다.

데이비드 호퍼는 이런 관점이 루터의 저작 전체에 걸쳐 일관되게 드러난다고 설명한다. 이것은 "그리스도 안에서 주어진 하나님의 계시는 이 세상의 지혜가 틀렸음을 입증한다"라는 개념이며, 이는 "고린

도전서 1:18-25에서 언급되는 바와 일치한다."¹ 호퍼는 루터의 신학적 인식론을 좀 더 자세히 다루면서 이렇게 언급한다,

> 하나님의 독특하고 변혁적인 지혜는 세상 사람들의 입장에서 낯선 것이며, 세상은 예수의 십자가 죽음을 통해 그 지혜에 대한 판결을 선고했다. 그러나 초월자이신 하나님은 그들의 판결을 역전시키고 무효로 만드셨으며, 오히려 그 지혜를 믿음과 소망과 사랑의 토대 그 자체로 삼으셨다. 이제 신자들은 하나님의 기이한 지혜와 그것을 통해 제공되는 의를 우리의 해방, 곧 그분이 약속하셨던 바로 그 구원으로 이해하게 된다.²

이 장에서는 고린도전서에 나타나는 이 '낯선 지혜'와 '믿음'의 관계를 살펴보려 한다(루터의 해석학을 철저히 따라가지는 않고, 다만 그의 사상이 지닌 핵심을 포착해 볼 것이다). 고린도전서에 나타나는 믿음에 관한 바울의 어법에 주의를 기울일 때, 우리는 이 서신에 담긴 십자가의 지혜에 관한 그의 주된 논증을 이해하는 데 도움을 얻는다. 이 장에서는 먼저 고린도전서 전체에 나타나는 믿음의 어법을 간단히 살핀 뒤, 2:5에서 언급되는 πίστις 용법과 은사로서의 믿음에 관한 바울의 논의(12:9), 그리고 고린도전서 13장에 담긴 ἀγάπη에 관한 바울의 유명한 강론에서 나타나는 πίστις 용법(믿음-소망-사랑)을 차례로 다루어 보려 한다.

---

1 D. H. Hopper, *Divine Transcendence and the Culture of Change* (Grand Rapids: Eerdmans, 2010), 104.

2 Hopper, *Divine Transcendence*, 104. 호퍼의 이 글에서, 우리는 과거 하이델베르크 논쟁에서 루터가 '영광의 신학자'와 '십자가의 신학자'를 비교했던 유명한 논의와의 분명한 연관성을 볼 수 있다. 당시 루터는 고린도전서 1:25에 의존하면서, 참된 신학자는 "그리스도의 십자가와 고난을 통해 우리 앞에 가시적으로 드러난 하나님의 일들이 지닌 의미를 파악하는" 사람이라는 관점을 서술한 바 있다. "Heidelberg Disputation," in *Luther's Works*, ed. Jaroslav Pelikan and Helmut T. Lehmann (Philadelphia: Fortress, 1957), 31.40를 보라.

1. 고린도전서에 나타난 믿음의 어법

믿음 언어는 고린도전서의 거의 모든 장에서 나타난다.

1) πιστεύω

바울은 예수 그리스도의 복음을 받아들인("믿는") 이들을 지칭하면서 기독교적인 관용어로 동사 πιστεύω를 자주 사용한다. 이 단어는 3:5과 14:22에서 이런 방식으로 쓰였고, 15:2와 15:11에서는 부활에 대한 믿음을 언급하는 데 사용되었다. 1:21에서 나타나는 πιστεύω는 좀 더 의도적인 용법으로 쓰인 것으로서, 바울의 더 넓은 주장을 뒷받침하는 역할을 하고 있다(아래에서 제시될 1:18-2:5에 관한 논의를 보라). πιστεύω에 관한 바울의 용법을 더 자세히 들여다 볼 필요가 있는 또 다른 경우는 13:7인데, 여기서 사랑은 모든 것을 **믿는다**고 언급된다(아래의 논의를 보라).

2) πιστός

이 서신에서 형용사 πιστός는 다섯 차례 등장하며, 그중 두 번은 하나님의 속성을 나타내는 데 쓰인다. 먼저 고린도전서 시작 부분에서, 바울은 신자들을 부르신 하나님이 얼마나 **신실하신** 분인지를 언급한다(1:9). 이 서신의 끝 부분에서는, 하나님이 그분의 백성을 시험 가운데서 신실하게 건져 내신다는 점을 강조한다(10:13). 이 두 언급은 일종의 시작과 끝 역할을 하는 것으로서, 하나님이 처음부터 마지막까지 신실하시다는 점을 나타낸다.

바울은 사도들의 신뢰할 만한 성품과 충성심을 언급하는 데에도

πιστός를 사용한다. 사도들은 신실한 청지기이며(4:2), 디모데는 이 같이 신뢰할 만한 성품을 보여 주는 귀감이 된다(4:17). 바울 역시 그러하다(7:25).

3) πίστις

이 서신에서 πίστις는 일곱 차례 등장한다. 먼저 바울은 2:5에서 신자들의 πίστις가 복음의 가르침에 의존하고 있음을 지적한다(아래의 논의를 보라). 이후에 그는 성령님이 신자들에게 내려 주실 수 있는 특정한 은사를 논하면서 πίστις를 언급한다(12:9; 참조. 13:2). 이 단어는 πίστις-ἐλπίς-ἀγάπη의 유명한 삼각 구도 중 일부로 다시금 제시된다(13:13).

이어 바울은 부활에 관해 논하면서, 예수님의 육체적인 부활 없이는 신자들의 πίστις가 헛것임을 언급한다(15:14, 17). 이 서신의 결론 부분에서, 그는 고린도 신자들에게 "믿음에"(ἐν τῇ πίστει) 굳게 서라고 촉구한다(16:13; 아래의 논의를 보라).

2. 기이한 지혜, 겸손한 믿음(2:5)

학자들은 고린도전서 2:5에서 πίστις가 언급된 일을 그다지 중요시하지 않는 경향이 있다. 하지만 이 구절에서 이 단어는 바울이 믿음과 지식 및 지혜와의 관계를 어떻게 이해했는지에 관해 중요한 단서를 제공한다. 여기서는 이 구절을 직접적으로 다루기 전에, 당시 고린도 교회에 있었던 문제들은 무엇이었으며 바울이 고린도전서를 쓴 이유는 무엇인지, 그리고 그가 이 서신의 더 넓은 단락(1:18-2:16)에서 전달하려 했던 내용은 무엇이었는지를 먼저 개략적으로 언급하려 한다.

이미 그리스도를 받아들였으면서도 기독교로 회심하기 이전에 따랐던 고린도의 사회적이며 문화적인 가치를 여전히 고수하려는 교회와 바울이 씨름하고 있었다고 앤서니 티슬턴은 주장한다. 티슬턴은 신자들의 기독교적인 성장을 저해했던 세 가지 특질을 언급한다.[3]

- 경쟁과 투쟁: 고린도 신자들은 "경쟁과 자아 성취와 자기 자랑을 추구하려는 충동"을 품고 있었다.
- 자율주의: 그들은 "스스로 충분하다고 여기고, 자기 자신에게 감사하며, 자율주의를 추구하는 동시에, 자유를 탐닉할 권리가 있다고 여기는 태도"를 지니고 있었다.
- 초월주의: 그들은 "**다른 이들을 사랑하고 존중하는 태도** 같은 일상적인 삶의 좀 더 기본적인 은사들보다, '지식'과 '지혜'와 '자유'의 은사들을 지나치게 높이 평가하는 경향"을 보였다.

특히 바울이 언급한 "설득력 있는 지혜의 말"(2:4)에 관해 논하면서, 티슬턴은 당시 고린도 신자들이 사회적인 지위와 자기 자랑에 집착했으며 이는 특정한 수사법을 사용하리라는 기대와 결부되어 있었다는 점을 지적한다.[4] 티슬턴에 따르면, 바울은 충분히 유식했기에 그들이 원하는 "허영심을 추구하는 수사법"으로 승부를 **걸 수도 있었지만** 그렇게 하지 **않는** 쪽을 택했다.[5] 여기서 1:18-2:16의 의미를 파악하기 위해서는, 다음 배경과 맥락을 살피는 것이 도움이 된다.

---

3 Anthony Thiselton, *1 Corinthians: A Shorter Exegetical and Pastoral Commentary* (Grand Rapids: Eerdmans, 2011), 9; 참조. James D. G. Dunn, *1 Corinthians* (Sheffield: Sheffield Academic Press, 1995), 18.
4 Thiselton, *1 Corinthians*, 10.
5 Thiselton, *1 Corinthians*, 19.

1) '필로티미아'(Philotimia, "명예를 사랑하는 태도")

마크 피니는 고린도전서를 다룬 중요한 저서를 출간했는데, 그 책에서 '필로티미아'를 그리스 로마 세계의 기본적인 가치관으로 언급한다. 분명히 이 가치관은 고린도 교회에서 경쟁적인 분열과 다툼이 벌어지는 데 일조했으며, 그곳의 신자들이 바울의 사도적인 지도력을 지속적으로 비판하고 우려하는 데도 원인 역할을 했다. 이런 문제를 해결하기 위해, 바울은 신자들이 명예의 본성에 관해, 그리고 그들의 평판을 가늠하기에 합당한 '법정'이 어디이며 영광과 수치의 측면에서 그리스도의 십자가를 어떻게 해석할 것인지에 관해서도 새로운 방식으로 생각하게끔 설득해야만 했다. 바울은 신자들이 새로운 형태의 공동체적인 실존을 이루도록 돕기 위해, 그들이 지닌 기존의 가치관과 명예에 대한 가정을 극복해야만 했다. 바울은 그리스도의 십자가가 지닌 의미를 축소해서가 아니라, 오히려 그 중요성을 널리 드러내 보임으로써 그 일을 수행한다. 이 점에 관해 피니는 이렇게 언급한다.

그리스도의 십자가에서, 신자들은 참된 지혜와 능력이 이 세상에서 가치 있게 여기는 것들 가운데 있지 않음을 발견한다. 오히려 그 지혜와 능력은 이 세상의 기대와는 전혀 다른 일들 속에 존재한다. 그 지혜와 능력은 명예를 향한 갈망에 있지 않고, 사심 없는 태도로 자신의 지위를 내려놓는 데 있다. 또 그 지혜와 능력은 더 많은 명예를 얻기 위해 다른 이들을 이용하는 데 있지 않고, 어려운 상황에 놓인 이들을 위해 자신의 유익을 포기하는 데 있다. … 바울의 관점에서, 십자가에 못 박히신 그리스도의 역설적인 모습은 그 후에 이어진 예수 운동과 명예에 속박된 당시 사회 구조들 사이의 역설적인 관계성을 보여 주는 유일한 모

델이 된다.[6]

그리스도의 십자가는 많은 그리스 로마 세계의 사람들이 꿈꾸었던 바와는 전혀 다른 성격을 지닌 온유함과 겸손을 신자들에게 기대했으며 또 고취시켰다. 빅터 퍼니시가 언급하듯이, 그리스 로마의 종교에서는 힘을 상징하는 이미지를 숭상하며 경배하는 성향이 있었다. "곡식의 줄기나 과일 바구니, 또는 발기한 남근" 등이 그것으로, 이것은 모두 **생명**과 **힘**, **풍요로움**을 나타내는 이미지들이었다.[7] 그렇기 때문에 고린도 신자들은 바울이 그리스도의 십자가에 초점을 맞추는 모습을 보면서 몹시 실망했을 것이 분명하다(고전 2:2).

2) 수사법과 지혜

바울은 귀를 즐겁게 하는 연설을 원하는 신자들의 갈망을 채워 주지 **않는** 쪽을 선택했다. 이에 관해 애덤 화이트는 중요한 저서를 집필했는데, 그 책에서 그는 당시 사람들이 연설가들에게 걸었던 기대나 그들을 인정하고 지지했던 태도를 다루면서 이 문제의 광범위한 배경을 제시한다. 화이트에 따르면, 당시 바울은 그 시대에 유명한 연설가들의 기준에 비추어 평가되었다. 바울은 신자들의 기대에 부응하지 못했지만, 분명히 아볼로는 훨씬 잘했다.[8]

당시에는 더 광범위한 그리스 로마 세계에서도 숙련된 수사법에 관

---

6 Mark T. Finney, *Honour and Conflict in the Ancient World: 1 Corinthians in Its Greco-Roman Setting* (London: T&T Clark, 2012), 220.
7 Victor Furnish, *The Theology of the First Letter to the Corinthians* (Cambridge: Cambridge University Press, 1999), 39.
8 Adam White, *Where Is the Wise Man? Graeco-Roman Education as a Background to the Divisions in 1 Corinthians 1-4* (London: T&T Clark, 2015)를 보라.

심을 보였지만, 리처드 호슬리는 고린도 교회의 경우에 우리가 다뤄야 할 문제는 답변을 매우 중시했던 **유대적인** 형태의 가치 체계일 것이라는 점을 바르게 강조한다(필론의 글들과 솔로몬의 지혜서를 참조하라).[9]

고린도전서 1:8-2:16에서, 바울은 고린도 신자들이 사소한 문제로 갈라서는 것을 책망한다(1:10-17). 그들의 하찮은 분쟁과 다툼을 중재하는 대신에, 바울은 그리스도의 십자가를 언급함으로써 문제의 초점을 다시금 원래대로 되돌리고 있다(1:18). 하나님은 이 세상 사람들이 품을 수 있는 것보다 '더욱 뛰어난 지혜'를 찾으시는 분이며(1:18-20), 세상의 지혜로는 복음의 소식이 선한 것임을 헤아릴 수 없다. 그렇기에 하나님의 계획에는 "믿는 자들을 구원하기 위한" 어리석은 선포가 포함되어 있었다(1:21 NRSV). 당시 사도들은 유대인을 위한 표적이나 그리스인을 위한 지혜에 관심을 두지 않았으며, 오직 십자가에 못 박히신 그리스도, 곧 범죄자이며 어리석은 인물이었던 예수를 전하는 데 초점을 맞추었다(1:22-23).

이 십자가에 못 박히신 예수님을 거부하는 이들은 곧 자신들이 영적으로 눈멀고 귀가 막혔음을 입증하는 셈이다. 그러나 부르심을 받은 이들은 (유대인과 그리스인 모두) 십자가의 메시지에서 하나님의 능력을 보며, 또 그분의 지혜를 듣게 된다(1:24). 이것은 유한한 인간이 만들어 낼 수 있는 것과는 전혀 다른 범주와 질서에 속한 능력과 지혜이다(1:25).

1:26-31에서, 바울은 신자들이 받아들인 복음에 호소한다. 하나님

---

[9] 리처드 호슬리(Richard A. Horsley)는 당시에 아볼로가 고린도 교회의 상황과 유대-헬레니즘적인 지혜 전승 사이의 역사적인 연결 고리 역할을 했을 것이라고 주장한다. *Wisdom and Spiritual Transcendence in Corinth* (Eugene, OR: Wipf & Stock, 2008)를 보라.

은 세상의 가치들이 뒤집힐 필요가 있음을 드러내기 위해, 가진 것이 전혀 없는 이들을 찾으셨다.[10] 그렇지 않았다면, 복음은 그저 신자들이 사회적인 지위를 뽐내고 자랑하며 교만한 태도로 힘을 추구하기 위한 또 하나의 배경이 되고 말았을 것이다. 이는 바로 당시 고린도에서 생겨났던 일과 같다(1:29). 십자가의 메시지는 신자들에게 수치를 안겨 주는 것이 아니라, 새로운 생명과 지혜, 의와 거룩함, 그리고 구속으로 나아갈 기회를 베풀어 주는 것이었다(1:30). 그러나 그들이 이런 유익을 누릴 수 있기 위해서는, 스스로를 높이며 자랑하는 일들을 내려놓아야만 했다. 영광은 오직 하나님께만 속한 것이기 때문이다(1:31).

2장에서, 바울은 고린도에서 행했던 사역을 다시 돌아본다. 당시 고린도에 와서 십자가의 메시지를 전했을 때, 그는 "약하고 두려워하고 심히 [떠는]" 상태에 있었다(2:1-3). 그때 바울이 전한 말씀이 신자들에게 영향력을 발휘했던 것은 오직 성령님의 능력 때문이며, 자신의 인상적인 웅변술 덕분이 아니었다. 그렇지 않았다면, 그 말씀의 메시지가 전달자인 바울 자신에 의해 잠식되고 말았을 것이다(2:4-5).

바울은 당시에 지혜를 전하려고 그곳에 왔음을 부인하지 않고, 실제로 그들에게 그 지혜를 알려 주었다. 하지만 그것은 하나님의 "은밀하게 감추어진" 지혜로서, 세상 사람들의 눈과 귀, 지성에는 무의미하게 다가오는 것이었다(2:6-7). 그렇기에 사람들은 아무런 도움을 얻지 못하고 어둠 속에 남겨지지만, 오직 성령님이 그들의 마음속에 빛을 비추셔서 그 지혜를 깨닫게 하신다(2:8-15). 신자들은 성령님의 사역을 통해 (그리고 πίστις를 통해) "그리스도의 마음"을 품게 되며, 그리하

---

10 White, *Where Is the Wise Man?*, 76을 보라.

여 하나님의 "어리석은" 복음과 십자가의 메시지에서 참된 지혜를 발견하게 된다(2:16).

고린도전서 1-4장에서, 바울은 여러 개념을 하나로 연결하는데, 바로 분파주의, 지혜, 십자가, 자랑, 성령님, 건축, 사도직 등이다.[11] 고린도전서 1-2장의 지속적인 강조점은 신적인 지혜에 놓인다.[12] 매우 흥미롭게도, 당시 고린도 사람들이 지혜에 집착하고 있었음에도 불구하고 바울은 주저 없이 σοφία(소피아, '지혜')라는 단어를 긍정적인 방식으로 사용한다. 페터 람페는 이 점을 다음과 같이 설명한다. "여기서 바울은 그리스인들이 정말 애착을 품었던 용어 중 하나를 그들에게서 탈취해 오고 있다. 곧 그는 '소피아'(sophia)라는 용어를 자신의 메시지를 담을 하나의 그릇으로 삼은 뒤, 그리스인들이 '지혜'에 결부시켜 왔던 의미들을 그 속에서 배제해 버렸던 것이다."[13] 현재 우리 앞에 놓인 다음 질문은 2:5의 내용과 관련된다. "바울은 예수 그리스도의 십자가 복음을 통해 드러난 이 은밀한 지혜를 설명하기 위해 πίστις를 어떻게 사용하고 있는가?"

바울은 이렇게 기록한다. "내 말과 내 전도함이 설득력 있는 지혜의 말로 하지 아니하고 다만 성령의 나타나심과 능력으로 하여 너희의 πίστις가 사람의 지혜에 있지 아니하고 다만 하나님의 능력에 있게 하려 하였노라"(2:4-5). 대다수 번역본들은 여기에 쓰인 πίστις를 '믿음'(faith)으로 옮기며, 주석가들은 그 단어에 거의 주의를 기울이지 않

---

11 Harm-Jan Inkelaar, *Conflict over Wisdom: The Theme of 1 Corinthians 1-4 Rooted in Scripture* (Leuven: Peeters, 2011), 105를 보라.
12 Inkelaar, *Conflict over Wisdom*, 105-6를 보라.
13 Peter Lampe, "Theological Wisdom and the 'Word about the Cross': The Rhetorical Scheme in 1 Corinthians 1-4," *Interpretation* 44 (1990): 117-31 at 122.

는다. 대부분의 학자들은 이것을 πίστις의 관습적인 용법으로 간주하며, 그 단어가 지혜에 관한 바울의 담론에 직접적으로 기여하는 바가 거의 없다고 여긴다. 그러나 바울은 이 구절에서 주의 깊게 단어를 선택하고 있으며, 따라서 그의 이 어법은 우리가 언뜻 생각하는 것보다 훨씬 더 중요한 성격을 띤다.

먼저 고린도전서 2:4-5은 이 서신의 앞부분에 담긴 바울의 가르침에서 중요한 역할을 감당하며, 1:18과 더불어 시작과 끝을 이룬다.[14] πίστις가 고린도 교회에서 벌어졌던 그 논쟁들과 어떻게 연관되는지를 논할 때, 우리는 몇몇 학자들이 πίστις를 헬레니즘 수사학에 속한 일종의 전문 용어로 간주하고 있다는 점을 지적해야 한다. 위의 본문과 유사한 문맥에서, 이 단어는 "확신"(conviction)으로 번역되곤 한다. 2:4에서 바울은 ἀπόδειξις(아포데익시스, '나타남')라는 단어를 사용하는데, 이것 역시 헬레니즘 수사학에 속한 표준적인 용어였다. 콜린스에 따르면, (이 같은 수사학적 맥락에서) πίστις는 '증명'(proof)을, 그리고 ἀπόδειξις는 '보여 줌을 통한 증명'(demonstrative proof)을 의미한다.[15] 이런 논의의 흐름을 좇아, 핌 퍼킨스는 2:5의 πίστις를 "확신"으로 번역한다.[16] 스콧 내시에 따르면, πίστις가 수사학 용어로 쓰일 때 "그 단어의 초점은 메시지를 듣는 이들이 어떻게 그 내용의 참됨을 확신하게 되는지에 놓인다."[17]

---

14 Richard B. Hays, *First Corinthians*, Interpretation (Louisville: Westminster John Knox, 1997), 36; 참조. Gordon D. Fee, *The First Epistle to the Corinthians*, 2nd ed., New International Commentary on the New Testament (Grand Rapids: Eerdmans, 2014), 101.
15 Raymond F. Collins, *First Corinthians*, Sacra Pagina 7 (Collegeville, MN: Liturgical Press, 1999), 117.
16 Pheme Perkins, *First Corinthians*, Paideia (Grand Rapids: Baker, 2012), 57.
17 R. Scott Nash, *First Corinthians* (Macon, GA: Smyth & Helwys, 2009), 93; 참조. Craig S. Keener, *1-2 Corinthians* (Cambridge: Cambridge University Press, 2005), 35. 흥미롭게도, 인

이런 학자들의 관찰은 올바른 방향에 놓여 있다. 곧 바울은 이 구절에서 의도적으로 수사학의 관습적인 어법을 사용했다. 하지만 그는 이에 그치지 않고, 어쩌면 약간의 아이러니를 담아서 수사학 용어를 암시하는 것일지도 모른다. 바울은 "확신"(πίστις)이라는 단어를 써서 신자들의 주의를 끌면서도, 그 단어가 유대 선지자들이 사용한 믿음의 어법에 좀 더 가까운 의미로 이해되기를 의도했을 수도 있다.

그런 관점에서 볼 때, 이 본문에서 πίστις는 인간의 지성이 십자가의 메시지에 담긴 어리석고 "기이한 지혜"를 받아들이는 특별한 방식을 드러내는 하나의 표제어가 된다. πίστις가 이런 의미를 나타내는 데 합당한 역할을 수행할 수 있는 이유는 우리의 믿음이 일종의 '보이지 않는' 성격을 띤다는 점과 연관된다. 우리가 무언가를 믿는 것은 때로 어둠 속을 더듬어 찾거나 심연을 향해 뛰어드는 일이 될 수 있다는 것이다. 우리는 다음 세 가지 사안을 논의함으로써, 2:5의 πίστις에 관한 이런 해석의 흐름이 옳음을 입증하며 또 옹호할 수 있다: (1) 바울이 이 서신의 뒷부분에서 πίστις를 부활과 연관 짓는 점(15:12-34), (2) 1:21에서 언급된 πιστεύω 용법, (3) 칠십인역의 이사야서에서 πιστεύω가 중요한 역할을 수행하는 점이 그것들이다. 이때 우리는 특히 고린도전서 1-4장에서 바울이 칠십인역의 이사야서를 사용한 방식을 염두에 둘 수 있다.[18]

클라(Inkelaar)는 ἀπόδειξις(2:4)가 수사학 용어로 쓰일 수 있다는 점에 **주목하면서도** πίστις의 수사학적인 용법에 관해서는 논의하지 않는다. *Conflict over Wisdom*, 46.
[18] 테레사 모건은 고린도전서에서 바울이 πίστις를 사용한 방식을 살필 때 인식론과 전혀 무관한 방식으로 접근하며, 심지어 2:5에 관해 논하는 경우에도 그러하다. 곧 모건은 이 구절에서 바울이 사용한 πίστις를 하나님과 그리스도와 인류 사이의 역학 관계를 나타내는 표현 중 하나로 여긴다(인식론적인 측면보다는 관계적인 측면에 속한 용어로 본다는 의미 - 역주). 모건은 특히 그 πίστις가 "신실한 인간을 통해 흘러나오는 신적인 능력"과 연관되는 것으로 간주한다. 하지만 이 관점은, 바울 자신이 이 본문에서 우리가 신적인 지혜를 통해 얻게 되는 '어리석은' 믿음에 초점을 맞추고 있는 점을

15:12에서 바울은 죽은 이들의 부활을 부정하는 이들에게 응답한다. 많은 학자들이 주장하듯이, 이 본문의 배후에는 당시 이방인들이 죽음에서 되살아나서 영원히 존재하는 **신체**라는 개념을 혐오스럽게 여겼던 문제가 자리 잡고 있었던 것으로 보인다. 내시는 이 점을 이렇게 설명한다. "대다수 이방인들에게, 시체가 새로운 활력을 얻어 움직이게 된다는 생각은 낯선 것이었다."[19] 그러나 바울은 그들의 이런 불신에서 시작해서 다음과 같이 논증을 거꾸로 전개해 나갔다. "만일 그리스도를 따르는 이들의 죽은 몸이 다시 살아나는 일이 없다면, 이것은 예수님이 육신적으로 부활하신 일을 부정하는 것이 된다. 예수님의 몸이 죽음의 형벌에서 벗어나 회복되어 부활하신 일은 실로 복음의 핵심 요소이기 때문에, 부활이 없다면 복음의 구조 전체가 무너지게 된다." 많은 학자들이 단언하듯이, 기독교의 부활은 단순히 우리의 몸이 되살아나는 일에만 연관된 것이 아니다. 오히려 그것은 제자도와 기독교적인 삶 자체의 본성에 속한 일이다. 복음의 주장들은 우리가 신체적인 고난에서 벗어나서 최종적인 의의 상태를 누리게 될 것을 약속한다. "만일 부활이 없다면, 신자들의 자기를 부인하는 생활 방식은 무의미해진다. 그리고 예수님과 바울의 본보기를 따르는 이들은 자신들이 마땅히 누려야 할 삶의 보상을 놓치면서 살아가는 어리석은 자들이다."[20]

그런 관점에서 볼 때, 육신의 부활을 기대하는 신자들은 **믿음**에 의존해서 살아가야만 한다. 그들이 기대하는 회복은 지금 우리의 눈으로

제대로 반영하지 못하는 것으로 보인다. *Roman Faith and Christian Faith: Pistis and Fides in the Early Roman Empire and the Early Churches* (Oxford: Oxford University Press, 2015), 248-52 at 252를 보라.
19 Nash, *First Corinthians*, 402.
20 Hays, *First Corinthians*, 262; 참조. C. K. Barrett, *The First Epistle to the Corinthians* (Peabody, MA: Hendrickson, 1968), 350.

는 거의 상상할 수도 없는 것이기 때문이다. 하지만 만약 그 일이 거짓으로 입증될 경우, 그들의 πίστις는 실로 그릇되고 공허한 개념이 될 것이다(15:14, 17). 여기서 바울은 거의 분명한 의도를 품고(이때 13:13을 염두에 두었을 것이다), 믿음(πίστις)을 소망(ἐλπίζω)과 연관 짓는다. "만일 우리가 그리스도 안에서 소망한 것이 이 세상의 삶뿐이라면, 우리는 모든 사람들 가운데서 가장 불쌍한 이들일 것입니다."(15:19 NRSV) 이 구절에서 바울은 이렇게도 표현할 수 있었을 것이다. "만일 우리가 그리스도 안에서 **신앙을 품은 것**이 이 세상의 삶에 대해서뿐이라면", 또는 "그리스도 안에서 **믿은 것**이 이 세상의 삶에 대해서뿐이라면." 이 문맥에서 믿음과 소망이 지닌 공통점은 그것에 일종의 **판돈**(wager)이 걸려 있다는 점이다. 곧 우리의 믿음은 어떠한 **위험 요소**를 지닌다는 것이다. 그것은 이를테면 하나의 도박이다. 하지만 그렇다고 해서 바울이 그 믿음을 뒷받침할 증거나 이유들을 발견하지 못했다는 뜻은 아니다. 다만 그 증거들은 믿음의 눈으로만 파악할 수 있다. 이 믿음의 눈은 많은 사람들이 보지 못하는 실재를 꿰뚫어 보며, 거의 감지할 수 없는 일을 헤아린다.

1:18에서, 바울은 자신의 십자가 해석학을 선명하게 제시한다. 곧 그리스도의 십자가는 하나님의 지혜를 좇아 생각하는 이들과, 그와 반대로 육신적인 어리석음과 무감각에 빠져 있는 이들 사이의 참된 구분선을 확립한다는 것이다. 이 구절에서 십자가는 거의 하나의 시금석으로 묘사된다고 볼 수 있다. 여기서 나는 십 센트짜리 동전과 오 센트짜리 동전에 연관된 오래된 속임수를 생각하게 된다. 한 아이가 순진한 친구에게 다가가서 이렇게 말할 수 있다. "너한테 있는 십 센트짜리 동전을 다 나에게 주면, 내가 가진 **더 큰** 오 센트짜리 동전을 모두 줄게."

여기서 문제는 물론 순진한 아이들의 눈에는 오 센트짜리 동전이 더 커 보이지만 **실제로** 그 가치는 더 적다는 데 있다. 오히려 더 얇고 작은 십 센트짜리 동전이 더 가치 있다는 점을 알기 위해서는 "더 분명한 지식"을 소유해야만 한다.

바울이 말하는 '믿음'의 의미는 이같이 '우리의 눈이 아니라 다른 것에 의존해서 헤아리는 일'에 있으며, 바울은 복음을 믿는 이들이 바로 이러한 성격을 지닌다고 언급한다. "하나님의 지혜에 있어서는 이 세상이 자기 지혜로 하나님을 알지 못하므로 하나님께서 전도의 미련한 것으로 믿는 자들을 구원하시기를 기뻐하셨도다."(1:21) 이 구절에서 바울은 분명히 복음을 믿는 자들을 '미련함'과 연관시키고 있다. 그런데 여기서 '믿는 일'은 중립적인 용어가 아니다. 더 넓은 세상의 관점에서 볼 때 그것은 부정적인 의미를 함축하도록 의도된 것이 거의 확실하다. 주변 세상의 눈으로 볼 때, **신자들은 어리석은 이들이다**. 그런 의미에서 세상 사람들은 신자들을 '눈먼 이들'로 취급하고, 따라서 신자들은 일종의 '증거와 상반되는 믿음'(blind faith)을 가진 이들이다. 신자들은 작고 윤기가 없는 십 센트짜리 동전의 (숨겨진) 가치를 파악한다. 그러나 세상 사람들은 더 크고 반짝거리는 오 센트짜리 동전에 시선을 고정한다.

1:21에서 바울은 다른 표현법을 써서 그리스도인들을 지칭할 수도 있었을 것이다(예를 들면 "부르심을 받은" 자들; 참조. 1:24). 하지만 1:21에서 πιστεύω를 사용한 것은 1:28의 내용을 내다보는 표현으로서 완벽한 의미를 지닌다. 하나님은 일부러 "천하고 멸시받는" 사람들 곧 **아무것도 아닌** 이들을 선택하셨으며, 이때 그분의 의도는 세상의 잣대로 살필 때 귀하게 여겨지는 것들을 낮추시려는 데 있었다. 바울에게 이 같

은 가치의 전환은 설명하기가 어렵고 증명하기도 불가능한 것으로서, 이 일을 깨닫기 위해서는 믿음의 시각과 지혜가 필요했다. 이 단락은 사람들의 자랑에 대한 반박(1:29)과 그리스도를 높이는 것(1:30)으로 끝이 난다. 바울은 우리가 지닌 것을 자랑하는 일이 자신에 대한 과대평가로 이어진다는 점을 강조했다. 그러나 십자가의 말씀은 우리를 겸손한 믿음으로 인도한다.

1:18-30에 나타나는 믿음과 신앙에 대한 이 관점은 바울의 묵시적인 인식론에 대한 알렉산드라 브라운의 책에서 언급되는 내용과도 연관성을 지닌다. 그녀가 *The Cross and Human Transformation*(십자가와 인간 변혁)이라는 중요한 저서에서 주장한 바에 따르면, 고린도전서에서 바울은 자신이 전하는 "십자가의 말씀"을 통해 신자들의 상상력을 변화시키는 일을 목표로 삼고 있다. 이 점에 관해 그녀는 이렇게 언급한다. "바울이 전쟁터로 삼는 것은 인간의 인식 영역이다. 그는 십자가의 말씀을 들고서 청중이 지닌 인식의 풍경 속으로 진격해 들어가며, 새로운 실재를 선명하게 표현함으로써 청중이 익숙하게 여기는 (그러나 바울의 관점에서는 그릇된) 앎의 방식들을 타파해 버린다."[21]

브라운은 πιστεύω를 직접 논하지는 않지만, 고린도전서에서 바울이 그 단어가 속한 단어군(##)에 결부시키는 의미들을 활용한다. 브라운은 바울이 고린도의 그들을 '믿는 자'로 지칭했던 점을 언급한다. 이는 바울이 전파한 복음을 그들이 귀담아 들었기 때문이며, 복음의 목표는 그들을 둘러싼 세상에 대한 그들의 인식과 해석을 변화시키려는 데 있었다. 분명히 바울의 서신은 교정적인 성격을 지닌 것이었지만, 이때

---

21 Alexandra Brown, *The Cross and Human Transformation: Paul's Apocalyptic Word in 1 Corinthians* (Minneapolis: Fortress, 1995), xvii.

그의 바람은 단순히 그들이 이미 받아들인 복음의 메시지를 좀 더 확장하려는 데 있었다. 신자들은 이미 그리스도를 영접했지만, 그들의 지성으로는 아직 지혜와 능력에 관한 복음의 메시지를 온전히 파악하지 못한 상태에 있었다.[22]

브라운은 바울이 고린도전서에서 지혜-십자가-인식(perception)의 관계성을 숙고하고 있다는 주장을 강화하기 위해, 이 서신의 1-2장에서 나타나는 '인식'에 관한 용어들의 긴 목록을 제시한다. 다만 여기서 놀라운 점은, πιστεύω/πίστις를 그 목록에 포함시키지 않았다는 것이다.[23] 이후에 브라운은 2:5에 나타나는 비대칭적인 용어/어구들의 도표를 제시하지만, 여기서도 πίστις를 제외한다. 이 구절에서 브라운은 "사람의 지혜"를 "하나님의 능력"과 나란히 열거해서 그 둘이 분명히 대조되는 것을 보여 주는데, 여기서 πίστις는 그 원천(인간적인 지혜 또는 신적인 능력)에 의해 구성되거나 형성되는 동시에 바울의 메시지를 받아들이는 기관이 되기도 한다(2:4을 보라).[24] 브라운은 이십여 페이지 이후에 2:5에 관한 논의로 돌아와서 '믿음'(faith)을 간략히 언급하는데,

---

22 Brown, *Cross and Human Transformation*, 163를 보라. 브라운은 바울의 교정적인 가르침이 인식론적인 성격을 띤 것이었다고 여긴다. "그가 전하는 하나님의 말씀이 청중을 움직여서 변화된 지혜와 십자가의 실존이 지닌 능력 속으로 들어가게 할 수 있는 것은 오직 그 말씀이 청중의 삶 속에서 인지적인 불협화음(혼돈)을 만들어 내고, 그것이 묘사하는 새로운 세계 속으로 **옮겨** 가게끔 인도하는 긍정적인 추동력을 제공할 때뿐이다."(163)

23 Brown, *Cross and Human Transformation*, 24-25를 보고, 97도 참조하라(이 페이지에서도 πιστεύω/πίστις가 언급되지 않는다). 브라운은 이 용어들의 목록에 ἀπόδειξις를 포함시키는데, 수사학적인 논의에서 이 단어와 πιστεύω/πίστις가 나란히 등장하는 경우가 많다는 점을 고려할 때 이것은 특히 놀라운 일이다(ἀπόδειξις를 언급하면서도 πιστεύω/πίστις를 빠뜨린 일이 그러하다는 의미 - 역주). 더욱 중요한 점을 지적하자면, 브라운은 고린도전서 1-2장에 있는 스물다섯 개 이상의 단어를 '인식적인 용어'(perceptual terminology)로 간주한다. 그런데 요하네스 라우와 유진 나이다에 따르면, 이 중 몇몇 단어들은(예를 들어 κρίνω, φρονέω, πείθω, γινώσκω 등)은 πιστεύω/πίστις와 동일한 의미론적 집단에 속한다. "Hold a View, Believe, Trust," in *Greek-English Lexicon of the New Testament: Based on Semantic Domains* (New York: United Bible Societies, 1996), §31.1-107를 보라.

24 Brown, *Cross and Human Transformation*, 76를 보라.

이때 그녀가 다루는 내용은 고린도전서 1-2장에서 바울이 πίστις와 πιστεύω를 사용한 방식과 긴밀히 연관된다. "2:5에서 믿음의 기반을 이루는 '하나님의 능력'은 바로 그리스도의 십자가를 통해 드러난 그 능력이다. 우리의 믿음이 그 위에 기반을 두어서는 **안 될** 인간적인 지혜는 곧 그분의 십자가를 어리석은 것으로 인식하고 그 내용을 '무의미하게 만드는' 지혜이다."[25]

이때 바울은 πιστεύω(1:21)와 πίστις(2:5)를 그저 관습적이거나 전통적인 의미로 사용한 것이 아니다. 오히려 이 단어들은 십자가의 지혜와 가치들의 전환에 관한 그의 주장을 뒷받침하는 데 기여한다. 바울에 따르면, 기독교 신앙은 우리의 변화된 인식을 요구한다. 그것은 그리스도의 십자가에서 하나님의 지혜와 능력을 발견하며, 예수님의 길에 담긴 진리를 겸손하게 받아들이는 태도이다. 우리가 이 진리에 이르기 위해서는 주의 깊은 사고와 인내, 그리고 겸허한 자세가 필요하다. 그리할 때에 비로소 이 문제를 올바른 관점에서 바라볼 수 있기 때문이다. 고린도전서에서 바울은 하나님이 베푸시는 이런 종류의 지혜가 낯선 것임을 인정한다. 십자가의 형벌이 우리에게 불쾌감을 주는 것과 마찬가지로, 그 지혜는 예외적일 뿐 아니라 혐오스럽기까지 하다. 그리스도의 십자가가 이같이 어리석은 성격을 지님을 염두에 두면서, 신자들은 '겉모습과 상반되는 방식으로'(sub contrario) 드러나는 하나님의 실재를 새롭게 바라보는 법을 배워야만 한다.

이제는 믿음에 관한 바울의 어법이 지닌 이 인식론적인 측면을 염두에 두면서, 다시 한 번 고린도전서 1-2장을 살펴보자. 다만 이번에는

---

25 Brown, *Cross and Human Transformation*, 101.

이 장들에서 나타나는 칠십인역 이사야서의 흔적에 주의를 기울이려한다. 많은 학자들은 고린도전서 앞부분에 있는 장들에서 칠십인역 이사야서의 언어와 사유가 긴밀하게 통합되어 나타난다는 점을 지적한다.

고린도전서(NRSV)	칠십인역의 이사야서(NETS)	이사야서의 맥락
"기록된바 '내가 지혜 있는 자들의 지혜를 멸하고 총명한 자들의 총명을 폐하리라' 하였으니."(1:19)	"그러므로 보아라. 나는 이 백성을 제거할 것이다. 나는 그들을 없애고 지혜 있는 자들의 지혜를 멸하며, 총명한 자들의 분별력을 감추어 버릴 것이다."(29:14)	이사야는 하나님이 계획을 기이하게 실행하시는 방식을 묘사한다. 곧 하나님은 예루살렘을 무너뜨리신 뒤에 그 대적들을 멸하시며, 지식과 지혜의 원천을 막으실 것이다(29:11-13).
"지혜 있는 자가 어디 있느냐? 서기관이 어디 있느냐? 이 세대에 변론가가 어디 있느냐? 하나님께서 이 세상의 지혜를 미련하게 하신 것이 아니냐?"(1:20)	"학자들이 어디 있느냐? 조언자들이 어디 있느냐? 함께 모인 이들의 숫자를 세던 이가 어디 있느냐?"(33:18)	이것은 사악한 자들에 대한 종말론적인 심판 예언이다. 곧 왕이 임하실 때, 그 왕은 옛 체제를 허물어 버리실 것이다.
"하나님께서 전도의 미련한 것으로 믿는 자들을 구원하시기를 기뻐하셨도다."(1:21하)	"보아라, 내가 귀하고 탁월한 돌을 시온의 토대로 놓을 것이다. 그것은 대단히 귀한 모퉁이돌이니, 그를 믿는 자는 부끄러움에 처하지 않을 것이다."(28:16)	이스라엘 백성은 마귀와의 거래를 통해 안전망을 구축하려 했다(28:15). 그러나 하나님은 그들이 그분을 신뢰할 때 그들에게 안전한 피난처를 주기 원하셨다(28:16).
"기록된바 '하나님이 자기를 사랑하는 자들을 위하여 예비하신 모든 것은 눈으로 보지 못하고 귀로 듣지 못하고 사람의 마음으로 생각하지도 못하였다' 함과 같으니라."(2:9)	"주 외에는 자기를 앙망하는 자를 위하여 이런 일을 행한 신을 옛 시대부터 귀로 들은 자도 없고 눈으로 본 자도 없었나이다."(64:4)	이 본문에서 이스라엘 백성은 그들이 섬기는 하나님의 신실하심을 신뢰하도록 부름을 받는다.
"누가 주의 마음을 알아서 주를 가르치겠느냐? 그러나 우리가 그리스도의 마음을 가졌느니라."(2:16)	"누가 주의 마음을 알았으며, 누가 그의 조언자가 되어 그를 가르쳤으랴?"(40:13)	창조주이신 여호와 하나님은 모든 일을 아시며, 그분이 주신 구원의 약속들을 지키실 것이다. 그분은 어떤 조언이나 도움을 필요로 하지 않으신다.

여기서 바울이 (암시하거나) 인용한 본문들을 살필 때, 우리는 그가 인간적인 억측과 육신적인 결정의 어리석음을, 종종 헤아리기 어려운 하나님의 지혜나 그분의 방법과 대조하는 칠십인역의 주제를 다시 다루고 있음을 보게 된다. 특히 이사야서 28:16을 암시하는 구절의 경우(참조. 고전 1:21하), 믿음(πιστεύω)이 대단히 강조된다. 이 이사야서 본문에 쓰인 히브리어 동사 אמן은 "신뢰하는 자"(NRSV), 또는 "의지하는 자"(NIV)로 번역될 수 있다. 동사 πιστεύω는 특히 '지성적으로 믿는 일'(believing with the mind)의 측면을 부각한다. 그러므로 칠십인역 이사야서에서 강조하는 바에 따르면, 이 세상에 있는 사람들은 믿음의 눈을 지닌 이들과 그렇지 못한 이들로 구분될 수 있다.[26] 흥미롭게도, 이사야서에서는 고린도전서에서 공식적으로 사용된 구절들 외에 다른 본문에서도 믿음과 이해 사이에 일종의 연관성이 나타난다.

만일 너희가 믿지 아니하면, 굳게 서지 못할 것이다[ἐὰν μὴ πιστεύσητε, οὐδὲ μὴ συνῆτε]. (사 7:9 NETS)

주 하나님이 이같이 말씀하신다. "너희는 내 증인들이 되어라. 나 또한 증인이 될 것이며, 내가 택한 그 종 역시 그러하다. 이는 내가 하나님인 것을 너희로 하여금 알고 믿으며 이해하게 하려 함이다[ἵνα γνῶτε καὶ πιστεύσητε καὶ συνῆτε]. 나의 앞에는 다른 신이 없었으며, 나의 뒤에도 역시 그러할 것이다. (사 43:10 NETS)

---

26 H. H. Drake Williams, *The Wisdom of the Wise: The Presence and Function of Scripture within 1 Corinthians 1:18–3:23* (Boston: Brill, 2001), 52, 98, 342를 보라.

이 두 구절 모두에서, 같은 단어 두 개가 나란히 쓰인 것을 볼 수 있다. '믿다'(πιστεύω)와 '이해하다'(συνίημι)가 바로 그것이다. 이사야서에서 하나님은 분명히 백성의 신뢰를 요구하고 계시지만, 이 구절들에서는 한 걸음 더 나아가서 백성이 품은 사고와 관점의 측면에서 이루어지는 일종의 전환을 언급하는 것으로 보인다. 이는 다른 이들과는 달리 그들로 하여금 하나님이 행하시는 일들을 **헤아리며 인식할** 수 있게 해 주는 전환이다.[27] 이런 인식의 전환은 네 번째로 언급되는 '종의 노래'에서 그 정점에 이르며(52:13-53:12), 그 내용은 53:1에서 시작된다. "우리가 전한 것을 누가 믿었느냐? 여호와의 팔이 누구에게 나타났느냐?"(NETS) 이 구절에 담긴 개념은 하나님이 행하시는 일들은 **인간의 힘으로 믿기가 어려운** 것이라는 데 있다. 만약 그 일이 참으로 기이하고 어리석게 보인다면, 누가 그 일을 믿을 수 있겠는가? 그러므로 그 백성이 그 일을 믿고 받아들이기 위해서는, 주님이 친히 그들에게 **계시해** 주셔야만 한다(그렇기에 53:1하에서는 ἀποκαλύπτω[아포칼뤼프토]라는 단어가 쓰이고 있다).

칠십인역 이사야서의 밑바탕에 있는 이러한 생각의 흐름은 고린도전서 1-4장에서 바울이 논하는 전반적인 내용에 잘 들어맞는다. 그저 하나님을 힐끗 보고 나서 그분이 무엇을 행하고 계신지 파악해 낼 수는 없다. 그저 세상 사람들이 얻는 성공과 지혜를 바라보고서 하나님이 그 일들을 행하셨다고 입심 좋게 결론지을 수 있는 것도 아니다. 그런 일들의 의도가 원래 어디에 있었든지 간에, 인간의 죄는 하나님께 속한 지혜가 이 세상에서 드러내는 결과물을 왜곡하고 방해했다. 그러

---

27 Inkelaar, *Conflict over Wisdom*, 268-69를 보라.

므로 인간의 지혜와 감각은 신뢰의 대상이 될 수 없다. 그것들은 언제나 잘못될 소지가 있기 때문이다. 찰스 쿠사는 이 장들, 특히 1:18-25에서 바울이 논하는 핵심 요점을 다음과 같이 예리하게 파악한다.

> '세상에 속한 지혜의 어법'이 지닌 문제는 그것이 세상 사람들에게 하나님을 알려 줄 수 없다는 데 있다. 그 지혜는 하나님이 말씀하시는 바를 우리에게 들려줄 수가 없다. 오히려 바울은 십자가에 못 박히신 메시아에 관한 선포가 세상 사람들의 눈에는 어리석게 보이지만, 실제로는 하나님께서 지혜로운 자들의 지혜를 무너뜨리며 총명한 자들의 분별력을 좌절시키는 방편이 된다고 주장한다. 무엇보다도 역설적인 일은, 십자가에 못 박히셨던 메시아 자신이 바로 하나님의 지혜이신 분으로 드러난다는 것이다.[28]

고린도전서에서 바울이 사용하는 '신앙'과 '믿음'의 어법은 하나님과 그분의 길을 아는 것과 지혜에 관한 이 요점들에 기여하는 바가 있다. '신앙'(faith)은 하나님께 속한 어리석은 지혜의 '어둠' 속에서 참된 빛을 감지할 수 있는 인식과 수용의 방식이며, '믿음'(belief)은 우리가 하나님께 속한 신비의 매듭에 손을 뻗어 가장 느슨한 가닥을 잡아당길 수 있는 방편이 된다. 이 신앙이 기이한 이유는 이때 우리의 마음과 지성이 부자연스러운 방식, 이 세상에서는 어색하게 여기는 방식으로 움직이고 사유하며 소통하게 되기 때문이다. 그것은 겸손한 신앙인데, 이는 그 신앙이 지배적인 문화의 안정성에 의존할 수 없으며 우리 인간의 본성적인 감각에도 토대를 둘 수 없기 때문이다. 그 신앙

---

28 Charles B. Cousar, "1 Corinthians 2:1-13," *Interpretation* 44 (1990): 169-73 at 170.

은 특별히 하나님의 약속과 그분이 행하시는 일에 근거를 두어야만 한다. 내가 이런 종류의 πίστις를 '믿을 수 없는 일을 믿는 것'으로 지칭하는 이유는 바로 여기에 있다. 우리의 관점에서 그리스도의 십자가를 믿고 받아들이기는 실로 어려운 일이기 때문이다. 이 점에 관해, 쿠사는 이렇게 언급한다. "그리스도의 십자가에서, 하나님은 우리가 마땅히 인정하고 받아들일 법한 방식으로 행하며 자신을 드러내지 않으셨다. 이는 그분이 행하시는 길이 우리의 길과는 그야말로 다르기 때문이다."[29] 그러므로 이때 우리의 마음과 지성은 최대한 넓혀진다. 우리는 마음과 지성의 작용을 간과하는 것이 아니라, 오히려 그 기능을 다른 식으로 활용하도록 훈련받는다. "**이때 하나님이 주시는 이 계시는 여전히 인간의 잣대와 앎의 척도를 가지고서는 헤아릴 수가 없는 것으로 남아 있다.**"[30] 그러므로 이 세상의 우상들이 내는 소음을 벗어나서 하나님을 바르게 알기 위해서는 우리의 믿음이 요구된다. "우리가 하나님을 알기 위해서는 우리의 인식적인 기능이 재구성되어야만 한다. 우리가 우리 자신의 창조자이며 스스로 지식을 습득한다는 환상을 버려야만 한다."[31]

3. 바울과 πίστις의 은사(12:9; 13:2)

고린도 신자들이 바울에게 답을 구했던 사안 중 하나는 영적인 은

---

29 Cousar, "1 Corinthians 2:1-13," 172.
30 Cousar, "1 Corinthians 2:1-13," 172.
31 Cousar, "1 Corinthians 2:1-13," 173; 이와 유사한 논의로서 Richard B. Hays, "Wisdom according to Paul," in *Where Shall Wisdom Be Found?* ed. Stephen C. Barton (Edinburgh: T&T Clark, 1998), 111-23를 참조하라.

사들에 관한(περὶ δὲ τῶν πνευματικῶν) 것이었다(12:1). 이 문제에 관해, 리처드 헤이스는 이렇게 해석한다. "당시 고린도의 일부 신자들은 특히 방언의 은사를 이용해서 자신들의 영성을 과시하는 일을 지나치게 강조하고 있었다. 그들 중 일부는 다른 지체들이 알아들을 수 없는 영적인 언어를 무질서하게 늘어놓음으로써 교회 모임을 어지럽히거나 지배하려고 들었던 것으로 보인다."[32] 영적인 권세와 배타적인 우월성을 추구하는 이런 태도는 자기중심적인 것임이 분명하다. 여기서 바울은 이런 영적인 은사를 가지고 공동체의 덕을 세우는 일을 위해 논의를 진전시키고 있다.[33]

바울은 12장 앞부분에서 여러 은사를 열거한다(12:7-11). 지혜와 지식이 담긴 말들[34]과 예언, "영들 분별함"과 다양한 방언들(그리고 방언 해석) 등이 그것들이다. 12:9에서, 바울은 "한 성령으로 병 고치는 은사"와 함께 믿음(πίστις)의 은사를 언급한다. 그렇다면 이 '믿음의 은사'는 무엇일까? 특히 폴 샘플리가 옹호하는 한 가지 추론은 이것이 그저 기독교 신앙을 지칭하는 어구라는 것이다.[35] 이것은 일종의 평등주의적인 표현으로, 이를 통해 바울은 누군가가 은사 때문에 다른 이들보다

---

32 Hays, *First Corinthians*, 206.
33 Gail R. O'Day, "The Ethical Shape of Pauline Spirituality," *Brethren Life and Thought* 32 (1987): 81-92 at 82를 보라. "여기서 바울은 고린도의 신자들이 공동체적인 예배의 맥락에서 영성과 은사를 바라보도록 이끌어 가려 한다. … [공동체의] 예배는 성령님의 능력과 은사를 통해 세워진 공동체를 가장 힘 있게 드러내 보이는 방편이 된다. 이 예배를 통해, 성령님이 베푸시는 영적인 능력의 목적과 역할이 가장 뚜렷이 나타나게 된다."
34 매리언 소즈(Marion Soards)는 여기서 언급되는 지혜를 다음과 같이 바르게 규정한다. "예수 그리스도 안에서 이루어지는 하나님의 신비한 목적과 사역을 헤아릴 수 있도록 그분이 친히 주시는 통찰력." *1 Corinthians*, New International Biblical Commentary (Peabody, MA: Hendrickson, 1999), 258를 보고, David E. Garland, *First Corinthians*, Baker Exegetical Commentary on the New Testament (Grand Rapids: Baker, 2003), 581를 참조하라.
35 Paul Sampley, "The First Letter to the Corinthians," in *The New Interpreter's Bible*, ed. Leander E. Keck (Nashville: Abingdon, 2002), 10:944.

우월한 위치에 서게 된다는 관점을 모두 논박하고 있다는 것이 그의 주장이다. 그러므로 이때 바울의 말은 곧 모든 이에게는 은사가 있으며 어떤 경우에는 그들의 믿음이 바로 그 은사라는 뜻이 된다(모든 이에게 믿음의 은사가 있으므로, 설령 다른 은사들이 없을지라도 그 은사 하나만은 갖게 된다는 의미다. - 역주). 그렇기에 "어떤 이도 그/그녀 자신에게 성령님이 베푸신 은사(charismata)가 전혀 없다고 여겨서는 안 된다"는 것이다.[36] 그러나 이 견해의 주된 문제점은 실제로는 바울이 한 무리의 사람들을 상정하고서 다음과 같이 언급한다는 데 있다. "**한 사람에게는 지혜의 은사가 있으며, 다른 사람에게는 방언의 은사가 있다. 그리고 또 다른 사람(ἑτέρῳ)은 믿음의 은사가 있다.**" 여기서 이 말은 '**어떤 이들에게는** 이 πίστις의 은사가 있지만, 다른 이들의 경우에는 그렇지 않음'을 함축할 수 있다.[37]

이 구절의 좀 더 가능성 있는 해석에서는, 여기 쓰인 πίστις를 '기적을 행하는 일'에 연관되는 것으로 간주한다.[38] 이 견해는 적어도 크리소스토무스에게까지 거슬러 올라가는데, 크리소스토무스는 이 πίστις를 이렇게 정의한다. "이것은 교리를 받아들이는 믿음이 아니라, 기적을 행하는 믿음을 가리킨다."(*Homilies on 1 Corinthians* §29.5) 여기서 πίστις가 쓰인 것은 이 구절의 초점이 단순히 치유의 **행위** 자체에 있지 않고, 오히려 하나님을 신뢰하는 각 사람의 **믿음**에 있음을 함축한다. 고든 피가 설명하듯이, 그런 믿음을 품은 사람들은 "하나님께서 구체

---

36 Sampley, "First Letter to the Corinthians," 944; 이와 유사한 논의로서 Roy A. Harrisville, *1 Corinthians* (Minneapolis: Augsburg, 1987), 208를 보라.
37 Ben Witherington III, *Conflict and Community in Corinth* (Grand Rapids: Eerdmans, 1995), 257.
38 Brian Rosner and Roy Ciampa, *The First Letter to the Corinthians*, Pillar New Testament Commentary (Grand Rapids: Eerdmans, 2010), 577를 보라.

적인 사례들 가운데서 자신의 능력 또는 자비를 특별한 방식으로 나타내실 것이라는 초자연적인 확신"을 품고서 행동하게 된다.[39]

제임스 던의 견해는 위의 관점과 다소 겹치지만, 던은 하나님께서 무언가 놀라운 일을 행하실 것에 대한 불가해한 신뢰와 의존에 좀 더 강조점을 둔다. 그는 πίστις의 은사를 다음과 같이 묘사한다. "그것은 한 사람이 어떤 필요나 도전 앞에 처해 있을 때, 때때로 그의 마음속에서 급격히 솟아나는 신비한 믿음이다. 그것을 통해, 하나님께서 자신의 말이나 (병든 자에게 안수하는 것과 같은) 행동을 통해 역사하실 것이라는 초월적인 확신과 보증을 얻게 된다."[40] 던의 관점에서, 이 은사는 분명히 그 은사를 지닌 사람이 치유를 행하는 일을 포함할 수 있었다. 하지만 이것은 동시에 그/그녀 자신이 **고침을 받게** 될 것이라는 믿음을 가리키는 것이기도 했다.[41]

물론 우리는 이 은사 목록에 너무 많은 의미를 부여해서는 안 된다는 헤이스의 경고를 귀 담아 들을 필요가 있다. 바울이 이 목록을 제시한 의도는 일종의 예시를 들기 위함이며, 은사들의 완전한 목록을 제시하려는 것이 아니다.[42] 하지만 내가 보기에는 여전히 던의 주장이 설득력 있게 여겨진다. 위에서 언급했듯이, 고린도전서의 앞부분에 있는 장들에서 바울은 πίστις와 πιστεύω를 신자들이 하나님의 어리석은 지혜에 의존하는 방편으로 언급한다. 그것은 때때로 역설적인 사유와 인내, 겸손을 요구하는 "기이한 지혜"이며, 그 지혜의 의도는 사람들

---

39 Fee, *First Corinthians*, 581.
40 James D. G. Dunn, *Unity and Diversity in the New Testament* (Philadelphia: Westminster, 1977), 211를 보라. 이 글은 Garland, *First Corinthians*, 581에 인용되어 있다.
41 Dunn, *Unity and Diversity*, 211.
42 Hays, *First Corinthians*, 211.

이 예수님의 길을 연약하고 수치스러운 것이라며 비난할 때에도 그분의 뜻을 좇아 바르게 인식하며 판단하려는 데 있다. 그런 종류의 믿음(πίστις)에 의존할 때, 다시금 우리는 하나님의 손길을 붙잡기 위해 어둠 속으로 발을 내딛고 십자가의 희미한 빛 아래 그분의 지혜에 의존해서 길을 걷게 된다. '믿음'이 지닌 이런 의미 또는 뉘앙스는 우리가 때때로 헤아리지 못하는 하나님의 뜻에 근거하고 있으며, 어떤 이는 이것을 "어리석은 믿음의 은사"라고도 번역할 수 있을 것이다. 이것은 그분의 음성을 들을 수 있는 이가 오직 우리 자신뿐일 때, 기이한 확신을 품고서 심연 속으로 뛰어드는 행동이다.[43]

이런 종류의 믿음은 위대한 가치를 지니지만, 바울은 거의 곧바로 다음과 같이 경고한다. "나에게 예언하는 능력이 있으며 모든 비밀과 모든 지식을 이해하고 또 산을 옮길 만한 모든 믿음이 있을지라도, 사랑이 없으면 나는 아무것도 아닙니다."(13:2 NRSV) 앞서 바울이 12:9에서 πίστις를 언급한 의도는 신자들이 자랑을 그치게 하려는 데 있었는데(믿음은 우리 눈에 보이지 않는 하나님을 신뢰하는 '어리석은' 과업이다), 심지어 그 은사까지도 우리의 이기적인 야심에 의해 왜곡되며 훼손될 수 있었다. 우리가 성령님이 주신 은사들을 사용하는 목적은 궁극적으로 다른 이들로 하여금 복과 유익과 번영을 누리게 하려는 데 있다. 그런 사랑의 동기와 실천이 없이는, 하나님이 베푸신 은사로서 기적을 일으키는 (또는 기적을 믿게끔 하는) πίστις까지도 공허한 것이 되고 만다. 이 점을 염두에 두면서, 이제 고린도전서 13장에서 언급되는 πίστις를 살피려 한다. 여기서 바울은 믿음과 소망과 사랑의 미덕을 숙고한다(13:13).

---

43 믿음의 개념을 이와 유사하게 표현한 글로는 Thiselton, *1 Corinthians*, 945를 보라.

4. 믿음, 소망, 사랑: 믿음은 영원한가?(13:13)

고린도전서 13장 앞부분에서, 바울은 영적인 은사에 대한 강론(12:1-11)을 마치고 몸의 지체들이 상호 의존적인 상태에 있음을 확언하는 논의로 넘어간다(12:12-31). 고린도전서 13장은 열세 개 절로만 이루어진 본문이며, 이 장에서는 사랑의 동기와 실천이 없이는 성령님이 베풀어 주시는 인상적인 은사들도 궁극적으로 무의미하고 헛될 뿐이라는 바울의 주장이 제시된다.[44] 만일 그 속에 사랑이 없다면, 우리가 사용하는 은사들은 유익보다도 오히려 해악을 끼칠 수 있다는 것이다.

고린도전서 13장의 초점은 분명히 ἀγάπη에 놓여 있지만, 믿음의 어법 역시 그 논의 가운데서 함축적인 연관성을 지닌다. 여기서 바울은 신자들이 "모든 믿음"(πᾶσαν τὴν πίστιν)을 지니고도 사랑이 없기에 무익한 자가 될 수 있음을 언급한다(13:2). 13:4에서부터, 바울은 ἀγάπη가 지닌 여러 미덕을 찬미해 나간다. 그에 따르면, 사랑은 오래 참고 친절하며 너그럽고 겸손하며 부드럽다(13:4-5). 사랑은 진리와 의로움을 숙고하며(13:6), 모든 것을 참을 뿐 아니라 모든 것을 **소망하며**(ἐλπίζει) **믿는다**(πιστεύει)(13:7). 바울이 이 구절에서 의미한 바가 정확히 무엇인지를 여기서 굳이 분석할 필요는 없을 것이다. 하지만 13:13에 관한 아래의 논의를 통해 드러나게 될 바와 같이, 여기서 πιστεύω는 이 장의 절정을 이루는 바울의 삼중적인 진술(믿음과 소망과 사랑에 관한 13:13의 진

---

[44] Steven L. Cox, "1 Corinthians 13—An Antidote to Violence: Love," *Review and Expositor* 93 (1996): 529-36를 보라. 콕스는 고린도전서 13장의 요지를 다음의 결론 부분에서 특히 잘 요약하고 있다. "영적인 은사들 자체가 어떤 이의 영적인 성숙성을 보여 주는 표지인 것은 아니다. … 영적인 성숙성은 우리에게 주어진 영적인 은사를 사용하는 방식에서 드러난다. 모든 그리스도인은 이 세상에 존재하는 악과 폭력에 대한 해독제로서, 사랑의 동기를 품고서 이 은사들을 사용하도록 위임을 받았다."(535)

술 - 역주)을 예고한다.⁴⁵ 이 본문에서 바울은 참된 사랑은 매우 강인한 것임을 보여 주기 위해 주의 깊게 노력하고 있다. 사랑은 끈질기고 담대하며, 물이나 불에도 해를 입지 않을 뿐 아니라 파괴당할 수도 없으며, 꺾이지 않는 동시에 지치지도 않는다.

13:8의 하반부부터, 바울은 역사의 여러 시기 또는 단계들이 지나가는 일에 관해 언급한다. 그에 따르면, 예언과 방언, 심지어 지식까지도 마침내는 사라지게 되어 있다. 그런 은사들이 항구적이며 영원한 성격을 지니지 않기 때문이다. 이 점에 관해 헤이스는 이렇게 설명한다.

> 당시 고린도 신자들은 … 바울의 설교가 지닌 미래 지향적인 성격을 헤아리지 못했던 것으로 보인다. 그리하여 그들은 오직 '위'와 '아래'의 공간적인 범주에서만 사고하는 준거 틀 속으로 옮겨 간 상태였다. 그들은 자신의 영적인 은사를 통해 신적인 세계에 곧바로 접근할 수 있다고 믿었으며, 미래에 있을 하나님의 심판과 이 세상의 변혁에 관해서는 전혀 관심을 두지 않았다. 그들이 지닌 준거 틀에서는 계시적인 성격을 지닌 영적인 은사들이 궁극적인 중요성을 지녔으니, 이는 그 은사들이 천상의 실재와 그들을 이어 주는 '직접적인 통로'를 제공한다고 여겨졌기 때문이었다. 그러나 바울은 하나님이 이 세상을 구속하시는 일에 관한 방대한 이야기의 흐름 속에서 그 은사들을 살핌으로써, 그것들이 지닌 의미를 상대화하고자 했다. 곧 지금은 그 은사들이 수행할 역할이 있지만, 그 은사들이 유용하게 쓰이는 시기는 마침내 지나가고 만다는 것이다.⁴⁶

---

45 Hays, *First Corinthians*, 228를 보라.
46 Hays, *First Corinthians*, 229. 이와 유사하게, 갈런드(Garland)는 다음과 같이 언급한다. "사랑과는 달리, 그 영적인 은사들은 본래적으로 쇠퇴해 가는 속성을 지니고 있다. 그 은사들은 영구적인 것이 아니며, 온전해지지도 않는다." *First Corinthians*, 621.

그러므로 끝까지 지속되는 것은 그런 영적인 은사들이 가져오는 자랑할 만한 결과물들이 아니다. 오히려 영구히 남는 것은 바로 믿음과 소망, 사랑이다. 그런데 이 13장의 강조점이 사랑에 있음을 생각할 때, 바울이 믿음과 소망 역시 언급하는 이유는 무엇일까? 우리는 13절에서 이 세 덕목이 독특한 방식으로 소개되는 점에 주의해야 한다. 여기서 바울은 Νυνὶ δὲ μένει πίστις, ἐλπίς, ἀγάπη(믿음, 소망, 사랑은 항상 있을 것이다)라고 기록하고 말을 맺을 수도 있었을 것이다. 하지만 그는 거기에 그치지 않고, τὰ τρία ταῦτα(이 세 가지)라는 어구를 덧붙였다. 여기서 이 어구는 이를테면 '**삼대 덕목**'(the big three) 같은 것을 의미한다. 아마 바울이 이 사랑을 다룬 장에서 믿음과 소망에 관한 언급을 포함시킨 데에는 일종의 형식적인 의미가 있을지도 모른다. 곧 이 세 가지 미덕은 가족처럼 서로 분리될 수 없는 관계여서, 사랑이 언급되는 곳에서는 그 형제와도 같은 믿음과 소망 역시 멀리 떨어져 있지 않았던 것이다. 의심의 여지 없이, 이 점은 세 가지 미덕들이 이미 이때부터 초창기 기독교에서 보편적인 가르침 또는 전승으로 작용하고 있었음을 보여 준다(참조. 살전 1:3).[47]

그런데 학자들은 고린도전서 13:13을 다루면서, 바울이 사랑과의 연관성 가운데서 믿음과 소망을 이해한 방식에 관해 몇몇 질문을 제

---

47 Wolfgang Weiss, "Glaube-Liebe-Hoffnung: Zu der Trias bei Paulus," *Zeitschrift für die neutestamentliche Wissenschaft* 84 (1993): 197-217를 보라. 바이스는 이 믿음-소망-사랑의 전승이 바울 이전부터 존재했다는 개념을 반대하며, 바울이 그 전승을 만들어 냈다고 여긴다. 세슬라스 스피크(Ceslas Spicq)는 이 전승의 기원과 그것에 주로 영향을 끼친 요소들에 대한 학문적인 선택지를 살핀 뒤, 이 삼각 구도가 그리스 사상이나 유대주의 자체의 영향에 의해 생겨난 것은 아니라고 주장한다. 오히려 이 믿음-소망-사랑의 구도는 "(특히 산상 수훈을 통해 드러난) 주님의 삶과 가르침에서 유래했으며, 회심한 이들의 영혼 속에서 역사하는 성령님의 열매 역시 그것에 영향을 끼친 듯하다"라는 것이 그의 입장이다(214). *Agape in the New Testament* (St. Louis: Herder, 1963), 205-14; 참조. A. M. Hunter, *Paul and His Predecessors* (London: SCM, 1961), 33-35.

기한다. 이 구절에서 바울은 이렇게 기록한다. Νυνὶ δὲ μένει πίστις, ἐλπίς, ἀγάπη, τὰ τρία ταῦτα· μείζων δὲ τούτων ἡ ἀγάπη(이제 믿음, 소망, 사랑, 이 세 가지는 남아 있을 것인데 그중에서 제일 큰 것은 사랑이다). 대다수의 학자들은 영적인 은사들은 사라지겠지만, 이 '삼대' 덕목은 영구히 남을 것이라는 의미로 이 절을 해석한다. 하지만 마이런 호턴은 이런 독법에 이의를 제기하면서, 세 가지 질문을 던진다. 첫째, 여기서 바울이 언급하는 "이제"(now)의 의미는 무엇인가? 그것은 시간적인 개념인가, 혹은 논리적인 개념인가? 둘째, 이 덕목들이 "남는다"(remain)는 것은 무엇을 의미하는가? 끝으로, 13:12에서 바울은 지금 우리가 지닌 부분적인 앎(여기에는 믿음도 포함되는 것으로 간주된다)이 장차 온전한 지식으로 대체될 것이라고 암시한다. 이처럼 우리의 믿음이 이후에 '직접 보는 일'로 바뀌게끔 정해져 있다면, 어떻게 그것이 영구히 남을 수 있겠는가(참조. 고후 5:7)?[48] 그러므로 호턴은 고린도전서 13:8-13을 다음 방식으로 해석한다. "믿음과 소망은 영구히 남는 개념이 아니다(그것들은 그리스도의 재림 시에 끝나게 될 것이다; 롬 8:24). 다만 그것들은 예언과 방언과 지식보다는 더 오랫동안 지속될 것이다. 하지만 사랑은 믿음과 소망보다 더 위대하니, 이는 오직 사랑만이 진실로 영원하기 때문이다."[49]

호턴은 고린도전서 13:8-13에 관해 중요한 질문을 제기하지만, 바울에게 믿음과 소망이 지녔던 중요성을 경시한다.[50] 실제로 바울은 다른 서신에서 이 둘을 사랑과 함께 삼각 구도에 속한 동등한 미덕들로

---

48 Myron J. Houghton, "A Reexamination of 1 Corinthians 13:8-13," *Bibliotheca Sacra* 153 (1996): 344-56.
49 특히 "1 Corinthians 13:8-13," 356에 있는 호턴의 결론적인 진술을 보라.
50 13:13에 있는 νυνὶ(이제)의 해석에 관해 논하자면, 나는 앞선 13:8-12이 종말론적인 성격을 지니기에 그 단어는 시간적인 개념으로 간주되어야 한다는 헤이스의 견해에 동의한다. *First Corinthians*, 230.

간주하며(살전 1:3), 고린도전서에서도 믿음과 소망이 지닌 절대적인 중요성을 강조한다(고전 15장). 리처드 모건은 호턴보다 십 년쯤 전에 이 문제를 다루면서, 소망, 사랑과 함께 믿음의 **영속성**을 옹호하는 독법을 주장한 바 있다.[51] 모건은 πίστις를 일시적인 형태의 지식, 심지어는 하나의 열등한 지식으로 간주하지 않고, 13:13에서 언급되는 그 단어를 '**신뢰**'로 해석한다. "믿음은 하나님을 **신뢰하고 의존하는** 일이며, 곧 하나님과의 인격적인 관계이다. 믿음이 있는 이들은 하나님이 우리를 붙들고 유지하며 존재하게 하시는 것이지 그 반대의 경우는 성립하지 않는다고 고백한다. … 지식이나 … '눈으로 보는 일'은 이 믿음을 대체할 수 없으며, 이는 영원히 그러하다."[52]

모건은 πίστις에 관한 바울의 용법에 두 번째 요점을 덧붙인다. 곧 바울에게 믿음은 **겸손**과도 결부되어 있으며, 이 겸손의 미덕 역시 영원한 성격을 지닌다는 것이다. 모건에 따르면, 겸손한 믿음을 지닌 사람은 "[자기] 존재의 중심을 자신이 믿는 그분 안에 두게" 된다.[53] 그는 물론 현 세대에는 πίστις가 일종의 불확실성을 띤다는 점을 인정한다. 그러나 장차 임할 세대에는, 그 불확실성이 온전한 지식으로 대체되는 동시에 **신뢰** 자체는 "하나님의 사랑을 향한 우리의 사랑과 감사에 찬 응답"으로서 계속 이어지게 되리라는 것이 그의 견해이다.[54] 헤이스는 이 믿음을 이렇게 정의한다. "그것은 우리가 이스라엘의 하나님께 드

---

51 Richard Morgan, "Faith, Hope, and Love Abide," *Churchman* 101 (1987): 128–39.
52 Morgan, "Faith, Hope, and Love Abide," 128.
53 Morgan, "Faith, Hope, and Love Abide," 130.
54 Morgan, "Faith, Hope, and Love Abide," 130. 그리고 John W. Bowman, "Three Imperishables: A Meditation on 1 Corinthians 13," *Interpretation* 13 (1959): 433–43에서도 이와 유사한 견해를 제시하고 있다. 티슬턴은 믿음과 소망과 사랑 모두 영원히 지속되지만, 오직 사랑만이 일종의 변형을 겪지 않는다고 주장한다. *1 Corinthians*, 1074를 보라.

리는 신뢰이다. 이는 그분이 우리를 위해 예수님을 내어 주시고, 또 그분을 일으켜 새 생명에 이르게 하심으로써 자신의 언약적인 약속을 지키셨기 때문이다."⁵⁵

그러므로 13:13에서 언급되는 πίστις의 해석을 요약하자면, 여기서 바울이 믿음-소망-사랑의 삼중 미덕을 제시한 것은 우연한 일이 아니었다. 그것은 그저 사랑에 관한 그의 가르침에 삽입된 하나의 관습적인 어구가 아니었던 것이다. 물론 바울이 사랑에 관해 서술하려는 갈망을 품었기에 그 미덕과 밀접히 연관되는 믿음과 소망을 **떠올리게** 되었을 가능성은 충분히 있다. 하지만 이 믿음과 소망 역시 고린도전서 13장에서 언급되는 바울의 요점에 중요하게 기여하는 바가 있다. 여기서 그 개념들은 사랑의 본성을 설명하고 정의하는 데 도움을 준다. 이 지점에서 우리는 13:7의 내용, 곧 '사랑은 모든 것을 **믿는다**'라는 부분을 다시금 돌아보게 된다. 사랑이 모든 일을 **믿는다**는 것은 과연 무엇을 의미할까? 이때 바울의 말뜻은 '지적인 신념들'(beliefs)을 믿는 일 자체에 있지 않음이 거의 분명하다. 여기서 그는 사랑이 믿는 **내용**에 초점을 맞추는 것이 아니라, 그 믿는 일이 지닌 **무게**와 **강도**에 초점을 두고 있다. 곧 사랑이 **참고 견디듯이**, 그것은 또한 **믿고 바라는** 것이다. 그렇기에 사랑하는 이는 그 대상을 향해 주저 없이 사랑을 베풀게 되며, 이는 오늘날 우리가 이렇게 말할 때에 드러나는 바와 같다. "**나는 너를 믿어!**" 이는 우리가 상대방을 온전히 믿고 신뢰함을 의미하며, 이

---

55 헤이스는 소망을 이렇게 정의한다. "그것은 깨어진 현재의 세상이 하나님의 일하심을 통해 원래의 온전한 상태로 회복되는 모습을 보기 원하는 우리의 간절한 열망이다." 사랑에 관해서는 이렇게 언급한다. "[사랑은] 우리와 하나님의 궁극적인 연합을 미리 맛보게 해 주는 은사이다. 하나님은 지금 자신의 은혜로 그 은사를 우리에게 베푸셨으며, 우리는 주위의 형제자매들과 그것을 함께 누린다." *First Corinthians*, 230.

때 우리는 그를 의지하는 마음으로 기꺼이 위험을 감수하게 된다. 우리는 상대방을 신뢰하고 의지하기에, 선뜻 자신이 지닌 것을 내어놓게 되는 것이다. 이처럼 사랑이 모든 일을 믿는다는 것은 믿음과 소망을 결코 잃지 않음을 의미한다.[56]

13:13에서 언급되는 πίστις에 대한 이 해석은 (13:7에 쓰인 πιστεύω의 경우와 함께 살필 때) 그 단어가 지닌 '믿음에서 우러나는 충성', 또는 '신뢰하는 믿음'의 의미에 부합하는 것이 될 수도 있다. (다만 이런 관점은 믿음-소망-사랑의 삼중 구도가 모든 것을 아우르는 특질을 지닌다는 시각에서 볼 때에만 성립할 것이다.) 하지만 이와 동시에, 우리는 고린도전서 1-4장에 기록된 지혜와 믿음의 형성적인 기능에 관한 중요한 가르침의 관점에서 그 서신의 13장을 읽어야만 한다. 자신들의 영성과 지혜에 대한 고린도 신자들의 자부심은 그들이 자율주의와 스스로 충분하다는 태도, 그리고 우월감에 빠져 있음을 드러내 주었다. 신자들은 교만한 자부심과 허영심을 한껏 누리기를 원했다. 그러므로 바울이 πίστις를 강조한 데에는, 신자들로 하여금 하나님께 속한 기이한 지혜를 겸손히 믿고 따르도록 인도하려는 신학적 의도가 깔려 있었다. 그 지혜는 사람들의 귀를 즐겁게 하는 개념들을 추구하는 것이 아니며, 사람들을 깜짝 놀라게 만드는 속임수나 그들을 열광시키는 궤변을 지향하는 것도 아니었다. 그 지혜는 '숨어 계시는 하나님'(deus absconditus), 곧 십자가의 징표 아래 자신의 모습을 감추시는 하나님의 계시와 사역에 철저히 의존하는 것이었다.

---

56 Thiselton, *1 Corinthians*, 1059를 보라.

5. 결론

이 장에서 살펴본 것처럼, 바울은 믿음의 어법을 사용해서 십자가의 형상을 지닌 인식론의 중요성을 지적했다. 우리가 그리스도를 믿는 일은 필연적으로 직관에 어긋나는 성격을 지니며, 따라서 그 일에는 상상력의 회심 또는 변혁이 요구된다. 그러므로 그 인식론은 '기이한 지혜'로 불린다. 바울은 고린도 신자들에게 보낸 두 번째 편지에서 이 동일한 개념을 더욱 명시적이고 뚜렷한 방식으로 옹호한다. 이때 바울은 마치 한 사람의 선지자가 되어 고린도 신자들에게 이렇게 질문하는 듯하다. **"누가 우리의 메시지를 믿었습니까? 그리고 누구에게 주님의 팔이 나타났습니까?"**

7장
믿음과 형상들에 관하여
고린도후서에 나타난 πίστις와 참된 사역

늘 의심의 밝은 부분을 붙들고,
믿음의 형상들 너머에 있는 믿음에 매달리라!
믿음은 대립하는 말들의 폭풍 속에서도 요동하지 않으며,
"예"와 "아니오"가 충돌하는 가운데서도 밝게 빛난다.
믿음은 최악의 상황에서도 최선의 결과들이 희미하게 드러나는 것을 보며,
환한 햇빛이 그저 하룻밤 동안만 감추어져 있을 뿐임을 느낀다.
믿음은 겨울의 꽃봉오리 속에서 여름을 감지하며,
꽃이 떨어지기 전부터 이미 그 열매를 맛본다.
믿음은 조용한 새알 속에서 종달새의 지저귀는 소리를 듣고,
사람들이 "신기루"일 뿐이라고 투덜대는 곳에서 샘의 원천을 찾아낸다!
– 앨프리드 테니슨, "The Ancient Sage"(옛 현인)

믿음에 관한 바울의 어법을 생각할 때, 아마도 제일 먼저 우리 마음속에 떠오르는 것은 '이신칭의'에 관한 그의 진술들일 것이다. 하지만 그다음에 곧바로 떠오르는 것은 아마도 다음의 간결한 문장일 수 있다. "우리는 믿음으로 행하며, 보는 것으로 행하지 않습니다(we walk by faith, not by sight)."(고후 5:7) 때때로 우리는 무언가 헤아릴 수 없는 일, 아마도 비극적인 일이 벌어진 상황에서 할 수 있는 말이 그저 "우리는 믿음으로 행합니다"라는 것뿐일 때 이 문장이 인용되는 것을 듣게 된다. 이는 곧 우리는 그 일이 생겨난 **이유**를 알지 못하지만, 하나님이 모든 일을 통제하고 계심을 신뢰한다는 뜻이다. 때때로 이 말은 **맹목적인**

믿음(blind faith)의 개념과 동일시되기도 한다. 그렇다면 과연 바울이 장려했던 것은 이런 유형의 믿음일까? 그는 어떤 논리적인 이유나 근거도 없는 믿음을 옹호했던 것일까? 그러나 바울이 고린도 교회를 향해 기록한 긴 분량의 서신들은 그가 숙련된 사상가이자 저술가로서, 증거에 기반을 둔 주장과 논리적인 추론에 많은 노력을 쏟았음을 보여 준다. 그는 결코 고린도의 신자들이나 다른 어떤 이들을 향해, "그냥 믿으라"(just believe)라고 권면했던 적이 없다.

그런데 여기서 살펴볼 점이 있다. 우리는 '보는 일'과 대립되는 것으로서 이 **믿음**에 의존하는 삶의 개념을 어떻게 이해해야 할까? 4:1-5:10의 더 넓은 문맥에 비추어서 고린도후서 5:7을 해석할 때, 이 단락의 전반적인 메시지는 신자들이 특히 **그리스도**에 관한 지식이나 그분과의 관계의 관점에서 **실재**를 어떻게 바라보아야 할 것인지에 관한 바울의 이해와 직접적인 연관성을 지닌다. 여기서 바울은 당시에 어떤 이들이 고린도 신자들에게 가르쳤던 사고방식과는 정반대되는 관점을 강조하고 있다. 고린도에서 바울에게 반대하는 사람들이 품었던 관점에서는, 영광과 외적인 권세를 자신의 삶과 사역에서 거둔 성공과 지도력을 나타내는 지표로 간주하도록 권장했다. "**생명력 있는 삶의 징표들을 찾을 때, 빛나는 광채와 아름다움, 위엄과 힘을 추구하라. 그렇게 하지 말아야 할 이유가 어디에 있겠는가?**" 그러나 바울은 생명력의 징표로서 그것과는 정반대되는 것들을 언급했으며, 이는 아마도 사회적 지위에 관심을 두었던 고린도 공동체에 실망감을 주었을 것이다. 곧 바울은 연약함과 온유함, 그리고 지금은 존재하지 않으며 때로는 눈에 보이지도 않는 것을 그 징표로서 제시했다. 이는 육신적인 시야로는 파악할 수 없지만, 영적인 안목으로는 볼 수 있는 것들이었다. 이 징표들은 외적으로 빛나는 형상을 띠지는 않았지만, 믿음의 경륜 가운데서는 헤아릴 수 없는 가치를 지닌 일들이었다.

여기서 바울은 우상 숭배의 개념을 가지고서 이 세계관들의 충돌을 논하고 있다. 유대인들은 우상이나 신적인 형상 만드는 일을 거부한 것으로 유명한데, 특히 우상을 제작하고 숭배하는 자들이 하나님을 자신들의 뜻대로 길들이며 그분을 피조물의 형상으로 빚어내려 하기 때문이다. 유대인들은 눈에 보이지 않으시는 하나님께 그들 자신을 의탁했으며, 하나님은 그저 하나의 조각상 앞에서 기원하는 것 이상의 방식으로 경배받기를 원하셨다. 이 장에서 나는 먼저 고린도후서의 맥락에 관심을 두면서 그 서신을 전체적으로 개관해 보려 한다. 그런 다음에는 더 직접적으로 4:1-5:10에 초점을 맞출 것이다. 이와 더불어, 나는 바울이 어떤 식으로 우상 숭배의 신학을 이 서신의 상황에 접목시키는지, 그리고 형상 중심, 영광 중심의 관점과는 대립되는 πίστις의 신학을 어떻게 서술하는지를 살펴보려 한다.

1. 고린도후서와 당시 고린도 교회의 상황

고린도후서는 바울 서신들 사이에서 '잠자는 거인'으로 불린다. 이 서신이 신학적으로 가장 풍성한 의미를 지닌 문헌 중 하나이지만, 로마서나 갈라디아서, 그리고 먼저 기록된 고린도전서의 그늘에 가려 빛을 보지 못할 때가 많기 때문이다. 그뿐 아니라, 고린도후서의 해석 분야는 당시 고린도 교회의 상황과 고린도에서 문제를 일으키고 있던 자들의 정체, 그리고 이 서신 자체의 본문이 지닌 성격(이 사안은 특히 그 서신의 문학적 통일성에 연관된다)에 관한 전문적인 논쟁들로 가득 차 있다.

이 서신의 통일성을 논할 때, 학자들은 흔히 이 서신이 독립된 문서 두 개, 곧 고린도후서 1-9장과 10-13장으로 이루어져 있다고 여기곤 한다. 더구나 어떤 이들은 이 문서들을 더 작은 부분들로 구분한다. 예를 들어 학자들이 흔히 내세우는 주장 하나는 6:14-7:1이 원래 서신에 삽입된 내용이라는 것이다. 존 바클레이는 이 서신에 관해 학자들이 취하는 현재의 태도를 다음과 같이 요약한다. "고린도후서를 전체적으로 살필 때, 우리는 그 서신이 주제의 측면에서 정합성을 지니는 동시에 사고의 흐름 측면에서 가끔씩 단절되는 모습을 보인다는 점을 인식한다."[1] 얼마 전까지는 고린도후서가 원래 두 개 이상의 바울 서신으로 이루어져 있다는 것이 대다수 학자들의 입장이었지만, 이제는 학계 분위기가 바뀌어서 대부분의 학자들이 고린도후서가 지닌 본문상의 통일성을 옹호하는 주장들을 설득력 있게 여기거나 적어도 불가지론적인 관점을 취하곤 한다. 그런 관점을 택하는 학자들은 더 이상 고린도후서의 기원에 관한 가설들이나 연대적인 재구성에 근거해서 이 서신의 각 부분들을 읽으려 하지 않는다. 이 장에서 나는 이 서신을 하나의 통일된 본문으로 간주하려 한다.[2]

---

1 John M. G. Barclay, "2 Corinthians," in *Eerdmans Commentary on the Bible*, ed. James D. G. Dunn (Grand Rapids: Eerdmans, 2003), 1353-73 at 1353. 『IVP 성경비평주석 신약』(IVP).

2 고린도후서의 통일성을 옹호하는 이들 중에는 다음 학자들이 있다. David A. deSilva, "Measuring Penultimate against Ultimate: An Investigation of the Integrity and Argumentation of 2 Corinthians," *Journal for the Study of the New Testament* 52 (1993): 41-70; Murray J. Harris, *The Second Epistle to the Corinthians*, New International Greek Testament Commentary (Grand Rapids: Eerdmans, 2005); George Guthrie, *2 Corinthians*, Baker Exegetical Commentary on the New Testament (Grand Rapids: Baker, 2015); David Garland, *2 Corinthians*, New American Commentary (Nashville: Broadman & Holman, 1999), 40. 특히 6:14-7:1에 관해서는 Jan Lambrecht, "The Fragment 2 Cor 6:14-7:1: A Plea for Its Authenticity," *Miscellanea neotestamentica 2* (1978): 143-61를 보라. 최근의 논의로는 Christopher Land, *The Integrity of 2 Corinthians and Paul's Aggravating Absence* (Sheffield: Sheffield Phoenix Press, 2015), 특히 238-81를 참조하라.

이처럼 고린도후서의 문학적 통일성을 전제할 때, 당시 고린도에 어떤 '지극히 크다는 사도들'(superapostles)이 있었음을 추정할 수 있다. 그들은 바울의 사역이 지닌 권위와 효력을 의문시했던 이들이다(11:5, 13; 12:11). 이 서신의 끝부분에 이르기까지 이 말썽을 일으키는 자들이 명시적으로 언급되지 않지만, 우리는 바울이 그 서신을 기록하면서 그런 자들의 존재와 영향력을 **직접적으로 논하는 데까지** 논증을 조금씩 진전시켜 나갔다고 생각해 볼 수 있다.³

그렇다면 이 경쟁자들은 누구였을까? 조지 거스리는 고린도후서 자체에 담긴 암시와 실마리를 살피면서, 이들을 "소피스트 전통의 강한 영향력 아래서 활동했던 유대 출신의 그리스도인 사역자들"로 규정했다.⁴ 거스리에 따르면, 바울은 고린도 신자들을 상대로 "공적인 겉모습과 사회적 지위, 강력한 웅변과 세속적인 '지혜'의 말들, 내용보다 형식을 중시하는 성향, 대가를 받고 연설하는 일, 자신의 업적을 자랑하는 일과 대중의 칭찬" 등의 문제들을 거론한다. 이런 사안들은 소피스트 운동에 결부될 수 있는 요소들이었다.⁵

이 '지극히 크다는 사도'들은 자신들의 인상적인 연설과 사역에 초점을 맞추는 데 그치지 않고, 바울을 직접 비판하기도 했던 것으로 보인다. 베커는 그들이 고린도 신자들 앞에서 다음과 같은 의문을 제기했을 것이라고 추정한다. "어떻게 바울처럼 그 삶의 모습이 초라하고 행동 또한 볼품없는 사람이 스스로를 '그리스도께 속한 영광의 복음'

---

3 Jerome Murphy-O'Connor, *The Theology of the Second Letter to the Corinthians* (Cambridge: Cambridge University Press, 1991), 12를 보라.
4 Guthrie, *2 Corinthians*, 45. 이와 유사한 논의로는 Craig S. Keener, "Paul and the Corinthian Believers," in *The Blackwell Companion to Paul*, ed. Stephen Westerholm (Oxford: Blackwell, 2011), 46–62 at 58를 보라.
5 Guthrie, *2 Corinthians*, 45.

(고후 4:4)을 전하는 사도로 내세울 수 있다는 말입니까?"[6] 데이비드 드실바가 지적하듯이, 아이러니하게도 그들은 여러 측면에서 "바울이 고린도전서에서 무너뜨리려 했던 바로 그 정신적인 흐름(경쟁과 비교의식, 자신의 우월성을 내세우기 위해 은사와 업적을 과시하는 일)을 강화했다."[7]

고린도후서가 신약의 '거인'인 이유는 이 서신에서 바울이 그 영광의 신학에 탁월한 방식으로 응답하고 있기 때문이다. 바울은 자신의 지위나 명성을 과시하지 않으며, 오직 그들을 조롱하기 위해서만 이런 전략을 사용한다(11:16). 오히려 그는 "연약함과 사망 가운데서 생명을 베푸시는 하나님의 은혜"를 우아한 방식으로 그려내 보인다.[8]

바울은 이 서신의 첫 부분(1:8-10)에서, 아시아 지역에서 자신의 생명이 위협받은 사건을 서술한다. 이 일은 자신의 삶과 사역을 바라보는 새로운 관점을 열어 주었으니, 그것은 바로 육신의 죽음을 무시할 수 없으며 그 일을 회피할 수도 없다는 것이었다.[9] 이 사실에 직면할 때, 우리는 마치 자신이 영원히 살 것처럼 애써 스스로를 속이면서 남은 생애를 꾸려갈 수도 있고, 이와 반대로 그 죽음을 기꺼이 받아들이면서 다른 이들을 위해 내줄 생명을 얻게 되리라는 강력한 소망을 품은 채로 자신의 십자가를 질 수도 있다(4:12). 바울은 이런 진리가 매우 어리석게 여겨지리라는 점을 알았다(5:13). 하지만 그는 자신이 겪는 굴

---

6 J. Christiaan Beker, *Paul the Apostle: The Triumph of God in Light and Thought* (Philadelphia: Fortress, 1994), 295.
7 David A. deSilva, *An Introduction to the New Testament* (Downers Grove, IL: InterVarsity, 2004), 58. 드실바는 한 고대의 웅변가가 다음과 같이 주장했다는 점을 언급한다. "어떤 이가 범할 수 있는 가장 큰 잘못은 바로 그 자신의 인간됨을 드러내 보이는 데 있다. 그 경우에, 그는 더 이상 신적인 존재로 간주될 수 없게 되기 때문이다."(586)
8 Barclay, "2 Corinthians," 1353.
9 Michael P. Knowles, "Paul's 'Affliction' in Second Corinthians: Reflection, Integration, and a Pastoral Theology of the Cross," *Journal of Pastoral Theology* 15 (2005): 64-77 at 65를 보라.

욕을 하나님께 예배하기 위한 하나의 제단으로 삼을 것을 주님이 가르치고 계신다고 믿었다. 그에게 사역의 본질은 남보다 우월한 지위가 아니라 낮아짐과 섬김에 있었다. 이 점에 관해 바클레이는 이렇게 언급한다. "바울은 상처와 수치를 겪고 있었지만, 여전히 하나님의 은혜를 되새길 이유를 발견했다. 바울 자신의 연약함 가운데서도 그 은혜는 충분했다. 고린도 교회의 사도로서 자신의 위치를 재확립하려고 노력하면서, 그는 자기를 정당화하는 수준을 넘어서서 고린도 교회와 복음의 대의에 새롭게 헌신하는 방향으로 나아갔다."[10]

이 점을 달리 표현하면, 이 '지극히 크다는 사도'들, 그리고 당시 많은 고린도 신자들은 외적인 측면 곧 겉모습과 포장에 근거해서 어떤 이의 영성과 사역을 평가하고 있었다. 그들이 바울과 그의 사역 방식을 살필 때, 바울의 모습은 그다지 그럴듯해 보이지 않았다. 바울의 모습에서는, 당시 대중 연설가들에게 기대되었던 세련된 광채가 나타나지 않았던 것이다. 바울은 고린도 신자들이 외적으로는 화려해 보이지만 그 속은 텅 비어 있는 이들의 사역을 매우 만족스럽게 여기며 따를지도 모른다는 점을 염려하고 있었다. 이런 염려는 우상 숭배에 연관된 암시와도 적절히 들어맞는다. 초기 유대인들과 그리스도인들은 우상을 거부하면서, 인간이 만든 사물에 경배해서는 안 된다고 주장했던 것으로 유명하다. 그런 사물의 경우, 겉모습은 인상적이지만 실상은 아무런 영향력을 발휘하지 못하는 것들이기 때문이다. 이와 마찬가지로, 바울은 고린도후서에서 이 '지극히 크다는 사도'들은 **겉모습**에만 집착하는 이들이며 **내면**에 관해서는 거의 관심을 보이지 않는다는 점을 지

---

10 Barclay, "2 Corinthians," 1356.

적하고 있다. 이런 논의를 살피면서, 우리는 우상 숭배에 연관된 유대 사상을 간략하지만 꼭 필요한 방식으로 숙고하게 된다. 이 서신에서 바울은 그리스도인의 삶에서 내면과 외면이 서로 대조된다는 점에 계속 호소하는데, 이런 대조는 곧 하나님의 '숨어 계시는'(absconditus) 본성에 관해 유대인들(그리고 이후에는 그리스도인들)이 품었던 사상의 영향 아래 있다. 이런 관점은 바울이 당시 고린도 신자들이 품었던 그릇된 영광의 신학에 맞서기 위해 이 서신에서 사용하는 주된 수사학적인 전략 중 하나를 구성하게 되었다.

2. 우상 숭배의 신학

고대 세계에서 유대인들은 종교적인 조각상(또는 그들의 어휘를 써서 표현하자면 '우상')을 통해 신들에게 경배하지 않는다고 종종 조롱과 비난을 받았다. 시편 115편에서는 당시에 이스라엘 백성들에게 제기되었던 이 같은 도전이 언급되고 있다("그들의 하나님이 어디 있느냐?"[115:2 NRSV]). 하지만 유대인들은 자신들이 섬기는 하나님이 눈에 보이지 않으시며, 겉으로는 계시지 않는 것처럼 여겨진다는 사실이 오히려 그들 자신의 고유한 정체성을 이룬다는 점을 이해하게 되었다. 곧 그 우상들은 참된 신이 아니며, 그저 사람들이 만들어 낸 사물일 뿐이다. 그러나 여호와 하나님만이 창조주가 되신다(115:4). 그 우상들은 살아 있는 것처럼 **보이지만**, 실제로는 가짜이며 아무런 영향력도 발휘하지 못한다. 그것들은 빛나며 위압적인 겉모습을 지니고 있지만, 그 속은 텅 빈 채로 죽은 상태에 있었다(115:5-7). 더 나아가서 이스라엘 백성은 하나의 신학적 원리를 좇았는데, 이는 곧 '**우리는 자신이 경배하는 존재를**

닮게 된다'(you become what you worship)라는 것이다. "우상을 만드는 자들은 그것과 같은 존재이며, 그것을 의지하는 자들 역시 그러하리로다."(115:8 NRSV) 여기서는 독자의 이해를 돕기 위해, 당시에 이스라엘 백성이 품었던 반(反) 우상의 신학이 지닌 세 가지 특징을 언급하려 한다. 첫째, 우상은 사람의 손으로 **만들어진** 존재이며, 그것 자체가 창조자인 것은 아니다. 둘째, 이스라엘의 하나님은 우리 눈에 보이는 사물의 모습보다 주로, 또는 특히 **말씀**(그리고 토라)을 통해 그분 자신을 계시하기로 선택하셨다. 셋째, 우상을 제작하는 장인은 오직 그것의 인상적인 **겉모습**에만 치중하지만(그렇기에 우상은 보석과 장신구로 치장되어 있다), 여호와 하나님은 사람의 **내면**에 있는 것에 관심을 두신다(예를 들어 렘 20:12을 보라). 궁극적으로, 유대인들이 품었던 우상 숭배의 신학은 인식론과 깊은 연관성을 지닌다. 곧 그들은 하나님이 비가시적인 분이심을 인정했으며, 화려한 겉모습 너머에 있는 실재를 헤아리는 법을 배웠다. 이를 통해 그 일의 핵심을 분별하게 되었다.

그렇다면 이 신학은 고린도후서와 어떤 관계가 있을까? 바울은 (당시 유대교 사상에 널리 퍼져 있었던) 이 우상 숭배의 신학을 근거로 삼아, 고린도 신자들을 하나님에 관한 더 깊은 이해로 이끌어 가려 했다. 이를 통해 그는 자신의 사도적인 임무와 사역을 이해시키며, 신자들이 하나님의 사역을 살필 때 외적인 화려함에 초점을 두는 일의 어리석음을 지적하려 했던 것이다. 때때로 바울은 이 반(反) 우상 숭배의 개념적인 틀을 좀 더 직접적이거나 명시적인 방식으로 논하는 듯이 보이며, 고린도후서 4:1-5:10에서 사용한 믿음의 어법에는 이런 주제들과 인식론적인 신념들이 함축되어 있다.

6:16에서 바울은 우상들에 관해 직접적으로 언급한다. "하나님의 성

전과 우상들 사이에 어떤 일치점이 있습니까? 우리는 살아 계신 하나님의 성전이며, 하나님은 이에 관해 이렇게 말씀하셨습니다. '나는 그들 가운데 살며 그들과 함께 행할 것이다. 나는 그들의 하나님이 되고, 그들은 내 백성이 될 것이다.'"(NRSV) 6:14부터 시작되는 일련의 대조적인 구절들에서, 바울은 고린도 신자들에게 불의하며 하나님을 거스르는 자들과의 유대 관계를 모두 끊어 버릴 것을 촉구한다. 빛이 어둠과 함께 일할 수 없으며 의가 사악함과 협력할 수 없듯이, 참된 성전 역시 우상에 의해 더럽혀져서는 안 된다는 것이다. 여기서 성전은 하나님이 임재하시는 순전하고 거룩하며 참된 **장소**를 상징적으로 나타낸다. 이는 곧 그분의 영과 영광이 머물기에 알맞은 집이다. 이에 반해 우상은 흑암과 공허함, 사악함과 생명의 부재를 상징한다. 대부분의 학자들은 6:14-7:1의 내용을 그저 신자들이 **이교도들**과 분리되어야 한다는 언급으로 간주한다. 하지만 여기서는 바울이 자신의 적대자들(이른바 '지극히 크다는 사도들')을 ἄπιστοι(아피스토이)로 지칭한다고 여길 만한 충분한 근거가 있다.[11] (이때 이 단어는 "불신자"[unbelievers]보다도 "신실하

---

11 J. F. Collange, *Énigmes de la deuxième épitre aux Corinthiens: Étude exegetique de 2 Cor.* (Cambridge: Cambridge University Press, 1972), 305-6; David Rensberger, "2 Corinthians 6:14-7:1—A Fresh Examination," *Studia Biblica et Theologica* 8 (1978): 25-49; Michael Goulder, "2 Cor. 6:14-7:1 as an Integral Part of 2 Corinthians," *Novum Testamentum* 36 (1994): 49-57 at 53-57; 그리고 Gregory K. Beale, "The Old Testament Background of Reconciliation in 2 Corinthians 5-7 and Its Bearing on the Literary Problem of 2 Corinthians 6:14-7:1," *New Testament Studies* 35 (1989): 550-81, 573를 보라. 또한 Jerome Murphy-O'Connor, "Relating 2 Corinthians to Its Context," *New Testament Studies* 33 (1987): 272-75 at 272-73 역시 참조하라. 최근의 논의로는 Volker Rabens, "Paul's Rhetoric of Demarcation: Separating from 'Unbelievers' (2 Cor 6:14-7:1) in the Corinthian Conflict," in *Theologizing in the Corinthian Conflict: Studies in the Exegesis and Theology of 2 Corinthians*, ed. Reimund Bieringer et al. (Leuven: Peeters, 2013), 229-53이 있다. 라벤스(Rabens)는 ἄπιστοι에 관해 일종의 이중 독법을 주장한다. 먼저는 그 단어를 불신자들을 가리키는 호칭으로 해석하고, 이차적으로는 "바울의 적대자들을 지칭하는" 것으로 간주해야 한다는 것이다 (232; 참조. 244).

지 않은 자"[the unfaithful] 또는 "이단자"[the infidels]로 번역하는 편이 나을 것이다.) 물론 유대인 그리스도인들(또는 그저 유대인들)을 '우상과 유사한 자들'로 언급하는 것은 가혹한 어법이지만, 우리는 이 바울이 다른 서신에서 유대 출신의 그리스도인 적대자들이 그들 스스로를 '베어 버리기를' 바란다고 언급한 적이 있음을 염두에 두어야 한다(갈 5:12).

반(反) 우상의 신학과 연관해서 우리가 흥미 있게 살필 만한 또 다른 본문은 고린도후서 5:1이다. 여기서 바울은 이렇게 확언한다. "만일 우리가 거하는 땅의 장막이 무너지면, 하나님께서 지으신 집, 곧 손으로 지은 것이 아니요[οἰκίαν ἀχειροποίητον] 하늘에 있는 영원한 집이 우리에게 있는 줄 아느니라."(NRSV) 6:16에서와 마찬가지로, 이 구절에서 바울은 고린도 신자들을 하나님이 거하시는 처소에 결부시킨다. 하지만 여기서 그의 초점은 더 넓은 범위의 공동체에 있는 것이 아니라, 좀 더 구체적으로 우리의 '몸'에 있다. 이 구절에서 언급되는 "땅의 장막"은 우리의 연약한 육체로서, 이 육체는 상처를 입고 뜯기며(생물학적인 죽음을 통해) 무너질 수 있다. 하지만 바울은 소망 가운데서 우리가 "하나님께서 지으신 집"을 받고 그 안에 거하게 될 것을 내다본다. 이는 곧 천상의 영원한 거주지이다. 이 거주지는 성전과 매우 유사하게 여겨지며, 바울은 이 건물을 οἰκίαν ἀχειροποίητον(손으로 짓지 않은 집)으로 묘사한다.

우리는 신약의 몇몇 구절에서 이와 동일한 종류의 어법이 사용되는 것을 보게 된다. 마가복음 14:58에서, 예수님의 재판에 출석한 거짓 증인들은 그분이 "손으로 지은" 성전을 헐고 "손으로 짓지 아니한" 다른 성전을 세울 것을 주장했다고 증언했다. 히브리서 9:11에서는 "손으로 짓지 아니한" 더 크고 온전한 장막에 관해 언급하면서, "이 창조에 속하지 아니한"것이라는 설명을 덧붙인다. "손으로 짓지 (아니한)"것이라는 이 어법은 하나님이 친히 만드신 것과 사람들이 만들어 낸 것을 구별하는 역할을 한다. 이 어법은 분명히 성전 건축에 적용될 수 있지만, 고대 유대인들과 그리스도인들은 우상에 관해 언급할 때에도 이와 동일한 용어들을 일반적으로 사용했다.

이 바울이 에베소뿐 아니라 아시아의 거의 전 지역에서, **손으로 만든** 신들은 신이 아니라고[οὐκ εἰσὶν θεοὶ οἱ διὰ χειρῶν γινόμενοι] 주장하면서 상당히 많은 사람들을 설득하고 빼내 간 것을 여러분 역시 보고 들었습니다. (행 19:26 NRSV)

우리 세대에서나 지금 이 시대에, 우리에게 속한 어떤 지파나 가문, 백성 또는 성읍들도 **손으로 만든 신들**[θεοῖς χειροποιήτοις]을 예배하지 않았습니다. 이는 지난 과거에 있었던 일들과는 다른 모습이지요. (유딧기 8:18 NRSV)

그러나 **손으로 만들어진** 우상[τὸ χειροποίητον]은 저주받은 존재이며, 그 우상을 만든 이 역시 그러하다. 그가 저주를 받는 것은 우상을 만들었기 때문이며, 그 썩게 될 우상이 저주를 받는 것은 그것이 하나의 '신'으로 지칭되었기 때문이다. (지혜서 14:8 NRSV)

[바벨론의] 왕이 [다니엘]에게 말했다. "그대는 왜 벨에게 경배하지 않는가?" 다니엘은 대답했다. "저는 **손으로 만들어진** 우상들[εἴδωλα χειροποίητα]을 숭상하지 않고, 살아 계신 하나님만을 섬기기 때문입니

다. 그분은 하늘과 땅을 창조하셨으며, 살아 있는 모든 피조물을 다스리고 계십니다."(벨과 용 4b - 5 NRSV)

칠십인역에서는 또한 우상들을 그저 τὰ χειροποίητα, 곧 "손으로 만든 것들"로 지칭한다(사 2:18; 10:11; 16:12; 19:1; 21:9; 31:7; 46:6; 단 5:4, 23; 6:28). 고린도후서에서 바울이 무너지지 않는 우리의 새 몸을 언급할 때, 그가 사용하는 '집'의 어법은 '**성전과도 같은 몸**'의 의미를 함축한다. 그러나 여기서 "손으로 지은 것이 아니요"라는 어구는 반(反) 우상의 신학과도 중첩되는 부분이 있다. 성전과 우상이 지닌 공통점은 그것이 신적인 존재에게로 나아가는 입구나 통로, 또는 그 존재를 담는 그릇의 역할을 한다는 데 있다. 우상의 경우에는 더 나아가서 그것의 형상 또는 이미지에 부합할 만한 구체적인 모습들을 만들어 낸다. 이에 반해 성전은 그 신적인 존재가 나타나거나 머무르는 **장소**에 더 가깝다. 유대 사상에서, 참된 성전은 하나님의 영광으로 가득 차 있는 반면에 우상들은 매우 공허한 존재였다.[12] 우상들은 **외적으로는** 영광스러운 겉모습을 지니고 있지만, 그 안에는 아무 실질적인 내용이 담겨 있지 않다. 곧 그 우상들의 내부에는 신성하거나 거룩한 성격, 신적이거나 영광스러운 권능을 지닌 특성이 전혀 존재하지 않았다.

---

12 고대 세계에서 우상과 신전들의 개념적인 관계는 우리가 생각하는 것보다 더 밀접했다. 사도행전 19:24에서 누가는 데메트리우스라는 이름의 은 세공인을 언급하는데, 그는 "아르테미스 여신의 은으로 된 사당들[ποιῶν ναοὺς ἀργυροῦς]"을 만드는 자였다. 린 카우피(Lynn A. Kauppi)는 이 사당들이 아르테미스 여신의 작은 신상이 담긴 "휴대 가능한 벽감(portable niches, 조각품 등을 세워 두기 위해 벽면을 오목하게 파서 만든 공간 - 역주)"이었을 것이라고 서술한다. 그런 물건들은 우상과 신전의 특징을 모두 담고 있었을 것으로 보인다. 다만 여기서 중요한 점은 당시 사람들이 인간의 손으로 만든 물건들 안에 신이 현존한다고 믿었다는 데 있다. *Foreign but Familiar Gods: Greco-Romans Read Religion in Acts* (London: T&T Clark, 2006), 94-95를 보라. Gregory K. Beale, *The Temple and the Church's Mission* (Downers Grove, IL: InterVarsity, 2005), 225 역시 참조하라. 『성전 신학』(새물결플러스).

3. 고린도후서 4:1-5:10

바울은 이 내부와 외부의 역학을 활용해서 자신의 사역과 기독교 신앙의 본질을 조명했으며, 하나님의 지혜에 부합하는 방식으로 실재를 파악하는 일에 관해서도 어떤 메시지를 전달하고자 했다. 이런 역학은 고린도후서 4:1-5:10에 나타나며, 그 초점은 5:7의 내용에 집중되어 있다. 이는 곧 바울이 πίστις(믿음)를 εἶδος(에이도스, '보는 일' 또는 형상)와 서로 대조시키는 구절이다.

1) 그리스도의 형상을 지닌 복음에 담긴 빛과 영광(4:1-6)

고린도후서 4장에서, 바울은 자신이 공개적이며 흠 잡을 데 없는 태도로 사역해 왔음에 관해 담대한 사도적인 선언을 제시한다. 이 본문에서 그는 자신이 어두운 곳에 숨어 사역해 왔다거나, 은밀한 행동을 지속해 왔다는 모든 개념을 반박한다. 4:3부터, 바울은 "가림"(veiled)의 개념에 관해 논한다. 아마도 당시에는 어떤 이들이 바울에게 숨겨진 동기나 은밀한 목표가 있다고 비방했던 듯하다.[13] 이에 맞서, 바울은 자신이 공개적이며 투명한 방식으로 사역했음을 주장한다. 만약 자신이 전한 메시지가 감추어지거나 가려졌다면, 이는 오직 "멸망의 길로 가는 자들에게" 그랬을 뿐이라는 것이다(4:3하 NRSV). 그들은 "그리스도

---

13 이는 Ralph P. Martin, *2 Corinthians*, Word Biblical Commentary 40 (Grand Rapids: Zondervan, 2014), 225에서 지적한 바와 같다. "바울의 글은 줄곧 자신에 대한 변론의 성격을 띤다. 이는 당시에 그가 고린도에서 자신을 비방하는 이들과 계속 논쟁을 벌여 나가고 있었기 때문이다. 그들은 바울이 온갖 부적절한 동기를 품고 있다고 비난했으며, 그의 신체적인 연약함을 지적하는 동시에 그가 신학적으로도 잘못된 입장에 있다고 공격했다." 또한 Jan Lambrecht, "Reconcile Yourselves … : A Reading of 2 Corinthians 5:11-21," in *Studies in 2 Corinthians*, ed. Reimund Bieringer and Jan Lambrecht (Leuven: Leuven University Press, 1994), 363-412 at 363를 보라.

의 영광이 담긴 복음의 빛"을 보지 못하지만, 그리스도는 곧 "하나님의 형상"이신 분이다(4:4 NRSV). 바울은 여기서 빛과 어둠의 이미지를 사용하는데, 이때 그는 창조의 어법에 의존하고 있는 것이 분명하다. 이는 이어지는 그의 인용문에서 드러나는 바와 같다. "어두운 데에 빛이 비치라 말씀하셨던 그 하나님께서 예수 그리스도의 얼굴에 있는 하나님의 영광을 아는 빛을 우리 마음에 비추셨느니라"(4:6).

이 본문에서 바울의 메시지는 철저히 그리스도적인 형상을 지닌다. 즉 우리가 예수 그리스도의 얼굴을 보지 않고서는 하나님의 영광을 헤아릴 수가 없다는 것이다. 이같이 바울은 그리스도께 주의를 집중시키면서, 세상의 잣대에 따라 능력을 규정하려는 영광의 신학들을 모두 논박한다. 우리가 영광의 참모습을 살피기 위해서는 예수님의 인격과 그분의 십자가에 담긴 기이한 지혜를 바라보아야만 한다.

2) 생명의 복음, 죽음을 상기시키는 모습(4:7-12)

이제 바울은 유명한 질그릇 이미지를 가지고서 자신의 사도적인 사역이 지닌 본성을 추가적으로 설명한다. "우리가 이 보배를 질그릇에 가졌으니 이는 심히 큰 능력은 하나님께 있고 우리에게 있지 아니함을 알게 하려 함이라"(4:7). 이 본문의 전반적인 요점은 명확하다. 이는 곧 제임스 던이 언급하듯이, 지금 이 세대에서는 "하나님의 능력이 인간의 덧없음과 부패함 속에 [담긴] 채로 나타난다"는 것이다. 그 능력은 "인간의 연약함을 제거하거나 넘어서는 모습으로 드러나는 것이 아니라, 오히려 그 연약함 **가운데서** 발휘된다."[14] 여기서 약간 분명하지 않

---

14 James D. G. Dunn, *The Theology of Paul the Apostle* (Grand Rapids: Eerdmans, 1998), 482.

은 것은 바울이 "질그릇"을 언급하는 이유이다. 과연 그가 이 개념을 제시할 때 염두에 두었던 주된 은유가 있었을까? 이에 관해 빅터 퍼니시는 몇 가지 가능성을 제시한다.[15] 그에 따르면 이것은 종교 예식에 쓰인 그릇을 가리킬 수 있으며(레 11:33; 15:12), 또는 신적인 창조에 연관되는 장인의 이미지, 곧 질그릇을 빚는 도공의 모습을 나타내는 것일 수도 있다(사 29:15; 45:9; 64:8). 퍼니시는 또한 키케로의 글에 담긴 흥미로운 진술을 언급하는데, 이 글에서 키케로는 우리의 몸을 하나의 그릇으로 묘사한다. "우리의 몸은 이를테면 영혼을 담는 그릇 또는 영혼을 위한 일종의 집입니다."(*Tusculan Disputations* 1.22.52)[16]

한편 제롬 머피 오코너는 진흙탕에서 벌어지는 레슬링이라는 독창적인 개념을 제시함으로써 해석의 선택지를 추가했다. "당시 레슬러들은 시합에 앞서 몸에 기름칠을 했다. 서로 씨름을 벌이는 동안에 그들의 몸에서 흐른 땀이 기름과 뒤섞였으며, 그들이 경기장의 부드러운 바닥에 몇 차례 나뒹군 후에는 온몸이 진흙으로 덮여서 마치 흙으로 빚은 조각상처럼 보였다. 그들은 이를테면 집안의 질그릇과 같은 재료로 만들어진 사람들처럼 보였다."[17]

린다 매키니시 브리지스는 가능성 있는 다른 해석을 제안한다. 그녀는 이 구절에 쓰인 바울의 어법을 개인적인 귀중품을 평범한 그릇 속에 숨겼던 고대의 보편적인 관습에 결부시킨다. 그녀는 나그 함마디(Nag Hammadi, 이집트 마을인데 고대 파피루스들이 발견된 장소로 유명하다. - 역

---

15 Victor P. Furnish, *II Corinthians*, Anchor Bible 34A (Garden City, NY: Doubleday, 1984), 253-54.
16 Furnish, *II Corinthians*, 253를 보라.
17 Murphy-O'Connor, *Second Letter to the Corinthians*, 45; 참조. Ceslas Spicq, "L'Image sportive de 2 Cor 4:7-9," *Ephemerides Theologicae Lovanienses* 13 (1937): 209-29.

주)에서 도둑맞지 않기 위해 초라한 질그릇 안에 숨겨 둔 귀중품이 어떻게 발견되었는지를 언급한다.[18] 이런 브리지스의 제안은 이 구절에서 바울이 사용한 은유를 적절히 이해하는 데 도움을 준다. 고린도후서 4:7에 대한 해석의 관점에서는, 이같이 몇 가지 가능성을 살피는 데 만족하고서 바울이 전개하는 사고의 흐름을 계속 따라갈 수 있을 것이다. 그러나 나는 이 구절에서 일종의 반(反) 우상적인 이미지가 암시되거나 시사되는 것은 아닐까 하는 생각을 품게 된다. 유대인들은 우상들이 인상적인 겉모습을 지녔지만 그 내부에는 가치 있는 것이 전혀 없다고 비판했던 것으로 유명하다(이는 예레미야서에서 널리 풍자되었던 바와 같다). 이 본문에서 바울은 변변치 않아 보이는 자신의 사역이 사실은 그와 정반대임을 말하고자 했을 것이다. 곧 바울 자신의 사역이 빛나는 겉모습을 지녔거나 황금으로 덧입혀져 있지는 않지만, 그 내부에는 충만한 하나님의 영광과 능력이 깃들어 있고, 영적인 안목을 지닌 이들이라면 그것을 헤아릴 수 있다는 것이다.

유대의 일부 문헌에서는 실제로 우상을 흙으로 빚은 그릇으로 묘사한다. 예를 들어 솔로몬의 지혜서에서는 장인이 "부드러운 흙"을 반죽해서 우상의 형상을 빚는 모습을 섬세하게 그려낸다(15:7, 13). 이때 장인은 진흙 덩어리를 가지고서 (접시 같은) 유용한 도구들도 만들지만, 이와 동시에 "무익한 신들" 역시 빚어낸다. 그러나 장인 자신도 흙에서 나왔으며 다시 흙으로 돌아가게 될 존재이기 때문에, 이는 실로 어리석은 일이라고 지혜서 저자는 탄식한다(15:8). 그들이 섬기는 우상들은 볼 수도, 숨을 쉬거나 들을 수도, 느끼거나 움직일 수도 없는 존재

---

18 Linda M. Bridges, "2 Corinthians 4:7-15," *Interpretation* 86 (1989): 391-96 at 392.

들이다(15:15). 그들에게는 생기를 주는 영이 없기 때문이다(15:16). 사람들의 심령에는 하나님의 생명이 담겨 있지만, 우상들은 죽은 존재들이다(15:17).

이와 유사하게, 「벨과 용」(Bel and the Dragon, 구약 외경으로 다니엘서의 내용과 이어지는 이야기 - 역주)에서 다니엘은 바벨론 제국의 왕에게 그들 앞에 있는 우상은 "그저 내부는 진흙으로, 외부는 청동으로 만들어진 물건"일 뿐이며 그 우상은 자신에게 드려진 제물을 결코 먹거나 마시지 못한다고 말한다(7). 만약 고린도후서 4:7에서 바울이 이 우상의 이미지를 활용하는 것이라면, 그의 요점은 자신은 거짓 교사나 사기꾼이 아니며 은밀한 목적을 지닌 가짜 사도도 아니라는 데 있을 것이다. 그는 영광스러운 보물을 그 속에 감추고 있는 평범한 질그릇과 같기 때문이다. 이때 바울은 우상과 반대되는 존재이다. 우상은 빛나는 청동으로 덮여 있지만, 그 틀은 대부분 진흙이다. 이에 반해 바울의 사역은 부서지기 쉬운 진흙처럼 **보일** 수 있지만, 그 안에는 귀중한 가치가 자리 잡고 있다.

그러므로 바울은 자신이 예수님의 죽음을 늘 몸에 짊어지고 다니며, 그 목적은 곧 그분의 생명을 드러내는 데 있음을 담대하게 선포한다(4:10). 바울의 삶과 사역은 마치 죽음의 길처럼 보이며, 죽음의 냄새를 풍긴다(2:12-17). 그러나 우리는 역설적이지만 바로 이러한 방식을 통해 복음이 생명을 가져다주며 당시 고린도 신자들 역시 이 생명의 유익을 누리고 있었음을 부인할 수 없다(4:12). 다음 인용문에서 베커는 바울이 묘사하는 이 영광의 감추어진 성격을 잘 파악하고 있다.

십자가와 부활의 변증법은 성령의 능력을 통해 나타나며, 이 변증법은 이 세상에서 어떤 명백한 부활의 징표들이 드러나는 일을 대체하는 것으로 보인다. 이런 맥락에서 살필 때 그리스도 안에 있는 하나님의 능력은 주로 "연약함"과 "그리스도의 고난"으로 간주되며(고후 1:3-7), 이는 십자가 사건과 비슷한 사도들의 경험에도 부합한다. 하지만 사도들이 이 세상에서 겪는 일들은 패배주의적인 것이 아니라 승리에 찬 것이며, 이는 그들이 최종적인 육신의 부활과 다가오는 하나님 나라의 영광에 대한 약속에 의존해서 살아가기 때문이다. 그 약속은 그들이 겪는 고난 가운데서도 여전히 이루어지고 있다.[19]

3) 복음에 참여함과 믿음 - 믿을 수 없는 일을 믿는 것(4:13-15)

그런 다음에 바울은 자신의 겸손한 사역을 믿음 자체의 본질에 연관시키면서 시편 116편을 인용한다.

> 기록된바 내가 믿었으므로 말하였다 한 것같이 우리가 같은 믿음의 마음을 가졌으니 우리도 믿었으므로 또한 말하노라. 주 예수를 다시 살리신 이가 예수와 함께 우리도 다시 살리사 너희와 함께 그 앞에 서게 하실 줄을 아노라. 이는 모든 것이 너희를 위함이니 많은 사람의 감사로 말미암아 은혜가 더하여 넘쳐서 하나님께 영광을 돌리게 하려 함이라.
> (고후 4:13-15)

바울에 따르면, 이같이 죽음의 위험을 짊어진 사도의 사역을 담대하게 수행할 수 있는 힘은 궁극적으로 **믿음**, 곧 πίστις에서 온다. 그리고 이 믿음은 부활의 소망에 의존한다. 여기서 바울은 예수님의 길을

---

[19] Beker, *Paul the Apostle*, 301.

따를 때 생명으로 인도함을 받을 것이며, 최종적으로는 자신의 순종과 헌신을 통해 하나님께 영광을 돌리게 될 것을 믿고 있다. 바울은 시편 116편을 인용함으로써 이 점을 설명한다. 그런데 그가 이 시편을 선택한 이유는 무엇일까?[20] 먼저 지적할 점은, 시편 116편이 고난과 죽음의 주제를 다루고 있다는 것이다.[21] 시편 기자는 "사망의 줄이 나를 둘렀으며", "내가 고통과 괴로움을 겪었다"라고 탄식한다(116:3 NRSV). 그는 자신이 "낮아졌으며"(116:6), 슬픔과 의심, 그리고 궁극적인 소멸의 두려움에 눌리는 상태가 되었다고 언급한다(116:8). 그러나 이 시편 전체에서, 화자는 신뢰와 소망의 어조를 유지한다. 그는 이렇게 부르짖는다. "여호와께서 내 음성과 내 간구를 들으시므로 내가 그를 사랑하는도다."(116:1) 주님은 그의 괴로움에 귀를 기울이셨으며, 시편 기자는 그분의 은혜로우심과 의로우심, 그리고 자비하심을 선포한다(116:5). 그러므로 우리는 이 시편에 이런 제목을 붙일 수 있을 것이다. "고난 받는 신실한 자들을 속량하시는 여호와께 드리는 찬송의 시."

바울이 인용하는 짧은 구절은 시편 116:10이다(칠십인역으로는 115:1). 이 구절의 히브리어 본문과 그리스어 본문을 번역하면 다음과 같다.

"내가 큰 괴로움을 당한다"라고 말할 때에도, 나는 내 믿음을 지켰습니다. (NRSV)

---

20 로이 해리스빌(Roy Harrisville)은 바울이 이 시편의 원래 맥락에 관심을 두지 않았다고 믿는다. 오히려 이 경우에 "원래 의미는 하나의 **절대적인 해석** 속으로 흡수되었으며, 그로 인해 과거에 대한 회고는 미래를 향한 전망으로 바뀌게 되었다"는 것이다. "Paul and the Psalms: A Formal Study," *Word and World* 5 (1985): 168-79 at 174. 물론 해리스빌의 이런 해석도 옳을 가능성은 있지만, 이것은 일종의 환원주의적인 관점으로 보인다(시편 자체의 맥락을 무시한 채, 바울의 본문만을 중심에 두는 관점이라는 의미 - 역주).
21 Barclay, "2 Corinthians," 1361.

나는 믿었으며, 그렇기에 말했습니다. 하지만 나는 매우 낮아진 상태에 있었습니다. (NETS)

고린도후서 4:13에서 바울은 분명히 칠십인역의 본문(ἐπίστευσα, διὸ ἐλάλησα)을 인용하고 있다. 그는 자신에게 주어지는 비난을 겁내면서 움츠러들지 않고, 시편 기자의 강인하고 힘찬 믿음을 공유하면서 담대한 자세를 유지했다. 우리는 시편 기자가 다음과 같이 선포한 점을 주목해야 한다. "주님은 그분을 신실하게 따르는 이들의 죽음을 귀하게 여기신다."(시 116:15 NRSV = 115:6 LXX). 이처럼 시편 기자는 자신이 처한 연약하고 수치스러운 상황을 결정적인 것으로 받아들이기를 거부했으며, 바울 역시 육신적인 눈으로는 쉽게 헤아릴 수 없는 영광의 존재를 믿어야만 했던 것이다. 제롬 머피 오코너는 이 점을 다음과 같이 설명한다.

여기서 바울이 자신의 고난과 사역의 관계에 대해 제시하는 해석은 믿음에 근거를 두고 있다. 시편 기자(LXX)와 마찬가지로, 바울은 자신이 여러 가지 어려움과 좌절 속에서도 끈기를 잃지 않는 이유는 하나님의 은혜 덕분이라고 여겼다. 그는 자신의 헌신을 통해 "예수님의 생명"이 드러난다고 믿었다. 물론 그런 진술들이 옳음을 바울이 이성적으로 증명할 수는 없었다. 그럼에도 그는 믿음의 요소를 강조했는데(4:13), 이는 우리 눈에 명백하게 보이는 일들을 역설하려는 것이 아니라 성령님께 속한 백성들이 "믿음의 마음"을 품어야 한다는 점을 암시하기 위함이었다. 당시 고린도 신자들은 방언을 말하는 것과 같은 성령의 은사들을 자랑하고 있었다. 하지만 그보다도, 그들은 사물의 외적인 모습을 벗어나서 하나님이 계획해 두신 실재를 바라볼 수 있게 해 주는 믿음의 은사를 길러야만 했다(참조. 4:18; 5:12; 11:18). 이처럼 바울의 사역이 믿음에 근거한 것이었으므로, 신자들 역시 믿음을 품을 경우에만 그의 사역을 바르게 이해할 수 있었다.[22]

바울을 시편 기자와 연결해 주는 것은 바로 그들이 공유하고 있는 이 "믿음의 영"이었다(τὸ αὐτὸ πνεῦμα τῆς πίστεως; 고후 4:13). 더글러스 캠벨 같은 학자들은 이 구절에서 바울이 시편 116편을 인용한 방식을 기독론적인 것으로 간주한다. 곧 이 시편은 "그리스도를 미리 드러내 보이는 것"으로 해석되며, 여기서 '믿음의 영'은 "그리스도께서 그 본문을 통해 그분 자신의 고난과 부활을 예언적으로 말씀하시는 일"에 동참함을 의미한다는 것이다.[23] 그러나 이 이론은 불필요하게 복잡하고, 얀 람브레히트는 좀 더 설득력을 지닌 독법을 제시한다. 그에 따르면, 이 구절에서 바울은 그저 자신이 암울한 상황에 처해 있지만 여전히 하나님을 향한 신뢰와 소망의 태도를 유지한다는 점을 밝히고 있다는 것이다.[24] 여기서 오직 바울에 관해 논할 때(그리고 그가 이 서신에서 품은 수사학적인 목표를 염두에 둘 때), 그가 πιστεύω를 사용한 방식은 내가 앞서

---

[22] Murphy-O'Connor, *Second Letter to the Corinthians*, 48; 또한 Paul Han, *Swimming in the Sea of Scripture: Paul's Use of the Old Testament in 2 Corinthians 4:7–13:13* (London: T&T Clark, 2014), 33–35를 보라.

[23] Douglas A. Campbell, "2 Corinthians 4:13: Evidence in Paul That Christ Believes," *Journal of Biblical Literature* 128 (2009): 337–56 at 347. 토머스 스테그먼(Thomas Stegman) 역시 이 구절에서 바울이 시편 116편을 인용한 방식을 기독론적으로 해석하는 입장을 취한다. 하지만 스테그먼은 τὸ αὐτὸ πνεῦμα τῆς πίστεως를 "신실함의 영"으로 번역하는 편을 선호하는데, 그에 따르면 이것은 "성령님이 우리 안에서 드러내시는 삶의 모습, 곧 예수님이 보여 주신 사랑과 자기희생의 존재 양식"을 가리킨다. "Ἐπίστευσα, διὸ ἐλάλησα (2 Corinthians 4:13): Paul's Christological Reading of Psalm 115:1a LXX," *Catholic Biblical Quarterly* 69 (2007): 725–45 at 735를 보라.

[24] Jan Lambrecht, "A Matter of Method (II): 2 Cor 4,13 and the Recent Studies of Schenck and Campbell," *Ephemerides Theologicae Lovanienses* 86 (2010): 441–48; Han, *Swimming in the Sea of Scripture*, 30–35.

서술했던 '믿는 믿음'(believing faith)의 개념에 부합한다. 이는 '믿을 수 없는 일을 믿고 받아들이는'(believe the unbelievable) 힘 또는 의지이며, 육신의 눈보다는 믿음의 눈으로 실재를 파악하는 능력이다. 이때 요구되는 것은 맹목적이며 충동적인 '믿음의 도약'이 아니다. 오히려 이것은 하나님이 이 세상의 실재를 헤아리시는 방식대로 우리도 그 실재를 바라볼 수 있기에 담대한 자세로 살아가려는 의지를 가리킨다. 바울이 사도의 사역을 힘차게 행할 수 있었던 이유도 바로 이 믿음에 있었다. 여호와 하나님께서 그분 자신을 그분의 백성에게 드러내시는 방법으로 어떤 하나의 형상이 아니라 그분의 말씀을 택하셨던 것처럼, 바울 **역시 복된 말씀을** 전파함으로써 **하나님의 어떠하심을 나타내는** 사역을 계속 수행해 나갔다. 그는 그 말씀을 믿었으며, 이를 통해 그것을 담대히 선포할 힘을 얻었다. 스티븐 크라프트치크(Steven Kraftchick)는 시편 116편과 바울의 사역 사이에 있는 개념적이며 상호 본문적인 연관성을 다음과 같이 적절하게 요약한다.

바울은 '믿음'과 '말함'의 용어를 사용하면서, 자신이 시편 기자와 마찬가지로 어려움을 당하고 있는 중에 말하는 것이라고 주장한다. 그가 말씀을 전하는 이유는 바로 그것이 자신의 믿음을 드러내는 행동이기 때문이다. 예수님을 죽음에서 일으키신 하나님을 믿는 일은 그 하나님을 지금 바울 자신의 삶에서 역사하시는 분으로 이해한다는 의미다. 그러므로 바울의 말씀 선포는 그 믿음에서 흘러나온다. 비록 자신의 겉모습은 죽어가는 이의 형상이지만, 바울은 이런 자신의 존재를, 죽은 자를 다시 살리시며 궁극적으로는 마지막 날에 자신을 고린도 신자들과 함께

일으키실 그분을 신실하게 증언하는 일의 일부분으로 이해했다.[25]

4) 눈에 보이지 않는 복음에 담긴 능력과 소망(4:16-18)

고린도후서 4장 끝부분에서 바울은 이 믿음의 관점이 함축하는 바가 무엇이며, 그리스도께서 바울 자신을 통해 말씀하신다는 믿음을 담대히 간직하고 또 선포하는 이유는 무엇인지를 더 자세히 언급한다(참조. 13:3상). 바울은 그 믿음 안에서 절망이 아니라 소망을 품고서 살아가고 있다. 물론 그는 고통이 자신을 힘겹게 하며, 사람들의 반복적인 거절 때문에 세상에서는 수치를 겪게 된다는 점을 잘 알고 있다. 당시에 그는 거듭되는 고난을 당했으며, 이로 인해 겉모습이 쇠약해진 상태였다(4:16-17). 하지만 그는 세상의 지나가는 일에 초점을 두지 않고, 오히려 보이지 않으며 영원한 실재를 바라보았다(τὰ μὴ βλεπόμενα; 4:18). 여기서는 히브리서 11:1에 있는 아래 구절과의 유사성이 뚜렷이 드러난다. "이제 믿음은 우리가 소망하는 일들에 대한 보증이며, 우리가 눈으로 보지 못한 일들에 대한 확신입니다[ἔλεγχος οὐ βλεπομένων]"(NRSV).

4:16-18에서 바울은 '겉 사람'과 '속사람'을 대조한다. 머피 오코너는 '겉 사람'을 "인간 존재의 가시적인 측면"으로 규정하며, 이를 통해 사람들은 바울이 입었던 "상처와 타격", 그가 시달리는 "질병과 피로" 등을 보게 된다. 오코너에 따르면, 이와 반대로 바울의 '속사람'은 "인간 존재의 비가시적인 측면"을 의미한다.[26] 여기서 바울은 인간의 영혼

---

[25] Steven J. Kraftchick, "Death in Us, Life in You: The Apostolic Medium," in *Pauline Theology: 1 and 2 Corinthians*, ed. David M. Hay (Atlanta: Society of Biblical Literature, 2002), 2:156-81 at 176.
[26] Murphy-O'Connor, *Second Letter to the Corinthians*, 49.

과 육체를 이야기하는 것이 아니다. 오히려 그는 한 사람의 내적인 인격과 선택에 관한 진리를 언급하고 있다. 그런 진리들은 사람의 겉모습만을 보고서는 파악할 수가 없는 것들이다. 여기서도 우리는 이 본문의 내용이 우상 숭배에 반대하는 신학과 유사성이 있음을 볼 수 있다. 우상 숭배자는 빛나는 조각상이 큰 능력을 지닌 신적 존재일 것이라고 여기지만, 실제로는 아무런 힘과 생기가 없는 물건 앞에 엎드릴 뿐이다. 오히려 바울은 이렇게 단언한다. "**중요한 것은 바로 그 내면에 자리 잡은 실재이다**(What is inside is what counts)." 그 실재는 오직 믿음의 눈으로만 파악할 수 있다.

5) 장막인 몸에 거하는 동안에 회복과 영광을 소망하면서 분투하기(5:1-5)

고린도후서 5장에서 바울은 우리의 몸, 특히 쇠약한 몸에 관심을 돌리고, 빌립보서에서는 "낮은 몸"이라고 부른다(3:21). 당시에 어떤 이들은 바울에 관해 이렇게 수군거렸을지도 모른다. "그의 모습을 좀 봐. 어떻게 그가 복된 소식을 전하는 하나님의 일꾼일 수 있겠어? 그는 실로 쇠약하고 병든 사람이야." 이때 바울은 얼굴에 기름을 바르고서 "아닙니다. 내 모습이 얼마나 강인한지 한번 보십시오!"라고 변명하지 않았다. 그 대신에, 그는 이 땅에서 우리가 지니는 몸의 문제를 자세히 다룬다. 사실 우리가 이 땅에서 갖고 있는 몸은 실로 연약하며, 심지어 죽음에 의해 쉽게 소멸될 수 있는 상태에 있다. 그러나 바울은 이렇게 언급한다. "만일 우리가 지금 머무는 이 땅의 장막이 무너지면, 우리는 하나님이 주시는 집, 곧 손으로 만든 것이 아니며 하늘에 있는 영원한 집에 거하게 될 것입니다."(고후 5:1 NRSV) 여기서 그는 신자들의 죽음과 부활에 관해 이야기하는 것이다. 이와 유사한 구절인 빌립보서 3:21

을 살펴보면, 그는 빌립보 공동체를 위해서도 비슷한 메시지를 전하고 있다. "그분은 만물을 자신에게 복종하게 하실 수 있는 능력으로, 우리의 낮은 몸을 그분께 속한 영광의 몸과 같이 되게끔 변형시키실 것입니다."(NRSV)

바울은 지금 우리가 지닌 몸이 온전하고 견고하며 불멸하는 성전인 것처럼 가장하지 않는다. 오히려 이 몸은 허물어져 가는 장막이며, 자연적으로 분해되고 말 처소이다. 이 몸은 우리의 거주지이지만, 이미 낡고 닳은 흔적들을 드러내고 있다. 이 장막이 이처럼 연약하기에, 신자들은 더 견고한 처소를 사모하면서 갈망한다(고후 5:4). 그런데 여기서 바울의 요점은 자신이 담대한 소망을 품고 살아간다는 데 있다. 이는 우리의 삶이 이같이 상처와 제약으로 가득 찬 이 땅의 육신으로 끝나지 않으며, 이런 일들이 그리스도인의 정체성을 영원히 규정짓지도 않는다는 점에 관한 소망이다. 신자들 앞에는 아름답고 영구한 집(영광의 몸)이 기다리고 있으니, 이는 곧 환하게 빛나는 성전이다(5:5). 하지만 아직 그 때가 차지 않았으므로, 인내하면서 기다려야 한다.

6) 믿음과 소망 안에서 행하기(5:6-10)

마침내 고린도후서 5:6-10에서, 우리는 자신의 사도적인 모습에 관한 바울의 극적인 언급에 도달한다. 바울은 고린도 신자들이 자신의 삶과 사역을 이 본문에서 묘사한 방식대로 이해해 주기를 원했다(사실 그는 모든 곳의 신자들이 그리하기를 바랐다). 그는 자신이 마침내 영광의 옷을 입고 수치와 벌거벗은 상태를 벗어나게 될 때를 갈망하는 한편, 여전히 담대한 확신을 잃지 않고 있다(5:6). 이 땅의 장막인 몸 안에 거하는 것은 곧 나그네와 여행자로서 살아가는 일이다. 그런 모습으로 이 세상을 살아가는 이들은 일시적이며 불확실한 삶의 상태를 감내해야만 한다. 따라서 바울은 이렇게 고백한다. διὰ πίστεως ... περιπατοῦμεν, οὐ διὰ εἴδους(5:7, 우리는 믿음으로 행하며, 보이는 것에 의존해서 살지 않습니다). 이 구절에서 εἶδος라는 단어는 여기 쓰인 πίστις에 관한 바울의 어법을 이해하는 열쇠가 되는 것으로 보인다. 학자들은 여기서 εἶδος가 '보는 것/봄'(seeing/sight, 이는 능동적인 개념이다)과 '형상'(form, 이는 수동적인 개념이다) 중에서 어느 쪽을 의미하는지를 놓고 논쟁하고 있으며,[27] 라우와 나이다(Louw-Nida) 사전에서는 두 가지 가능성을 모두 제시한다.[28] 바울이 서신에서 εἶδος를 언급하는 또 다른 구절은 데살로니가전서 5:22뿐인데, 여기서 이렇게 권면한다. "모든 형태[εἴδους]의 악을 멀리하십시오."(NRSV) 그런데 지금 다루는 고린도후서 본문이나 데살로니가전서의 그 구절에서도, εἶδος를 '눈에 보이는 것'(what is seen)으로 이해하는 편이 가장 적절해 보인다. 고린도후서 5:7에서 이 단어가 직접적으로 지칭하는 바는 우리가 현재 그리스도의 모습을 눈으로 볼 수 없다는 점이다.[29] 그렇기에 바울은 지금 신자들이 "주와 따로 있는" 상태로 살아간다고 설명한다(5:6).[30] 하지만 고린도후서에서, 바울은 주님이 지금은 우리 곁을 떠나 계시지만 언젠가는 모습을 드러내시리라는 것 이상의 메시지를 전달하고 있음이 분명하다.

---

27 퍼니시는 여기서 εἶδος가 수동적인 의미를 지니며, "무언가를 보는 행위"를 지칭하지 않는다고 주장한다. *II Corinthians*, 273.
28 Johannes P. Louw and Eugene Albert Nida, *Greek-English Lexicon of the New Testament: Based on Semantic Domains* (New York: United Bible Societies, 1996), §58.14, §24.1.
29 프레드릭 린고르(Fredrik Lindgård)는 이 단어를 "주님의 형상"(the shape of the Lord)으로 번역하는 편을 선호한다. *Paul's Line of Thought in 2 Corinthians 4:16–5:10* (Tübingen: Mohr Siebeck, 2005), 198을 보라.
30 "비록 여러분은 그분을 보지 못했지만 사랑하고 있습니다. 지금 여러분은 그분을 볼 수가 없지만, 그럼에도 그분을 믿고서 말할 수 없는 영광스러운 즐거움 가운데서 기뻐하고 있습니다."(NRSV)

이 점을 달리 표현하면, 바울은 어떤 측면에서 πίστις와 εἶδος를 대조하는 데 인식론적인 **중요성**을 부여하는 것으로 보인다.[31]

εἶδος 자체는 독립적인 명사가 아니며, ὁράω(호라오, '보다')가 명사화된 형태이다. 그리고 바울은 우리 눈에 보이는 것과 보이지 않는 것에 관해 언급하면서 고린도후서 4장의 논의를 막 끝마친 바 있다(다만 이 4장 본문에서는 βλέπω[블레포, '보다']의 변화형들을 사용했다). 그러므로 5:7을 다소 딱딱하게 번역하자면, 이렇게 표현할 수 있을 것이다. "우리는 믿음으로 살며, 가시적인 형상에 의존해서 살지 않습니다(we live by faith, and not by visible form)."

우상 숭배를 논박하는 유대 문헌인 지혜서 15:1-16에서, 저자는 우상 숭배자들에게 맞서 한 분이신 하나님께만 충성하는 이들의 믿음과 지혜를 드러낸다. 이 지혜서 15장에서는 우상을 만드는 이들의 어리석음을 강론하면서, 어떤 장인이 한 형상(εἶδος)을 여러 아름다운 색깔로 치장하는 일에 관해 언급한다(15:4). 그리고 어리석은 자들은 그 겉모습(ὄψις)에 관심을 보이며, 마침내는 "그 죽은 우상의 생기가 없는 형상"(νεκρᾶς εἰκόνος εἶδος ἄπνουν; 15:5)에 마음을 쏟는다. 지혜서 저자는 우

---

[31] 린고르는 고린도후서에 깊은 인식론적인 긴장이 담겨 있다고 주장한다. 이는 당시 고린도의 일부 신자들이 왜곡된 관점에 입각해서 행하고 있었기 때문이다. "바울은 (당시 어떤 이들과는 달리) 자신의 외적인 형상을 좇아 행하지 않았다. 곧 그는 다른 사람들의 눈에 보이는 자신의 모습대로 처신하지 않았던 것이다. 오히려 그는 자신의 믿음에 근거해서 사역을 수행했다." *Paul's Line of Thought*, 199. 바로 이 부분에서, 믿음에 관한 바울의 어법에 대한 테레사 모건의 이해는 적절하지 못하다. 모건은 고린도후서 5:7에 인식론적인 강조점이 있다는 것을 부인하며, 그보다는 이 구절에서 아마도 바울이 믿음의 은사를 언급하고 있을 것이라는 해석을 선호한다. 그 은사는 하나님이 주신 것으로서, 바울이 행할 길을 환히 비추어 주었다는 것이다(모건의 이 해석은 고린도 신자들과 바울 사이의 인식론적인 긴장보다도 하나님이 바울에게 주신 은사를 강조하는 것으로 보인다. - 역주). 하지만 모건은 바울의 관점에서 πίστις와 πιστεύω 사이에 존재했던 관계, 특히 4:13-14에서 드러나는 그 관계를 충분히 진지하게 다루지 않는다. *Roman Faith and Christian Faith: Pistis and Fides in the Early Roman Empire and the Early Churches* (Oxford: Oxford University Press, 2015), 254-55를 보라.

상 숭배자들이 우상의 (화려하게 장식된) 형상과 겉모습에만 주의를 집중하며, 그 내용물에 관해서는 올바른 통찰력을 갖지 못한 것을 조롱한다. 결국에 그들이 얻는 것은 영과 숨결이 없는 존재, 시체와 다를 바 없는 존재일 뿐이다.

자신의 삶과 사도적인 사역에 관한 바울의 요점 역시 이와 동일한 사고의 흐름을 따라간다. 만일 외적인 형상에 초점을 맞출 경우, 바울은 그저 폐기될 때를 기다리는 낡아빠진 장막 같은 존재에 불과하다. 하지만 우리가 πίστις에 근거해서 살아가는 일은 소망을 품고 새로운 눈으로 세상을 바라보면서 나아가는 것을 의미하며, 이때 우리는 사물의 외적인 모습을 넘어서서 영원한 실재, 곧 그 안에 자리 잡은 귀중한 가치를 인식하며 내다보게 된다.

이후 몇 구절 아래에서, 바울은 고린도 신자들에게 스스로를 뽐내는 자는 자신을 드러내는 데 집착하며 영광스러운 형상과 겉모습을 자랑하지만 정작 자신의 마음 상태에 관해서는 너무 신경을 쓰지 않는다고 언급한다(고후 5:12). 그 뒤에는 그리스도께서 다스리시는 새로운 세대에 관한 바울의 극적인 언급이 이어지며, 여기서 그는 신자들이 "육신적인"(κατὰ σάρκα) 잣대에 근거해서 사람을 바라보고 이해해서는 안 된다는 점을 지적한다. 인간적인 시각에만 의존해서 세상을 살펴서는 안 된다는 것이다(5:16). 오히려 그들은 통찰력 있는 믿음의 시각에서 만물을 파악해야 하며, 그럼으로써 안에 숨겨진 보물을 찾고 각 사람의 내적인 갱신을 인식할 수 있게 된다. 그리고 죽음이 아니라 생명을 바라보게 된다.

바울의 관점에서, 우리가 실재를 바르게 파악할 수 있도록 이끄시는 분은 바로 예수 그리스도이시다. 그러므로 우리가 πίστις에 근거한 인식으로 나아가는 것은 **그리스도**를 새로운 방식으로 바라볼 때에만 가능한 일이다. 육신적인 관점에서 살필 때, 예수님은 한 사람의 범죄자이자 실패자이며 수치스러운 인물일 뿐이었다. 그분은 연약하며 힘을 잃은 존재였다. 하지만 바울은 이렇게 역설한다. "우리는 그분을 더 이상 그런 식으로 이해하지 않습니다."(5:16 NRSV) 그럼에도 그리스도의 연약한 모습만을 바라보는 사람은 πίστις를 좇아서 행할 수 없다.

이 고린도후서 본문과 이사야서에 있는 '고난 받는 종'의 단락 사이에는 흥미로운 연관성이 나타나는데, 칠십인역 이사야서에서는 이 단락에서 εἶδος를 사용한다. 이 칠십인역 본문은 고난 받는 종이 마침내 높이 들릴 것이라는 예언으로 시작한다. 그 종은 높은 지위에 오르며 찬미를 받게 될 것이다(52:13). 그러나 이 일이 선포된 뒤에 곧바로, 이사야서 독자들은 그 종이 먼저 겉모습 때문에 철저히 거부당하는 현실에 직면하게 된다. "많은 이들이 너를 보면서 놀랄 것이니, 그들이 보기에 너의 겉모습[εἶδος] 가운데 아름다운 것이 없으며 너의 영광이 자취를 감출 것이기 때문이다."(52:14 NETS)

이어 칠십인역 본문에서는 이렇게 언급한다. "그에게는 형상[εἶδος]이나 영광이 없으며, 우리가 그를 보니 아무런 모양이나 아름다움이 없었다." 그리고 "그의 형상[εἶδος]에는 아무 광채가 없으며, 모든 사람보다 더 낮은 모습을 하고 있었다."(53:2-3 NETS) 이사야서의 '고난 받는 종'에 관한 단락 전체에서는, 이처럼 그 종이 참된 영광과 존귀를 누리는 일(이런 특성은 그의 순전함과 관대함, 자기희생을 통해 드러난다)과 그 종의 형상 또는 겉모습 때문에 사람들이 그를 무시하고 거부하는 일 사이에 뚜렷한 긴장이 나타난다. 우리는 이런 긴장의 원인을 사람들이 참된 **믿음**을 지녔는지 여부에서 찾아볼 수 있다. "주님, 우리가 전한 것을 누가 믿었습니까[πιστεύω]? 그리고 누구에게 당신의 팔이 나타났습니까?"(53:1 NETS; 이 책의 199쪽을 보라). **믿음**에 의존해서 살아가는 사람들은 고난 받는 종의 영광을 바라볼 수 있지만, **형상**에 의존해서 살아가는 사람들은 그저 버림받은 자의 보잘것없고 비참한 모습만을 보게 될 뿐이다.

우리는 바울의 다른 어떤 서신들보다도 바로 고린도후서에서 이 같은 인식론적인 변증법을 뚜렷이 발견한다.³² 바울의 관점에서, 그리스도를 아는 일은 곧 '믿는 믿음'(believing faith)의 시각에서 그분을, 그리고 다른 모든 실재를 바라보는 법을 배우는 것을 의미했다. 어떤 이들은 눈에 보이는 것만을 믿었지만, 바울은 그들의 태도를 직접적으로 반박한다. 그리고 이런 입장을 뒷받침하기 위해, (지금 이 세대에서는 일시적으로) **우리 눈에 보이지 않으시는** 그리스도께 의존했다. 바울의 관점에서, 이때 우리에게 요구되는 것은 맹목적인 믿음이 아니었다. 오히려 이 보이지 않으시는 주님을 향해 특별한 방식으로 우리의 마음을 고정하는 일이었다. 이 점에 관해, 배럿은 이렇게 설명한다. "신자의 믿음은 그리스도의 존재가 객관적으로 입증된다는 점을 기반으로 삼아서 생겨나는 것이 아니다. 그들은 지금 이 세상에 계시지 않으며 객관적으로 밝힐 수도 없는 그분을 신뢰한다. 그분의 역사는 이미 과거 속으로 사라져 버렸으며, 그분의 임하심은 우리가 알 수 없는 미래에 놓여 있다."³³

---

32 이와 연관된 유익한 논의로는 Dominika A. Kurek-Chomycz, "The Scent of (Mediated) Revelation?" in *Theologizing in the Corinthian Conflict: Studies in the Exegesis and Theology of 2 Corinthians*, ed. Reimund Bieringer et al. (Leuven: Peeters, 2013), 69-107를 보라.
33 C. K. Barrett, *The Second Epistle to the Corinthians*, Black's New Testament Commentary (Peabody, MA: Hendrickson, 1991), 158; 참조. Timothy B. Savage, *Power through Weakness:*

4. 결론

논의의 초점을 고린도후서 4:1-5:10에 둘 때, 우리는 이 단락의 주제가 되는 바울의 진술, 곧 "우리는 믿음으로 행하며, 보이는 것에 의존해서 살지 않는다"라는 그의 선포가 지닌 맥락과 함의를 자세히 살펴볼 필요가 있다(5:5-7). 바울은 4:13에서 시편 116:10을 인용하는데, 이 일의 의미는 예수님의 십자가와 변혁적인 죽음, 그리고 십자가의 길에 관한 메시지를 바울이 사도로서 담대히 선포하게 했던 근원적인 관점을 **믿음**에 연결하는 데 있다. 바울은 믿음의 어법을 다양한 방식으로 사용할 수 있었지만, 고린도후서에서는 그곳의 신자들이 영광과 생명의 본질을 상상하고 파악한 방식에 관심의 초점을 두었다. 바울에 따르면, 사람들에게는 **육신적인 관점**이 있다(5:16중). 이는 인간적인 안목에 근거해서 눈에 보이는 것에만 가치를 두는 시각이다. 바울은 예전에 **자신도 육신적인 인식론을 좇아** 행했으며, 이로 인해 그리스도를 연약한 자로 정죄한 적이 있었음을 인정한다. 하지만 **이제는** 그리스도의 새로운 모습을 대면하게 되었으며(5:16하), 그 일은 그가 **모든 실재**를 바라보는 관점을 바꾸어 놓았다(5:16상). 육신적인 관점으로는 **가시적인 형상** 너머를 헤아리지 못한다. 그러나 바울은 우리가 세상을 바르게 바라보기 위해서는 πίστις의 렌즈가 필요하며, 또 그 렌즈를 얻는 일이 가능하다는 점을 선포한다. 이 **믿음**의 렌즈는 바울이 어림짐작이나 무분별한 견해를 표현하기 위해 만들어 낸 가상의 방식이 아니다. 오히려 그것은 사람의 육안으로는 파악되지 않는 실재를 보이게 만들 수

Paul's Understanding of the Christian Ministry in 2 Corinthians, Society for New Testament Studies Monograph 86 (Cambridge: Cambridge University Press, 2004), 181.

있는 현미경과도 같다. 우리는 이것을 '**믿는 믿음**'(believing faith)으로 지칭하며, 이는 곧 우리로 하여금 믿을 수 없는 일을 믿게 하는 동시에 눈에 보이지 않는 일을 '보게' 하는 믿음이다. 이때에는 우리가 실재를 올바르게 **바라보도록** 훈련되기 때문에 그 일이 가능해진다. 참된 영광은 어떤 이의 화려한 겉모습 속에서 발견되지 않는다. 오히려 그 영광은 우리의 영혼과 의지가 지닌 충실성과 결단, 진지한 자세에서 드러난다. 어떤 이의 존귀함은 그가 아무런 상처를 입지 않은 데서 생겨나지 않는다. 오히려 그 존귀함은 그가 우리를 대신해서 받은 상처들이 그의 고결한 마음을 보여 주는 것임을 깨달을 때 나타난다.

8장
언약적 믿음주의
갈라디아서에 나타난 πίστις와 신-인 역할의 문제

믿음은 그리스도의 죽으심과 부활 안에서 역사하시는 하나님의 구속적인 능력에 열려 있는 태도, 최종적으로는 그 능력 안에 참여하는 일을 의미한다. 믿음을 통해 신자는 죄와 사망에 대해 '죽게' 되며, 이는 그리스도께서 그것들에 대해 죽으셨던 것과 마찬가지이다. 그리고 신자들은 그분과 함께 부활하게 될 것을 소망하면서 살아간다.
- 빅터 퍼니시, *Theology and Ethics in Paul*(바울의 신학과 윤리)

바울은 신뢰/믿음을 그리스도를 통해, 그리고 새 세대가 현재 가운데로 침입해 옴으로써 가능하게 된 새로운 존재 양식으로 간주한다. 이에 따라 그는 그것을 새로운 삶의 방식으로 여기는데, 거기에는 우리가 하나님과 관계를 맺는 방식 역시 포함된다.
- 리앤더 켁, *Paul and His Letters*(바울과 그의 서신들)

1. πίστις와 바울의 구원론 탐구

아마도 바울이 믿음과 행위를 서로 대조했다는 것만큼 바울에 관해 잘 알려진 내용은 없을 것이다. 이것은 개신교 가르침에서 옹호되는 관점이며, 학자들이 바울 신학의 중심으로 삼곤 하는 요점이다. 갈라디아서에 대한 고전적인 해석에서는 당시 갈라디아 신자들을 혼란에 빠뜨렸던 유대 기독교인 교사들이 신자들로 하여금 행위 지향적인 관점을 받아들이도록 설득한 반면에, 바울은 믿음을 지향하는 관점을 옹호했다고 주장한다. 갈라디아 교회의 상황에 대한 이 표준적인 재구성을 살피면서, 나는 갈라디아서에서 πίστις가 쓰이고 수용된 방식에 대한 학자들의 이해에 불편함을 느낀다. πίστις라는 단어가 **기독교적으로** 전유되어 온 오랜 역사가 있기 때문에(이 단어는 명백히 **기독교적인** 용어로 간주되어 왔다), 우리는 바울이 예수 그리스도의 복음에 대한 **자신만의** 접근법을 대표하는 단어로 πίστις를 사용한 일에 당시 유대 그리스도인 선교사들이 어떤 반응을 보였을지 숙고하는 일을 소홀히 해 왔다. 이 점을 달리 표현하면, 우리는 이 신학적인 줄다리기가 다음 두 편 사이에서 벌어졌다고 생각하는 경향이 있다. 곧 한 편에는 **율법의 행위들**(ἔργα νόμου)을 옹호하는 유대 그리스도인 선교사들이 있으며, 그 반대편에는 **믿음**(πίστις [Ἰησοῦ Χριστοῦ])을 내세우는 바울이 있다고 여긴다. 하지만 여기서 던져 볼 질문이 있다. "유대 그리스도인 선교사들 역시 바울과 마찬가지로, 하나님을 향한 헌신과 순종에 대한 자신들의 이해를 진술할 때 πίστις를 중요한 개념으로 여기지 않았겠는가?" 만약 이 가정이 옳다면, 그들이 지녔던 견해는 νόμος(노모스, '율법')와 πίστις를 대립시키는 것이 아니라 'νόμος(토라)를 통해 πίστις에 이른다'는 관점이 되었을 것이다.

유대인들은 πίστις라는 용어를 써서 자신과 하나님의 관계를 표현하는 일을 자연스럽게 여겼으며, 이는 그것이 당시에 그리스어로 기록된 종교 문헌에서 널리 쓰이거나 선호되는 용어가 아니었을지라도 그러했다(이 책의 3장을 보라). 바로 이 점에서 갈라디아서는 실로 독특한 문헌이며, 특히 바울 자신의 신학이 담긴 것으로서 현존하는 가장 이른 시기의 문서 중 하나라는 점에서 더욱 그러하다. 이는 이 서신에서 바울이 πίστις를 νόμος와 서로 **분리시키는** 담대한 움직임을 보이고 있기 때문이다. 그가 그렇게 한 이유는 이 둘을 **분리 가능한 개념으로** 간주하면서 살피려는 데 있었다. 바울의 이 신학적인 행보는 마치 과학자들이 원자를 최초로 분열시킨 일과 동등한 의미를 지닌다고 볼 수 있다. 그것은 선례가 없는 일로서 불안정한 상태를 유발했으며, 급작스레 새로운 사고방식이 출현하게 되었다.[1] 여기서 우리는 바울이 왜 이런 대조를 확립했는지를 논의하기 전에, 먼저 이 믿음/행위의 패턴이 과거 역사에서 어떻게 해석되어 왔는지를 살펴보는 편이 유익할 것이다.

갈라디아서에 담긴 이 믿음과 행위의 대조를 이론적으로 재구성한 주요 인물은 마르틴 루터였다(이 책의 61-67쪽을 보라). 루터의 시대부터 20세기 중엽에 이르기까지, 믿음과 행위가 서로 대립하는 양극단에 있다는 관점은 별다른 의심을 받지 않고 전수되어 왔다. 곧 행위는 우리가 애쓰고 행하며 획득하는 일에 관한 것으로, 믿음은 우리가 믿고 받아들이는 일에 관한 것으로 간주되어 왔다. 예를 들면, 핀들리(1849-1919)는 바울이 "복음의 의와 율법의 의" 또는 "믿음을 통한 구원과 율법의 행위를 통한 [구원]"을 서로 정반대되는 양극단에 속한 것으로 여겼다고 주장했다.[2] 이런 사고방식을 따르는 갈라디아서의 해석자들은 기본적으로 믿음을 **수동적인** 성격을 지닌 개념으로 간주하는 경향을 보였다. 그러므로 핀들리는 행위가 "행위자 자신의 공로"를 나타내는 반면에, "믿음의 미덕은 신뢰의 대상이 되시는 그분 안에 자리 잡게" 된다고 언급했다.[3] 핀들리에 따르면, 믿음은 "우리 영혼이 그리스도께 의존하는 태도"를 의미하며, "그리스도는 율법의 속박을 떨쳐 버리는 믿음을 우리 안에 일으키신다." 이때 우리는 "자신이 하나님의 자

---

1 James D. G Dunn, *The Theology of Paul's Letter to the Galatians* (Cambridge: Cambridge University Press, 1993), 81; 또한 "The Theology of Galatians," in *Pauline Theology*, ed. Jouette M. Bassler (Minneapolis: Fortress, 1991), 1:138-46를 보라.
2 George G. Findlay, *The Epistle to the Galatians* (New York: Armstrong, 1902), 140-41.
3 Findlay, *Galatians*, 228.

녀라는 영광스러운 의식" 가운데서 안식을 얻는다.[4]

그러나 20세기 중엽부터 후반까지, 이른바 '바울에 관한 새 관점'(New Perspective on Paul) 학파는 바울에 관한 이 같은 독법에 반대했다. 이 학파에서는 바울이 당시 유대교를 율법주의적인 종교로 여겼다는 학자들의 가정을 거부하는 동시에, 바울적인 기독교의 참된 성격을 복구하려고 시도했다. '새 관점' 학파에서는 바울이 하나님께 순종하는 삶에도 관심을 가지고 있었음을 쉽게 입증할 수 있다고 지적했으며, 최후의 심판이 각 사람의 행위대로 이루어질 것에 관한 바울의 강조점을 그의 신학에 관한 논의의 최전선으로 가져왔다.[5]

---

[4] Findlay, *Galatians*, 228-29. 존 머리(John Murray)의 로마서 주석에 담긴 바울에 대한 해석은 핀들리의 입장과 매우 유사하다. "행위에 의한 칭의는 늘 사람의 존재와 행위에서 그 근거를 찾는다. 항상 그 칭의는 의롭게 여김을 받는 이가 지닌 미덕을 고려하는 성향을 띤다. 그러나 믿음이 지니는 구체적인 특질은 자기 자신 외의 다른 존재를 신뢰하며 헌신하는 데 있다. 그것은 본질적으로 외부 지향적이고, 그런 측면에서 행위와는 정반대이다. 이처럼 믿음은 **자신을** 포기하는 행동이다. 그러나 행위는 **스스로를** 만족스럽게 여기는 성향을 띤다. 믿음을 좇는 이는 하나님이 행하시는 일들을 바라보지만, 행위를 붙드는 이는 자신의 어떠함에 관심을 쏟는다. 이 같은 원칙적인 대립 때문에, 사도는 믿음의 원리에 근거해서 행위를 완전히 배제할 수 있었다." *The Epistle to the Romans* (Grand Rapids: Eerdmans, 1997 [originally 1968]), 123를 보라. 『로마서 주석』(아바서원). 그리고 Rudolf Bultmann, "Pisteuō," in *Theological Dictionary of the New Testament: Abridged Edition*, ed. Gerhard Kittel and Gerhard Friedrich, trans. Geoffrey W. Bromiley (Grand Rapids: Eerdmans, 1985), 849-57 at 855를 참조하라: "자신의 의지를 부정하는 것으로서 믿음은 최상의 행동이다. 이 때문에, 그것은 모든 의미에서 인간의 행위와 반대되는 성격을 띤다. 오히려 믿음은 은혜와 연관되어 있으며, 이 은혜는 마땅한 대가를 요구하는 행위와는 서로 대립하는 위치에 있다."

[5] '바울에 관한 새 관점'의 발전 과정을 적절히 요약한 글로는 N. T. Wright, *Paul and His Recent Interpreters* (Minneapolis: Fortress, 2015); James D. G. Dunn, *The New Perspective on Paul* (Grand Rapids: Eerdmans, 2008), 1-98; 그리고 Magnus Zetterholm, *Approaches to Paul* (Minneapolis: Fortress, 2009)을 보라. 초기 유대교의 성격에 관한 유익한 분석은 다음의 글에서 찾아볼 수 있다. John M. G. Barclay, *Paul and the Gift* (Grand Rapids: Eerdmans, 2015), 194-330. 『바울과 선물』(새물결플러스). 유대교와 율법주의의 문제에 관해 '새 관점을 넘어서는' 접근법을 통찰력 있게 제시한 논의를 살피려면, Charles H. Talbert and Jason A. Whitlark, "Paul, Judaism, and the Revisionists," in *Getting "Saved": The Whole Story of Salvation in the New Testament* (Grand Rapids: Eerdmans, 2011), 11-34를 보라. 이에 관해서는 Francis Watson, "Constructing an Antithesis: Pauline and Other Jewish Perspectives on Divine and Human Agency," in *Divine and Human Agency in Paul*, ed. John M. G. Barclay and Simon J. Gathercole (London: T&T Clark, 2006), 99-116 역시 참조하라. 최후의 심판에 대한 '새 관점' 학파의 강조점을 살피려면, Kent L. Yinger, *Paul, Judaism, and Judgment according to Deeds*, Society for New Testament Studies Monograph 105 (Cambridge: Cambridge University

21세기에 들어서서, 일부 학자들은 '새 관점' 학파에서 행위/믿음에 관한 바울의 대조를 약화시키려 했던 방식에 저항해 왔다. 어떤 이들은 바울의 사상에서 행위(works)는 우리의 행함과 연관되며, 믿음(faith)은 하나님을 신뢰하는 일과 연관된다는 개념을 옹호한다. 예를 들어, 더글러스 무는 갈라디아서 3:7-14에 관해 다음과 같이 언급한다.

이 구절들에서 바울이 제시하는 논증은 당시에 그가 처했던 상황의 특수성을 넘어선다. 여기서 그는 유대교의 율법뿐 아니라 '행함' 그 자체에 관해 논박하고 있기 때문이다. 실제로 유대교의 율법이 신자를 칭의로 인도할 수 있다는 주장을 바울이 거부했던 이유 중 하나는 바로 그 율법이 본질상 우리가 '행해야' 할 일에 관한 것이었기 때문이다(물론 그것이 유일한 이유는 아니다). 그러므로 이 본문에 담긴 바울의 논증에서, 행함에 대립하는 믿음의 배타적인 가치에 관해 근본적이고 보편적으로 타당한 원리를 찾아냈던 종교개혁자들의 입장은 전적으로 정당화된다.[6]

그러나 믿음에 관한 바울의 어법을 고대의 맥락에서 살피면서 갈라디아서를 다시 읽을 때, 나는 이런 식의 대조에 다음과 같이 반응하게 된다. "당시 유대인들은 믿음(πίστις)의 어법을 어떻게 사용했으며, 그들은 바울이 이같이 πίστις와 νόμος를 서로 대조하는 것을 어떻게 받아

Press, 1999); 또한 N. T. Wright, *Paul and the Faithfulness of God* (Minneapolis: Fortress, 2013), 2:1084-28를 보라.

6 Douglas J. Moo, *Galatians*, Baker Exegetical Commentary on the New Testament (Grand Rapids: Baker, 2013), 210; 324-25도 참조하라. 아래의 글에서는 무가 이런 견해에 도달하게 된 과정을 더욱 자세히 서술한다. "Genesis 15:6 in the New Testament," in *From Creation to New Creation: Biblical Theology and Exegesis*, ed. Daniel M. Gurtner and Benjamin L. Gladd (Peabody, MA: Hendrickson, 2013), 147-62.

들이거나 그에 응답했을까?"⁷ 당시 유대인들은 누군가가 (바울처럼 개성이 강한 인물이라도) πίστις를 마치 본질적으로 능동적인 활동을 함축하지 않는 개념인 것처럼 언급하는 일을 거의 이해할 수 없었을 것이다. 당시 유대인들은 πίστις가 하나님과 동행하는 삶의 중심 요소일 뿐 아니라, 우리가 **수행하는** 어떤 활동이기도 하다는 점을 그저 당연한 일로 받아들였을 것이 분명하다(이 책의 99-116쪽을 보라).

지금 학자들 사이에서는 '하나님과 인간의 역할'(divine and human agency)이라는 명칭으로 바울의 구원론에 관해 활발한 논의가 진행되고 있다.⁸ 이 논의에 속한 흥미로운 한 가지 사례는 프레스턴 스프링클의 저서인 *Paul and Judaism Revisited*(다시 살펴본 바울과 유대교)에서 찾아볼 수 있다.⁹ 스프링클은 구약에 사람이 구원을 얻고 언약에 참여하는 길에 관한 두 가지 접근법이 있다고 주장한다. 곧 신명기의 접근법에서는 인간의 역할이 언약의 회복에 영향을 미칠 것을 기대하는 반면, 예언서에서는 "하나님이 단독적으로 행하시는 회복의 일"을 강조한다는 것이다. 스프링클은 특히 사해 문서와 바울 서신을 비교하면서, 사해 문서에서는 이 두 접근법이 혼합되어 나타나는 반면에 바울은 오

---

7 여기서 크리스터 스텐달(Krister Stendahl)이 제기한 고전적인 비판을 염두에 둘 필요가 있다. "서구 세계에 속한 우리는, 성경 저자들이 마치 지금 우리의 문제들과 씨름한 것처럼 여러 세기에 걸쳐 오해해 왔음을 인정해야 한다. 그러나 그 문제들은 우리 자신의 것일 뿐, 실제로 그들의 의식 속에는 자리 잡은 적이 결코 없었다."(예를 들어 루터가 고민했던 이신칭의 문제가 성경 저자들에게는 전혀 관심 밖의 일이었다는 의미다. - 역주) "Paul and the Introspective Conscience of the West," in *Paul among Jews and Gentiles* (Philadelphia: Fortress, 1976), 95; cf. 86.

8 이에 관해서는 John M. G. Barclay and Simon J. Gathercole, *Divine and Human Agency in Paul* (London: T&T Clark, 2006)을 보라. Jason Maston, *Divine and Human Agency in Second Temple Judaism and Paul: A Comparative Study,* Wissenschaftliche Untersuchungen zum Neuen Testament 297 (Tübingen: Mohr Siebeck, 2010); 또한 Kyle Wells, *Grace and Agency in Paul and Second Temple Judaism: Interpreting the Transformation of the Heart*, Novum Testamentum Supplement 157 (Leiden: Brill, 2014) 역시 참조하라.

9 Preston Sprinkle, *Paul and Judaism Revisited: A Study of Divine and Human Agency in Salvation* (Downers Grove, IL: InterVarsity, 2013).

직 예언서의 모델만을 따른다고 주장한다. 이제 스프링클의 이런 견해가 옳다면, 앞서 언급한 행위/믿음의 이분법이 더욱 강화될 것이다. 이 경우에 바울은 **하나님의 역할**을 강조하는 동시에(곧 하나님이 모든 일을 행하시며 우리는 그 일을 믿는다), **인간의 역할**을 부정했을 것이 분명하다(따라서 그는 신명기의 체계를 폐기했을 것이다).

그러나 바울과 구약 종교의 본질에 관한 스프링클의 이런 해석은 지나치게 단순하다. 결국 구약의 선지자들은 언약 자체의 토대로서 신명기에 의존했던 것이 분명하다.[10] 둘째로, 두 패턴 가운데서 어떤 것이 더 우월하거나 최종적인지(따라서 최상의 것인지)를 우리가 어떻게 알 수 있는가? 이 점에 관해, 켄트 잉어는 다음과 같이 중요한 질문을 제기한다. "스프링클은 이런 구원론의 패턴에 관해 바울과 야고보의 입장을 서로 대립시키는 듯이 보인다. 그렇다면 그는 예수님의 입장을 어디쯤에 배치할 것인가?"[11] 결국, 하나님과 인간의 역할을 둘러싼 새로운 견해들은 전통적인 행위/믿음의 이분법 너머로 학계의 논의를 진전시키지 못했다.[12]

행위/믿음의 이분법에 대한 기본적인 확언은 또 다른 맥락에서도

---

[10] 돈 갈링턴(Don Garlington)은 구약의 선지자들이 언약의 회복에 관해 무조건적인 관점을 품고 있지 않았다는 점을 지적하는데, 그의 이 언급은 중요하다. 갈링턴에 따르면, 이사야서와 에스겔서의 많은 본문에서는 이스라엘 백성이 언약의 조건에 순복해야 한다는 점을 힘 있게 강조하고 있다(이는 인간의 역할을 중요시하는 것이다). Review of *Paul and Judaism Revisited*, *Journal of the Evangelical Theological Society* 57 (2014): 442-46 at 443를 보라.

[11] Kent L. Yinger, Review of *Paul and Judaism Revisited*, *Bulletin for Biblical Research* 25 (2015): 580-82 at 582를 보라. 아래 웹사이트에서 스캇 맥나이트(Scot McKnight)는 스프링클의 책에 관해 몇 가지 중요한 비평을 제기하고, 스프링클은 맥나이트를 비롯한 논평자들에게 대답하고 있다. patheos.com/blogs/jesuscreed/2013/09/26/challenging-the-new-perspective-on-paul.

[12] Kent L. Yinger, "*Reformation Redivivus*: Syngerism and the New Perspective," *Journal of Theological Interpretation* 3 (2009): 89-106를 보라.

제시된다. 바울에 대한 묵시적인 독법이 바로 그것이다.¹³ 이 접근법의 주요 대변자는 루이스 마틴이며, 그가 탁월한 저서인 앵커 예일 성경 주석에서 갈라디아서 2:16을 해석한 방식은 우리에게 유익을 준다. 마틴은 νόμος/πίστις에 관한 바울의 이분법을 행위와 믿음에 관한 일반적인 대조의 관점에서 파악하지 않았다. 그보다, 그는 당시 유대 그리스도인들 사이에서 발전했던 신학적 전통에 관해 통찰력 있는 논의를 펼치고 있다. 이는 바울이 어떤 부분에서는 동의하고 또 다른 부분에서는 의견을 달리했던 전통이었다.¹⁴ 마틴은 특히 우리가 '바르게 함'(rectification, 이는 'justification'을 다른 식으로 표현한 단어다. - 역주)에 관한 바울의 입장을 파악하기 위해서는 πίστις Χριστοῦ라는 어구를 바르게 이해해야 한다고 주장한다(이 책의 11장을 보라).

마틴이 역설하는 바에 따르면, 바울이 ἔργα/πίστις(에르가/피스티스, '행위/믿음')의 이분법을 제시하는 목적은 그리스도의 "신실한 죽음"을 통해 우리를 해방하시는 하나님의 묵시적인 사역을 강조하려는 데 있다. 따라서 그는 πίστις Χριστοῦ를 "그리스도의 신실하심"으로 해석하는 쪽을 선호한다.¹⁵ 이러한 마틴의 접근법에서는 현재 하나님을 거역하는 세력이 인류를 지배하고 있으며, 그리스도께서 그들의 폭정에서 인류를 구해 내신다는 점을 강조한다.¹⁶ 물론 마틴은 바울이 **때때로** 하나님을 향한 신뢰로서 인간적인 πίστις(즉 인간의 역할을 가리킨다)의 중요

---

13 현재 '묵시적인 바울'에 관한 논의의 진행 상태를 살펴려면, Ben Blackwell, John Goodrich, and Jason Maston, eds., *Paul and the Apocalyptic Imagination* (Minneapolis: Fortress, 2016)을 보라.
14 J. Louis Martyn, *Galatians*, Anchor Yale Bible 33A (New Haven: Yale University Press, 1997), 263-75 ("Comment #28: God's Making Things Right by the Faith of Christ")를 보라.
15 Martyn, *Galatians*, 271.
16 Martyn, *Galatians*, 273.

성을 언급한다는 점을 부인하지 않으며, 이 점은 동사 πιστεύω의 경우에 자주 나타나는 바와 같다(2:16; 3:6; 참조. 3:22). 그럼에도 마틴은 바울이 제시한 '바르게 함'과 구속의 개념을 순전히 하나님이 인간적인 영역에 침투하심으로써 생겨난 결과물로 간주한다. 그 일을 통해, "그리스도를 향한 믿음이 신비로운 방식으로 생겨나게" 된다는 것이다.[17]

마틴 드 부어는 바울에 대한 묵시적 독법을 주창하는 또 다른 학자인데, 하나님의 단독적인 역할을 **더욱** 강조하는 입장을 취한다. 이런 드 부어의 입장은 갈라디아서 전체에 나타난 πίστις에 대한 자신의 해석에 깊은 영향을 끼친다. 갈라디아서 주석에서, 드 부어는 그 서신에 나타난 πίστις를 인간이 소유하거나 행하는 어떤 것과 연관되는 개념으로 해석하기를 **매우** 꺼린다. 한 가지 중요한 예를 들면, 드 부어는 갈라디아서 3장에 쓰인 어구 ἐκ πίστεως(에크 피스테오스, '믿음으로')를 "그리스도에 대한 믿음"을 지칭하는 것으로 이해하지 않는다(3:7, 8, 9, 11, 12, 22; 참조. 2:16). 오히려, 그는 οἱ ἐκ πίστεως가 "(그리스도의) 믿음(또는 신실한 죽음)에 기반을 두고 살아가는 이들"을 의미한다고 주장한다.[18]

갈라디아서 2:16과 ἔργα νόμου/πίστις Χριστοῦ의 이분법에 대한 마틴과 드 부어의 접근법은 둘 다 πίστις를 인간론의 영역에서 기독론의 영역으로 이동시키려는 경향을 보인다는 점에서 유사하다. 이들에 따르면, 인간이 의롭다 함을 받게 하는 것은 그 자신의 믿음이 아니라 "그리스도의 신실하심"이다.[19] 지나친 단순화의 위험을 무릅쓰고 말하자면, 루터파 해석자들과 바울의 묵시론적인 해석자들은 모두 인간적

---

17 Martyn, *Galatians*, 276.
18 Martinus de Boer, *Galatians* (Louisville: Westminster John Knox, 2011), 192-97를 보라.
19 J. Louis Martyn, "The Gospel Invades Philosophy," in *Paul, Philosophy, and the Theopolitical Vision*, ed. Douglas Harink (Eugene, OR: Wipf & Stock, 2010), 13-36를 보라.

인 역할의 한 형태로서 인간의 믿음이 지니는 중요성을 약화시키는 성향을 보인다.[20] 그러나 이것은 πίστις에 대한 다소 단조롭고 현대주의적인 독법임이 분명하다. 당시에 바울이나 갈라디아의 신자들, 또는 유대 그리스도인 선교사들은 πίστις를 행위나 행함, 또는 인간의 역할과 **대립하는** 개념으로 간주하는 일을 거의 이해하지 못했을 것이다.[21] 많은 해석자들이 지적하듯이, 갈라디아서에서는 우리의 **행함**을 대단히 강조한다(갈 5-6장을 보라). 이 서신에서는 πίστις 자체도 "역사하는" 것으로 언급된다(5:6).[22]

이런 이유들 때문에, 하나님과 인간의 역할에 관한 어법들은 πίστις에 관한 바울의 용법을 해석하는 데 그다지 유익을 주지 못한다. 이는 특히 그 양측의 역할이 일종의 제로섬(zero-sum) 공식(두 가지를 합하면 0이 되는 공식으로, 어느 한 쪽이 늘어나면 다른 한 쪽은 줄어드는 경우를 가리킨다. - 역주) 안에 놓일 때 그러하다. 바울을 진지하게 연구하는 학자들이라면, 바울이 하나님이 행하시는 구원 사역의 우선성과 탁월성을 강조하고 있다는 점을 아무도 부인하지 않을 것이다.[23] 하지만 인간적인 역할이

---

20 이에 관해서는 Beverly R. Gaventa, "Galatians," in *Eerdmans Commentary on the Bible*, ed. John W. Rogerson and James D. G. Dunn (Grand Rapids: Eerdmans, 2003), 1374-84 at 1377 (갈 2:16에 관한 부분)을 보라. "이 구절에서 근본적으로 나타나는 것은 … (어떤 종류의) 행위와 (인간 혹은 그리스도에게 속한) 믿음을 대조하는 것이 아니다. 이 구절에서는 율법과 그리스도를 대조한다."
21 이에 관해서는 3:12-13에 대한 리처드 렌스키(Richard C. H. Lenski)의 논쟁적인 해석을 보라. "여기서 바울이 제시하는 요점은 믿음과 행함이 서로 정반대된다는 것이다. 행함은 법적으로, 그리고 마땅히 요구되는 일을 수행하는 것이다. 이에 반해 믿음은 우리에게 값없이 **베풀어지는** 일을 받아들이는 것이다." *The Interpretation of St. Paul's Epistle to the Galatians* (Minneapolis: Fortress, 2008; originally 1946), 147.
22 특히 John M. G. Barclay, *Obeying the Truth: The Study of Paul's Ethics in Galatians* (Edinburgh: T&T Clark, 1988)를 보라. 『진리에 대한 복종』(감은사). Volker Rabens, "'Indicative and Imperative' as the Substructure of Paul's Theology-and-Ethics in Galatians? A Discussion of Divine and Human Agency in Paul," in *Galatians and Christian Theology*, ed. Mark W. Eliott et al. (Grand Rapids: Baker, 2014), 285-305도 참조하라.
23 바클레이의 『바울과 선물』(*Paul and the Gift*)에 따르면, 대부분의 바울 해석자들은 하나님의 은혜

지닌 어떤 특징이 그 문제에 개입될 경우, 불행하게도 그것은 곧바로 신적인 기여가 **감소**되는 것을 의미하는 것으로 해석되곤 한다. 이 같은 수학적인 접근 방식(**신적인 행위와 인간적인 행위가 몇 퍼센트씩 더해지면 바울의 구원론을 이루게 되는가?**)은 처음부터 그릇된 것임이 분명하다. 이 문제에 관해서는 이후에 다시 다루겠지만, 여기서는 '새 관점' 학파가 다른 견해를 취하는 학자들보다 하나님과 동행하는 그리스도인들의 삶이 지닌 성격에 대한 바울의 관점을 이해하는 데 좀 더 **근접하고** 있다는 점을 언급하는 것으로 충분하리라고 본다. 이 바울에 대한 '새 관점'에서는 '언약적 율법주의'(covenantal nomism) 개념에 초점을 맞추는 경향이 있는데, 이 어구를 만들어 낸 학자는 샌더스이다.[24] 이제 이 접근법을 제시한 지 사십 년가량이 지났으며, 대부분의 학자들은 전반적인 측면에서 이 관점을 초기 유대교에서 율법주의적인 행위에 근거한 의를 따랐다는 입장에 대한 유익한 교정책으로 여긴다. 그럼에도 불구하고, (나를 포함해서) 학자들은 샌더스가 언약적 율법주의를 서술하고 적용한 내용의 세부사항이나 다른 이들이 바울을 '언약적 율법주의자'로 규정한 방식에 관해 논의할 문제점들을 발견하곤 한다.

2. 언약적 율법주의인가, 언약적 '믿음주의'인가?

샌더스는 바울 당시의 유대교가 공로적인 행위를 지향했다는 학자들의 주장에 맞서면서, 팔레스타인 지역의 초기 유대교 문헌에 대한

가 우선시되며 인간의 가치를 넘어서는 성격을 지닌다는 점에 동의한다.
[24] 다만 샌더스 자신은 바울의 종교 패턴이 '언약적 율법주의'로 규정될 수 있다고 생각하지 않았다. 이 점에 관해서는 *Paul and Palestinian Judaism* (Minneapolis: Fortress, 1977), 511-14를 보라. 『바울과 팔레스타인 유대교』(알맹e).

광범위한 연구에 근거해서 그 문헌 중 대다수의 입장에 좀 더 정확히 들어맞는 종교 패턴을 찾아냈다. 그는 그 패턴을 이렇게 설명한다. "언약적 율법주의는 하나님의 계획 속에서 각 사람이 지닌 위치는 그분의 언약에 근거해서 결정된다는 견해이다. 이에 대한 인간의 합당한 응답으로 언약의 계명들에 대한 순종이 요구되며, 그들이 그 언약을 범할 경우에 대비해서 속죄의 방편들이 제공된다. … 이때 각 사람은 순종을 통해 언약 안에 있는 자신의 위치를 유지하게 되지만, 그 순종 자체가 하나님의 은혜를 획득하는 방편은 아니다."[25] 샌더스는 당시 유대교에서 이런 종교 패턴이 발견된다고 보는 한편, 바울의 경우에는 그렇지 않다고 여겼다. 하지만 다른 학자들은 샌더스가 말한 언약적 율법주의와 바울이 그리스도인의 삶에 관해 논한 방식 사이에서 주목할 만한 유사성을 파악하고 있다. 모나 후커는 바울 서신과 샌더스가 언급한 유대교의 패턴을 서로 폭넓게 비교하면서, 양자 사이에서 놀라운 일관성을 발견했다.[26] 이와 유사하게, 던 역시 "하나님의 은혜와 인간의 응답이 갖는 상호관계"를 바울이 동일한 방식으로 강조한다는 점

---

25 Sanders, *Paul and Palestinian Judaism*, 75. 샌더스는 이 책의 422쪽에서 언약적 율법주의의 본질을 더욱 명확히 규정하고, 여기에는 다음 여덟 가지 요소가 포함된다. "(1) 하나님이 이스라엘을 선택하시고 (2) 율법을 주셨다. 이 율법에는 (3) 백성의 상태가 지속되게 하시겠다는 하나님의 약속과 (4) 순종에 대한 요구가 모두 함축되어 있다. (5) 하나님은 백성의 순종에 상을 베푸시고, 그들의 죄에 대해서는 징벌하신다. (6) 율법은 속죄의 방편을 제공하며, 그 속죄의 결과로서 (7) 하나님과 백성의 언약 관계가 유지되거나 재확립된다. (8) 순종과 속죄, 하나님의 자비를 통해 그 언약 안에 머무는 모든 이들은 장차 구원을 받게 될 무리에 속한다." 여기서 우리가 샌더스의 언약적 율법주의에 대한 모든 비평적인 반응을 살펴볼 수는 없다. 다만 학자들은 그가 '언약 안으로 들어감'(getting in)과 '그 안에 머묾'(staying in)에 초점을 맞춘 일에 주로 관심을 보였다(이는 '회심'을 나타내는 어법들이다). Frederick J. Murphy, Review of *Paul and Variegated Nomism*, *Catholic Biblical Quarterly* 65 (2003): 148-50, 특히 149-50를 보라.
26 이에 관해서는 Morna D. Hooker, *From Adam to Christ* (Eugene, OR: Wipf & Stock, 1990), 155를 보라. "많은 이들은 샌더스의 책 첫 부분에서 바울의 모습을 보았다고 여길 것이다. 그 책의 2부로 넘어가면서, 그들은 다음과 같이 결론짓게 될 것이 분명하다. '결국 바울은 철저히 유대적인 인물이었군.'"

을 주장한다.[27]

후커와 던은 모두 언약적 율법주의가 바울의 관점에 부합한다는 점을 강조한다. 바울의 관점은 하나님이 주신 선물과 요구를 모두 포함하기 때문이다. 다만 그들이 바울의 독특한 특징으로 여긴 것은 바울이 토라의 중재적인 역할과 그 중심성을 비판했던 부분이다. 따라서 던은 바울이 토라에 대한 순종 대신에, "믿음에 근거한 순종"의 관점에서 신자의 의무를 논하기로 선택했다고 언급한다.[28]

여기서 나는 던과 후커가 언약적 율법주의를 바울의 사상에 접목시킨 것을 수정해서, 바울이 사용한 πίστις 어법을 중심으로 재구성하는 방안을 제안하려 한다. 이때 나는 (더 적절한 어구가 없으므로) 그 개념을 '언약적 **믿음주의**'(covenantal pistism)로 지칭하고자 한다. 바울의 사상을 이같이 표현하는 이유는 종교에 대한 그의 접근법이 어떤 면에서 그의 초기 생애를 반영하지만(특히 하나님의 은혜와 요구를 모두 중시하는 점에서 그러하다), 그가 그리스도를 만난 이후에 그 접근법은 토라를 지향하는 것이 **아니라** 그리스도 그분만을 바라보는 것이 되었기 때문이다.[29] 여기서 πίστις는 몇 가지 이유에서 그리스도를 따르는 바울의 종교를 대변하기에 적합한 용어가 되고(따라서 나는 이 개념을 '**믿음주의**'[pistism]라고 부른다), 특히 그 한 가지 이유는 그 단어가 역사상 아주 이른 시기부

---

27 Dunn, *New Perspective on Paul*, 79; 참조. 143, 199, 310, 371. 던이 근래에 이 문제에 관해 논의한 내용을 살피려면, *Paul and Judaism*, ed. Reimund Bieringer and Didier Pollefeyt (London: T&T Clark, 2012), 208-20, 특히 215에 있는 그의 후기를 보라.
28 Dunn, "Epilogue," 215를 보라. 이와 유사하게 후커는 언약적 율법주의의 **패턴**이 바울의 사상에 부합한다고 여기면서도, **율법주의** 자체는 그의 접근법에 들어맞지 않는다고 본다. *From Adam to Christ*, 156, 158, 160.
29 브라이언 로스너(Brian Rosner)는 토라를 향한 순종에 대한 유대교의 전통적인 어법을 바울이 의식적으로 피했던 일에 관해, 다음 글에서 중요한 논의를 제시한다. "Paul and the Law: What He Does Not Say," *Journal for the Study of the New Testament* 32 (2010): 405-19; 그리고 *Paul and the Law* (Downers Grove, IL: InterVarsity, 2013).

터 기독교를 나타내는 표어가 되었던 점과도 관계가 있다(예를 들어 갈 1:23을 보라).

프랜시스 왓슨이 바르게 지적하듯이, 바울은 토라 중심의 종교에 맞서는 방식으로 기독교를 나타내기 위해 πίστις를 선택한 것으로 보인다.

'믿음'은 바울의 종교에 속한 회중이 따랐던 삶의 방식을 요약하는 단어이다. 그들은 자신들을 둘러싼 사회의 특정한 규범과 신념을 포기했으며, 그 대신에 새로운 규범과 신념을 받아들였다. 이에 반해 '행위'는 당시 유대교 공동체가 따랐던 삶의 방식을 요약하는 단어로서, 그들은 모세의 율법에 순응하는 삶을 추구했다. 이 두 입장이 서로 양립할 수 없었던 이유는 이 중 하나는 은혜를, 다른 하나는 성취를 강조하기 때문이 아니다. 오히려 그 이유는 위와 같은 삶의 방식을 따른 결과로서 전자의 공동체는 주로 예수님을 따르고 추구했던 반면에, 후자의 공동체는 모세를 좇는 모습을 보였기 때문이다. 이로 인해 두 공동체는 서로 전혀 다른 성격을 띠게 되었다.[30]

여기서 바울이 대조적인 어법을 사용하는 것은 단순한 언어유희가 아님이 분명하다. 곧 그는 예수님을 따르는 백성을 모세에게 속한 이들과 구별 짓기 위해 서로 대비되는 어법을 임의로 선택한 것이 아니라는 것이다. 바울이 기독교의 정체성을 압축적으로 제시하기 위해 이 πίστις라는 단어를 택한 데에는 자신만의 이유가 있다. 갈라디아서에서는, πίστις가 토라에서 분리되어 그리스도와 결부되는 새로운 맥락 안

---

30 Francis Watson, *Paul, Judaism, and the Gentiles: Beyond the New Perspective* (Grand Rapids: Eerdmans, 2007), 346; 212도 참조하라.

에 놓일 때에도 온전한 의미를 지닐 수 있음을 매우 명확히 보여 준다 (참조. 3:11-12).

한편 여기서 한 가지 중요한 점을 언급할 필요가 있다. **일부** 바울의 해석자들은 그저 바울을 이방인들 역시 하나님의 백성 가운데 포함시켜야 한다는 메시지를 전파했던 사회 운동가로 변모시키는 데 그치곤 한다. 이런 해석자들의 견해에 따르면, 바울은 하나님이나 구원에 관해 선포할 새로운 내용을 전혀 갖고 있지 않으며, 모세 율법에 대한 비판은 더더욱 그의 입장과 상관없는 것이 된다. 그러나 갈라디아서에서, 바울은 (자신의 다른 어떤 서신들에서보다도 더 많은 노력을 기울여서) 율법의 시대는 끝이 났으며 그러해야만 하는 타당한 이유가 있다는 점을 독자에게 납득시키는 데 집중하는 것으로 보인다. 그 이유는 율법이 악하다거나 하나님의 선하신 목적에 어긋난다는 데 있지 않다. 오히려 그 이유는, 율법이 "πίστις가 임할 때"까지 일시적인 역할만을 수행할 수 있기 때문이다(3:23).[31] 갈라디아서 전체에서 바울이 πίστις를 사용한 방식을 잘 헤아리기 위해서는 3:23(그리고 3:25), 그리고 πίστις의 절대적인 용법을 살피는 것이 유익하다. 하지만 그 일을 하기 전에, 먼저 갈라디아서에 쓰인 πίστις에 관한 내 이론을 제시하려 한다.

3. 갈라디아서에 나타난 πίστις

바울의 의도는 πίστις를 '행위와 무관한 일'(nonwork), 곧 그리스도

---

31 Richard B. Hays, "Three Dramatic Roles: The Law in Romans 3-4," in *Paul and the Mosaic Law*, ed. James D. G. Dunn (Grand Rapids: Eerdmans, 2000), 151-64 at 155를 보라. Rosner, *Paul and the Law*도 참조하라.

를 향한 일종의 수동적인 의존 상태로 언급하려는 데 있지 **않았다**. 오히려 바울은 언약의 핵심적인 역학 관계를 지칭하기 위해 πίστις를 사용한다. 그것은 서로 간의 충실성이 기대되며 신뢰가 그 핵심에 놓이는 언약적인 유대(bond)의 본성을 나타내는 단어이다. 바울 당시의 유대인들은 πίστις 어법이 하나님과 동행하는 유대적인 삶의 방식을 나타내는 데 적절히 쓰일 수 있다는 점을 의심 없이 받아들였을 것이다. 다만 그들은 이 언약적인 πίστις가 토라의 행위를 통해 중재된다는 가르침만을 타당하게 여겼을 것이 분명하다. 그러나 갈라디아서에서 바울은 메시아의 오심을 통해 새로운 시대가 열렸으며, 따라서 이제는 토라(행위)의 중재가 더 이상 유효하지 않음을 주장한다. 이제 그 중재의 통로가 제거되었으므로, 그 빈 공간을 채우는 것은 오직 순수한 πίστις뿐이라는 것이다. 바울의 관점에서, 이 πίστις는 예수 그리스도 안에서, 그리고 그분을 통해 이루어지는 하나님과의 사회적 유대가 지닌 본질적인 성격을 나타내는 용어이다. 예수님이 이 유대 관계의 중심에 계시기 때문에, πίστις는 "그리스도적인 관계성"을 요약적으로 제시하는 단어가 될 수 있다.[32] 그러므로 바울이 사용한 πίστις가 토라와 대조될 때, 그 단어는 구체적으로 "(다른 중재를 거치지 않고서) 그리스도 안에서, 그리고 그분을 통해 이루어지는 하나님과의 언약 관계"를 의미한다. 여기서 샌더스의 언약적 율법주의를 다시 논하자면, 언약적 율법주의의 개념을 바울의 기독교와 연관 짓는 이들은 올바른 길 위에 서 있긴 하지만 (적어도 용어의 측면에서는) 적절한 조정의 과정을 거치지 않았다고 볼 수 있다. 물론 바울의 사상이 언약의 성격을 지닌 것은 옳

---

32 이와 유사한 논의로 Peter Oakes, "Πίστις as Relational Way of Life in Galatians," *Journal for the Study of the New Testament* 40 (2018): 255-75를 보라.

다. 하지만 우리는 그 언약 관계를 새로운 형태의 **율법주의**(토라 또는 율법에 연관된)라고 부르기보다는 하나의 **믿음주의**(πίστις)로 지칭하는 편이 더 나을 것이다(특히 갈라디아서의 내용을 염두에 둘 때 그러하다). 이는 그리스도적인 관계성이 새로운 세대에 속한 하나님의 백성이 따르는 삶의 방식으로서 단독적이며 배타적인 성격을 지니기 때문이다.

갈라디아서 3:23은 이 서신에서 이런 믿음의 어법이 어떻게 나타나는지를 보여 준다. 갈라디아서 3장 앞부분에서 바울은 πίστις/νόμος의 이분법을 옹호하며, 이 대조는 신명기 27:26("누구든지 율법 책에 기록된 모든 일을 지키고 순종하지 않는 자는 저주 아래에 있다"[NRSV], 갈 3:10)과 하박국 2:4("의인은 믿음으로 살리라", 갈 3:11)이 연이어 인용됨으로써 그 정점에 이른다. 바울은 이런 긴장을 한층 더 강화하면서, 다음과 같이 간결한 일곱 마디로 그 대조에 담긴 함의를 이끌어 내려 한다. ὁ δὲ νόμος οὐκ ἔστιν ἐκ πίστεως(3:12상, "율법은 믿음에서 난 것이 아니니"). 그리고 율법의 한계나 아브라함에게 주어진 약속의 우선성을 얼마간 서술한 뒤, 바울은 율법의 목적을 논하는 중대한 질문으로 다시 돌아온다(3:19). 그에 따르면, 율법이 우리에게 주어진 이유는 "사람들의 범죄 때문이며, [그것은] 약속을 받은 후손이 임하기까지 존재하게" 되어 있었다(NRSV). 바울은 이처럼 πίστις/νόμος 사이의 긴장을 언급하면서도, 율법이 아브라함에게 주어진 하나님의 약속과 결코 충돌하지 않음을 확언한다 (3:21). 율법은 "모든 것을 죄 아래에 한데 모이게"(enclosing all things under sin)[33] 하는 역할을 감당했으며, 그 일이 요구된 것은 ἐκ πίστεως Ἰησοῦ Χριστοῦ δοθῇ τοῖς πιστεύουσιν(예수 그리스도에 대한 믿음으로 말미

---

33 나는 Barclay, *Paul and the Gift*, 407의 내용에 근거해서, ἀλλὰ συνέκλεισεν ἡ γραφὴ τὰ πάντα ὑπὸ ἁμαρτίαν라는 원문의 어구를 이런 식으로 번역했다.

암은 것으로서 믿는 자들에게 주어지는) 그 약속들이 성취되는 합당한 시기가 오기까지였다(3:22). 그러고 나서 바울은 율법이 약속 아래에 놓인다는 점에 관해 또 다른 진술을 제시한다. 여기서 그는 과거 율법의 시대(모든 것이 속박되어 있던 때)를 마침내 πίστις가 임하고 드러나게 된 현재 시대와 비교한다.

후커를 비롯한 학자들이 언급하듯이, 여기서 우리는 바울이 율법의 시대를 **그리스도께서** 임하신 시대와 비교할 것으로 기대할 법하다.[34] 하지만 이 구절(3:23)에서는 이 새로운 시대를 요약하는 용어로 단순히 πίστις를 제시한다. 그렇다면 바울이 여기서 πίστις를 사용한 이유는 무엇일까? 어떤 이들은 이 용어가 그저 예수 그리스도에 대한 믿음에 초점을 두는 구원 역사의 새 시대가 동터 온 일을 가리킨다고 여긴다.[35] 하지만 이보다 앞서, 바울은 그리스도께서 임하실 일을 미리 언급할 뿐 아니라 πίστις와 νόμος를 서로 다른 삶의 양식으로 제시하기도 했다.[36] 그뿐 아니라 3:23에 쓰인 πίστις는 **단순히 '그리스도를 향한 믿음'**을 지칭하는 것이 될 수 없는데, 이는 이 본문에서 아브라함이 πίστις에 속한 사람의 원형으로 제시되기 때문이다(분명히 그는 그리스도 이전 시기에 존재했던 인물이다).

3:23에 쓰인 πίστις의 절대적인 용법에 대한 두 번째 접근법에서는, 그 단어가 **그리스도를 향한 인간의 믿음**을 가리키는 것이 아니라 **그리스도 자신의** πίστις를 지칭한다고 주장한다. 그것은 이른바 '그리스도

---

34 Hooker, *From Adam to Christ*, 173를 보라.
35 예를 들어 F. F. Bruce, *The Epistle to the Galatians*, New International Greek Testament Commentary (Grand Rapids: Eerdmans, 1982), 181에서 이런 견해를 취한다. 이와 유사한 논의로 Moo, *Galatians*, 241를 보라.
36 Leander Keck, *Paul and His Letters* (Philadelphia: Fortress, 1979), 82를 보라.

의 신실하심'(faithfulness of Christ)을 나타낸다는 것이다(이 책의 313-322쪽을 보라). 그러므로 드 부어는 여기서 바울이 πίστις를 그리스도를 나타내는 환유어(metonym, 어떤 사물을 그것의 속성과 밀접한 관계가 있는 낱말을 빌려서 표현하는 수사법 - 역주)로 사용한다고 여기며, 이 구절에서 언급되는 πίστις의 임함은 "그리스도께서 십자가에서 맞으신 신실한 죽음"을 지칭한다고 본다.[37] 하지만 이 두 번째 접근법에는 우리가 첫 번째 해석에서 살핀 것과 유사하게 한 가지 문제점이 존재한다. 여기서 과연 바울이 πίστις를 써서 그리스도를 나타내야 할 이유는 무엇일까? (특히 이 경우에 이 단어가 하나의 우회적인 어법으로서, 쉽게 오해를 불러올 수 있다는 점에 비추어 볼 때 그러하다.) 그뿐 아니라 (갈라디아서 3장에서) 바울은 계속 "아브라함의 믿음"을 논하는 동시에 하나님을 향해 동일한 신뢰의 본을 보인 이들, 곧 ἐκ πίστεως의 삶을 살았던 이들을 언급하면서, 이들을 율법을 좇아 살았던 이들과 구분한다. 곧 던이 설득력 있게 주장하듯이, 갈라디아서 3장 앞부분에서는 "율법의 명령을 행하는 삶과 아브라함이 그리했듯이 하나님을 신뢰하는 특징을 지닌 삶(의 방식)"이 서로 대조되고 있는 것이다.[38]

3:23의 πίστις에 관해 제안된 위의 두 가지 독법(그리스도에 대한 인간의 πίστις 또는 하나님을 향한 그리스도의 πίστις) 모두 얼마간 가치가 있지만, 둘 중 어느 것도 주해적인 측면에서 매우 만족스럽게 보이지는 않는다. 한편 피터 오크스는 바울이 사용한 πίστις에 관한 우리의 논의를 진전시키는 데 유익한 방향을 제시한다. 그는 πίστις Χριστοῦ를 목적어

---

37 De Boer, *Galatians*, 239.
38 James D. G. Dunn, "ΕΚ ΠΙΣΤΕΩΣ: A Key to the Meaning of Πιστις ΧΡΙΣΤΟΥ," in *The Word Leaps the Gap*, ed. J. Ross Wagner, C. Kavin Rowe, and A. Katherine Grieb (Grand Rapids: Eerdmans, 2008), 351–66 at 362.

적 속격으로 여기는 해석(이 어구를 '그리스도를 믿는 믿음'으로 받아들이는 입장 - 역주)을 좀 더 지지하는 경향을 보이지만, 다른 선택지를 아예 배제하지는 않는다. 오크스는 바울이 πίστις Χριστοῦ를 "그리스도와의 바른 관계 속에 있는 이들이 드러내는 삶"을 가리키는 어구로 사용했다고 주장한다. 하지만 이 어구가 지닌 포괄적인 (또는 모호한) 성격을 감안할 때, 바울은 그저 **그리스도를 향한 인간의 신뢰**를 나타내는 것 이상의 의미를 담았을 수도 있다. 오크스는 이 어구가 "그리스도께서 그 관계 속에 참여하시는 방식"을 함축할 정도로 광범위한 의미를 지닌다고 여긴다(즉 이 어구는 "그리스도에 대한 인간의 믿음" 이상의 의미가 있다는 것이다).[39] 비록 오크스는 이 어구에 대한 목적어적 속격의 이해와 주어적인 속격의 이해를 혼합시키기를 꺼리지만, 그의 이 관점은 고대 사회 전반에서 πίστις가 사회적 협약을 나타내는 방식으로 쓰일 수 있었던 점과 적절히 부합한다. 그리고 이 관점은 우리가 3:23을 이해하는 데에도 유익하다. 이 구절에서 바울은 '그리스도적인 관계성'(the Christ-relation)을 요약적으로 제시하는 단어로서 πίστις를 사용했을 수 있다. 곧 그것은 우리가 예수 그리스도를 통해 하나님과 관계를 맺을 수 있는 새로운 가능성의 시대가 열렸음을 보여 주는 단어였던 것이다.

3:23의 πίστις에 대한 이 그리스도 관계적인 해석은 지나치게 복잡한 것처럼 보일 수 있다(이 해석이 하나님과 그리스도와 신자 사이의 충실성과 상호성, 그리고 다양한 관계성을 함의한다는 점에서 그러하다). 하지만 어떤 것이 실제로 좋은 해석인지는 그 결과를 통해 알 수 있으며, 이 해석은 3:23

---

[39] Peter Oakes, *Galatians*, Paideia (Grand Rapids: Baker, 2015), 88를 보라. 오크스의 입장을 정확히 표현하자면, πίστις가 일종의 이중적인 의무를 나타낼 가능성을 그가 숙고하는 것은 사실이다(그는 나중에 이 의무를 "상호적인 충실성"으로 지칭한다). 그럼에도, 그는 이 논쟁에서 πίστις Χριστοῦ를 목적어적인 속격으로 해석하는 관점을 확고히 지지한다.

을 앞선 3:22과 잘 연결하는 장점을 지닌다. 이는 3:22에서, 바울이 예수 그리스도 안에서 이루어진 약속의 성취를 그 약속에 대한 신자들의 신뢰와 결부시키고 있기 때문이다.

이같이 바울의 신학을 다루면서 πίστις의 **관계적이며** 참여적인 역학에 초점을 맞춘 것은 내가 처음이 아니다. 최근에 갈라디아서를 해설한 글에서, 제임스 던은 믿음에 관한 바울의 어법이 지닌 이러한 특징을 강조한다. 두 가지 글에서, 던은 갈라디아서의 핵심에 있는 믿음의 주제에 특별히 관심을 쏟는다.[40] 던에 따르면, 갈라디아서에서 πίστις의 초점은 '행위가 아님'(nondoing)의 개념에 있는 것이 아니다. 그 초점은 예수 그리스도와의 협력과 관계성 가운데서 하나님을 능동적으로 신뢰하는 일에 있다. 그리고 율법이 지닌 문제는 그것이 우리의 행함과 연관된다는 데 있지 않다. 바울에게 그것이 문제가 된 이유는 하나님과의 관계 **자체**가 종교의 중심에 있고, 율법은 이 πίστις의 역학을 대체하거나 가로막는 개념이 될 수 **없다**는 것을 예수 그리스도의 복음을 통해 알게 되었기 때문이다. 그러므로 던은 자기 주장을 이렇게 요약한다. "신자들이 그리스도를 통해 하나님과 맺는 직접적인 관계는 그리스도를 향한 그들의 믿음 안에서 실제적인 것이며, 이 관계는 신적인 목적 안에서 제한적인 역할만을 지녔던 그 명령들(율법)에 의해 제약되거나 속박될 수 있는 것이 아니었다."[41] 던에 따르면, 문화적인 관

---

40 James D. G. Dunn, "What's Right about the Old Perspective on Paul?" in *Studies in the Pauline Epistles*, ed. Matthew S. Harmon and Jay E. Smith (Grand Rapids: Zondervan, 2014), 214-29; 그리고 "The Christian Life from the Perspective of Paul's Letter to the Galatians," in *The Apostle Paul and the Christian Life*, ed. Scot McKnight and Joseph B. Modica (Grand Rapids: Baker, 2016), 1-18를 보라. 던은 믿음을 "하나님께 온전히 의존하면서 그분을 단순한 마음으로 신뢰하는 일"로 정의한다. "What's Right about the Old Perspective on Paul?" 220.
41 Dunn, "Christian Life," 9. 던에 따르면, 바울의 관점에서 율법에 대한 순종을 지나치게 강조하는 일은 "더 근본적인 원칙을 손상시키면서 그릇된 방향으로 나아가는 것이었다." 이 원칙은 "인간적

행과 예식적인 행위는 이런 믿음을 드러내는 표현이 될 수 있었다. 하지만 그런 매개체와 외적인 결과물을 보편적이며 영속적인 규범으로 전환시키는 것은 "신자들이 그리스도를 통해 하나님과 맺게 되는 근본적인 유대 관계"의 중요성을 약화시키며 훼손하는 일이 될 수 있었던 것이다.⁴² 바울은 아브라함을 복음적인 πίστις의 선구자로 여겼으며, 바울이 족장 아브라함에게서 발견한 것은 바로 하나님을 향한 신뢰였다. "아브라함은 하나님의 약속을 의지했으며, 그것 외에 더 중요한 일은 없었다."⁴³

이런 던의 논의가 내가 이 장에서 주장해 온 내용이다. 곧 갈라디아서에서 바울은 πίστις를 강조함으로써, 그리스도적인 관계성이 중심적이며 근본적인 성격을 지닌다는 점을 역설하고 있다는 것이다. 이 관계성과 비교할 때, 토라의 중재적인 역할은 불필요하다. 이제 이 점은 바울의 관점에서 율법이 악하거나 파괴적인 것이었음을 의미하지 않는다. 그 율법은 다만 (간접적으로 중재되지 않는) 그리스도적인 관계성이 마침내 **임하기까지**, 제한적이면서도 꼭 필요한 언약의 체계로서 자신의 역할을 수행했을 뿐이다.⁴⁴

인 측면에서 살필 때, 우리와 하나님의 관계는 오직 (1) 믿음과 (2) 그분의 은혜를 향해 마음을 열고 그것을 받아들이는 태도, (3) 그분의 약속에 의존하는 일에 근거한다"는 데 있었다. "What's Right about the Old Perspective on Paul?" 221.

42 Dunn, "Christian Life," 9.
43 Dunn, "What's Right about the Old Perspective on Paul?" 222.
44 바울의 관점에서 율법이 지니는 성격과 역할에 관해서는 아래의 글에 담긴 설득력 있는 논의를 보라. Bruce Longenecker, *The Triumph of Abraham's God* (Edinburgh: T&T Clark, 1998), 117-28.

4. 갈라디아서에 나타난 그리스도적인 관계성

갈라디아서에서 πίστις가 쓰인 주요 본문들은 언약적 **믿음주의**의 이론이 실제로 유효함을 보여 준다. 이는 πίστις를 '신자들이 그리스도 안에서 하나님과 맺는 언약 관계로서 간접적인 중재를 거치지 않는 것'으로 이해하는 이론이다(이때 우리는 πίστις를 그리스도적인 관계성으로 받아들인다).

1) 갈라디아서 1:23

일반적으로 학자들은 1:23의 πίστις을 해석하면서 그것을 "복음 메시지의 내용"으로 여기곤 한다.[45] 그런 해석이 전혀 불가능한 것은 아니지만, 여기서 우리는 이 구절에 담긴 바울의 언급에서 원시적인 기독교의 어휘가 지닌 특성이 느껴진다는 점을 염두에 두어야 한다. 그 시기에는 πίστις가 그와 같이 복음을 포괄적으로 요약하는 의미를 지니기가 어려웠을 것이다.[46]

그보다도 이 구절에서 πίστις 용법은 예수님을 추종했던 이들의 초창기 가르침에서 이 단어가 매우 중요한 특징을 띠게 된 일을 대변하는 것으로 보인다. 그리하여 이 단어는 그들이 따랐던 삶의 방식을 나

---

45 이에 관해서는 A. Andrew Das, *Galatians* (St. Louis: Concordia, 2014), 146; Thomas R. Schreiner, *Galatians*, Zondervan Exegetical Commentary on the New Testament (Grand Rapids: Zondervan, 2010), 112와 함께 Bruce, *Galatians*, 105 역시 참조하라. 이 해석에 관한 더 자세한 논의를 살펴보려면, de Boer, *Galatians*, 103; 또한 Ben Witherington III, *Grace in Galatia* (Grand Rapids: Eerdmans, 1998), 125를 보라.

46 에른스트 밤멜(Ernst Bammel)은 이 어구를 "기독교의 가장 오래된 신학적 진술 중 하나"로 간주한다. "Galater i.23," *Zeitschrift für die neutestamentliche Wissenschaft* 59 (1968): 108–12; 그리고 James D. G. Dunn, *The Epistle to the Galatians*, Black's New Testament Commentary (Peabody, MA: Hendrickson, 1993), 84를 참조하라.

타내는 하나의 명칭이 된 것이다. 오크스의 주장처럼, πίστις는 바울이 이 구절에서 (초창기 신자들의 말을 빌려) 사용하기에 적합한 단어였다. 그 단어가 "그리스도를 향한 신뢰와 충성이 특징인 삶의 방식"을 나타내 주었기 때문이다.⁴⁷

2) 갈라디아서 2:16

이 구절은 바울 신학을 연구할 때, 특히 유대교의 율법에 대한 바울의 태도를 살필 때 매우 중요한 구절임이 분명하다. 갈라디아서 전체에 걸쳐, 바울은 "율법의 행위"와 "예수 그리스도에 대한 믿음"을 반복적으로 대조한다. 그리고 3장 전체에 걸쳐, 이 둘은 서로 배타적인 선택지들로 제시된다(3:2, 5, 10, 12; 참조. 롬 4:13). 그런데 2:16에서, 바울은 ἀλλά(알라)가 아닌 ἐὰν μή(에안 메)를 써서 이 둘(율법의 행위/예수 그리스도에 대한 믿음)을 서로 연관 짓고 있다. 이제 대부분의 성경 역본과 주석에서는 이 구절의 ἐὰν μή를 역접의 의미(그러나, but)로 이해하는 편을 선택한다. 이는 주로 바울이 (이 구절 이후의 본문에서) 이 둘을 서로 **대립되는** 선택지들로 제시하기 때문이다. 하지만 ἐὰν μή의 가장 일반적이거나 자연스러운 의미는 '~를 제외하고'(except) 또는 '~하지 않는 한'(unless)이라는 점을 감안할 때, 이런 의미를 살려서 이 구절을 해석하는 일 역시 시도해 볼 가치가 있다(그렇지 않다면 바울이 무엇 때문에 ἀλλά

---

47 Oakes, *Galatians*, 85. 이와 유사하게, 던은 다음과 같이 언급한다. "적어도 바울에게, '믿음'은 그가 속하게 된 새로운 운동의 특징을 뚜렷이 드러내는 단어가 되었다. 그리하여 '믿음'은 정체성을 나타내는 표지로 기능할 수 있게 되었던 것이다. 그것은 그 운동 자체를 지칭하며 규정하기에 충분할 정도로 독특한 성격을 지니는 표지였으며, 이는 '그리스도를 선포함'(preaching Christ)이라는 어구가 그런 역할을 수행했던 것과 마찬가지였다. Dunn, *The Epistle to the Galatians*, Black's New Testament Commentary (Peabody, MA: Hendrickson, 1994), 84.

대신에 ἐὰν μή를 사용했겠는가?).[48]

바울이 ἐὰν μή를 '~하지 않는 한'의 의미로 사용했다면 어떻게 될까? 이 경우에 이 구절은 이렇게 해석될 것이다. "우리는 예수 그리스도에 대한 믿음을 **통하지 않는 한** 어떤 이가 율법의 행위에 의해 의롭다 함을 얻을 수 없음을 압니다."(Yet we know that a person is justified not by the works of the law *unless* through faith in Jesus Christ, 이 문장은 '어떤 이가 율법의 행위에 의해 의롭다 함을 얻으려 하더라도, 예수 그리스도에 대한 믿음을 통하지 않고서는 그리할 수 없다'는 의미를 함축한다. - 역주) 이런 해석이 대부분의 해석자들을 불편하게 만드는 주된 이유는 그것이 이 서신의 뒷부분에서 언급되는 바울의 입장, 곧 행위와 믿음이 서로 배타적인 성격을 지닌다는 견해와 충돌하는 것처럼 보이기 때문이다. 하지만 이 구절에서, 바울은 베드로에게 말을 건네면서 특히 그들의 의견이 엇갈리는 사안에 관해 언급하고 있다. 그러므로 이런 표현법은 예수님을 따르는 이들, 특히 **유대인** 추종자들에게 토라에 근거한 삶의 양식이 **이론적으로는** 신빙성을 지님을 인정해 주는 바울의 방식이었을지도 모른다. 곧 이 구절에서 바울은 이런 식으로 언급하는 것이다. "자, 토라가 어떤 이로 하여금 하나님 앞에서 올바른 자가 되도록 도움을 준다고 가정해 봅시다. 그렇다면 그 일은 오직 토라를 그리스도적인 관계성(διὰ πίστεως Ἰησοῦ Χριστοῦ)의 주변에 놓인 것으로 재배치함을 통해서

---

48 ἐὰν μή라는 어구는 바울의 것으로 확실히 인정되는 서신에서 여덟 번 언급될 뿐이다. 이 중 네 구절(롬 11:23; 고전 8:8; 9:16; 14:9)에서 이 어구는 조건 절을 이끌고, 따라서 이 구절들에서 쓰인 ἐὰν μή는 갈라디아서 2:16에 있는 것과는 다른 종류의 용법이다. 나머지 구절들의 경우에는, ἐὰν μή를 "~하지 않는 한"(unless)으로 번역하는 편이 가장 적절하다(롬 10:15; 고전 14:6; 15:36). 이는 이 구절들에서 그 어구가 하나의 한정 또는 제약을 부가하는 데 쓰이고 있기 때문이다. 표준적인 신약 성경의 그리스어 사전에서는 ἐὰν μή에 관해 '~가 아니라면(if not), ~하지 않는 한' 외에 다른 의미를 제시하지 않는다(불가타 역본의 갈라디아서 2:16에서도 "~하지 않는 한"(nisi)으로 번역했다; BDAG, 268).

만 이루어지지 않겠습니까?" 앤드루 다스가 옳게 지적하듯이, 당시에 토라를 πίστις와 대립시키는 것은 유대인들에게 당혹스러울 뿐 아니라 모욕적인 일이기까지 했을 것이다.[49] 그러므로 다스는 이 구절에서 ἐὰν μή를 '~하지 않는 한'으로 해석하면서, 이것이 "바울의 경쟁자들을 포함한 갈라디아의 많은 유대인 그리스도인들이 보기에 적절한" 일이었을 것이라고 여긴다.[50] 데이비드 드실바는 갈라디아서의 그리스어 본문을 주의 깊게 분석하면서, 이런 식의 독법이 주는 수사학적인 유익을 다음과 같이 훌륭하게 요약한다. "이 구절에서 바울은 자신과 경쟁하는 교사들까지도 수긍할 만한 견해를 제시하고 있다. 이를 통해 이방인 신자들에게도 '토라의 행위'가 꼭 필요하다는 경쟁자들의 입장이 어리석은 것임을 갈라디아 신자들이 깨닫게끔 이끌어 간다."[51] 이런 다스와 드실바의 입장은 던이 제시하는 다음 논증과도 부합한다. 곧 2:16에서 바울은 유대인 경쟁자들까지도 수긍할 만한 견해를 제시하지만, 그 서신의 내용이 진전되어 감에 따라 율법의 행위와 그리스도에 대한 믿음 사이의 대립이 점점 더 뚜렷이 드러난다는 것이다.[52]

그렇다면 2:16에서 이같이 ἐὰν μή(~하지 않는 한)를 사용한 일이 바울에게 문제의 빌미가 될 소지를 안겨 주지는 않았을까? 만약 바울이 이 서신을 그 구절에서 끝마쳤다면 그러했을 수도 있다. 하지만 바울

---

49 Das, *Galatians*, 323(갈 3:12에 관해), 253–54(ἐὰν μή에 관해)를 보라.
50 Das, *Galatians*, 253.
51 David deSilva, *Galatians: A Handbook on the Greek New Testament* (Waco, TX: Baylor University Press, 2014), 42. 드실바는 다음 내용을 적절히 덧붙이고 있다(43). "설령 바울이 ἐὰν μή를 역접('그러나')의 의미로 사용했다 할지라도, 당시 독자들은 그 어구를 자연스럽게 '~하지 않는 한'(unless)으로 이해했을 것이다. 후자가 그 어구의 가장 보편적인 의미와 용례에 속한 것이었기 때문이다."
52 James D. G. Dunn, "The New Perspective on Paul," *Bulletin of the John Rylands University Library of Manchester* 65 (1983): 95–122 at 112–13를 보라.

의 입장은 3장에서 명백히 드러나며(예를 들어 3:12을 보라), 2:16은 바울이 자신의 요점에 어긋나는 것으로 보이는 특정 단어를 선택했던 유일한 경우가 아니다(3:10을 보라). 어쩌면 우리는 이런 구절들 가운데서, 바울이 율법의 행위와 믿음 사이의 연관성을 인정하고 있다고 생각해 볼 수도 있을 것이다. 다만 그의 최종적인 입장은 서신의 끝부분에 가서 뚜렷이 드러난다.[53]

그러므로 2:16에서 쓰인 πίστις의 문제를 논할 때, 바울이 품었던 생각의 흐름은 다음과 같았던 것으로 보인다. 곧 어떤 사람도 토라의 행위 자체로써는 '하나님과의 올바른 관계에 놓이게' 될 수 없다. 우리는 어떤 행위와 책임의 체계로도 그 일을 이룰 수가 없다. 만약 그 일이 가능했다면, 그리스도는 필요치 않았을 것이다(이에 관해서는 3:21하를 보라). 설령 어떤 신자들이 토라를 계속 준수하는 일에 헌신할 경우에도, 그들은 그리스도적인 관계성, 곧 믿음과 신실함 안에서 그리스도를 통해 하나님과 연합하는 일이 하나님과 맺는 올바른 관계의 진정한 핵심을 대변한다는 것을 인정해야만 한다. 그러므로 토라에 속한 행위들이 그 의로움의 목적에 기여할지라도, 그리스도적인 관계성과 비교할 때 그런 행위들은 부차적인 위치에 놓일 수밖에 없다는 것이다.

3) 갈라디아서 2:20

갈라디아서 2장의 문맥에서, 바울은 하나님과의 관계에서 토라를 필수적인 매개체로 여기는 입장과의 근본적인 단절을 옹호하는 이유

---

[53] 바클레이는 바울이 율법의 행위와 믿음 사이의 관계를 인정했을 가능성을 마지못해 인정하면서도, 여전히 다음과 같이 언급한다. "하지만 토라를 준행하는 일과 그리스도에 대한 믿음이 서로 정반대되는 성격을 지닌다는 점은 적어도 이 서신의 끝부분에 가서 뚜렷이 드러난다." *Paul and the Gift*, 373n57.

를 설명한다. 여기서 다음과 같은 질문이 제기된다. "만일 신자들이 그리스도를 통해 하나님과의 바른 관계에 들어서기를 구할 때 토라의 역할이 반드시 배제되어야만 한다면, 그리스도께 속한 백성은 이방인들과 마찬가지로 '죄인'이 되지 않겠는가?"(2:17) 그러나 실상은 이와 정반대라는 것이 바울의 생각이다. 곧 바울에 따르면, 토라를 벗어나서 그리스도적인 관계성을 향해 나아가는 이 움직임은 우리가 "하나님에 대하여 살" 수 있는 유일한 길이 된다는 것이다(2:19하). 이같이 그리스도적인 관계성이 형성될 때 일어나는 일은 바로 신자들이 **그리스도와 함께 십자가에 못 박히는** 것이다(이 본문에서는 바울이 그 일을 겪게 된다). 그럼으로써 죄에 속박되어 있던 우리의 자아가 무효화되고 죽임을 당하며, 그리스도께서 우리를 다스리시게 된다. 바울의 관점에서 이 구절의 핵심이 되는 단어는 "이제"(νῦν)인데, 이것은 신자들이 이 새로운 언약 아래서 πίστις에 의존하는 방식으로 살아가게 되는 시기를 가리킨다. (이 시기의 삶에서는 그리스도적인 관계성이 그 중심 요소를 이룬다.) 여기서 πίστις는 '행위가 아닌 것'(nonwork)을 의미하지 않으며[54], 특정한 신념 자체에 초점을 두는 것도 아니다. 오히려 2:20에서 πίστις는 **관계적인** 뉘앙스를 함축하며, 이는 어떤 해석자들이 '그리스도와의 연합' 또는 '그리스도 안에 참여함'이라고 부르는 개념들과 유사하다. F. F. 브루스는 이 구절을 설명하면서 다음과 같이 언급한다. "[믿음은] 부활하신 그리스도와의 연합과 유대를 의미하며, 이런 의미에서 믿음으로 산다는 것은 곧 '성령으로 사는 삶'과 동일하다(5:25). 우리가 로마서 8:9-11에서 접하게 되는 바와 같이, 신자들은 이런 삶의 방식을 통해 장차 임

---

54 이 점에서 나는 Moo, *Galatians*, 159, 325에 있는 논의와 반대되는 입장을 취한다.

할 세상의 삶을 지금 이곳에서 미리 알 수 있게 된다."[55]

4) 갈라디아서 3:8-9

갈라디아서 3장 전반부에서, 바울은 아브라함이 πίστις에 의해 의롭게 되는 이들의 본보기이며 그가 하나님을 믿음으로써 그렇게 되었음을 밝힌다(3:6). 그러므로 ἐκ πίστεως에 속한(믿음으로 말미암은) 이들은 아브라함의 참된 후손임이 입증된다. 대부분의 바울 학자들이 지적하듯이, 당시에 바울이 아브라함을 (토라의 행위와 무관한) 믿음의 본보기로 언급한 것은 모순적인 표현으로 여겨졌을 것이다. 바울의 시대 당시에, 유대교 해석자들은 아브라함을 토라에 대한 순종을 보여 주는 일종의 원형과도 같은 인물로 간주하고 있었기 때문이다. 실상 그 토라가 모세의 시대 이전까지는 나타나지 않았을지라도 그러했다(Jubilees 24.11; 2 Baruch 57.2를 보라).[56] 그러므로 윌리엄 베어드가 바르게 지적했듯이, 여기서 바울은 이전에 유대교 전통에서 표현된 적이 없는 방식으로 행위에 근거한 순종과 믿음 사이의 구분을 도입하고 있다. 그뿐 아니라 바울에 따르면, "신자들이 자신들을 아브라함과 동일시하게 만드는 것은 율법 준수나 할례 실천이 아니라 바로 그들의 믿음이었다."[57] 갈라디아서 3:1-9에서 바울이 전한 메시지에 따르면, 어떤 이를 "아브라함의 자손"이 되게 하는 것은 특정한 혈통도, 심지어는 토라를 향한 충성심을 본받는 일도 아니었다. 오히려 그 족장과 동일한 성격을 띠게 되는 이

---

55 Bruce, *Galatians*, 145.
56 Jon D. Levenson, "The Conversion of Abraham to Judaism, Christianity, and Islam," in *The Idea of Biblical Interpretation*, ed. Hindy Najman and Judith H. Newman (Boston: Brill, 2004), 3-40를 보라.
57 William Baird, "Abraham in the New Testament: Tradition and the New Identity," *Interpretation* 42 (1988): 367-79 at 374.

들은 바로 οἱ ἐκ πίστεως(믿음으로 말미암은 이들)였다. 바울의 관점에서, 이들은 "하나님을 믿는" 자들을 의미했다(따라서 그는 3:6에서 창세기 15:6 을 인용한다). 여기서 바울은 아브라함의 믿음을 이스라엘 백성의 미래 에만 결부 짓지 **않고**, 특히 τὰ ἔθνη(여러 족속들)이 받게 될 복과 연관시 킨다(3:8). 그런 다음에 바울은 이 복음의 복을 갈라디아의 이방인 신자 들에게도 직접적으로 적용했던 것이다. 이 신자들은 τῷ πιστῷ에 속한 (믿음이 있는) 아브라함과 함께 하나님의 백성으로 받아들여진 이들이었 다. 거의 모든 현대 영어 성경 역본에서는 이 구절(3:9)에 쓰인 πιστός 를 일종의 '믿음'(belief)에 연관된 것으로 번역한다.

"믿음의 사람"(the man of faith, NIV, ESV)
"믿었던 아브라함"(Abraham who believed, NRSV)
"신자인 아브라함"(Abraham the believer, NET, NASB)
"믿음을 지녔던 아브라함"(Abraham who had faith, RSV)

그러나 3:9에서 τῷ πιστῷ Ἀβραάμ을 가장 자연스럽게 번역하는 길 은 "신실한 아브라함"(faithful Abraham)으로 옮기는 것이다(KJV가 이런 방 식을 취한다). 칠십인역과 신약 성경에서 πιστός가 한정 형용사(명사 앞에 서 그것을 수식하는 용법 – 역주)로 쓰일 경우, 그 단어는 어떤 사람이나 집 단이 **신실한** 성격임을 나타낸다(2 Macc 1:2; 마 24:45; 눅 12:42; 골 4:9; 벧전 5:12). 아마도 번역자들이 이 어구를 옮기면서 **믿음**(belief)이라는 용어 를 쓰기로 선택한 이유는 갈라디아서 3:1-9에 나타나는 바울의 전반적 인 요점이 다음과 같다고 보았기 때문일 것이다. **아브라함이 신실한 이 였기 때문에 우리의 영적인 아버지가 된 것이 아니다. 그가 하나님을 신**

뢰했으며, 그 자신의 믿음에 근거해서 하나님께 받아들여졌기 때문에 그러한 인물이 된 것이다. (그리고 아브라함이 하나님께 받아들여진 것은 말씀에 순종해서 할례를 행했기 때문이 아니다.) 이 전반적인 개념이 실제로 옳을 수도 있지만, 그럴지라도 우리는 바울 자신의 표현법을 주의 깊게 따라가야 한다. 만약 바울이 "신자인 아브라함"(Abraham the believer)에 관해 언급하기를 원했다면, 여기서 πιστός를 선택하는 대신에 아마도 분사 형태를 사용했을 것이다. (예를 들면 τῷ πιστεύοντι Ἀβραάμ, 또는 Ἀβραάμ ἀνθρώπῳ τῆς πίστεως를 썼을 것이다. 갈 3:22; 고전 14:22를 보고, 행 4:32을 참조하라.)

리처드 헤이스는 바울이 다소 오해의 소지가 있는 "신실한 아브라함"이라는 어구를 사용함으로써 이 본문의 논의를 끝마친 이유를 설명한다. 그에 따르면, 이 구절에서 믿음이 있는 아브라함을 οἱ ἐκ πίστεως(믿음으로 말미암은 자들)과 연관 짓는 것은 πίστις라는 단어가 지닌 독특하고 풍성한 의미를 이끌어 내는 효과가 있다. 다시 언급하자면, πίστις는 단순히 '믿음'(belief)만을 의미하거나 항상 그런 뜻을 지니는 것은 아니다. πίστις는 일종의 양면성을 지닌 단어로서, 그 의미는 좀 더 인지적인 성격을 띠는 동사 πιστεύω와 짝을 이룰 수도 있지만(이 경우에는 '믿음'[belief]를 나타내게 된다. - 역주), 이와 동시에 더 사회적이며 미덕 지향적인 성격을 띠는 형용사 πιστός와 부합하는 것이 될 수도 있다(이 경우에는 '신실함'[faithfulness]을 의미하게 된다. - 역주). 따라서 헤이스는 이렇게 언급한다. "여기서 바울은 '아브라함이 하나님을 믿었다[episteusen]'라는 성경의 진술을 읽고서, 그가 '신실한 이'(pistos)로 불리는 것이 마땅하다고 결론지을 수 있었다. 이 두 표현의 바탕에 깔린 개념은 아브라함이 하나님을 신뢰했다는 것이다. 바울의 관점에서

'신실함'이 지닌 의미는 바로 그 신뢰에 있었다."[58] 만일 이 해석이 옳다면, 바울은 아브라함이 하나님께 순종하며 충성했던 인물의 본보기라는 유대교의 개념을 옹호하는 것이 된다. 다만 바울의 관점에서 아브라함은 **토라에 근거한** 순종의 본보기가 아니었으며(따라서 할례의 아버지도 아니었다), 바울은 아브라함을 하나님에 대한 참된 믿음의 조상으로 여겼다. 아브라함의 믿음이 실로 깊이 있고 헌신된 것이었기에, 그를 "신실한 아브라함"으로 지칭하는 것은 결국 자연스러운 일이었다. 바울이 갈라디아서 3장에서 아브라함에 관해 논하면서 중요하게 여겼던 것은 그와 하나님의 관계가 지녔던 순전한 성격을 강조하는 일이었다. 바울은 이 관계를 나타내기 위해 πίστις라는 단어를 사용했다.

5) 갈라디아서 3:12

갈라디아서 3장에서, 바울의 전반적인 요점은 우리가 토라를 통해 하나님과의 올바른 관계에 들어가는 것이 아니라 πίστις를 통해 그렇게 된다는 데 있다. 바울은 하박국 2:4과 레위기 18:5을 서로 경쟁하는 체계로 제시한다. 어떤 이가 의롭다 함을 얻기 위해 율법을 선택할 때, 그 사람은 율법의 체계에 속박되며 그 체계 아래서 기대되는 순종의 의무를 다해야만 한다. 이에 반해, 아브라함이 택했던 방식은 다음과 같은 선지자의 글로 대변된다. "의인은 ἐκ πίστεως로 살리라"(갈 3:11; 참조. 합 2:4). 바울에 따르면 신자들이 율법-행위의 길을 택할 경우에 뚜렷한 제약 아래 놓이게 되며, 그 길은 신자들이 갈망하는 자유와 생명, 그리고 하나님 앞에서 의롭다 함을 얻는 쪽으로 이어지지 않는다

---

58 Richard B. Hays, "The Letter to the Galatians," in *The New Interpreter's Bible*, ed. Leander E. Keck (Nashville: Abingdon, 2000), 11:256.

(갈 3:21하). 나아가서 바울은 "율법은 믿음에서 난 것이 아니니"라고 언급하는데(3:12), 바울 서신에서 이 구절에 담긴 것보다 더 놀라운 진술은 거의 없다. 여기서 바울은 율법이 믿음에서 난 것이 아니라고 주장하는데, 이는 율법이 믿음에 기반을 두고 있지 않다는 것이다. 이때 바울이 이 진술의 정확한 의미를 설명해 주지는 않기에, 우리는 이런 질문을 품게 된다. '그렇다면 율법은 하나님의 약속과 대립하는 것인가?' 바울은 이렇게 대답한다. "결코 그렇지 않다!"(3:21) 하지만 율법은 궁극적으로 하나님과 그분의 백성을 믿음 안에서 연합시켜 줄 방편을 제공하지 못한다는 것이 그의 입장이다. 이에 반해 그리스도적인 관계성은 우리가 하나님을 알 수 있는 새로운 길의 가능성을 제시하며, 그 길은 간접적인 중재를 거치는 것이 아니기에 그것 자체가 πίστις로 지칭될 수 있다. 그리고 이 점은 바울이 3:19-20에서 중재자들과 중재에 관해 언급하는 이유를 설명해 주는 것으로 보인다. 물론 그리스도 역시 중재자이시지만, 그분의 독특한 지위와 본성, 그리고 성부 하나님과 그분의 관계를 고려할 때 그분이 행하시는 중재는 직접적이다.[59]

5. 언약적인 믿음주의와 신-인 역할 논쟁

바울의 구원론에 관한 현재의 논쟁들은 많은 부분에서 하나님과 인간의 역할에 관한 문제를 중심으로 진행되고 있다. 우리가 만약 바울이 순전히 하나님의 역할만을 옹호하는 신학을 지녔다고 믿는다면, 이때 인간의 믿음은 구원의 문제에 자발적으로 기여하는 요소가 될 수

---

[59] N. T. Wright, *The Climax of the Covenant* (Minneapolis: Fortress, 1993), 172를 보라.

없다. 어떤 이들은 이런 관점에 의거해서, 바울의 글에서 쓰인 πίστις를 해석할 때 그리스도의 믿음(신실함)에 초점을 맞춘다. 그러나 바울은 유대교의 언약적 율법주의를 새롭게 재구성하면서, 언약적인 **믿음주의의** 관점에서 인간의 참여가 지닌 성격을 기술한다. 이 믿음주의의 관점에 따르면, 신자는 그리스도적인 관계성을 통해 하나님과 교제한다. 이 관계성은 구체적으로 그리스도에 대한 믿음과 신뢰, 그리고 그분을 향한 헌신으로 이루어진다.

어떤 이들에게, 믿음주의의 관점은 인간의 역할을 너무 강조하는 것처럼 보일 수 있다(따라서 그들은 이 관점을 '신인협력설'[synergism] 또는 '반(半) 펠라기우스주의'[semi-Pelagianism]으로 지칭할 수도 있다).[60] 그러나 프랜시스 왓슨은 이같이 하나님과 인간의 역할을 일종의 등식으로 배치하는 것이 그릇된 일임을 지적한다(둘 중 한쪽이 커지면 다른 한쪽은 작아져야 한다는 식으로 이해하는 것이 잘못이라는 의미다. - 역주). 그에 따르면, "복음에서 유래하는 믿음은 인간적인 역할을 폐기하기보다는 그 역할의 방향이 새롭게 바뀌게끔 인도한다."[61]

우리가 그런 믿음으로 구원을 **획득한다거나 마땅히 받을 만하다**는 언급은 그릇된 견해일 것이다. 믿음은 하나님이 그리스도 안에서 먼저 베푸신 은혜에 대한 응답이기 때문이다. 그분이 그 은혜를 베푸신 목적은 그 믿음의 응답을 이끌어 내며 가능하게 만드시려는 데 있다. 그러나 바울의 관점에서, 구원을 베푸시는 하나님의 사역에는 인간의 역할 역시 포함된다. 이때 인간의 역할은 배제되거나 제거되지 않고, 오히려 하나의

---

60 신인협력설의 어법이 학계에서 언급되고 또 오용되어 온 방식에 관한 근래의 논의를 살펴보려면, Yinger, *"Reformation Redivivus"*를 보라.
61 Watson, *Paul, Judaism, and the Gentiles*, 212.

완전히 새로운 토대 위에 확립된다. 그런 이유에서, 바울은 우리가 믿음으로 의롭다 함을 얻는다는 점을 역설하는 동시에 선을 행하는 이들은 종말론적인 영광과 존귀와 평안을 얻게 되리라는 점을 옹호하는 데에 전혀 어려움을 느끼지 않았다.[62]

왓슨은 바울이 '행위에 의한 구원'("외부의 도움 없이 인간의 노력으로 획득하는")도, 수동적인 성격만을 지닌 믿음도 받아들이지 않았다고 여긴다. 왓슨에 따르면, 하나님의 역할과 인간의 역할은 서로 다른 차원에서 작용한다. 그렇기 때문에 그 두 개념은 하나의 공식에 속한 부분들이 될 수 없다. 그러므로 하나님의 은혜가 우리의 마음속에서 먼저 역사하지만, 이때 우리는 믿음을 드러내는 과정에서 자신에게 자유의지가 있음을 역설적으로 체험한다.[63]

여기서 그저 믿음/행위의 대조만을 다루는 데 그치지 않고, 갈라디아서에서 바울이 사용한 믿음의 어법을 전체적으로 살피는 것이 중요하다. 그런 점에서 우리는 5:6의 경우에 관해 많은 것을 논의할 수 있으며, 또 그리해야만 할 것이다. 이 구절에서 바울은 할례나 무할례 문제가 상대적으로 중요하지 않음을 언급한다. 오히려 **중요한** 것은 πίστις δι' ἀγάπης ἐνεργουμένη(사랑으로써 역사하는 믿음)이다. 데살로니가전서 1:3의 경우와 마찬가지로(참조. 살후 1:11), 여기서 바울은 믿음과 행위의 어법을 서로 조화시키고 있다. 그러므로 이 구절에 쓰인 πίστις의 의미에 인간적인 역할이 포함되지 않는다고 주장하기는 매우 어려운 일이다. 개념적인 측면에서 살필 때, 이 구절에서 πίστις에 관한 바

---

62 Watson, *Paul, Judaism, and the Gentiles*, 213.
63 Watson, *Paul, Judaism, and the Gentiles*, 213.

울의 용법은 신실함과 순종의 영역으로 옮겨 가고 있기 때문이다. 마틴은 이 어구(πίστις δι' ἀγάπης ἐνεργουμένη)에 관해 이렇게 언급한다. "이것은 구체적인 삶의 방식을 나타내는 어구로서, 곧 그리스도께서 우리를 위해 죽으심으로써 드러내신 신실한 사랑을 통해 확립되고 고무되는 삶의 방식이다. 이 사랑이 담긴 삶의 방식은 그분이 달리신 십자가의 표지 아래 존재하며, 신자들의 공동체에서 지속된다. 그리고 이 공동체 안에서 각 지체들은 다른 지체들을 섬기는 종이 되며, 서로의 짐을 함께 나누게 된다."[64] 이 구절에서 πίστις는 "복음을 통해 생겨나는 믿음"을 의미하며, 이 믿음은 "이웃 사랑을 통해 스스로를 드러내게" 된다.[65]

6. 결론

여러 세기에 걸쳐, 갈라디아서는 바울의 구원론을 이해하는 데 핵심적인 역할을 해 왔다. 그리고 이 서신에서, 우리는 하나님의 경륜 안에서 믿음과 행위가 지니는 위치에 관한 바울의 가장 통찰력 있는 언급을 발견한다. 어떤 학자들은 바울의 반대자들이 갈라디아 신자들에게 토라에 속한 행위들이 꼭 필요함을 가르친 반면에, 바울 자신은 오직 믿음에 의한 칭의를 옹호했다고 주장한다. 그러나 초기 유대교의 πίστις에 관한 용법, 특히 바울을 반대했던 유대 그리스도인들이 따랐던 그 용법의 맥락에서 πίστις에 관한 바울의 어법을 살필 때, 그의 어법에서는 **또한** 의인들이 πίστις에 의존해서 살 것임을 확언하고 있음을

---

64 Martyn, *Galatians*, 474.
65 Martyn, *Galatians*, 474.

보게 된다(곧 순종-행위적인 측면 역시 함축한다는 의미 - 역주). 갈라디아서에서 바울이 취한 입장이 급진적인 성격을 띠었던 이유는 그가 πίστις를 강조했기 때문이 아니라, 그것을 토라에 속한 행위로부터 분리시켰기 때문이다. 당시 유대인들은 그들과 하나님의 언약 관계가 신뢰와 충실성(πίστις) 위에 기반을 두고 있음을 자연스럽게 받아들였을 것이다. 하지만 그들이 보기에 이 모든 일은 토라(ἔργα νόμου)에 의해, 그리고 그것을 통해 중재되는 것들이었다. 그러므로 바울은 이같이 토라에 속한 행위에 근거한 중재가 그리스도께서 수행하시는 관계적인 역할과 충돌한다고 주장했던 것이다. 여기서 나는 이 관계적인 역할을 '그리스도적인 관계성'(the Christ-relation)으로 지칭하려 한다.

과거의 학문적인 시도에서는 갈라디아서에서 표현된 바울의 종교 패턴을 '언약적 율법주의'로 불리는 초기 유대교의 일반적인 종교 패턴과 견주어 왔으며, 이 유대교의 패턴에는 은혜와 의무가 모두 포함되어 있었다. 그리고 우리에게는 언약적인 종교에 대한 바울의 개념이 전면적인 변화를 겪지 않았다고 여길 만한 충분한 이유가 있다(곧 바울의 개념에도 은혜와 의무가 모두 포함된다는 의미 - 역주). 하지만 '율법주의'라는 명칭은 그가 선호하는 어법을 적절히 대변하지 못하며, 그는 전반적으로 율법주의에 관해 상당히 부정적인 태도를 보인다. 오히려 바울은 하나님과 인간의 언약 관계를 기술하면서, 그리스도의 중심성과 그분의 독특한 중재에 초점을 맞추고 있다. 이를테면 그리스도는 살아 있는 유기적인 연결고리로서, 하나님과 지금 "그리스도 안에" 있는 그분의 백성을 서로 이어 주신다는 것이다. 그러므로 비록 어구 자체는 다소 어색한 감이 있지만, 이 바울의 종교 패턴을 '언약적 **믿음주의**'(covenantal pistism)로 지칭하는 것이 더욱 적합해 보인다.

9장
의인은 신뢰로써 살리라
로마서 1:16-17에 나타난 믿음의 어법

> 구원의 복음은 믿음의 대상이 될 수 있을 뿐이다. 그것은 오직 신앙의 문제이다. 그 복음은 우리의 선택을 요구하며, 바로 이 점에서 엄숙한 성격을 지닌다. 모순적인 일을 받아들이고 그 안에서 안식을 누릴 만큼 성숙하지 못한 이들에게, 복음은 일종의 걸림돌이 된다. 그러나 모순의 필연성을 회피하지 않는 이들에게, 그것은 신앙에 속한 문제가 된다. 신앙은 곧 자신의 모습을 숨기시는 하나님의 임재 앞에서 느끼는 경외심이다. - 칼 바르트, 『로마서 주석』(The Epistle to the Romans)

알려진 바와 같이, 바울이 로마서를 쓴 이유에 관해서는 학자들 사이에 많은 논쟁이 있어 왔다. 대부분의 학자들은 바울이 몇 가지 관심사를 마음에 두고서 이 긴 분량의 서신을 작성했을 것이라고 여기는데, 그 가운데는 당시 로마 교회 내부의 다툼이나 그들에게 뵈뵈를 천거하는 문제 등이 포함된다. 제프리 와이마는 이 서신을 작성한 바울의 전반적인 의도에 관해 1:15의 내용이 주요 단서를 제공한다고 주장하는데, 그의 견해가 옳을지도 모른다. 곧 로마서는 무엇보다도 바울 자신이 선포하는 복음의 내용을 서술한 편지였으며, 그는 로마에 있는 신자들의 공동체와도 이 복음의 내용을 공유해야 할 책임을 느꼈던 것이다.[1] 그런데 바울은 단순히 이 메시지가 일반적인 소논문의 형태로

---

1 Jeffrey A. D. Weima, "The Reason for Romans: The Evidence of Its Epistolary Framework (1:1–15; 15:14–16:27)," *Review and Expositor* 100 (2003): 17–33.

서 그 신자들에게 읽히기를 의도했던 것이 아니라, 아마도 당시에 그 공동체에서 바울 자신의 사역과 선교의 타당성에 관해 심각한 의문이 제기되고 있었으리라는 점을 예상했던 듯하다.

이 서신의 서두에서, 바울은 예수 그리스도의 복된 소식이 하나님의 계획 가운데서 새롭게 생겨난 일이 아님을 입증하는 일에 착수한다. 오히려 그 소식은 "그분의 선지자들을 통해 성경에 미리 약속된" 일이었다(1:1-2). 나아가서 그는 자신이 "모든 이방인들 가운데서 믿음의 순종이 나타나게" 하는 임무를 받았음을 서술하고, 그 이방인들 가운데는 로마 교회에 있는 많은 이들 역시 포함되어 있었다(1:5-6). 바울은 "로마에 있는 여러분에게도 복음을 전하려는" 진실한 열망이 있음을 밝히는데(1:15), 이는 그가 스스로를 그들을 위한 사도로 여겼기 때문이다. 대부분의 학자들은 1:16-17에 있는 다음 구절에서 이 서신의 요지(또는 핵심적인 의제를 설정하는 진술)가 나타난다는 점에 동의한다. "나는 복음을 부끄러워하지 않습니다. 이는 복음이 믿음을 지닌 모든 이에게 구원을 베푸시는 하나님의 능력이 되기 때문입니다. 먼저는 유대인들에게, 그리고 그리스인들에게도 이 일이 이루어집니다. 복음 안에서는 하나님의 의가 믿음을 통해, 또 믿음을 위해 드러나게 되니, 이는 곧 '의로운 자는 믿음에 의해 살리라'라고 기록된 바와 같습니다."(이 문단의 모든 성경 구절은 NRSV에서 인용했다.)[2]

우리가 이 구절들(1:16-17)의 내용을 이 서신의 중심 요지 또는 사상으로 간주하든 아니든 간에, 이 두 절에는 전반적으로 로마서에서

---

[2] Richard N. Longenecker, *The Epistle to the Romans*, New International Greek Testament Commentary (Grand Rapids: Eerdmans, 2016), 157; Robert Jewett, *Romans*, Hermeneia (Minneapolis: Fortress, 2007), 135-36를 보라. 그리고 Mark Reasoner, *Romans in Full Circle* (Louisville: Westminster John Knox, 2005), 1-10를 참조하라.

중요한 역할을 하는 몇 가지 핵심 단어와 개념이 담겨 있는 것이 분명하다. 곧 복음(εὐαγγέλιον), 구원(σωτηρία), 믿음(πιστεύω, πίστις), 유대인(Ἰουδαῖος)/이방인(Ἕλλην), 의(δικαιοσύνη), 삶/생명(ζάω)이 그것들이다. 종교개혁자들은 칭의/의를 로마서의 **중심** 주제로 간주했으며, 다른 한편으로 '새 관점' 학파에서는 유대인과 이방인의 사회적인 역학 관계 역시 논의의 중심으로 이끌어 들였다.[3] 그런데 우리는 바울이 이 서신에서 믿음과 신뢰, 그리고 믿는 일에 관해서도 자주 언급하고 있다는 점을 놓치지 말아야 한다. 그는 믿음의 순종(1:5; 또한 16:26), 로마에 있는 신자들의 믿음(1:8), 믿음 안에서 서로를 격려하는 일(1:12), 하나님께 속한 πίστις(3:3), 예수님에 대한 믿음/예수님의 믿음(3:22-26), "믿음[πίστεως]의 법"(3:27), 할례 받은 자와 할례 받지 않은 자가 모두 믿음으로 의롭다 함을 얻는 일(3:30), 하나님을 믿었던 아브라함(4:3, 9, 16-20), 이스라엘 백성이 믿음에 이르는 데 실패한 일(9:30-32), 믿음의 필요성(10:9)에 관해 서술하고 있다.[4] 따라서 1:16-17에서 바울이 믿음에 관해 기록한 내용이 상당히 중요한 의미가 있다고 여기는 것은 분명히 이치에 맞는 일이다. 이 구절에서 그는 자신의 논지를 옹호하기 위해 하박국 2:4을 인용하며, 그 구약 본문은 이 구절에 담긴 논의의 과정에서 뚜렷이 근본적인 역할을 하고 있다. 그러므로 이 장에서 나는 바울이 하박국 2:4을 해석하고 인용한 방식에 관심을 집중할 것이며, 이때 특히 다음 질문을 염두에 두고서 살펴보려 한다.

---

3 전자의 관점에 관해서는 예를 들어 Peter Stuhlmacher, *Paul's Letter to the Romans: A Commentary* (Louisville: Westminster John Knox, 1994)를 보라. 후자에 관해서는 A. Katherine Grieb, *The Story of Romans: A Narrative Defense of God's Righteousness* (Grand Rapids: Eerdmans, 2002)를 참조하라.
4 여기서 우리는 믿음의 분량(12:3, 6)이나 '믿음이 연약한 자들'(14:1-2)에 관한 언급도 덧붙일 수 있을 것이다.

바울이 하박국 2:4을 인용한 이유는 무엇인가?

이 구약 본문은 로마서에서 어떤 역할을 하는가?

이 구약 본문은 단순히 증거 구절(prooftext, 원래 맥락과 동떨어진 방식으로 인용된 구절 - 역주)로 쓰인 것인가, 아니면 분별력 있게 인용된 사례인가?

로마서 1:16-17과 하박국 2:4 사이에 존재하는 상호 관계의 역학에 관한 학자들의 연구는 의견의 불일치로 가득 차 있다. 많은 학자들은 바울이 이 구절에서 하박국 2:4을 하나의 증거 구절로 사용했다고 여긴다. 곧 율법과 무관한 자신의 복음을 옹호하기 위해, 구약에서 짧은 한 구절을 가져다 썼다는 것이다. 만약 그렇다면, 이 경우에 아마도 바울은 하박국 자체의 역사적인 맥락이나 문학적 맥락에는 관심이 없었던 것이 된다. 다른 학자들은 바울이 하박국 2:4을 증거 구절로 가져다 썼을 뿐 아니라, 그 구약의 예언서에 담긴 믿음의 어법을 의도적으로 거슬렀다고 생각한다. 곧 원래 그 구절의 의미는 '하나님을 향한 신실함'에 결부되어 있었던 데 반해, 바울은 '행위가 아닌 믿음'을 내세우는 자신의 관점을 옹호하기 위해 그 구절을 가져다 썼다는 것이다. 또 다른 이들은 바울이 하박국 2:4을 그리스도 중심적인 관점에서 해석했다고 주장한다. 그들에 따르면, 바울은 "의인"(the Righteous One)을 그리스도와 **그분의** 온전한 πίστις를 가리키는 것으로 여겼다는 것이다.

이 논의들은 중대한 질문을 제기한다. 과연 하박국 2:4의 본문 자체에서는 누구의 πίστις를 염두에 두고 있었으며, 제2 성전기 유대교의 일반적인 통념에서나 바울의 관점에서 그 πίστις는 누구에게 속한 것이었을까? 초기 유대인들과 그리스도인들은 그 πίστις를 어떻게 해석

했을까?⁵

1. 로마서 1:16-17: 간단한 주해와 분석

Οὐ γὰρ ἐπαισχύνομαι τὸ εὐαγγέλιον, δύναμις γὰρ θεοῦ ἐστιν εἰς σωτηρίαν παντὶ τῷ πιστεύοντι, Ἰουδαίῳ τε πρῶτον καὶ Ἕλληνι. δικαιοσύνη γὰρ θεοῦ ἐν αὐτῷ ἀποκαλύπτεται ἐκ πίστεως εἰς πίστιν, καθὼς γέγραπται· ὁ δὲ δίκαιος ἐκ πίστεως ζήσεται. (롬 1:16-17)

이 본문의 서두 부분("내가 복음을 부끄러워하지 아니하노니")은 종종 대수롭지 않은 표현으로 여겨지곤 한다. 그 구절이 그저 완서법(litotes, 부정문을 통해 긍정의 의미를 강조하는 수사법 - 역주)을 보여 주는 한 사례로 간주되기 때문이다.⁶ 그러나 이런 통념은 바울이 복음의 사역을 감당하는 과정에서 고난과 수치를 겪으면서 자연스레 직면하게 되었을 문제들의 의미를 소홀히 여기는 것이 된다. 이런 측면에서, 할버 목스네스가 수행한 로마서 연구는 중요한 역할을 한다. 목스네스에 따르면, 바울은 그 서신의 독자들이 지녔던 명예에 대한 관점을 바로잡아야만 했다. 특히 당시에 유대교와 관계를 맺었던 이방인들은 사람이 토라 준

---

5 여기서 나는 바울이 로마 제국에 대한 충성심과 로마적인 '피데스'(fides)의 개념을 나타내기 위해 믿음의 어법을 사용했다는 제안을 고려하지 않으려 한다. 그것은 다음 논의에서 제시되는 입장이다. Christian Strecker, "Fides-Pistis-Glaube: Kontexte und Konturen einer Theologie der 'Annahme' bei Paulus," in *Lutherische und Neue Paulusperspektive*, ed. Michael Bachmann, Wissenschaftliche Untersuchungen zum Neuen Testament 182 (Tübingen: Mohr Siebeck, 2005), 223-50.

6 George Kennedy, *New Testament Interpretation through Rhetorical Criticism* (Chapel Hill: University of North Carolina Press, 1984), 153; Leander Keck, *Romans*, Abingdon New Testament Commentary (Nashville: Abingdon, 2011), 50; Luke Timothy Johnson, *Reading Romans* (Macon, GA: Smyth & Helwys, 2001), 26.

수(3:27 - 28; 4:13)나 할례(4:9 - 10)를 통해 명예를 얻는다고 여길 수 있었는데, 바울은 그런 생각들을 고쳐 주어야만 했다. 바울의 관점에서, "명예와 수치의 문제는 이제 그들과 그리스도의 관계에 결부된다. 이제는 그리스도께서 무엇이 명예이며 수치인지를 친히 규정하신다."[7] 수치의 문제에 관해, 목스네스는 초기 그리스도인들이 다양한 박해자와 비판자들로부터 맹렬한 공격을 받았으며 이로 인해 그들 사이에 당혹감이 널리 퍼져 있었음을 지적한다. 그렇기에 바울은 이사야서 28:16 같은 본문을 인용하면서("보라, 내가 시온에 걸림돌, 곧 사람들을 넘어지게 만들 바위를 둔다. 그를 믿는 자는 부끄러움을 당하지 않을 것이다."), 다음 개념을 옹호했던 것이다. "의인들은 자신들을 건지시고 공의를 베풀어 주시기를 하나님께 구할 것이다. 그리하여 그들은 명예롭게 구원을 얻지만, 그 대적들은 수치스러운 상태에 남겨질 것이다."[8] 목스네스에 따르면, 바울은 자신이 선포하는 강력한 복음의 서두 부분에서 독자들이 영광과 명예에 관해 생각하는 방식을 바꿔 주려 했다. "그들은 연약함 가운데서 능력을 드러냈으며, 겉으로는 수치를 겪는 상황에서도 자신들의 존귀함을 확신했다. 이것이 곧 유대적인 동시에 그리스 로마적인 환경에서 존재했던 그리스도인들이 보여 준 역설적인 삶의 모습이었다."[9]

바울이 전하는 복음은 모든 사람을 위한 좋은 소식이었으며, 어떤 특권을 지닌 집단만을 위한 것이 아니었다. 곧 모든 이들이 예수님에 대한 믿음을 통해 그 복음에 동등하게 접근할 수 있었다. 십자가에 못 박히신 후에 부활하신 예수 그리스도의 복음을 통해 드러난 것은 바

---

[7] Halvor Moxnes, "Honour and Righteousness in Romans," *Journal for the Study of the New Testament* (1988): 61-77 at 72.
[8] Moxnes, "Honour and Righteousness," 72.
[9] Moxnes, "Honour and Righteousness," 73.

로 δικαιοσύνη θεοῦ(하나님의 의)였으며, 아마도 이 어구는 하나님이 약속하셨던 '의롭게 하심'(right-wising)의 활동이 그리스도 안에서 성취된 일로 이해될 수 있을 것이다.[10] 그레이엄 스탠턴은 바울이 로마서 1:16-17과 고린도전서 1:18에서 복음의 불가해한 본성과 능력에 관해 언급하는 방식이 서로 유사함을 지적하는데, 특히 고린도전서 1:18에서는 '어리석은' 십자가의 메시지가 사실은 우리에게 구원을 베푸시는 하나님의 능력임이 드러난다. 아마도 이처럼 그리스도의 십자가가 표면적으로는 '어리석은' 성격을 지니기 때문에, 바울은 겉으로는 수치와 걸림돌이 되는 것처럼 보이는 일들 가운데서도 하나님의 의가 역사하고 있음을 보기 위해서는 우리의 믿음이 요구된다는 점을 지적해야만 했던 것으로 보인다. 그러므로 로마서 4장에서 바울은 아브라함에게 자녀를 주시겠다는 하나님의 약속이 아브라함 자신과 사라의 육신이 너무 늙어서 새로운 생명을 잉태하기 어렵다는 현실과 충돌할 때에도 아브라함이 의심에 굴복하지 않았으며 하나님과의 신뢰를 깨뜨리지도 않았음을 기록한다(4:18-19).[11]

바울은 자신의 복음이 지닌 신뢰의 측면을 옹호하기 위해 하박국 2:4을 인용하며, 이때 그가 인용하는 본문은 칠십인역의 구절과 형태가 비슷하다.

---

10 나는 이 문장의 표현 중 일부에 관해, 그리고 로마서 1:16-17과 고린도전서 1:18의 연관성을 언급한 점에 관해 그레이엄 스탠턴(Graham Stanton)에게 빚을 졌다. *Studies in Matthew and Early Christianity*, ed. Markus Bockmuehl and David Lincicum, Wissenschaftliche Untersuchungen zum Neuen Testament 309 (Tübingen: Mohr Siebeck, 2013), 284를 보라.

11 Mark Seifrid, "Paul's Use of Habakkuk 2:4 in Romans 1:17: Reflections on Israel's Exile in Romans," in *History and Exegesis: New Testament Essays in Honor of Dr. E. Earle Ellis for His 80th Birthday*, ed. Sang-Won Son (Edinburgh: T&T Clark, 2006), 133-49 at 143를 보라.

ὁ δὲ δίκαιος ἐκ πίστεώς μου ζήσεται. (합 2:4 LXX)

ὁ δὲ δίκαιος ἐκ πίστεως ζήσεται. (롬 1:17하)

여기서 바울은 특히 πίστις와 δίκαιος(디카이오스)라는 용어에 관심을 갖고 있었던 것이 분명하다. 하지만 하박국 2:4과 로마서 1:17의 맥락 **모두**에서, 이 두 단어의 의미는 논쟁의 대상이다(이는 ζάω[자오] 역시 마찬가지이다). 이때 우리가 확신 있게 말할 수 있는 것은 바울이 이 하박국의 짧은 구절에 호소함으로써, πίστις에 근거해서 하나님과 동행하는 삶의 방식이 지닌 중심성과 그 열매들을 옹호하고자 했다는 것이다. 이제 우리는 바울의 관점과 하박국 2:4 사이에 어떤 연관성이 있는지를 파악하기 위해, 하박국 2장의 메시지가 원래 맥락에서 어떤 성격을 지녔으며 그 메시지가 바울 당시의 시대에는 어떻게 받아들여졌는지를 먼저 살펴보려 한다.

2. 하박국 2:4의 배경과 그 구절이 초기에 수용된 방식

전통적으로, 하박국은 아시리아 제국의 쇠퇴기에 기록된 것으로 간주되어 왔다. 이 예언서를 기록한 선지자 하박국은 하나님께서 갈대아 사람들의 난폭한 침략을 뒷받침하시는 듯이 보이는 문제와 씨름하고 있다(참조. 1:5-11상; 1:6의 "내가 … 갈대아 사람을 일으켰나니"). 그는 주님이 그릇된 길로 가는 백성을 책망하기 위해 이 일을 행하셨음을 인식한다(1:12). 하지만 이와 동시에, 하박국은 하나님이 행하신 일에 관해 다음과 같이 의문을 제기할 이유가 있다고 느낀다. "주께서는 눈이 정결하시므로 악을 차마 보지 못하시며 패역을 차마 보지 못하시거늘 어찌하여 거짓된 자들을 방관하시며 악인이 자기보다 의로운 사람을 삼키는데도 잠잠하시나이까?"(1:13; 참조. 2:1) 주님은 이에 대한 응답으로 하박국에게 묵시를 기록하라고 말씀하셨으며, 하나님께 속한 백성들은 "약속된 때"를 기다려야만 한다는 것이 그 묵시의 내용이었다. 그것은 바로 하나님의 공의(하나님의 의!)가 드러나게 될 때였으며, 그 때는 **딱 알맞은 시기에** 임하게끔 되어 있었다. 시어도어 히버트는 이 예언서의 핵심적인 관심사를 다음과 같이 간결하게 요약한다.

> 당시에는 사악한 자들이 지배권을 쥐고 있었으며, 공의를 다시 확립하시려는 하나님의 의도가 담긴 묵시가 아직 실현되지 않았을 때였다. 하박국은 바로 그 시기에 하나님의 약속을 신뢰하면서 신실한 자세를 유지하도록 부르심을 받았던 것이다. … 이때에는 하나님의 공의가 그를 둘러싼 세상에서 사라져 버린 듯이 보였지만, 그럼에도 하박국은 그분의 공의에 신실하게 헌신하며 그 원리들을 고수하도록 지시를 받았다. 하나님이 주신 두 번째 응답에는 이와 같은 메시지가 담겨 있었다.[12]

당시 이스라엘 백성의 눈에 **보이는** 것은 압제와 피 흘림뿐이었음을 고려할 때, 그들은 외적인 정황을 초월하는 방식으로 하나님을 신뢰하도록 부르심을 받았던 것이 분명하다(그렇기에 2:2-3에서는 **묵시**에 초점을 맞춘다). 그러므로 하박국 본문의 메시지를 요약하자면, "믿음을 잃지 않고 신실한 태도를 유지하는 이들, 심지어 그리해야 할 이유가 없어 보일 때에도 그런 삶을 이어가는 이들"이 마침내 살아남아 하나님의

---

[12] Theodore Hiebert, "The Book of Habakkuk," in *The New Interpreter's Bible*, ed. Leander E. Keck (Nashville: Abingdon, 1997), 7:623-55 at 642.

의가 승리하는 모습을 보게 되리라는 것이다.[13]

그렇다면 2:4에 쓰인 אמונה(에무나)의 의미는 무엇일까? 대니얼 해링턴은 그 단어가 '하나님을 향한 신뢰'를 나타낸다고 분별력 있게 지적한다. 곧 그 단어는 그저 하나의 지적인 신념을 가리키는 것이 아니라, 하나님의 의와 구원에 관한 그분의 약속이 지닌 확실성을 온전히 신뢰하면서 자신의 모든 삶을 드려 의존하는 태도를 지칭했던 것이다.[14]

하박국 2:4의 칠십인역 본문은 맛소라 본문과는 약간 다르다. ὁ δὲ δίκαιος ἐκ πίστεώς μου ζήσεται(의로운 이는 나의 믿음으로 살리라). 이 구절은 의로운 자가 '**나의**'(μου) 신실함/신뢰를 통해 살게 될 것임을 나타낸다.[15] 데스타 헬리소는 이 같은 맛소라 본문과 칠십인역의 차이점이 실제로 일인칭 대명사('나의' - 역주)가 포함되어 있었던 히브리어 원문(Vorlage, 칠십인역 번역문의 원본 텍스트 - 역주) 때문에 생겨났을 수 있다고 설명한다. 아니면 그것은 히브리어 접미사 요드(י)와 와우(ו)가 비슷하게 보인다는 점 때문에 생겨난 번역자의 단순한 오류였을지도 모른다. 하지만 그것도 아니라면, 그 차이점은 칠십인역의 번역자가 일부러 의도한 것일 수도 있다. 결국, 구약에서 **하나님의** 신실하심을 언급하는 것은 다소 흔한 일이기 때문이다(신 32:4; 시 36:5; 사 11:5; 25:1; 애 3:23[그러므로 이 구절에서도 '나의'를 삽입함으로써 그것이 하나님께 속한 속성임을 표시했

---

13 Donald Gowan, "Habakkuk, Book of," in *The New Interpreter's Dictionary of the Bible*, ed. Katharine Doob Sakenfeld (Nashville: Abingdon, 2006-9), 2:708.
14 Daniel J. Harrington, "Paul's Use of the Old Testament in Romans," *Studies in Christian-Jewish Relations* 4 (2009): 1-8 at 2-3. 또는 Arland J. Hultgren, *Paul's Letter to the Romans* (Grand Rapids: Eerdmans, 2011), 79를 참조하라. "하박국 2:4과 로마서 1:17 모두에서, 하나님(하박국) 또는 하나님의 의(바울)를 향한 충성심과 신뢰로서의 믿음이 강조된다. 그 믿음은 곧 충만한 삶에 이르는 방편이다."
15 D.-A. Koch, "Der Text von Hab 2:4b in der Septuaginta und im Neuen Testament," *Zeitschrift für die neutestamentliche Wissenschaft* 76 (1985): 68-85를 보라.

다는 의미다. - 역주]).[16]

하박국에 관한 쿰란 공동체의 페쉐르(Pesher, 쿰란 공동체에서 구약 성경을 주석한 문서 - 역주)에서는 하박국 2:4 하반부를 언급할 때 맛소라 본문을 따르는 모습을 보인다. "그리고 의인은 **그의** 신뢰로써 살리라(And the righteous will live by *his* trust)." 이 구절에 관해 1QpHab 7.17 - 8.3에서는 이렇게 해석한다. "[이 구절의 언급은] 유다 가문에서 토라를 준수하는 모든 이들에 관한 것이다. 그들이 환난 가운데서도 의로운 교사(the Righteous Teacher)를 충실히 따랐으므로, 하나님께서 그들을 심판의 집에서 건져 내실 것이다."[17] 초기 랍비 문헌에서, 하박국 2:4 후반부는 유대교의 언약적인 충실성을 나타내는 토대로 간주되었다.

랍비 심라이(R. Simlai)가 말했다. "하나님은 모세에게 육백십삼 가지의 계명을 주셨다. … 그런 다음에 다윗의 때가 왔을 때 그 계명은 열한 가지로 줄었으며[시 15편], 이사야의 때가 왔을 때 그 수는 여섯 가지로 감소했다[사 33:15]. 그런 다음에는 미가의 때가 임하여 그 계명이 세 가지로 줄었고[미 6:8], 그다음에 다시 이사야의 때가 임했다[사 56:1]. 그 후에 아모스의 때가 임하여 그 계명이 하나로 줄었으니, 이때에 그 계명은 곧 "너희는 나를 찾으라 그리하면 살리라"라는 것이었다[암 5:4]. 아니면 우리는 그 후에 하박국의 때[2:4]가 임하여 그 계명이 하나로 줄었다고 말할 수도 있다. 이때 그 계명은 곧 "의인은 그의 믿음

---

16 Desta Heliso, *Pistis and the Righteous One: A Study of Romans 1:17 against the Background of Scripture and Second Temple Jewish Literature*, Wissenschaftliche Untersuchungen zum Neuen Testament 235 (Tübingen: Mohr Siebeck, 2007), 52-53를 보라.
17 이 인용문은 James H. Charlesworth, "Revelation and Perspicacity in Qumran Hermeneutics?" in *The Dead Sea Scrolls and Contemporary Culture*, ed. Adolfo D. Roitman, Lawrence H. Schiffman, and Shani Tzoref (Boston: Brill, 2011), 161-80 at 174에서 가져왔다. 그리고 Timothy Lim, *Pesharim* (London: Continuum, 2002), 85를 보라.

[신실함]으로 살리라"라는 것이었다. (b. Mak. 23b)[18]

물론 신약 성경에서도 세 차례에 걸쳐 하박국 2:4 후반부를 언급한다. 로마서 1:17 이외에도, 바울은 갈라디아서 3:11에서 이 구절을 인용한다. 갈라디아서에서 이 구절은 아브라함으로 대변되는 신뢰의 길(3:9)을 나타내는 데 쓰이며, 이는 토라의 행위에 속한 길, 곧 저주를 가져오는 그 길(3:10-11)과는 대조를 이룬다. 갈라디아서에서 바울은 토라가 ἐκ πίστεως한(믿음에서 난) 것이 아님을 뚜렷이 밝힌다. 오히려 우리에게 성령님의 약속을 가져다주는 것은 바로 아브라함에게 속한 πίστις의 길이라는 것이다(3:14).[19]

히브리서 10장에서, 저자는 독자들에게 믿음을 굳게 지킬 것(10:22-23)과 죄에서 돌이킬 것(10:26)을 촉구한다. 그는 그들이 처음에 핍박 가운데서도 담대하고 용기 있는 태도를 보였던 일을 상기시킨다(10:32-34). 그러므로 저자는 그들에게 계속되는 어려움 가운데서도 인내할 것을 권면하며, 그 맥락에서 하박국 2:3-4을 인용한다. 여기서 그의 초점은 의로운 자들이 "뒤로 물러[서지]" 않는다는 데 있다(10:39). 히브리서 10:38은 칠십인역의 하박국 2:4과 유사하다.

---

18 이 인용문은 M. Eugene Boring, *Mark*, New Testament Library (Louisville: Westminster John Knox, 2006), 344n33에서 가져왔다. 또한 Geza Vermes, *The Religion of Jesus the Jew* (Minneapolis: Fortress, 1993), 44를 보라.
19 J. 루이스 마틴은 갈라디아서에서 바울이 레위기 18:5과 하박국 2:4을 서로 대조하는 점을 중요시한다. 그에 따르면, 전자의 구절은 "생명의 길이 … 율법의 준수에 있다"는 것을 옹호하는 반면에 후자의 구절에서는 믿음을 통해 생명에 이르게 된다는 것을 강조한다. "Paul's Understanding of the Textual Contradiction between Hab 2:4 and Lev 18:5," in *The Quest for Context and Meaning*, ed. Craig A. Evans and Shemaryahu Talmon (Boston: Brill, 1997), 465-74 (특히 465-71)를 보라.

ὁ δὲ δίκαιός μου ἐκ πίστεως ζήσεται. (히 10:38)

ὁ δὲ δίκαιος ἐκ πίστεώς μου ζήσεται. (합 2:4 LXX)

히브리서의 본문에서 μου는 ὁ δὲ δίκαιος와 함께 언급되며, 그리하여 이 구절은 "나의 믿음(신실함)"보다는 "나의 의로운 자"를 나타내는 것으로 읽힌다.[20] 궁극적으로, 이 히브리서의 단락에서 제시하는 요점은 다음과 같이 명료하게 드러난다. "하나님을 향해 신실한 태도를 입증해 보이는 그리스도인들이 곧 의로운 이들이며, 이들은 종말론적으로 이해된 삶의 목표를 향해 전진한다."[21]

3. 누구의 πίστις인가?

한편 우리는 로마서 1:16-17에서 언급되는 πίστις의 의미를 논하기 전에, 먼저 이 본문에서 ὁ δίκαιος(의인)가 누구를 가리키는지에 관한 문제를 다루어야만 한다. 대부분의 로마서 해석자들은 이 어구를 곧 믿음을 입증해 보이는 신자들을 가리키는 일반적인 표현으로 간주한다. 하지만 바울이 이 본문에서 하박국 2:4을 메시아적인 관점으로 해석했다는 견해를 지지하는 일부 학자들 역시 존재한다. 이 견해에 따

---

20 칠십인역의 다양한 사본에서 이 구절의 μου가 어디에 놓이는지에 관한 논의로는 Gert J. Steyn, *A Quest for the Assumed LXX Vorlage of the Explicit Quotations in Hebrews* (Göttingen: Vandenhoeck & Ruprecht, 2011), 317를 보라(특히 nn118-22).
21 William Lane, *Hebrews 9–13*, World Biblical Commentary 47B (Grand Rapids: Zondervan, 1991), 305. 히브리서에서 πίστις가 지니는 중요성에 관한 통찰을 살펴려면, Luke Timothy Johnson, *Hebrews*, New Testament Library (Louisville: Westminster John Knox, 2006), 273; 그리고 Matthew C. Easter, *Faith and the Faithfulness of Jesus in Hebrews*, Society for New Testament Studies Monograph 160 (Cambridge: Cambridge University Press, 2014)를 보라.

르면, 여기서 "의인"은 곧 예수님을 뜻한다.[22] 예를 들어 리처드 헤이스는 바울의 시대 당시에 ὁ δίκαιος가 메시아적인 인물에게 결부되는 호칭이었다고 주장한다.[23] 나아가서 그는 ὁ δίκαιος에 대한 메시아적/기독론적인 독법이 바울의 "묵시적인 해석학"에 부합한다고 여긴다.[24]

어떤 학자들은 이 견해를 옹호하기 위해 에녹 1서 38:2에 호소하는데, 이 외경의 본문에서는 세상을 심판하기 위해 임하실 "의로우신 이"에 관해 언급한다. 사도행전에서도 "의인"은 기독론적인 호칭으로 사용된다(3:13-15; 7:51-53을 보라). 이에 관해 헤이스는 이렇게 설명한다.

이 용어는 유대인 청중(사실상 예루살렘에 있는 유대인 청중)을 상대로 하는 강론**에서만** 등장하며, 마치 그 용어의 의미가 당시 그 청중에게 자명한 것으로 받아들여졌음을 보여 주기라도 하듯이 각각의 경우에 아무런 설명 없이 언급되고 있다. 누가의 경우, 자신이 편집한 본문의 체계에 속한 부분에서나 기독론적인 개념을 구성하고 표현하는 다른 구절들에서는 이 칭호를 사용하지 않았다. 따라서 우리는 그것을 누가만의 고유한 신학적 용어로 간주할 이유가 없다.[25]

신약의 다른 본문들 역시 "의인"을 기독론적인 호칭으로 언급한다

---

22 많은 이들은 이 견해가 현대 학문 세계에서 지지되기 시작한 것이 다음의 글을 통해서라고 여긴다. A. T. Hanson, *Studies in Paul's Technique and Theology* (London: SPCK, 1974), 39-45. 또한 다음을 참조하라. C. H. Dodd, *According to the Scriptures* (London: Nisbet, 1952), 49-51; Richard B. Hays, "'The Righteous One': An Eschatological Deliverer: A Case Study in Paul's Apocalyptic Hermeneutics," in *Apocalyptic and the New Testament*, ed. Joel Marcus and Marion L. Soards, Journal for the Study of the New Testament Supplement 24 (Sheffield: JSOT Press, 1988), 191-215; Leander Keck, *Romans*, Abingdon New Testament Commentary (Nashville: Abingdon, 2005), 54.
23 Hays, "Righteous One," 192.
24 Hays, "Righteous One," 192.
25 Hays, "Righteous One," 197.

는 점에서 주목할 만하다(벧전 3:18; 약 5:6; 요일 2:1, 29; 3:7하). 다시 로마서 1:16-17로 돌아와서 논하자면, 헤이스는 하나님의 언약적인 신실하심을 옹호하려는 바울의 관심이 하박국에서 제기되는 다음의 핵심 질문들과 적절히 부합한다고 주장한다. "하나님은 어떻게 사악한 자들이 의인들을 핍박하도록 허용하실 수 있는가? 과연 그분은 자신의 백성을 버리셨는가?"[26] 헤이스는 ('의인'이신) 예수 그리스도의 πίστις를 통해 하나님 자신의 의가 드러났다고 여긴다.[27]

로마서 1:17에서 인용되는 하박국 2:4 후반부에 대한 헤이스의 메시아/기독론적인 독법은 얼마간의 가능성이 있지만, 확고한 설득력이 있는 것은 아니다.[28] 첫째, 이 구절에서 바울은 (아마도 의도적으로) 인칭 대명사를 생략하고 있는데(하박국 2:4의 "의인은 그의 믿음으로 말미암아 살리라"에서 '그의'를 생략했다는 의미 - 역주), 이에 따라 그 인용문은 포괄적인 성격을 띠게 된다('의인'이 가리키는 대상이 구체화되지 않는다는 의미 - 역주). 로마서에서 바울은 분명히 그리스도인들의 πίστις를 강조하고 있다(1:8, 12). 크레이그 키너는 하박국 2:4 후반부/로마서 1:17에 담긴 요지가 로마서 4:5에 있는 다음 구절에서 반복된다는 점을 언급한다. "그러나 어떤 이에게 행위가 없을지라도 경건하지 않은 자들을 의롭다 하시는 그분을 신뢰할 때, 그런 믿음은 의로 여겨집니다."(NRSV)[29] 또한 볼프강

---

26 Hays, "Righteous One," 207.
27 Hays, "Righteous One," 208-9.
28 헬리소는 로마서 1:17에서 인용되는 하박국 2:4 후반부에 대한 메시아적 독법에 큰 매력을 느끼지만, 그럼에도 불구하고 다음 사실을 어쩔 수 없이 인정한다. "바울 이전의 어떤 유대교 문서에서도, 그 인용된 구절이 메시아적으로 이해될 수 있게끔 하박국 2:4을 인용한 적이 없다." (다만 그는 칠십인역 본문의 경우에는 그렇게 이해될 수 있다고 믿는다.) *Pistis and the Righteous One*, 164.
29 Craig Keener, *Romans*, New Covenant Commentary Series (Eugene, OR: Wipf & Stock, 2009), 30; 또한 볼프강 크라우스(Wolfgang Kraus)는 이렇게 언급한다. "물론 바울의 관점에서, πίστις는 늘 예수의 존재와 결부되어 있다. 그런데 갈라디아서 3장과 특히 로마서 4장에서 언급되는 예수 그리스도에 대한 믿음은 아브라함이 하나님을 향해 품었던 신뢰와 동일한 성격을 지닌다."

크라우스는 이런 관점(헤이스와는 달리 로마서 1:17에서 언급되는 πίστις를 인간적인 것으로 이해하는 관점 - 역주)이 구원의 강조점을 (신적인 구원이 아니라) 인간의 믿음에 두게 된다는 비판을 반박하면서, 이렇게 언급한다.[30] "하박국 2:4에서 언급되는 믿음/신뢰는 의를 얻기 위한 선결 조건이 아니다. 오히려 그것은 하나님이 주신 약속에 대한 응답이며, 따라서 그것은 고유한 삶의 방식으로 이어진다."[31]

한편 리처드 칼슨은 여기서 바울이 일부러 하박국 2:4 후반부를 유연한 방식으로 언급하고 있다고 주장한다. 이는 곧 의로운 이들이 취할 올바른 삶의 방식을 나타내기 위함이라는 것이다. 그에 따르면, 이를 통해 하나님의 신실하심이 입증되는 동시에 그리스도는 그 충실성을 보여 주는 분이 되신다. 그리고 아브라함은 참된 믿음의 본보기가 되며, "모든 그리스도인은 서로의 관계 속에서 그 믿음을 실천"한다.[32]

4. 신뢰, 믿음, 신실함? אמונה와 πίστις를 번역하고 해석하기

하박국 2:4 후반부의 원래 맥락을 살필 때, "의인은 믿음으로 살리라"라는 그 구절에서는 **기독교적인** 믿음을 언급하고 있지 않음이 분명

"Hab 2,3-4 in der hebräischen und griechischen Texttradition mit einem Ausblick auf das Neue Testament," in *Die Septuaginta und das frühe Christentum*, ed. Thomas S. Caulley and Hermann Lichtenberger, Wissenschaftliche Untersuchungen zum Neuen Testament 277 (Tübingen: Mohr Siebeck, 2011), 153-73 at 170를 보라.
30 그런 비판에 관해서는 Douglas A. Campbell, "Romans 1:17—A *Crux Interpretum* for the Πιστις ΧΡΙΣΤΟΥ Debate," *Journal of Biblical Literature* 113 (1994): 265-85를 보라.
31 Kraus, "Hab 2,3-4 in der hebräischen und griechischen Texttradition," 170 (인용문은 내가 번역했다).
32 Richard Carlson, "Whose Faith? Reexamining the Habakkuk 2:4 Citation with the Communicative Act of Romans 1:1-17," in *Raising Up a Faithful Exegete: Essays in Honor of Richard D. Nelson*, ed. K. L. Noll and Brooks Schramm (Winona Lake, IN: Eisenbrauns, 2010), 293-324 at 324.

하다(하박국 본문의 "믿음"은 후대의 기독교 신앙이 아니라 원래의 유대적인 신실함을 가리킨다는 의미 - 역주). 이 구절에서 '믿음'에 해당하는 히브리어 용어인 אמונה는 종종 하나님과의 언약 관계에 대한 헌신을 나타내는 데 쓰였다. 하지만 어떤 학자들은 바울이 이 구절에서 하박국의 원래 맥락에 의존할 의도가 **없었던** 것이라고 여긴다. 바울은 다만 하박국 2:4 후반부의 그리스어 본문에서, 자신이 전하는 복음 메시지를 옹호하는 데 필요한 핵심 단어들을 찾아냈을 뿐이라는 것이다.[33] 예를 들어, 마크 시프리드는 바울이 로마에 있는 독자들을 위해 πίστις의 의미를 **새롭게 정의했다고** 주장한다. 만약 하박국 2:4 후반부의 칠십인역 본문에 히브리적인 의미의 신실함이 전제되어 있다면, πίστις에 관한 바울의 용법은 그것과는 뚜렷이 다른 특징을 지닌다는 것이다. "유대의 전통과는 달리, 바울은 '믿음'을 인간적인 특질이나 미덕으로 이해하지 않는다. 이 점은 본문의 맥락을 통해 분명히 드러나는 바와 같다. 곧 ('믿음에서 나오는') 선포를 통해 사람을 구원하시는 하나님의 의가 **계시되며**, 그럼으로써 우리의 믿음이 생겨나게 된다."[34]

더글러스 무는 하박국 2:4 후반부의 원래 의미와 로마서 1:17에 담긴 바울의 관심사 사이에 그렇게 큰 차이가 있다고 언급하지는 않는다. 하지만 바울의 관점에서 '믿음'은 곧 "인간적인 능력이나 활동, 약속들"에 의존하기보다는 하나님을 믿는 일이었다는 점을 강조한다.[35]

---

33 예를 들어 John Barton, *Oracles of God* (Oxford: Oxford University Press, 2007), 245를 보라.
34 Mark Seifrid, "Romans," in *Commentary on the New Testament Use of the Old Testament*, ed. G. K. Beale and D. A. Carson (Grand Rapids: Baker, 2007), 608. 시프리드에 따르면, 바울의 관점에서 '믿음에 근거한 삶'(living by faith)은 신자 자신의 활동을 주된 관심사로 삼는 것이 아니다. 오히려 그 삶은 우리가 구원을 얻으며 복음에 참여하게 되는 일을 지칭한다는 것이다.
35 Douglas J. Moo, *The Epistle to the Romans*, New International Commentary on the New Testament (Grand Rapids: Eerdmans, 1996), 79.

하박국 2:4이 초기 유대교나 바울의 사상에서 지녔던 중요성을 생각할 때(이 구절은 히브리서 저자에게도 중요했다), 바울이 (행위와 대립하는) 믿음의 복음을 옹호하기 위해 이 구절을 자신의 글에 억지로 끼워 넣었을 가능성은 적다. 그보다도, 우리는 하박국 2:4 후반부에 담긴 내용과 로마서 1:16-17에서 나타나는 바울의 관심사의 공통점을 곧 **하나님을 향한 무조건적인 신뢰**를 강조하는 데에서 찾아야 할 것이다. 리키 와츠는 하박국과 로마서가 "하나님의 불가사의한 행동들"을 옹호하려는 관심사를 공유하고 있다는 점을 다음과 같이 적절히 설명한다.[36]

하박국 선지자는 사악한 자들이 율법으로 억제되지 못한 일을 탄식하면서, 여호와 하나님의 의로운 개입을 요청했다. 하지만 선지자는 충격적이게도 하나님이 부당한 태도를 취하시면서, 그분 자신의 백성보다 사악한 갈대아 인들을 더 옹호하시는 것처럼 보이는 모습에 직면했을 뿐이다. 그러므로 이 같은 신정론의 질문에 대한 응답으로, 믿음과 신실함의 문제가 생겨나게 된다. 이와 마찬가지로 바울은 율법의 무능력에 관해 숙고하는 동시에, 자신의 복음이 지닌 곤란한 함의들을 뚜렷이 인식하고 있었다. 하지만 하박국의 경우와 마찬가지로, 바울은 다시금 의로우신 여호와께서 베푸시는 구원의 능력이 놀랍고도 종말론적인 방식으로 신실하게 계시될 것에 대한 믿음을 통해 구원을 발견하게 되었다. 이는 그가 자신의 요지를 진술하면서 개괄적으로 언급한 바와 같다(롬 1:16-17).[37]

---

36 Rikki Watts, "'For I Am Not Ashamed of the Gospel': Romans 1:16-17 and Habakkuk 2:4," in *Romans and the People of God: Essays in Honor of Gordon D. Fee*, ed. Sven K. Soderlund and N. T. Wright (Grand Rapids: Eerdmans, 1999), 3-25 at 3.
37 Watts, "For I Am Not Ashamed," 3-4.

여기서 요점은 행위나 믿음에 있지 않으며, 믿음과 신실함을 대조하는 데에도 있지 않다.[38] 바울의 관점에서, 복음은 신자들에게 지적인 형태의 **신념**(belief)이나 **순종적인 행위** 그 자체를 추구하도록 촉구하는 것이 아니었기 때문이다. 오히려 그것은 **신뢰**(trust)를 요구하는 것이었다. 여기서 와츠는 하박국 2:4과 로마서 1:17의 상호관계 배후에는 "하나님의 언약적인 신실함"에 대한 관심과 함께, "그 메시지를 듣는 자들이 믿음으로 순종하며 인내해야 할 필요성"에 대한 관심이 자리 잡고 있다고 결론짓는다. 그것이 "생명으로 나아가는 길"이기 때문이다.[39]

로마서 1:17에 나타난 믿음의 어법에 대한 칼 바르트의 해석을 살펴보면, 바르트는 '믿을 수 없는 일을 믿는 것', 곧 '어리석은' 복음을 감히 믿고 따르는 일이 지니는 의미와 더불어 눈에 보이지 않으시는 하나님 곧 '숨어 계시는 하나님'(deus absconditus)을 바라보며 그분을 굳게 붙들어야 할 필요성을 **모두** 적절히 분별하고 있다. 바르트는 내가 '신뢰하는 믿음'이라고 부르는 개념을 설득력 있게 표현하는데, 그 개념에는 '믿는 믿음'(곧 우리의 마음과 정신을 믿음과 연결된 복음의 주파수에 맞춤으로써 육신의 눈 대신에 믿음으로 실재를 파악하는 일)과 '순종하는 믿음'(곧 신뢰와 순종으로 행하면서 살기 위해 우리의 의지를 드려 헌신하는 일)이 모두 포

---

38 레이 클렌데넨(Ray Clendenen)은 믿음과 신실함이 서로 뚜렷이 구별되는 두 개념이라는 자신의 진술을 구체적으로 입증하지 않은 채로 남겨 둔다. 곧 그에 따르면, 믿음은 수동적인 성격을 띠는 반면에 신실함은 능동적인 성격을 지닌다는 것이다. "Salvation by Faith or by Faithfulness in the Book of Habakkuk," *Bulletin for Biblical Research* 24 (2014): 505-15 at 512를 보라.
39 Watts, "For I Am Not Ashamed," 25. 이와 유사하게, 폴 샘플리(Paul Sampley)는 다음과 같이 신뢰하는 믿음과 복음의 수용에 대한 바울의 관심사를 강조한다. "유대인과 이방인들 모두에게 시금석이 되는 것은 바로 믿음이었다. 그 믿음은 어떤 이가 할례 받았는지 아닌지, 그가 유대인인지 혹은 이방인인지에 관한 문제들을 전부 상대화한다. 한 사람이 하나님의 백성으로 받아들여지는 기준은 그의 결단 여부에 있으며, 그의 혈통이 어떤지, 또 그가 특정한 예식들을 준행하는지 여부는 이 일과 아무런 상관이 없다." "Romans and Galatians: Comparison and Contrast," *Understanding the Word*, ed. J. T. Butler et al. (Sheffield: JSOT Press, 1985), 315-39 at 327-28을 보라.

함된다.

복음의 '어리석음' 가운데서 지혜를 볼 수 있는 능력에 관해, 바르트는 루터의 사상에 의존하면서 이렇게 언급한다.

> 믿음은 우리 눈에 보이지 않는 일들을 지향하는 성격을 지닌다. 실로 그 믿음의 대상이 감추어져 있을 경우에만, 그것은 우리에게 믿음을 발휘할 기회를 제공할 수 있다. 더 나아가서, 가장 깊숙이 감추어져 있는 것들은 바로 육신적인 감각의 경험들과 명백히 모순되는 일들이다. 그러므로 하나님이 우리를 살리려 하실 때, 그분은 우리를 죽이신다. 하나님은 우리를 의롭다 하려 하실 때 우리에게 죄책을 부과하신다. 하나님은 우리를 하늘로 인도하려 하실 때 우리를 지옥으로 밀어 버리신다.

이를테면 믿음은 실재를 **거꾸로 뒤집는데**, 그 이유는 세상과는 상반되는 위치에 있는 복음에 우리의 '눈높이를 맞추기' 위함이라는 것이다. 하지만 이 일에는 단순한 '신념'(belief) 이상의 것이 요구되며, 이는 그 개념이 교리에 대한 동의를 뜻할 경우에 그러하다. 바르트에 따르면, 이 로마서 본문에서 바울은 다음과 같이 주장한다. "신자는 하나님을 신뢰하는 사람, 곧 하나님 자신을 신뢰하며 오직 그분만을 신뢰하는 사람이다. 다시 말하자면, 그는 하나님이 이 세상의 경로와는 모순되는 존재의 영역 안에 우리를 두셨다는 사실 가운데서 그분의 신실하심을 인식하는 사람인 것이다. 이제 그는 하나님의 신실하심에 상응하는 충실성으로써 하나님께 응답하며, 그분과 함께 '그럴지라도'와 '그럼에도 불구하고'를 선포한다."[40]

---

40 Karl Barth, *The Epistle to the Romans*, trans. Edwyn C. Hoskyns (London: Oxford University

5. πίστις에서 πίστις로

위의 모든 논의와 연관되어 있는 것은 ἐκ πίστεως εἰς πίστιν('믿음으로 믿음에', 롬 1:17)라는 어구이며, 많은 논란의 대상이 되어 온 이 어구는 이 로마서 구절에서 인용되는 하박국 2:4 후반부에 대한 배경 역할을 하는 것이 분명하다. 이 어구의 해석에 관해서는 네 가지 주요 관점이 존재한다. 그중 하나는 '**연속적인 관점**'으로 부를 수 있는데, 이는 바울이 이 어구를 통해 구약적인 방식의 믿음이 신약의 믿음으로 이어지는 모습을 보여 주고 있다는 견해이다. 이 견해는 교부 신학자들 사이에서 널리 공유되었으며, 이에 관해 오리게네스는 이렇게 기록했다. "최초의 그리스도인들이 믿음 안에 있었던 이유는 그들이 하나님과 그분의 종인 모세를 믿었기 때문이다. 그리고 이제 그들은 그 믿음으로부터 복음에 대한 믿음으로 건너왔다."[41]

또 다른 가능성 있는 독법은 '**진보적인 관점**'인데, 이것은 그 어구를 '믿음에서 시작해서 믿음으로 끝난다'(starting with faith and ending with faith)라는 식으로 해석하는 견해이다. 이 견해는 종종 장 칼뱅의 것으로 간주되는데, 이는 그가 이 어구를 곧 "모든 신자들이 매일 보여 주는 진전"을 나타내는 것으로 설명했기 때문이다.[42]

세 번째 견해에서는 이 어구에서 언급되는 각각의 πίστις가 언약 관

Press, 1968), 39. 『로마서』(복 있는 사람).
41 이 인용문은 Longenecker, *Romans*, 177에서 가져왔다. Origen, *Ad Romanos*, in Patrologia Graeca, ed. Jacques-Paul Migne (Paris, 1857–86), 14:861를 보라. 그리고 Tertullian, *Adversus Marcionem* 5.13를 참조하라.
42 John Calvin, *Commentary on Romans 1–16* (Grand Rapids: Baker, 1993), 28; 이와 유사한 논의로서 John W. Taylor, "From Faith to Faith: Romans 1.17 in the Light of Greek Idiom," *New Testament Studies* 50 (2004): 337–48를 보라. 또한 C. Kruse, *Paul's Letter to the Romans*, Pillar New Testament Commentary (Grand Rapids: Eerdmans, 2012), 75–78를 참조하라.

계 안에 있는 상대자들을 지칭하는 것으로 여긴다. 곧 이 어구를 '신적인 πίστις에서 인간적인 πίστις로'와 같이 해석하는 것이다. 그러므로 암브로시아스터는 이 '**언약적인 독법**'을 다음과 같이 설명한다. "이 어구는 하나님이 약속을 베푸시기 때문에 '하나님의 믿음'이 그분 안에 있으며, 인간이 약속하신 그분을 믿기 때문에 '인간의 믿음'이 그 자신 안에 있다는 것을 의미하는 것이 아니고 무엇이겠는가?"[43] 칼 바르트와 제임스 던 역시 이 견해를 취한다.[44]

끝으로 현재 널리 퍼진 견해는 '**수사학적인 독법**'인데, 이 관점에서는 이 어구에서 언급되는 각각의 πίστις를 따로 떼어서 살피지 않고 그 문학적 효과의 관점에서 전반적으로 파악하려 한다. 그리하여 이 어구는 "**믿음, 오직 믿음으로**" 등과 같이 번역될 수 있으며, 이때 이 어구는 믿음의 순수성 또는 배타성을 나타낸다.[45]

이런 관점들 중 어느 것이 옳은지는 쉽게 판정하기가 어려우며, 이는 바울의 이 어구 자체가 모호한 성격을 띤다는 점을 보여 주는 것일 수 있다. 나는 언약적인 견해를 가장 타당성이 적은 것으로 여기는데, 이 견해의 경우에 (본문에서 이에 관해 어떠한 설명도 제시하지 않았는데도) πίστις를 서로 다른 두 대상에게 귀속되는 것으로 분석하도록 요구하기 때문이다. 이 ἐκ πίστεως εἰς πίστιν에 대한 해석은 그 뒤에 이어지

---

43 Ambrosiaster, *Ad Romanos*, in Patrologia Latina, ed. Jacques-Paul Migne (Paris, 1844–64), 17:56 and in Corpus Scriptorum Ecclesiasticorum Latinorum 81:3; 이 인용문은 Longenecker, *Romans*, 177에서 가져왔다.
44 Barth, *Romans*, 41를 참조하라.
45 C. E. B. Cranfield, *A Critical and Exegetical Commentary on the Epistle to the Romans*, International Critical Commentary (Edinburgh: T&T Clark, 1975), 1:99–100; C. K. Barrett, *The Epistle to the Romans*, Black's New Testament Commentary (Peabody, MA: Hendrickson, 1991), 31; 그리고 Joseph Fitzmyer, *Romans*, Anchor Bible 33 (New York: Doubleday, 1993), 263에서 이렇게 해석한다.

는 바울의 하박국 2:4 인용을 어떻게 이해하느냐에 달려 있지만, 1:16에서 쓰인 πιστεύω 용법 역시 이 논의에 기여하는 바가 있다. 한편 나는 이 구절들에서 쓰인 믿음의 어법과 하박국 2:4 후반부 인용을 주로 **인간적인** 믿음과 신뢰에 연관되는 것으로 해석하는 편을 선호한다. 로마서 1:17의 앞부분에서는 복음을 통해(ἐν αὐτῷ) 드러난 하나님의 의에 대한 **새로운** 계시에 초점을 맞추고 있기 때문에, 나는 수사학적인 견해를 좀 더 신뢰하게 된다. 이는 곧 이 구절에서 바울이 πίστις, 곧 신뢰의 절대성을 강조하고 있다는 입장이다. 이때 우리는 1:17의 내용을 이런 식으로 바꾸어 쓸 수 있을 것이다. **이 복음 가운데서 하나님의 의가 온전히 드러났으며, 그렇기에 우리의 철저하고 배타적인 신뢰가 요구된다. 이는 성경에 다음과 같이 기록된 바와 같다. "의인은 신뢰로써 살리라."**

6. 결론

바울은 로마서 1:17에서 하박국 2:4 후반부를 인용하면서, 그 선지서의 본문을 단순한 증거 구절로 삼지 않았다. 그는 유대적인 *emunah*(אמונה, 믿음)의 개념을 왜곡해서 그것을 이른바 '바울적인 믿음'(즉, 행위와 대립하는 믿음)으로 바꾸어 놓지도 않았다. 오히려 로마서의 이 구절에서는 πίστις가 포괄적인 용법으로 쓰였으며, 우리는 그 속에 담긴 개념을 '신뢰하는 믿음'으로 부를 수 있다. 바울은 자신이 담대히 복음을 선포했음을 증언하는데, 이는 그 복음이 그것을 믿는 모든 이들을 구원으로 이끄는 능력을 가졌기 때문이다. 이때에 요구되는 것은 토라에 대한 헌신이 아니라, 그저 순전한 마음으로 하나님을 신뢰하는 일뿐이었다. 엘리자베스 액티마이어는 하박국 해석에서 이 점을 다음과 같이 아름답게 표현한다.

> 하박국에서는 … 우리와 하나님의 관계가 '신실함'을 통해 성취된다는 점을 확언한다. 이때 이 신실함은 도덕적인 확고함이나 정직함, 또는 진지함을 의미하지 않으며, 윤리적이거나 종교적인 의무를 바르게 수행하는 일을 뜻하는 것도 아니다. 그보다, 여기서 '신실함'은 하나님을 신뢰하고 의존하며 그분을 굳게 붙드는 태도를 가리킨다. 그 일은 우리가 오직 그분 안에서 살고 움직이며 존재한다는 것을 나타내며, 우리가 호흡하거나 어떤 방향을 취하는 일, 어떤 결정을 내리거나 목표를 설정하는 일, 그리고 우리 삶의 결과들에 관해 그분께 의존하는 것을 의미한다. … '신실함'은 우리의 삶 전체를 하나님의 손길에 의탁하고 그분이 친히 모든 일을 이루실 것을 신뢰하는 일을 의미한다. 이때 우리는 외부와 내부의 모든 어려운 환경이나 우리 자신의 죄와 허물, 그리고 온갖 심리적이며 사회적이고 물리적인 왜곡에도 불구하고 그분이 그 일을 이루실 것을 믿는다. 이같이 신실한 태도를 품은 이들은 자신의 힘이 아니라 하나님의 능력에 의존해서 삶을 살아간다. 이러한 삶 속에는 참된 생명이 있으니, 그들의 삶은 살아 계신 하나님, 생명의 원천이신 그분께 생명력을 공급받기 때문이다.[46]

---

[46] Elizabeth Achtemeier, *Nahum–Malachi*, Interpretation (Louisville: Westminster John Knox, 1986), 46. 이 글은 Clendenen, "Salvation by Faith," 515에 인용되어 있다.

10장
'그리스도의 믿음'을 다시 살피기
바울의 사상에서 Πίστις Χριστοῦ와 그리스도적인 관계성의 위치

이른바 πίστις Χριστοῦ 문제에 관한 학자들의 논쟁은 몇 년마다 주기적으로 다시 생명력을 얻어 활발히 전개되곤 한다. 모든 이들은 그것이 바울에 관한 연구에서 결정적인 중요성을 지닌 사안이 아니라는 점에 동의한다. 하지만 그 문제는 여전히 만족스러운 해답을 요구하는 수수께끼로 남아 있다. 여기서는 내 견해를 제시하기 전에, 먼저 이 문제에 익숙하지 않은 독자를 위해 논쟁의 내용을 간단히 요약해 보려 한다.[1]

바울은 기독교적인 삶의 원천 또는 본질에 관해 언급할 때, 통상적으로 πίστις Χριστοῦ라는 표현을 쓰곤 한다. 이 표현을 그대로 직역하면 '그리스도의 믿음'(faith of Christ)이며, 이 어구에 관해서는 Χριστοῦ가 지닌 속격의 형태를 어떻게 해석하는지, 그리고 그 단어와 그 머리

---

[1] 이 논쟁을 다룬 유익한 글이 많이 있다. Debbie Hunn, "Debating the Faithfulness of Jesus Christ in Twentieth-Century Scholarship," in *The Faith of Jesus Christ: Exegetical, Biblical, and Theological Studies*, ed. Michael F. Bird and Preston M. Sprinkle (Peabody, MA: Hendrickson, 2009), 15-31; Matthew Easter, "The Pistis Christou Debate: Main Arguments and Responses in Summary," *Currents in Biblical Research* 9 (2010): 33-47; 그리고 Chris Kugler, "Πιστις ΧΡΙΣΤΟΥ: The Current State of Paul and the Key Arguments," *Currents in Biblical Research* 14 (2016): 244-55를 보라.

명사(속격인 단어의 수식을 받는 명사 - 역주)인 πίστις의 관계를 어떻게 해석하느냐에 따라 적어도 두 가지 의미/번역이 가능하다.

① 그리스도에 대한 믿음 (faith *in* Christ)
② 그리스도의 신실함/그리스도께서 보여 주신 신실함
(Christ's faithfulness/the faithfulness shown by Christ)

전자에서는 이 어구를 그리스도에 대한 그리스도인들의 믿음을 지칭하는 것으로 간주한다. 이에 반해 후자에서는 πίστις를 그리스도 자신이 소유하거나 드러내는 특질로 이해한다. 대부분의 학자들은 πίστις가 '믿음'(곧 신념[belief]), 또는 '신실함'(곧 충성, 순종, 헌신)을 의미할 수 있다는 점을 인정한다. 만약 여기서 Χριστοῦ가 목적어적 속격(이 단어가 수식하는 명사의 목적어 역할을 하는 속격 - 역주)으로 쓰였다면, 이 어구는 '그리스도에 대한 믿음'(그리스도를 믿는 믿음, belief *in* Christ)을 뜻하게 된다. 이에 반해 그것이 주어적인 속격(이 단어가 수식하는 명사의 주어 역할을 하는 속격 - 역주)으로 쓰였다면, 이 어구는 '그리스도의 신실함'(the faithfulness *of* Christ)을 나타내게 된다. 우리는 바울의 글에서 다음과 같은 여섯 개 주요 본문에서, '그리스도의 믿음'(faith of Christ)이라는 어구가 πίστις+Χριστοῦ ('믿음'+'그리스도의')라는 형태로 등장하는 것을 보게 된다. 로마서 3:22, 26과 갈라디아서 2:16(두 차례), 3:22과 빌립보서 3:9이 바로 그것이다.

그렇다면 우리는 이 두 선택지 가운데서 어떤 쪽이 주해의 측면에서 더 강한 설득력을 지니는지를 어떻게 결정할 수 있을까? 학자들은 이 문제에 관해 구문론적인 단서에 의존하면서 주장을 펼쳤지만(관사의 존재 여부나 특정한 속격의 패턴 등이 그런 단서들이다), 이런 요소들은 결정적인 영향력을 미치지 못하는 것으로 입증되었다.² 이제 학자들은 이 문제의 해답을 찾기 위해, 다음 몇 가지 다른 특징들에 관심을 쏟고 있다.

- 갈라디아서에 나타난 πίστις의 절대적인 용법(별다른 수식어구 없이 이 단어만 쓰인 경우로서, 3:23 등이 그 예이다. - 역주)
- 이 어구와 나란히 쓰이는 "율법의 행위"라는 어구
- 갈라디아서 3장(그리고 로마서 1장)에서 바울이 ἐκ πίστεως를 사용한 방식
- 바울의 글에서 아브라함이 πίστις의 본보기로 제시되는 점
- 명백히 바울의 서신으로 인정되는 글들 외에 신약 본문에서 나타나는 이와 유사한 어법
- 이 어구에 대한 초기의 수용 역사³

이 가운데서 아마도 이 사항이 가장 중요할 텐데, 학자들은 πίστις Χριστοῦ가 등장하는 본문을 중심으로 더 폭넓게 그 앞뒤 단락들을 살피면서 논리의 흐름과 최선의 독법에 근거해서 주장을 펴고 있다. 하지만 안타깝게도 (1) 위의 두 해석 모두 이 문제와 연관된 모든 본문들 가운데서 적절한 의미를 **지닐 수 있으며**, (2) 바울은 위의 두 가지 의미

---

2 Easter, "*Pistis Christou* Debate," 34를 보라.
3 Roy Harrisville, "Πιστις ΧΡΙΣΤΟΥ: Witness of the Fathers," *Novum Testamentum* 36 (1994): 233–41; Mark W. Elliott, "Πίστις Χριστοῦ in the Church Fathers and Beyond," in *The Faith of Jesus Christ*, ed. Bird and Sprinkle, 279–90; 그리고 Michael R. Whitenton, "After Πιστις ΧΡΙΣΤΟΥ: Neglected Evidence from the Apostolic Fathers," *Journal of Theological Studies* 61 (2010): 82–109를 보라. 이 어구의 수용 역사에 관한 더 광범위한 연구로는, Benjamin Schliesser, "'Exegetical Amnesia' and Πιστις ΧΡΙΣΤΟΥ: The 'Faith *of* Christ' in Nineteenth-Century Pauline Scholarship," *Journal of Theological Studies* 66 (2015): 61–89를 보라.

모두를 좀 더 직접적인 방식으로 **표현할 수도 있었던** 것이 사실이다. 그렇기에 독자들은 그가 굳이 이 특정한 어구를 사용한 이유가 무엇인지 의아해하는 것이다.

아마도 Χριστοῦ를 목적어적 속격으로 여기는 견해가 지닌 가장 큰 강점은 바울이 '그리스도에 대한 믿음/그리스도를 믿는 일'을 여러 번 **언급하고 있다**는 단순한 사실에서 유래할 것이다. 그리하여 이 '그리스도에 대한 믿음'(faith in Christ)이라는 신학적 개념은 그의 서신에서 그 위치가 뚜렷이 확립되고 있다. 이에 반해, 그 단어를 주어적인 속격으로 여기는 견해의 가장 매력적인 강점은 그 견해가 바울의 구원론적인 초점을 인간의 πίστις가 아니라 그리스도의 인격과 사역에 둔다는 데 있다는 것이 많은 이들의 생각이다.[4] 그러나 내가 보기에는 목적어적인 해석이 좀 더 설득력이 있는데, 이는 특히 바울이 자신의 글 어디에서도 하나님을 향한 그리스도의 신실하심에 관해 뚜렷하고 명백하게 언급한 적이 없기 때문이다.[5] (다만 바울이 그분의 순종을 찬미하는 경우는 있다. 예를 들어 빌 2:5-11; 롬 5:19을 보라.) 그뿐 아니라 우리가 목적어적인 속격을 택하는 견해를 '인간론적인 관점'으로, 주어적인 속격을 따르는 견해를 '기독론적인 관점'으로 지칭하는 것은 이 논의의 성격을 처음부터 왜곡하는 일이다. 이런 명칭들이 전자의 경우에는 그리스도의 주도적인 역할을 약화시킨다는 점을 함축하는 것처럼 보이기 때문이다. 그런데 갈라디아서 3:26에서 바울은 분명히 신자들의 '그리스도에 대한 믿음'을 강조하지만, 결코 그분의 주도적인 역할을 약화시키는 듯

---

4 이에 관한 고전적인 논의로서 Richard B. Hays, "Πίστις and Pauline Christology: What Is at Stake?" in *The Faith of Jesus Christ* (Grand Rapids: Eerdmans, 2002), 272-98를 보라.
5 Jouette Bassler, *Navigating Paul* (Louisville: Westminster John Knox, 2007), 23-34를 보라.

한 태도는 취하지 않는다(πάντες γὰρ υἱοὶ θεοῦ ἐστε διὰ τῆς πίστεως ἐν Χριστῷ Ἰησοῦ, 여러분은 모두 그리스도 예수에 대한 믿음을 통해 하나님의 아들들이 되었습니다.). 다시 말해, 분별력 있는 바울 서신의 해석자라면 누구라도 이 구절에서 인간 자신의 믿음이 스스로를 하나님의 자녀로 규정하게 만드는 **주된** 요소가 된다고 결론짓지는 않는다는 것이다. 오히려 여기서 우리의 믿음은 **그리스도 예수 안에서, 그분을 통해** 주어진 이 지위를 받아들이고 그것을 누리면서 살아가기 위한 인간적인 **방편**일 뿐이다. 때때로 목적어적 속격을 옹호하는 이들과 주어적인 속격을 주장하는 이들은 엄격한 형태의 '이것 아니면 저것'(either/or)을 내세우곤 한다. 이를 통해 그들은 인간적인 믿음의 가치를 약화시키든지, **또는** 우리의 본보기가 되시는 그리스도의 충성된 모습이 지닌 중요성을 감소시키든지 하는 것 같다. 그리고 여기서, 우리는 바울이 사용한 πίστις Χριστοῦ라는 어구 자체가 우리를 낙담시킬 정도로 모호한 성격을 띤다는 점을 다시금 되새기게 된다.

1. πίστις Χριστοῦ에 대한 다른 가능성 있는 독법들

이 문제에 관해서는 목적어적인 속격과 주어적인 속격을 따르는 견해가 가장 인기 있는 선택지이며, 학자들에게 가장 많은 관심의 대상이 되는 것이 분명하다. 하지만 이 문제에 대한 다른 가능성 있는 독법들 역시 존재한다. 예를 들어, 슈지 오타는 바울이 πίστις Χριστοῦ를 주어적인 속격의 형태로 사용했지만 이때 이 어구에서 언급되는 그리스도의 신실함은 하나님이 아니라 **인류를** 향해 드러나는 것이라고 주장한다. 오타가 이 독법을 위해 제시하는 가장 설득력 있는 논거는 갈라디아서 2:20 해석에서 드러나는데, 이는 곧 십자가에 못 박힌 자신의 새로운 자아가 하나님의 아들에 대한 πίστις에 의존해서 살아간다는 점을 바울이 설명하는 구절이다. 오타는 여기서 바울이 새로운 삶을 얻은 것은 **그 자신의** 믿음이나 하나님을 향한 그리스도의 신실하심에 근거한 일이 아니며, 오히려 **바울을 향해 보여 주신 그분의 신실하심**에 따른 일이라고 주장한다.[6] 그리고 그는 이 구절이 다음과 같이 끝난다는 점을 지적한다. "그분은 **나를** 사랑하셨으며, **나를 위해** 자기 자신을 주셨습니다."(NRSV)

또 다른 가능성 있는 독법은 때때로 '제3의 관점', 또는 '종말론적인 사건의 관점'으로 불린다.[7] 이 관점에서는 갈라디아서 3:23-26에 초점을 맞추는데, 이는 바울이 πίστις의 임함에 관해 언급하는 본문이다.[8] 실제로 이 본문에서, 바울은 성취의 때가 이르렀을 때 **그리스도께서** 임하셨다고 언급하는 편이 자연스러웠을 것이다(또는 그런 표현이 기대되었을 것이다). 그렇다면 그가 굳이 πίστις라는 표현을 쓴 이유는 무엇일까? 프레스턴 스프링클(Preston Sprinkle)은 이 구절에서 πίστις를 가장 분별력 있게 해석하는 방식은 그것을 '복음'과 동의어로 보는 데 있다고 주장한다. 이런 해석은 갈라디아서 1:23의 경우에 타당하게 여겨지지만, 바울이 굳이 ('복음'보다도) '믿음'이라는 용어를 선호했던 것으로 보이는 이유를 설명해 주지는 못한다. 베냐민 슐리서(Benjamin Schliesser) 역

---

[6] Shuji Ota, "Πίστις ΧΡΙΣΤΟΥ: Christ's Faithfulness to Whom?" *Hitotsubashi Journal of Arts and Sciences* 55 (2014): 15–26 at 26.
[7] Benjamin Schliesser, "'Christ-Faith' as an Eschatological Event (Galatians 3.23–26): A 'Third View' on Πίστις Χριστοῦ," *Journal for the Study of the New Testament* 38 (2016): 277–300; 그리고 Preston Sprinkle, "Πίστις Χριστοῦ as an Eschatological Event," in *The Faith of Jesus Christ*, ed. Bird and Sprinkle, 166–84를 보라.
[8] Schliesser, "Christ-Faith," 284.

시 '제3의 관점'을 지지하는데, 그의 경우에는 바울의 단어 선택에 좀 더 직접적인 관심을 기울인다. 슐리서는 갈라디아서 3:23, 25을 염두에 두면서, 여기서 πίστις는 "전체적이며 커다란 집합체"(an entire large complex, 이것은 디터 뤼만[Dieter Lührmann]의 글에서 인용한 표현이다)를 요약적으로 나타내는 단어로 쓰였다고 주장한다.[9] 이 점을 달리 표현하면, 바울의 글에서 πίστις는 인간의 믿음이나 그리스도의 신실하심 자체를 넘어서는 그 이상의 내용을 지칭한다는 것이다. 그 단어는 "구원의 사건, 곧 하나님의 종말론적인 구속 행위"를 가리킨다는 것이 그의 견해이다.[10] 슐리서는 참여의 성격을 띤 어법에 초점을 맞추면서, 바울의 관점에 따르면 이 구원의 사건에는 우리가 믿음을 통해 그리스도와 연합하는 일이 포함된다고 주장한다. 그러므로 슐리서는 πίστις Χριστοῦ를 이른바 '관계적인 속격'(relational genitive)의 형태로 간주하는 편을 옹호하며, 공간적인 차원에서 이 속격의 의미를 살피면서 그것을 곧 '그리스도의 영역 안으로 들어가는 일'로 해석한다.[11]

2. πίστις Χριστοῦ와 그리스도적인 관계성이 지니는 중심적인 성격

나는 오랫동안 πίστις Χριστοῦ를 목적어적 속격의 형태로 이해하는 관점을 옹호해 왔다. 하지만 이 책을 쓰기 위한 연구를 마치면서, 나는 '제3의 관점'에 좀 더 공감하게 되었다. 궁극적으로, 이 논쟁이 지닌

---

9 Schliesser, "Christ-Faith," 285.
10 Schliesser, "Christ-Faith," 285.
11 슐리서는 자신이 모나 후커의 논의를 통해 이 공간적 이동 개념에 대한 영감을 얻었다고 밝힌다.

성격은 πίστις Χριστοῦ(그리고 πίστις에 관한 바울의 어법 전반)를 어떤 구체적인 대상과 행동에 연관되는 것으로 한정하기는 어렵다는 개념을 강화해 준다. 넓은 의미에서, 바울의 πίστις를 복음, 그리고 '그리스도 안에 참여함'의 개념과 결부시키는 것은 옳은 일이다. 바울의 관점에서, πίστις Χριστοῦ는 그리스도적인 관계성이 존재한다는 사실과 그것의 체험을 가리키는 것이었다. 이 관계성에는 물론 그리스도와 하나님의 관계가 포함되며, 인간의 믿음 역시 그 속에 결부된다. 하지만 그 관계성 안에는 그리스도께서 신자들을 향해 내미시는 손길 역시 담겨 있다. 그러므로 나는 슐리서의 제안에 공감한다. 곧 그리스도적인 관계성은 하나님의 은혜 가운데서 이루어지며 그리스도에 의해 시작되지만, 신자의 편에서는 자신의 **믿음을 통해** 그 안에 참여하게 된다는 것이다. 이처럼 이 관계성은 하나님의 편과 인간의 편 모두를 염두에 두지만, 바울의 관점에서 아마도 πίστις Χριστοῦ는 단순히 그리스도의 역할을 나타내기 위한 대리적인 어구였을 것이다. 이때 그리스도의 역할은 특히 하나님과 그분 백성 사이에 인격적이며 변혁적인 방식의 관계가 형성되게끔 이끌기 위한 중재자 또는 기반이 되는 데 있었다.

오타 역시 이와 유사하게 결론짓는다. 그는 πίστις의 절대적인 용법에 관해, 그것은 인간 개개인의 믿음을 지칭하는 것이 될 수 없다고 주장한다. 오히려 그 용법은 "**하나님이 이루시는 구원의 객관적인 경륜 또는 체계를 가리키는**" 것으로서, "이 체계는 유대교의 토라에 견줄 법한" 성격을 지닌다는 것이다.[12] 오타에 따르면, 이 πίστις는 개별적인 현실(또는 각 사람의 믿음)을 가리키는 것이 아니라 하나님의 은혜로써 주

---

12 Shuji Ota, "The Absolute Use of Πιστις and Πιστις ΧΡΙΣΤΟΥ in Paul," *Annual of the Japanese Biblical Institute* 23 (1997): 64–82 at 76.

어진 집단적이며 공동체적인 실재를 나타낸다. 그런데 이 새로운 실재는 인간의 믿음이나 하나님을 향한 그리스도의 신실하심 자체에 초점을 두고 있지 않다. 오히려 그 실재에는 인간의 믿음과 그 믿음의 대상이 되시는 그리스도의 충실성뿐 아니라, "그 둘의 관계가 형성되게끔 인도하는 말씀의 선포" 역시 포함된다.[13]

3. 번역상의 문제

'제3의 관점'이 지닌 한 가지 큰 난점은 바로 다음과 같은 번역상의 문제이다(이는 그 관점의 주창자가 누구이든 간에 마찬가지이다). **그렇다면 πίστις Χριστοῦ를 영어로 가장 알기 쉽고 명확하게 번역한 표현은 무엇인가?** 이 관점에 따르면, "그리스도에 대한 믿음"(faith in Christ)이나 "그리스도의 신실하심"(faithfulness of Christ) 모두 적절한 것이 될 수 없기 때문이다. 비록 그 어감이 다소 어색하게 들릴 수는 있지만, 여기서 나는 "그리스도적인 관계(성)"[Christ-relation(ship)]이라는 표현을 그 번역어로 제안하고자 한다. 이 용어는 그리스도 중심적인 성격을 띠는 동시에 πίστις가 지닌 관계적인 측면을 존중하면서도, 구체적으로 **누가 무엇을 행하는지**에 관한 언급은 배제한 채로 남겨 두는 장점을 지닌다.

---

[13] Ota, "Absolute Use of Πιστις and Πιστις ΧΡΙΣΤΟΥ," 76; 또한 82를 참조하라. 이런 오타의 논의는 전반적으로 옳지만, 그가 다음과 같이 주장하는 것에 대해서는 이의를 제기하고 싶다. 이는 곧 어떤 본문에서 πίστις에 속격의 수식어(Χριστοῦ)가 부가될 경우, 그 어구는 실재의 초점이 어디에 있는지를 더욱 뚜렷이 드러내게 된다는 주장이다(이는 πίστις Χριστοῦ가 '그리스도의 신실하심'을 가리키게 됨을 함의한다. - 역주). 그러나 πίστις Χριστοῦ는 특별히 '그리스도의 신실하심'을 지칭하는 어구가 아니다. 그것은 단순히 '그리스도적인 관계성'의 실재를 나타낼 뿐, 그 실재의 의미를 더 구체적으로 명시하지 않는다. 바울의 관점에서 가장 중요했던 것은 그리스도께서 늘 모든 일의 중심에 계신다는 점이었다. 곧 그분은 믿음과 구원의 중심이 되시는 동시에, 우리와 하나님 관계의 중심이 되신다.

4. 그리스도적인 관계성에서 인간의 믿음이 지니는 중요성

πίστις Χριστοῦ를 둘러싼 이 논쟁에서는, 그 어구를 목적어적인 속격으로 이해하는 견해를 일종의 행위 지향적인 접근법으로 여기기가 쉽다. 이 경우에는 우리의 믿음이 곧 인간적인 행위가 된다. 그러므로 그 어구를 주어적인 속격으로 해석하는 편에 속한 일부 학자들은 자신들이 기독론에 일종의 더 고차원적인 역할을 부여하고 있다고 주장할 수도 있다. 하지만 우리는 바울의 관점에서 인간의 믿음이 지니는 중요성을 과소평가하지 않도록 주의해야 한다. 바울은 자신이 회심시킨 이들을 향해, 그리스도의 마음을 품고 생각하며 믿음의 눈으로 세상을 바라보는 쪽을 **선택하도록** 지속적으로 촉구한다. 예를 들어, 고린도후서에서 바울은 고린도 신자들이 세속적인 관점, 또는 육신적인 관점을 선택했다고 비판한다. 곧 그들은 사물의 겉모습과 외적인 영광에 근거해서 모든 일을 평가했던 것이다. 그들은 육신적인 관점(κατὰ σάρκα)을 무시하고, εἶδος(보이는 것)가 아니라 πίστις에 근거해서 행하는 법을 배웠던 바울의 모습을 본받아야만 했다(5:7). 그러나 바울은 자신의 이런 면모를 뽐내지 않았으며, 그 모습을 스스로를 더욱 위대하게 만드는 일종의 공로로 여기지도 않았다. 이는 우리가 믿음에 근거해서 살기로 **선택하는** 것은 우리 자신의 시야와 분별력이 궁핍하다는 점을 인정하는 일이기 때문이다. 이때에는 우리 자신을 부인하면서 오직 그리스도께만 의존해야 한다.[14] '그리스도께 대한 믿음'은 곧 '그리스도의 신실하심'에 의존해서 구원을 받으라는 부름과도 같다.

---

14 Jeanette Hagen, "Faith as Participation: An Exegetical Study of Some Key Pauline Texts" (PhD diss., Durham University, 2016)를 보라.

11장
지적인 신념을 넘어서는 믿음
종합과 결론

앤서니 티슬턴은 '믿음'(그중에서도 특히 πίστις)에 관한 성경의 어법이 지닌 독특성을 자세히 숙고한다. 그가 이 문제에 관해 고찰한 내용은 내가 이 책에서 제시한 요점들과 매우 성격이 유사하다. 티슬턴은 πίστις의 의미가 다양한 성격을 지닌다고 언급하며, 따라서 그 단어는 '믿음'(faith)과 같은 한 가지 고정된 용어로 번역될 수 없다고 주장한다.[1] 티슬턴은 최근 저서인 *Doubt, Faith, and Certainty*(의심, 신앙, 확실성)에서 '믿음'(faith)이 지니는 의미를 열세 가지 넘게 열거했는데, 그 가운데는 지적인 신념, 정신적인 동의, 영적인 기질, 복음, 신실함, 이성 등이 포함된다.[2] 한편 여기서 우리에게 중요한 것은 그 단어의 모든 의미를 철저히 분류하고 열거하는 일이 아니다. 오히려 가장 중요한 것은 πίστις가 다양한 의미론적 영역들 가운데로 움직이며 변형될 수 있는 다소 특이한 성격을 띤다는 점을 인식하는 데 있다. 우리는 음악적인 '**조 옮김**'(modulation)의 개념을 사용해서, 이런 특징을 '다음

---

1 Anthony Thiselton, *The First Epistle to the Corinthians*, New International Greek Testament Commentary (Grand Rapids: Eerdmans, 2000), 223.
2 Anthony Thiselton, *Doubt, Faith, and Certainty* (Grand Rapids: Eerdmans, 2017), 10-11.

조'(polyvalence, 다양한 음조를 띨 수 있는 속성 - 역주)로 부를 수도 있을 것이다. 이때 πίστις는 마치 '믿는 믿음'(believing faith, 인지적/인식론적 믿음)에서 시작해서 '순종하는 믿음'(obeying faith, 의지적/사회적/실천적 믿음)까지 이르는 넓은 스펙트럼 위에 있는 것과 같다. 각 본문의 맥락에 따라 그 본문에서 πίστις가 지니는 실제적인 의미는 이 연속적인 스펙트럼 위의 어딘가에 배치될 수 있으며, 어떤 경우에는 그 의미가 양쪽 극단 중 어느 한쪽에 놓이는 것처럼 보이기도 한다. 때때로 바울은 더욱 포괄적이거나 모든 것을 아우르는 의미로 πίστις를 사용하기도 했으며, 이 경우에 그것은 '신뢰하는 믿음'(trusting faith)으로 불릴 수 있다.

우리는 πίστις라는 단어의 성격에 관한 이 근본적인 통찰을 더욱 널리 전하고 알릴 필요가 있다. 영어 성경 역본은 이 명사와 그것이 내포하는 개념을 다루는 측면에서 너무나도 완고한 모습을 보여 왔기 때문이다(이 단어를 인지적인 성격의 '믿음'[belief/faith]으로만 번역해 왔다는 의미 - 역주). 하지만 어떤 본문에서 πίστις가 오직 '지적인 신념'(belief)만을 의미한다고 볼 수 있는 경우는 매우 드물다. 우리에게는 그 단어를 번역하는 데 더 폭넓은 이해와 어휘들이 요구된다고 주장할 만한 충분한 이유가 있다.

1. 순종하는 믿음

바울이 쓴 글의 많은 부분(예를 들면 데살로니가전서와 빌립보서)에서, πίστις는 '신실함' 또는 '충성'을 의미한다. 곧 그 단어는 이때 일종의 사회적인 미덕을 나타낸다. 고대 헬레니즘의 정치와 군사 관련 문헌들 가운데서는 이 단어가 사회적인 약속과 관계적인 측면의 헌신을 언급하는 데 쓰인 경우를 무수히 찾아볼 수 있다. 예를 들어 데살로니가 전서에서는 πίστις가 이런 용법으로 쓰였으리라고 기대할 만한 충분한 이유가 있다. 이 서신에서 바울은 당시의 핍박과 사회적인 압력 가운데서도 신자들이 인내와 끈기를 잃지 않도록 격려하는 일에 관심을 두고 있었기 때문이다. 그런 핍박과 압력은 그리스도와 그분을 따르는 공동체를 위한 그들의 헌신을 시험하는 것이었다. 이런 본문들의 경우, πίστις는 본질적으로 사회적인 성격을 띠는 동시에 능동적인 방식으로 실현되는 미덕이었다.[3] 그러나 이때 πίστις를 "순종"으로 번역하는 것은 너무 지나친 일이 될 것이다. 물론 이 개념은 순종과 쉽게 결부될 수 있지만(이에 관해서는 로마서 1:5을 보라), 이 두 개념이 서로 정확히 같은 것은 아니다(이 둘 사이에 상호 관계가 있지만 서로 동일시되지는 않는다). 만약 순종이 온전히 능동적인 성격을 지닌다면, '순종하는 πίστις'는 '순종 이전의 상태'(preobedience)를 가리킨다고 할 수 있다. 그것은 곧 순종과 긴밀히 연관되는 믿음인 동시에, 외적인 순종으로 이어지는 신자들의 움직임을 낳는 에너지가 된다. 우리는 πίστις가 ὑπακοή(휘파코에, '순종')로 변형된다고도 언급할 수 있지만, 이 둘이 서로 동의어인 것은 아니다.

---

[3] 때로 학자들은 이것을 πίστις의 수동적인 용법으로 지칭하는데, 아마도 이 명칭은 그것이 상태 또는 특성으로 간주된다는 점을 의미할 것이다. 하지만 이때의 πίστις가 사회적인 습관임을 감안할 때, 그것을 '수동적인' 개념으로 여기는 일은 우리에게 혼동을 가져다줄 수 있다. 특히 이 경우에는 그 개념이 지니는 함의들이 믿음/행위와 인간의 역할에 관한 문제를 더욱 복잡하게 만들 수 있다는 점을 염두에 둘 때 그러하다(아래의 논의를 보라).

2. 믿는 믿음

다른 한편으로, 우리는 고대 문헌에서 πίστις가 '신실함'을 의미하는 경우가 많으므로 그 단어는 **늘** '신실함'(faithfulness)을 나타내는 것이 분명하다고 결론짓는 정반대의 실수를 범할 수 있다.[4] 그러나 이것은 우리가 앞서 언급했던 요점, 곧 πίστις가 역동적인 단어로서 그 용법과 본문 상의 맥락에 따라 다양한 의미를 가질 수 있다는 점을 무시하는 것이다. 그렇기에 어떤 정황에서는 πίστις를 '신앙'(faith)이나 '믿음'(belief)으로 번역하는 편이 분명히 타당하다. 이런 종류의 의미 역시 고대 문헌에서 뚜렷이 나타나며, 신약 성경에서도 그런 경우를 찾아볼 수 있다(참조. 약 5:15). 사람들은 종종 바울의 관점에서 신앙은 예수님에 관해 올바른 지적인 신념을 품는 일과 연관이 있었던 것으로 여기곤 한다. 넓은 의미에서는 사람들의 이런 인식에도 어느 정도 일리가 있으며, 이런 인식은 동사 πιστεύω에 의해 확립되는 특정한 용례의 패턴을 반영하는 것이기도 하다(참조. 고전 15:2-11). 그러나 우리가 실제로 바울의 관점을 살필 때, 믿음에 관한 그의 어법은 주로 개념상의 정확한 지식에 초점을 맞추는 것이라기보다 이 세상의 실재 전체를 바르게 헤아리는 방식에 연관된 것이었다.[5] 컴퓨터에 관한 비유를 써서 설명하자면, 바울의 관점에서 신자들의 믿음은 올바른 데이터나 프로그램을 소유하는 일에 관련된 것이 아니었다. 오히려 그 일은 올바른 운영

---

4 이것은 아마도 다음 글이 지닌 문제점으로 보인다. Gordon Zerbe, "Believers as Loyalists: The Anatomy of Paul's Language of *Pistis*," in *Citizen: Paul on Peace and Politics* (Winnipeg: CMU Press, 2012), 26-47.

5 Mary Healy, "Knowledge of the Mystery: A Study of Pauline Epistemology," in *The Bible and Epistemology*, ed. Mary Healy and Robin A. Parry (Eugene, OR: Wipf & Stock, 2007), 134-58, 특히 149-56를 보라.

체제(윈도우와 같이 컴퓨터가 작동하게 만드는 시스템 소프트웨어 – 역주)를 사용하는 일과 연관이 있다. 우리는 바울의 여러 서신에서 이 '믿는 믿음'의 개념을 찾아볼 수 있지만(여기에는 데살로니가전서와 빌립보서가 포함된다), 이 점에서 고린도전후서는 특히 중요한 연구 사례가 된다. 바울은 다른 어느 서신에서보다 고린도전후서에서 더 광범위하게 인식론에 초점을 맞추고 있기 때문이다.[6] 바울은 고린도 신자들이 영적인 지혜를 갈망하고 있지만, 실상은 오직 그리스도의 '어리석은' 십자가에 대한 믿음을 통해서만 신적인 계시에 도달할 수 있다는 점을 설득하고자 했다. 고린도후서에서 바울은 우상 숭배에 반대하는 유대교의 전통적인 논증을 가져다 쓰면서, 사람들은 사물의 형상 곧 **눈에 보이는 것**에 초점을 맞추기 쉽지만 실제로 참된 생명과 능력은 눈에 보이지 않는 것들로부터 임한다는 점을 입증하고 있다. 그러므로 신자는 눈에 보이는 것이 아니라 **믿음**(πίστις)**에 근거해서** 행하도록 부름을 받는다(5:7).

3. 신뢰하는 믿음

끝으로, 갈라디아서와 로마서(1:16 – 17; 참조. 합 2:4)에서 바울이 사용하는 믿음의 어법은 흥미로운 성격을 띤다. 이 서신들에서 바울이 때때로 πίστις를 절대적인 용법, 곧 별다른 수식어구가 따라붙지 않는 용법으로 사용하기 때문이다(갈 1:23; 3:23, 25). 이런 본문들의 경우에는 마치 πίστις가 기독교나 그리스도, 또는 그리스도인의 삶 등과 **같은** 일을 상징하는 것처럼 여겨진다. 유대인들이 πίστις를 써서 하나님과 그들의

---

[6] Ian Scott, *Paul's Way of Knowing* (Grand Rapids: Baker, 2008)을 보라. 그리고 특히 그가 고린도 교회에 보낸 서신들에 관해서는 23-48, 59-68를 참조하라.

관계를 지칭했듯이(예를 들어 요세푸스의 글과 칠십인역을 보라), 바울 역시 하나님과 인간의 관계를 지칭하기 위해 믿음의 어법을 사용한다. 하지만 바울의 경우에는 토라를 통해 중재되는 πίστις의 모델을 서술하지 않고, 그리스도를 그 관계의 통로 또는 중재자로 간주한다. 한편 '새 관점' 학파에 속한 던과 후커는 바울 당시의 유대교에서 가르쳤던 것과 동일한 은혜와 의무의 패턴이 바울의 글에서도 나타나고 있다고 본다. 하지만 바울을 '언약적 율법주의자'(covenantal nomist)로 지칭하는 데에는 분명히 잘못된 점이 있다. 그 '율법주의'가 '하나님과 인간의 관계가 토라에 의해 중재된다는 관점'을 뜻한다면, 그것은 곧 갈라디아서에서 바울이 반박하고자 했던 **바로 그 관점**이기 때문이다. 오히려 우리는 '언약적 **믿음주의**'(covenantal *pistism*)가 바울이 제시하는 하나님과 인간의 관계를 더 정확히 보여 주는 용어라고 말할 수 있다. 이 관계에는 기대와 선의가 모두 포함되어 있으며(따라서 '언약적인' 성격을 띤다), 동시에 이것은 그리스도를 향한 πίστις에 의해 중재되는 관계이다. 바울의 관점에서는 하나님이 베푸시는 구원과 생명력을 전달하는 **다른 중재자들**(예를 들면 토라나 다른 어떤 사물들)은 존재하지 않으며, 그 역할을 감당하는 것은 오직 그리스도적인 관계성뿐이다. 바울에 따르면, 그리스도는 독특한 역할과 지위를 소유하신 분이었다. 그리고 어떤 면에서 그분이 중재자 역할을 하는 것은 분명하지만, 이때 그분은 신자들을 유일하신 하나님과 **직접적으로** 연결시켜 주신다는 것이 바울의 견해였다(3:19-20). 바울이 하나님과 신자들 사이에 존재하는 이 새로운 유형의 관계를 나타내기 위해 주로 썼던 단어가 바로 πίστις였다. 그렇기에 우리는 바울의 관점을 '언약적 **믿음주의**'로 지칭할 수 있다.

πίστις가 언급되는 중요한 구절이 로마서 1:17인데, 여기서 바울은

하박국 2:4을 인용하면서 자신의 서신에 담긴 주요 사상 하나를 표현한다. 이 로마서 구절에서 바울은 πίστις의 본질에 독자들의 관심을 집중시키고, 그에게 그 개념은 하나님과 우리 사이에 존재하는 신뢰 관계의 핵심을 규정하는 길이 된다. 과거에 이스라엘 백성이 품었던 기대는 하나님과의 친밀한 신뢰 관계를 누리며 지속시키는 데 있었다. 하지만 백성들 자신의 부패와 고집스러움, 그리고 의심에 찬 태도 때문에, 그 기대는 결국 좌절과 실망으로 바뀌게 되었던 것이다. 그러나 바울은 그리스도를 소망의 원천으로 삼아, 하박국 2:4에 나타난 이상을 새롭게 전유할 길을 다시금 제시해 보였다. 이는 곧 하나님과 그분 백성의 생명력 있고 친밀한 관계를 재건하려는 이상이었으며, 이때 그것은 **그리스도 안에서** 확립된 동시에 πίστις라는 독특한 단어를 통해 상징되는 관계였다.

4. 초기 기독교 강론에서 '긴장감이 담긴 상징'이었던 πίστις

이 책에서 나는 그리스어 πίστις를 번역하는 데 '믿음'(faith)이라는 단어만을 사용하는 일이 지닌 문제점을 지적했다. 이런 문제점은 특히 그 '믿음'이라는 단어에 시대착오적이며 우리 자신의 문화적인 함의가 담긴 개념들, 정작 바울 자신은 염두에 두지 않았을 개념들을 부여할 때 생겨난다. 그러므로 나는 이 문제를 다소 난해하게 만들 위험을 감수하면서, πίστις가 매우 역동적인 성격을 지닌 단어임을 언급했다. 그것은 다양한 의미의 스펙트럼 위를 오갈 수 있는 단어이며, 그렇기에 우리는 본문의 맥락에 따라 여러 단어를 써서 그것을 번역할 수 있다. 물론 이런 논의들은 πίστις라는 단어에 신학적으로 너무 많은 비중을 부여하는 것처럼 보일 수 있으며, 나는 이 문제를 너무 복잡하게 만들기를 원하지는 않는다.

우리가 바울의 글을 읽을 때, 대부분의 경우에는 그가 어떤 단어를 써서 나타내는 의미가 무엇인지를 잘 알 수 있다. (이는 우리가 대개의 산문에서 기대할 수 있는 바와 같다.) 하지만 어떤 경우에는 일부 단어들의 의미가 좀 더 다양한 변화를 보이는데, 특히 근본적인 중요성을 지닌 단어들의 경우에 종종 그러하다.[7] 바울이 사용한 πίστις 어법은 바로 이 범주에 해당하는 것으로 보이며, 예수님과 복음서에 관한 연구에서 나타나는 '하나님 나라'(kingdom of God)의 어법에 관한 지속적인 논의들은 우리가 이 문제를 숙고하는 데 도움을 줄 것이다. 노먼 페린(Norman Perrin)은 에이머스 와일더(Amos Wilder), 폴 리쾨르(Paul Ricoeur), 필립 휠라이트(Phillip Wheelwright)의 작업들에 근거해서, '좁은 의미의 상징'(steno-symbols)과 '긴장감이 담긴 상징'(tensive symbols)을 구분 지은 바 있다. 좁은 의미의 상징의 경우, 본질적으로 그 관념이 지시의 대상과 직접적인 연관성을 맺는다(예를 들어 수학 기호 π와 그것이 지시하는 내용 사이에는 일대일 대응 관계가 존재한다. - 역주). 그러나 긴장감이 담긴 상징들의 경우에는 "어느 한 지시 대상을 통해 철저히 표현되지도, 적절히 드러나지도 않는 일련의 의미들"을 지니게 된다.[8] 이때에 긴장감이 담긴 상징은 서로 밀접히 연관되는 다양한 개념을 나타내는 표제어가 되며, 자연스럽게 그 상징은 고정된 형태가 없으며 정의를 내리기도 어려운 성격을 띠게 된다. '하나님 나라'라는 어구가 바로 이런 상징에 해

---

[7] 이 점에 관해 언어학적인 예를 들자면, 영어, 그리스어, 히브리어, 프랑스어, 독일어, 라틴어 등의 여러 언어에서 '존재'(to be)를 나타내는 동사들이 대개 불규칙한 형태를 지닌다는 점이 널리 알려져 있다.
[8] Norman Perrin, *Jesus and the Language of the Kingdom: Symbol and Metaphor in New Testament Interpretation* (Philadelphia: Fortress, 1976), 30.

당하며, 이것은 바울이 사용한 πίστις 어법에 관해서도 적용해 볼 수 있는 유용한 개념이다. 더 나아가서 이 개념은 πίστις가 어떻게 '기독교'나 '복음'을 나타내는 우회적인 표현이 될 수 있는지를 이해하는 데에도 도움을 준다.[9]

그런데 이 점은 다음과 같은 **번역상의** 질문을 제기한다. 만약 πίστις가 긴장감이 담긴 상징이라면, 그 상징이 지니는 모든 가능성을 고려할 때 그 단어를 어떻게 번역하는 것이 옳을까? 이때 우리가 취할 수 있는 하나의 방안은 그저 '믿음'(faith)이라는 한 가지 단어로써 그것을 계속 번역하는 일일 것이며, 이것은 바울 서신의 영어 역본에서 가장 널리 쓰이는 접근 방식이다. 하지만 이 방식의 문제점은 현대 영어에서 '믿음'(faith)은 바울 서신에 나타나지 않는 특정한 함의들을 지닌다는 데 있는데, 특히 '생각 없음'이나 '비이성적', '본질적으로 비활동적이고 소극적이다' 등이 그런 함의들이다. 여기서 나는 다음 세 가지 범주를 고려하면서 그 단어를 번역할 것을 제안하려 한다.

- "믿음"(faith). 바울이 '믿는 믿음'에 관해 언급하는 것으로 보이는 경우에는 이 단어를 그대로 쓸 수 있을 것이다.
- "신뢰"(trust). πίστις가 하나님과의 신뢰 관계를 지칭하는 많은 경우에는 이 단어를 사용할 수 있다. 바울이 πίστις를 써서 기독교/복음을 지칭하는 것처럼 보이는 경우에도, 우리는 그 단어를 "신뢰"로 번역할 수 있을 것이다. 이는 때때로 바울이 πίστις를 다소 전문적인 방식으로, 혹은 그 집단의 내부자들만 알 수 있는 특수 용어로서 **사용했**

---

9 조너선 페닝턴(Jonathan Pennington)은 나와 개인적으로 대화하는 중에 이 '긴장감이 담긴 상징'의 개념을 언급했으며, 그것이 바울의 사상에서 언급되는 πίστις와 어떻게 연관될 수 있는지를 일깨워 주었다. 나는 이 점에 관해 그에게 감사한다.

기 때문이다. 이런 표현은 조금 어색해 보일 수도 있지만, 우리는 바울이 πίστις를 이같이 (어떤 지시 대상을 언급하지 않으면서) 절대적인 방식으로 사용했을 때, 그 단어는 당시의 외부인들에게도 특이하거나 색다르거나 부자연스러운 것으로 여겨졌으리라는 점을 염두에 두어야 한다.[10]

- "신실함"(faithfulness)과 "충성"(loyalty). 이 단어들은 헌신과 참여, 또는 충성과 같은 사회적 가치들이 함축된 것으로 보이는 본문에서 적절한 번역어가 된다. CEB와 같은 일부 역본에서는 **인간적인** πίστις에 관해 언급할 때 이런 번역어를 선택하는 일에 좀 더 개방적인 태도를 취한다(정도는 덜하지만 NLT 역시 그러하다).

이런 번역상의 변화가 지니는 잠재적인 문제점은 영어 성경 독자들이 '믿음'과 '신뢰', '신실함' 이 세 단어 모두가 그리스어 πίστις를 번역한 것임을 인식하지 못할 수도 있다는 단순한 사실과 관계가 있다. 예를 들어, 그들은 이 πίστις를 통해 이루어지는 언어유희나 주제상의 일관된 강조점을 깨닫지 못할 수도 있다는 것이다. 하지만 이것은 πίστις에만 국한된 문제가 아니다.

예를 들어 공관복음서에서 σῴζω(소조)를 번역하는 일에 관한 문제를 생각해 보자. 예수님이 치유를 행하셨을 때, 복음서 기록자들은 종종 이 σῴζω라는 단어를 사용했다. 누가복음 8:48에서, 예수님은 삶을 되찾게 된 여인에게 이렇게 말씀하셨다. ἡ πίστις σου **σέσωκέν** σε. 이

---

[10] 1세기 당시에 누군가가 예수님을 따르는 이들의 삶이나 기독교의 발전상에 아직 익숙하지 않은 상태에서, "πίστις가 온 후로는"(갈 3:25)이라는 바울의 진술을 읽었다고 상상해 보자. 이때 그는 자연스럽게 이런 생각을 품었을 것이다. '이 말이 대체 무슨 뜻이지? 무엇에 대한 πίστις라는 거지? 그가 말하는 πίστις는 사건인가? 사람인가? 아니면 새로운 관계를 나타내는 것일까?'

일의 맥락이 치유에 관한 것이었음을 감안할 때, 이 문장을 "너의 믿음이 너를 **치유하였다**"(your faith has healed you)라고 번역하는 것이 타당하다(NIV는 이런 식으로 표현한다). 그런데 누가복음 7:50에서는 예수님이 죄 많은 여인을 용서하시면서 이와 동일한 어법을 사용하신다(ἡ πίστις σου σέσωκέν σε). 하지만 이 본문의 정황에서는 "너의 믿음이 너를 치유하였다"라고 번역하는 일이 그다지 적절치 않다. 오히려 대부분 역본에서는 이 문장을 다음과 같이 바르게 표현하고 있다. "너의 믿음이 너를 **구원하였다**"(your faith has saved you, NRSV). 성경 번역자들은 이처럼 본문의 정황을 헤아리고 문학적인 맥락에 맞게 번역어의 의미를 조정하는 가운데서, 어구상의 일관성이나 주제상의 동일성보다 이해의 편의를 자연스럽게 우선시하는 모습을 보인다. 나는 번역자들에게 πίστις에 관해서도 이와 동일한 작업을 수행할 것을 권면하고 싶다. 다시 말하면, 그들이 그 단어의 다양한 뉘앙스와 역동적인 성격을 헤아려 주기를 기대한다.

5. 바울이 사용한 πίστις 어법에 영향을 끼친 요소

이 책의 주된 관심사는 바울이 사용한 πίστις **용법**을 살필 뿐 아니라, 그가 사용한 πίστις 어법에 주로 영향력을 끼친 요소를 다루는 데 있다. 내 생각에, 아마도 많은 바울의 독자들은 바울이 일종의 순간적인 깨달음을 얻어서 '행위와 대립하는 믿음'을 종교적인 확신으로 받아들이고 전파한 것처럼 여길 것이다. 물론 바울에게는 예수 그리스도 안에서 이루어지는 하나님과의 올바른 관계나 종교적인 신앙에 관해 중요한 깨달음을 얻는 순간들이 있었던 것이 분명하다. 하지만 바울이 물려받은 유대적인 전통과 구약 성경 역시 그의 사상이 형성되는 데 상당한 영향을 끼쳤던 것으로 보인다. (다만 바울은 구약 성경을 기독론적인 관점에서 재해석했으므로, 그 영향력은 회고적인 동시에 부분적인 것이었을 수도 있다.)

먼저 유대교의 헬레니즘 문헌을 살펴보자. 제2 성전기 유대인들이 πίστις를 종교적인 용어로 널리 사용하지는 않았지만(이 점에 관해서는 이 책의 3장을 보라), 이 단어가 공동체 안에서 하나님과 동행하는 삶에 관한 담론에 **기여할 수 있었음**을 보여 주는 충분한 증거들이 있다(이는 칠십인역과 요세푸스의 글에서 찾아볼 수 있다). 당시 πίστις는 '언약'(covenant)이라는 단어를 가리키거나 대체하는 역할을 하지 않았던 것이 분명하다. 하지만 그때 이 πίστις는 의존과 의무, 상호 책임의 관계를 우회적으로 지칭하거나 아마도 단순화해서 언급하는 일종의 표현 방식이었을 것이다. 우리는 당시 이교도들이 개인과 집단과 국가의 수준에서 이루어지는 맹세와 협약, 그리고 사회적인 유대 관계를 나타내는 데에 πίστις를 사용했던 방식에 비추어 이 점을 이해해 볼 수 있다.

우리가 간과하지 말아야 할 것은 바울의 신학에서 πιστεύω가 중심적인 역할을 한다는 점과, 그의 사상이 칠십인역, 특히 그 역본의 창세기 15:16과 중요한 연관성을 지닌다는 점이다(참조. 갈 3:6; 롬 4:3). 시편 115:1 LXX("나는 믿었으며, 그렇기에 말했습니다."[NETS]; 참조. 고후 4:13), 그리고 신약에서 더 널리 인용되는 구절로서 이사야 53:1("누가 우리의 메시지를 믿었는가?"[NRSV]; 참조. 요 12:38)에서는 우리가 예수 그리스도와 그분을 따르는 십자가의 길을 이해하기 위해 요구되는 계시와 인식론적인 변혁에 초점을 맞추고 있다.

예수 전승 역시 바울이 믿음의 어법을 사용하도록 영감을 주었을 것이다(이 책의 119-150쪽을 보라). 어떤 학자들은 신학적인 측면에서 예수님과 바울을 멀리 떼어놓으려 하지만, 믿음에 관한 예수님의 어법이 사도 바울에게 아무런 영향도 끼치지 않았다고 주장하기는 어려워 보인다. 예수님은 자신이 선포하는 메시지에서 믿음의 어법을 강조하는 쪽을 선택하셨으며, 그리하여 그것은 예수 전승에서 고정적인 요소가 되었다(예를 들어 막 1:15; 5:36; 9:23-24을 보고, 마 21:22; 눅 7:9을 참조하라). 당시에 예수님이 말씀하신 방식을 살필 때, 그분은 특히 구약 선지자들이 사용했던 믿음의 어법을 가져다 쓰셨던 것으로 보인다. 그리고 그 어법의 목적은 백성으로 하여금 주님이 행하시는 일을 새롭게 인식할 수 있도록 이끌어 가려는 데 있었다. 한편 바울은 그 자체의 성전도, 제사장도, 신들의 조각상도 없는 종교의 지도자로서, 예수님을 따르는 당시 이방인 신자들을 향해 눈에 보이지 않으시는 하나님을 믿으며 십자가에 못 박히신 주님께 경배하도록 권면했을 것이 분명하다.

6. 믿음과 행위는 어떤 관계인가?

이 책 전체에 걸쳐, 나는 바울이 믿음(πίστις)과 행위를 서로 대립되거나 양자택일의 대상이 되는 것들로 여겼다는 견해를 논박했다. 물론 바울이 이 둘을 나란히 언급하는 것은 분명하다. 하지만 이때 그의 목적은 어디에 있었던 것일까? 바울이 인간의 행위에서 불편하게 여겼던 부분은 무엇일까? 바울이 언급한 '믿음'의 의미는 무엇이며, 그의 사상에서 이 개념이 중심적이며 포괄적인 역할을 수행하게 된 이유는 무엇이었을까?

첫째로, 고대 헬레니즘 세계에 속했던 그 누구도 πίστις를 운동 역학의 측면에서 수동적인 것(곧 소극적인 일)으로 여기지는 않았을 것이다. 실제로 그것은 종종 우리가 **행하는** 어떤 일로 간주되었다. 곧 당시의 사람들은 πίστις를 **행했던** 것이다(예를 들어 마 23:23을 보라). 물론 πίστις의 의미에는 믿음과 신뢰 역시 포함되어 있었지만, πίστις가 하나의 미덕으로 이해될 때 그것은 능동적이고 적극적이며 활동적인 성격을 띤다. 둘째로, 바울은 인간의 행위 자체를 문제시하지는 않았다. 그는 서신에서, 신자들이 선하고 옳은 일을 행해야 할 의무를 강조하는 데 초점을 맞추고 있다(예를 들어 살전 5:15-22; 갈 6:9-10). 그리고 바울은 이방인 개종자들로 하여금 주님의 재림을 준비하도록 돕는 데 많은 관심을 쏟았으며, 이는 곧 그들의 도덕적인 순결과 올바른 행실을 함의한다(롬 15:6). 이처럼 바울은 선한 행실의 중요성을 강조할 뿐 아니라(고전 3:13-15), 갈라디아서에서는 신자들이 따라야 할 삶의 **목적**에 관해 언급하면서 믿음(πίστις)과 행위(ἔργον) 언어를 결합시키기까지 한다. "유일하게 중요한 것은 바로 사랑을 통해 행하는 믿음입니다[πίστις δι' ἀγάπης ἐνεργουμένη]."(5:6 NRSV)

만약 바울이 인간의 행위를 반대하는 인물이 아니었다면, 행위가 지닌 어떤 특징 때문에 믿음/행위의 이분법을 제시하게 되었던 것일까? 일부 학자들은 바울이 인간의 행위 자체를 비판했던 것이 아니라, 다만 **율법/토라에 속한** 행위를 배척했을 뿐이라고 주장해 왔다(곧 이런 행위들이 유대교 집단 내부의 정체성을 확립하는 데 쓰인 점을 반박했다는 것이다). 물론 바울의 글들 가운데서 많은 경우에는 토라가 그 고려의 대상이 되지만, 때로는 (**행위 그 자체로서의**) 행위가 분명한 관심의 초점이 되는 것처럼 보인다(롬 4:2-5; 9:32). 바울은 좁은 의미에서 인간의 행위에만 강조점을 두는 것을 진정으로 문제시했는데, 그 이유는 그 행위가 너무 능동적이거나 자기 의를 내세우는 성격을 지녔기 때문이 아니었다. 오히려 바울의 관점에서, 행위**로서의** 행위가 문제되는 때는 바로 그 행위가 πίστις를 대체하거나 그 가치를 손상시킬 경우였다. 바울의 관점에서 볼 때 (1) πίστις의 중심에는 관계가 있었으며, (2) 그리스도적인 관계성은 이 관계의 역학에서 핵심적인 축을 이루는 것이었다. 이런 사실은 바울이 πίστις를 기독교, 그리스도의 길, 예수를 따르는 이들의 종교적인 체험, 예수 그리스도의 복음, 그리스도에 대한 신뢰 등을 나타내는 일종의 약칭으로 쓸 수 있었던 이유를 설명해 준다.

여기서 우리는 믿음에 대한 바울의 사상과 기독론에 대한 루터의 해석을 다시 살펴볼 좋은 기회를 얻는다. 이는 바울에 대한 루터의 해석이 지난 사십 년간 열띤 논의의 주제가 되어 왔기 때문이다. (최근 몇 년 동안에는 **더욱 많은** 관심의 대상이었다.) 하지만 루터에 관해서는 여전히 많은 오해가 남아 있다. (마크 트웨인의 말을 따라하자면, 나는 루터의 글이 '고전', 곧 '누구나 인용하기를 원하지만, 실제로 **읽는** 이들은 거의 없는 책'이 될 위기에 처한 것은 아닌지 걱정된다.) 나는 이 책의 2장에서, 루터의 해석자들이 바울적인 성향을 지닌 그의 구원론을 서술할 때 흔히 두 가지 실수를 범한다는 점을 언급했다. 첫째, 학자들은 루터가 바울을 바라보는 데 **한 가지 방식만** 있었던 것으로 여기곤 한다. 곧 그들은 루터가 (이신칭의에 초점을 둔) 일관성 있고 논리 정연한 구원론을 주장했다고 보는 것이다. 그러나 이런 견해는 분명히 사실이 아니며, 루터의 관점은 더욱 체계적인 성향을 지녔던 칼뱅 같은 신학자들의 경우와는 뚜렷이 다른 모습을 보인다. 루터는 결코 하나의 일관성 있는 조직신학을 서술하려고 시도했던 적이 없다. 우리는 특히 그의 논쟁적인 글을 다룰 때에 주의를 기울여야 하는데, 그런 경우에 루터는 신학적인 일관성이 더 없기 때문이다. 또한 **믿음**에 관한 루터의 가르침을 논할 때, 학자들은 종종 그가 의의 전가, 자기중심적이며 행위에 근거한 의에 대한 논박, 그리고 칭의에 강조점을 두었던 것으로 간주하곤 한다. 물론 이 모든 항목은 루터의 신학적 논리에서 중요한 위치를 지니는 것이 분명하다. 하지만 이 중 어떤 항목이 실제로 믿음에 관한 가르침의 중심에 놓일 경우, 루터는 그 일을 대단히 못마땅하게 여겼을 것이다. 루터가 품었던 신학의 중심에 있는 것은 하나의 개념이나 교리가 아니라 바로 **그리스도**였기 때문이다. 의의 전가는 **그리스도와의 동일시**를 그 전제로 삼는 것이었으며, 행위에 근거한 의를 논박하는 일의 바탕에는 자기중심적인 칭의를 거부하는 일과 더불어 **우리가 그리스도 안으로 옮겨가게 되었다**는 개념이 자리 잡고 있다. '이신칭의' 역시 우리가 **그리스도를 통해** 하나님 앞에서 의로운 지위를 얻게 되었다는 점을 함축하고 있었다. 물론 루터는 사람이 자신의 행위에 초점을 맞출 때 교만과 자기기만과 우상 숭배에 빠지게 된다는 점을 인정한다. 하지만 그는 자신의 공로로써 의를 능동적으로 획득하려는 인간의 행위를 믿음과 대조하는 가운데서, 마치 믿음이 무언가 소극적인 성격을 지니는 것처럼 언급하지는 않는다. 오히려 루터는 우리의 믿음을 의존과 신뢰를 통해 스스로를 그리스도께 결속시키는 일로 설명한다.

위에서 논했듯이, 루터가 바울의 구원론을 온전히 일관성 있게 서술한 것은 아니었다. 하지만 이 부분, 곧 그리스도적인 관계성이 믿음의 핵심 본질을 이룬다는 개념은 루터의 사상에서 기초적인 토대가 되며, 이 점에서 그는 바울의 관점을 바르게 파악하고 있다.

여기서 다시 바울에 관한 논의로 돌아올 때, 우리는 그가 선포했던 믿음의 핵심이 관계적인 성격을 지닌다는 이 전제에서 시작해서 행위에 관한 질문을 다시 숙고해 볼 수 있다. 바울이 보기에 행위가 지녔던 문제는 과연 무엇일까? 그의 관점에서, 인간의 행위들이 지니는 문제점은 그 행위들이 나쁘다거나 너무 능동적인 성격을 띤다는 데 있지 않았다. 문제는 단순히 그런 행위들이 믿음의 핵심을 이루지 않는다는 데 있었다. 그 핵심을 이루는 것은 바로 그리스도적인 관계성이다. 토라에 속한 행위에 대한 그의 부정적인 태도는 그 행위 자체와는 관계가 없었으며, 그가 인간의 행위를 배척하는 경우는 다만 그런 행위 자체가 관심의 초점이 되거나 믿음과 신뢰의 핵심적인 관계를 손상시킬 가능성이 있을 때뿐이었다. 바울에게는 믿음과 행위 모두 중요했지만, 그 모든 것의 중심에는 오직 그리스도, 곧 신자들이 믿음을 통해 받아들이며 하나로 연합하게 되는 그분만이 계셨던 것이다. 이때 믿음은 신자들을 그리스도께 (그리고 그리스도를 통해 하나님께) 결합시키는 연결 고리였다.

7. 하나님과 인간의 역할: 믿음, 신뢰, 행함

그렇다면 믿음에 관한 바울의 어법은 그의 사상에서 하나님과 인간의 역할에 관한 학계의 더 넓은 질문들에 어떻게 연관될까? 학계의 이 논의에서는 πίστις라는 단어 역시 거론되었으며, 여러 다른 입장을 옹호하기 위한 근거로 활용되었다.

예를 들어 리처드 헤이스는 여러 해 동안 πίστις Χριστοῦ에 연관된 논쟁에 광범위하게 참여해 왔으며, 이 주제에 관해 상당히 중요한 견해들을 내놓고 있다. 그런데 특히 한 논문에서 그는 갈라디아서에서 언급되는 믿음과 하나님/인간의 역할에 관심을 집중한다.[11] 그에 따르면, 바울이 선포하는 믿음의 초점은 인간적인 신앙의 작용이 지니는 중요성에 있지 않다. 그 초점은 그리스도께 놓인다. "갈라디아서 3장의 어느 부분에서도, 바울은 결코 개인적인 '믿음'(believing)의 활동이 구원의 효력을 지닌다고 강조하지 않는다."[12] 헤이스는 또한 갈라디아서 3장에서 바울이 인간적인 믿음/신념에 전혀 의존하지 않는다는 점을 지적한다. 그는 이 글에서 πίστις Χριστοῦ를 "그리스도의 신실하심"으로 해석하는 독법이 인간의 믿음이 아니라 그리스도께 신학적인 중요성을 부여하며, 그럼으로써 바울과 갈라디아서의 입장을 바르게 드러내게 된다는 자신의 견해를 다시 서술한다. 헤이스는 이런 자신의 견해가 루터의 입장과 반대된다고 여기는데, 그에 따르면 루터는 이렇게 주장한 바 있다. "우리가 하나님께 용서받고 그분과 화해하기 위해 해야 할 일은 다만 복음을 듣고 믿는 것뿐이다."[13] 여기서 헤이스는 바울의 관점에 따르면 오직 그리스도께서 우리를 구원하고 의롭다 여김을 받게 하시며, 인간의 믿음이 그렇게 하는 것이 아니라는 점을 확언한다.[14]

헤이스의 글은 주로 갈라디아서 3장을 다룬 것이지만, 헤이스는 2:20에 있는 πίστις의 용법 역시 언급하고 있다(δὲ νῦν ζῶ ἐν σαρκί, ἐν πίστει ζῶ τῇ τοῦ υἱοῦ τοῦ θεοῦ, 이제 내가 육체 가운데 사는 것은 … 하나님의 아들을 믿는 믿음 안에서 사는 것이라). 이 구절에 관해, 헤이스는 이렇게 주장한

---

11 Richard B. Hays, "Jesus' Faith and Ours: A Rereading of Galatians 3," in *Conflict and Context: Hermeneutics in the Americas*, ed. Mark Lau Branson and C. René Padilla (Grand Rapids: Eerdmans, 1986), 257–68.
12 Hays, "Jesus' Faith and Ours," 261.
13 Hays, "Jesus' Faith and Ours," 257.
14 Hays, "Jesus' Faith and Ours," 261.

다. "여기서 바울은 그리스도께서 행위의 주체이시며, 그분의 신실하심은 사랑이 담긴 그분의 자기희생과 긴밀히 연관되어 있음을 확언한다. 본문의 맥락은 그리스도께서 능동적인 행위자이시며, 바울은 그리스도께서 그를 통해 자신의 일을 행하시는 방편이 된다는 것을 보여 준다. 이때 그분은 또한 바울을 위해 그 일을 행하시는 것이다. 이 구절에서는 그리스도의 신실하심이 우리 자신의 행동과 의지보다 더 앞선다는 점을 단언하며, 이는 곧 갈라디아서 전체의 핵심적인 신학적 특징이 된다."[15]

우리는 헤이스가 바울의 강조점을 바르게 언급한 점을 인정해 주어야 한다. 바울은 인간 자신이 지닌 믿음의 능력에 스스로를 의롭게 할 힘이 있다고는 여기지 않았던 것이 분명하기 때문이다. 하지만 나는 헤이스의 논의에서, '이것 아니면 저것'(either-or)의 유감스러운 사고방식을 여전히 발견하게 된다. 그는 이렇게 생각하는 것이다. '만약 πίστις가 그리스도의 신실하심을 나타내는 것이라면, 우리는 인간적인 믿음의 중요성을 부인하거나 거부해야만 한다.' 따라서 어떤 이가 πίστις Χριστοῦ를 '그리스도에 대한 믿음'으로 해석할 경우, 헤이스의 관점에서 이것은 곧 하나님의 역할을 손상시키는 방식으로 인간의 역할을 내세우는 일이 된다. 그러나 이 같은 이분법은 불필요하며, 결국 바울은 (우리가 πίστις Χριστοῦ를 어떻게 해석할 것인지와 상관없이) 신적인 구원과 인간적인 믿음 **모두**의 중요성을 강조하고 있다. 곧 이 두 가지가 서로 동등한 수준에 속한 것은 아닐지라도, 바울에게 신적인 구원과 인간적인 믿음은 모두 중요하다.

---

15 Hays, "Jesus' Faith and Ours," 264.

내 바람은 하나님과 인간의 역할에 대한 단순한 제로섬 방식의 접근법을 넘어서는 것이다. 제로섬 방식은 하나님의 역할을 온전히 확립할 때 그와 반대로 인간의 역할은 아예 사라지게 만드는 식의 수학적인 접근법이다. 비록 이 같은 접근법이 바울의 사상을 이해하는 데에는 편리하게 느껴질지 모르지만, 그의 사상에는 우리로 하여금 이런 접근법을 고수하기 어렵게 만드는 다양한 뉘앙스와 복잡한 성격이 존재한다. 바울의 관점에서 살필 때, 하나님의 역할이 중요하다고 주장한다고 해서 반드시 인간의 역할이 약화되어야만 하는 것은 아니다. 오히려 바울은 이 둘 **모두의** 중요성을 확언하는 것으로 보인다.[16]

우리는 이미 믿음에 관한 바울의 어법에 대해서 바르트의 해석을 논의한 바 있다(이 책의 68-69쪽과 307-310쪽을 보라). 여기서는 그의 빌립보서 주석을 간단히 살펴보려고 한다. 이 주석 전체에 걸쳐, 바르트는 바울이 결코 인간의 의지나 믿음 자체의 효력을 옹호하지 않았다는 점을 반복적으로 확언한다. 그에 따르면, 신자들이 끝까지 인내할 수 있는 것(빌 1:6)은 그들 자신의 강인함 덕분이 아니라 하나님이 그들에게 그럴 능력을 주시기 때문이다.

이 구절에서 바울은 **그분[하나님]**께 자신의 확신을 두고 있다. 당시 빌립보에서 "선한 일을 시작한" 이는 바울이 아니었으며, 빌립보 신자들 자신이 회심함으로써 그 일을 시작했던 것도 아니었다. 그 일을 시작하신 분은 바로 하나님이셨다. 이 사실은 그[바울]와 신자들로부터 **모든** 영

---

16 지네트 하겐(Jeanette Hagen)은 바울이 사용한 믿음의 어법에 관해 분별력 있는 접근법을 제시한다. 그녀는 바울이 πίστις라는 용어를 써서, 우리 자신을 부정하는 동시에 스스로를 그 안에 개입시키는 방식으로 그리스도께 의존하는 일을 나타내는 경향을 보였다고 주장한다. "Faith as Participation: An Exegetical Study of Some Key Pauline Texts"(PhD diss., Durham University, 2016)를 보라.

광과 자만심을 거두어 가는 것이었지만, 이와 동시에 모든 좌절감을 사라지게 만드는 것이기도 했다. 이 점에 근거해서, 빌립보 신자들은 과연 그들 자신이 여전히 진실한 태도를 유지하고 있으며 앞으로도 늘 그러할 것인지, 과연 자신들이 계속 믿음을 지키며 그 길에서 떠나지 않게 될 것인지에 관한 염려와 번민에서 벗어날 수 있었다. 그 일은 오직 **하나님의 열심**과 **그분의** 선하심, 그리고 **그분이** 행하시는 방식에 달린 문제였기 때문이다.[17]

바르트는 이후에 1:27("복음의 신앙을 위하여 협력하는 것")에 관해 언급하면서, 이와 동일한 요점을 제시한다. 이 구절에서 그는 바울이 주어 적인 속격(τῇ πίστει τοῦ εὐαγγελίου, '복음'이 '믿음'의 주체가 된다는 의미 - 역주)을 사용한다는 것을 명확히 언급한다. 바르트는 프리츠 호른(Fritz Horn)의 글을 인용하면서 다음과 같이 서술한다. "믿음은 나의 소유물이 아니라 하나님께 속한 것이다. 만일 내가 나 자신의 믿음을 위해 투쟁한다면, 이때 나는 자신이 무엇을 위해 분투하고 있는지, 과연 그 믿음이 영속적이며 그럴 만한 가치가 있는 것인지를 알 수 없게 된다. 하지만 만일 내가 하나님의 신실하심을 위해 투쟁할 경우, 그때에는 골리앗을 쓰러뜨린다."[18] 언뜻 보기에, 바르트는 인간이 자신의 구원에 무언가 기여하는 듯한 뉘앙스로 믿음의 어법을 해석하는 방식에 매우 부정적인 태도를 취하는 것처럼 여겨진다. 하지만 실제로는 인간의 믿음 역시 그 과정에서 중요한 역할을 한다는 점을 언급한다.

바르트는 3:9에 관해 논하면서, 이 구절의 τὴν ἐκ θεοῦ δικαιοσύνην

---

17 Karl Barth, *The Epistle to the Philippians* (Louisville: Westminster John Knox, 2002 [originally 1947]), 17.
18 Barth, *Philippians*, 47.

ἐπὶ τῇ πίστει(믿음으로 하나님께로부터 난 의)가 기독교 신앙을 가리킨다고 여긴다. 여기서 그는 인간의 믿음이 대단히 중요함을 언급하지만, 그 믿음이 그리스도께서 우리를 구원하시는 것과 같은 방식으로 일종의 구원론적인 역할을 감당한다고 여기지는 않는다. 그런데 여기서 바르트는 역설적인 의미를 담아, 믿음을 결정적인 행위로 지칭한다. 곧 그 믿음은 그 자체로서 "인간 자신의 능력과 의지로써 행하는 모든 노력의 붕괴를 의미하며, 그 붕괴가 절대적으로 요구됨을 인식하는 행위"라는 것이다.[19] 이 점을 달리 표현하면, (바울을 해석하는) 바르트의 관점에서 유한한 인간의 믿음은 자기 자신을 주장하는 능력이 아니며 오히려 이와 정반대되는 성격을 지닌다. 그의 관점에서, 믿음은 인간이 하나님의 의 가운데로 옮겨가기 위해 스스로를 **능동적으로** 부정하는 행위인 것이다. 바르트가 제시하는 이 역설은 앞서 언급한 하나님과 인간의 역할에 대한 수학적 접근법을 반박하는 것이 된다. "피스티스(pistis, 믿음)의 개념을 파악하는 문제에 관해 논하자면, 모든 일은 [믿음의] 대상으로 간주되는 하나님이 실제로는 그 믿음을 생겨나게 하시는 주체라는 사실을 우리가 이해하느냐에 달려 있다."[20] 그리고 바르트는 믿음에 관해 언급할 때, 루터가 썼던 것과 동일한 '파악하다/파악'(apprehend/apprehension)의 어법을 사용한다. "우리가 하나님을 믿는다는 것은 그분이 행위의 주체로서 **그분 자신의** 의 가운데 계심을 파악하고 또 계속적으로 반복해서 파악하고, 우리 자신을 내려놓는 가운데서 그분께 **영광**을 올려 드리는 일을 의미한다."[21] 이때 인간의 믿음

---

19 Barth, *Philippians*, 101.
20 Barth, *Philippians*, 101-2.
21 Barth, *Philippians*, 101. 믿음에 관한 바르트의 어법을 해석한 글로는 Francis Watson's preface to Barth's *Philippians* titled "Philippians as Theological Exegesis," 특히 xliv-xlv를 보라.

은 능동적으로 스스로를 의롭게 하는 것이 되지 못한다. 오히려 그것은 자기 자신을 능동적으로 부인하는 일이며, 홀로 우리를 의롭게 하시는 하나님을 믿고 따르기를 능동적으로 소원하는 일이다. 우리가 **이런** 믿음을 품을 수 있는 힘조차도 하나님께로부터 온다.

루이스 마틴 역시 πίστις Χριστοῦ를 주어적인 속격(그리스도의 신실하심)으로 보는 견해를 옹호한다. 갈라디아서 주석에서, 마틴은 모든 일을 바로잡으시는 그리스도의 사역이 무엇보다 중요하며 우선시된다는 점을 분명히 강조한다. 그는 신자들이 구원의 문제에 관한 선택지들을 직접 따져 본 다음에 "자율적으로" 그리스도를 **선택한다**는 식으로 바울의 사상을 이해하는 관점을 용납하지 않는다.[22] 하지만 마틴에 따르면, 신자는 그저 하나님이 부여하시는 충동에 따라 움직이는 꼭두각시 같은 존재도 아니다. 마틴은 그리스도의 선행적인 사역(prevenient work, 앞서 이루어지는 사역 – 역주)에 우선순위가 부여되어야 한다는 점을 단언하며, 그리스도의 이 사역은 인간적인 믿음을 가능하게 만드는 것이 된다. 그에 따르면, 그리스도에 대한 우리의 믿음은 하나님을 선택할 수 있는 인간의 능력(곧 인간의 자유의지)을 통해 생겨나는 것이 아니다. 오히려 그 믿음은 "하나님이 우리의 의지를 자유롭게 만드심"을 통해 나타난다. 이 점을 마틴이 언급하는 방식의 묵시적인 관점에서 표현해 보자면 다음과 같다. "그리스도는 하나님의 아들이시며, 그분의 믿음은 그분의 죽으심을 통해 뚜렷이 드러났다. 그리고 하나님은 그분의 사역 가운데서 인간의 세상 속으로 침투해 들어오셨으며, 우리 인간들의 의지 자체를 해방시키기 위한 싸움을 시작하셨다. 또한 신자들

---

[22] J. Louis Martyn, *Galatians*, Anchor Yale Bible 33A (New Haven: Yale University Press, 1997), 276.

의 관점에서, 하나님의 이 묵시적인 임하심은 그리스도를 향해 우리가 품은 믿음의 신비스러운 기원이다."[23]

이런 마틴의 언급은 다소 미묘하지만, 여기서 그가 사용한 "신비스러운"(mysterious)이라는 단어는 하나님과 인간의 역할에 관한 문제에서 중요한 의미가 있다. 물론 그리스도의 신실하심과 그리스도**에 대한** 믿음은 서로 동등한 수준에 속한 것이 아니다. 하지만 그 둘은 서로 대립하면서 서로를 무효화하거나 대체하는 특성을 지니지도 않는다. 모든 것을 바로잡으시는 그리스도의 사역 또는 그분의 순종은 강력하며 우선시되지만, 그럼에도 그것 자체만으로는 불완전할 수밖에 없다. 우리가 인간적인 믿음을 어떻게 여기든지 간에, 그 믿음은 하나님이 그리스도 안에서 행하시는 사역에 신자들이 **참여하기** 위해 꼭 필요한 방편이다. 이 논의에서 '역할'(agency)이라는 단어는 그리 적합하지 않을 수도 있다. 오히려 우리는 인간의 '기여'나 '공로'에 결부된 암묵적인 전제에서 벗어나기 위해, '참여'(participation)나 '연합'(association) 같은 단어들을 사용할 수 있을 것이다.

여기서 나는 이 문제를 장황하게 다루기를 원하지는 않는다. 하지만 믿음의 어법에 특히 관심을 두면서 하나님과 인간의 역할에 관한 이 논의들을 되짚어 볼 때, 우리는 이 문제를 수학적 공식(**하나님의 기여와 인간의 기여가 각기 얼마만큼 더해지면 구원이 성립하게 되는가?**) 이상의 것으로 새롭게 바라볼 수 있게 된다. 바울의 경우에는 이런 수학적 접근법을 재고할 가치가 없는 생각으로 여겼을 것이며, 이에 관해 그는 아마도 이렇게 선포했을 것이 분명하다. "**그리스도께서는 모든 것 가운데서**

---

23 Martyn, *Galatians*, 277.

전부가 되신다!"(Christ is all in all!) 하지만 우리는 바울의 사상을 살필 때, πίστις가 인간론적인 측면에서, 인식론적인 측면에서, 사회적인 측면에서 신자들이 그리스도적인 관계성을 통해 하나님과 관계 맺는 **방편**의 역할을 했던 점을 무시할 수 없다. 그리고 이 그리스도적인 관계성은 (사회적인 측면, 의지적인 측면, 실존적인 측면 등에서) 필연적으로 인격적이며 참여적인 성격을 띤다.

한편 믿음에 관한 성경의 어법은 언약의 개념과 연관되어 있다(칠십인역을 염두에 두면서 이 점을 살핀 논의로는 이 책의 43-47쪽과 104-105쪽을, 갈라디아서를 염두에 둔 논의로는 261-286쪽을 보라). 이 둘 사이의 연관성에 관해서는 논쟁이 벌어지고 있지만,[24] 만약에 우리가 그 둘을 가장 단순하고 포괄적인 수준에서 결부시킬 경우에는 아무 논란의 여지를 남겨 두지 않은 채로 그 논의에서 유익을 얻을 수 있을 것이다. *The Covenanted Self*(언약 아래 있는 자아)라는 책에서, 월터 브루그만은 성경에서 신자들의 언약 참여가 지니는 역동적인 성격을 거장다운 솜씨로 서술한다.[25] 그는 "하나님과 동행하는 삶"의 드라마를 역동적인 것으로 묘사하는데, 이는 그 관계의 성격이 여러 가지 상황과 맥락에서 다양하게 변화하기 때문이다. 예를 들어, 브루그만은 신자들이 한탄스러운 상황에 처했을 때 감히 자신들의 사정에 귀 기울여 줄 것을 하나님께 "끈질기게 명령하는"(외관상 부적절한) 입장을 취하게 된다고 주장한다.[26] 이에 반해 어떤 이들은 하나님을 찬미할 때 하나님이 만물의 주이심을 겸손

---

24 Lester Grabbe, "Covenant in Philo and Josephus," in *The Concept of the Covenant in the Second Temple Period* (Boston: Brill, 2003), 251-66를 보라.
25 Walter Brueggemann, *The Covenanted Self: Explorations in Law and Covenant* (Minneapolis: Fortress, 1999).
26 Brueggemann, *Covenanted Self*, 18.

히 인정하며 그분 앞에 경배한다. 이같이 상반되는 모습들은 기이하게 여겨질 수 있지만, 신자들에게 이 일들이 모두 필요한 이유는 "우리와의 관계를 시작하시며 또 응답하시는 '당신'이신 하나님과의 살아 있는 교제에는 바로 이와 같은 생명력과 에너지, 자유와 용기가 요구되기 때문이다."[27] 물론 하나님과의 이 관계성에는 일정한 경계선들이 존재하며, 우리는 **자기 부정** 또는 **자기 몰입**의 양극단을 피해야만 한다. 브루그만은 하나님과 인간의 관계를 "의도적이며 변증법적인 상호작용"이 수반되는 친교의 삶으로 이해하는 모델을 옹호한다.[28] 그에 따르면, 이 모델은 유대적인 방식의 '**상호작용주의**'(interactionalism)와 결부된다. "상호작용주의에 따르면, 하나님과 사람은 서로 대등하지는 않더라도 일종의 상호적인 관계 속에 놓인다."[29] 바울의 사상에서 하나님과 인간의 역할을 다루는 많은 논의에서 다루지 않는 것이 바로 이런 역동적인 관계성의 관점이다. 바울에게 믿음은 하나의 행위 또는 우리가 자랑할 만한 어떤 일이 아니었다. 그것은 우리가 칭의나 구원을 받기 위해 의존할 수 있는 무언가도 아니었다. 실로 우리가 그것 자체에 관심을 기울이지 않는 한, 믿음은 우리가 하나님과 관계를 맺는 방식, 또는 그분을 지향하는 방식으로서 보이지 않게 작용한다. 우리는 바울의 관점에서, 믿음이 하나님의 은혜로써 주어진 선물이었음을 인정할 수밖에 없다. 결국 바울은 창조주 하나님이 친히 우리의 어두운 마음에 빛을 비추심으로써, 예수님의 인격 안에 있는 복음을 깨닫도록 인도하셨음을 확언하기 때문이다(고후 4:6). 하지만 이와 동시에, 우리

---

27 Brueggemann, *Covenanted Self*, 18.
28 Brueggemann, *Covenanted Self*, 19.
29 Brueggemann, *Covenanted Self*, 19.

는 바울이 자신의 글에서 여러 차례에 걸쳐 자신이 회심시킨 이들의 πίστις에 직접 호소하고 있음을 인식해야 한다(아래 인용문들은 모두 NRSV에서 가져온 것이다).

> 여러분의 믿음이 온 세상에 전파되고 있습니다. (롬 1:8; 참조. 살전 1:8)
> 여러분의 믿음 가운데 굳게 서십시오. (고전 16:13)
> 여러분의 믿음이 자라고 있습니다. (고후 10:15)
> 여러분이 품은 믿음의 희생과 제물 (빌 2:17)
> 우리는 여러분의 부족한 믿음을 회복시켜 줄 수 있도록, 여러분과 직접 마주하게 되기를 간절히 기도합니다. (살전 3:10)
> 여러분의 믿음이 풍성히 자라고 있습니다. (살후 1:3)

물론 바울은 마치 신자들이 자신들의 πίστις를 스스로 만들어 낸 것처럼 여기면서 그들을 칭찬하지는 않는다. 하지만 위의 본문들에서는, 신자들이 예수 그리스도를 통해 하나님과 건강하고 풍성한 관계를 맺는 데에 그들 자신의 믿음이 중요한 역할을 했다는 점을 분명히 드러내고 있다.[30] 이런 관점에서 이 문제를 살필 때, 우리는 인간의 믿음이 "새로운 종류의 행위"가 될지도 모른다는 헤이스의 염려를 해소할 수 있다.[31]

---

30 *Homilies on Romans* 7(롬 3:22에 관한 설교)에서, 크리소스토무스는 이렇게 언급한다. "어떤 이들은 이렇게 질문할지도 모릅니다. '우리가 자신의 구원에 아무것도 기여하는 바가 없는데, 어떻게 구원을 얻을 수 있습니까?' 이런 이들에게 답하기 위해, 바울은 실제로 우리가 우리 자신의 구원에 많은 부분을 기여한다는 것을 보여 주고 있습니다. 우리는 자신의 믿음을 하나님께 드리기 때문입니다!" Gerald L. Bray, ed., *Romans*, Ancient Christian Commentary on Scripture (Downers Grove, IL: InterVarsity, 1998), 100.
31 Hays, "Christ's Faith and Ours," 260.

8. 그리스도인들은 어떻게 해서 '믿는 자'들로 불리게 되었는가?

이것은 복잡한 문제이지만, 그럼에도 역사적으로나 신학적으로 중요한 성격을 지닌 질문이다. 그리스도인들을 '믿는 자들'(believers)로 지칭하는 이런 어법에 관해 가장 이른 시기의 기록을 우리에게 제공하는 이는 바울이며(살전 1:7), 신약 성경에서 이 어법이 나타나는 거의 대부분의 경우는 누가의 사도행전과 바울의 글에서 찾아볼 수 있다.[32]

폴 트레빌코는 *Self-Designations and Group Identity in the New Testament*(신약의 자기 지칭과 집단 정체성)에서 이 주제에 관해 중요한 작업을 수행했다.[33] 이 책에서 그는 이렇게 주장한다. (1) (불신자들과 대립되는 의미에서) '믿는 자들'이라는 명칭은 사회적인 경계를 구분하며 집단적인 정체성을 부여하는 측면에서 중요한 역할을 했을 것이다. (2) '믿는 자들'에 관한 어법은 곧 그리스도를 믿으며 자신들이 그분께 속했다고 여기는 이들을 가리켰을 것이다.[34] 어떤 학자들은 '믿는 자들'에 관한 어법 대신에, '충성하는 자들'(loyalists)과 같이 좀 더 사회적인 성격을 띤 명칭을 사용하려고 시도했다.[35] 이런 학자들의 의도는 πίστις가 지닌 전인격적인 본성과 그 관계적인 특질을 드러내려는 데 있었으며, 나는 그들의 취지를 존중한다. 하지만 그들의 이런 시도는 그저 또 다른 명칭을 써서 그 개념이 지닌 동일한 측면을 나타내는 데 불과했다.

---

32 이 점에서 한 가지 예외가 되는 구절은 베드로전서 1:21이다. 요한 문헌에서도 '믿음'의 어법을 자주 사용한다.
33 Paul Trebilco, *Self-Designations and Group Identity in the New Testament* (Cambridge: Cambridge University Press, 2012).
34 Trebilco, *Self-Designations*, 68-121.
35 Zerbe, "Believers as Loyalists"를 보고, 또한 Matthew Bates, *Salvation by Allegiance Alone: Rethinking Faith, Works, and the Gospel of Jesus the King* (Grand Rapids: Baker, 2017)을 참조하라.

그리스도인들을 '믿는 자들'로 부르는 일 속에, 이미 그 대상이신 그리스도와의 긴밀한 관계가 함축되어 있기 때문이다. 그런데 **'믿는 자들'에 관한 이 어법**이 초창기 그리스도인들을 지칭하는 근본적인 용어가 된 **또 다른** 핵심적인 이유는 바로 그들이 겪었던 종교적 체험과 그 표현들이 지닌 독특한 성격에 있었다. 고대의 기준에서 살필 때, 당시 그리스도인들은 이상한 종교의 신봉자들이었다. 그들은 (유대인들과 마찬가지로) 신들의 조각상을 숭배하지 않았으며, 정기적으로 신전을 방문하지도 않았다. **그리고** 이들의 집단이 사회적인 영향력을 얻었을 무렵, 그들이 숭앙하는 존재로서 죽음을 감수했던 신적인 구세주(예수님)는 이미 사람들의 눈에 보이지 않는 상태에 있었다.

내 생각에는 그들이 눈에 보이지 않으시는 하나님을 경배했으며, 마지막 때에 그들 자신의 눈으로 그분을 뵈옵게 되리라는 장래의 **소망**을 특별히 강조했기 때문에 '믿음'(belief)이 이처럼 중요한 단어가 되었던 듯하다. 그때가 오기까지, 그들은 인간의 눈에 보이지 않는 실재, 곧 시각적인 인식의 차원을 넘어서는 비가시적인 실재에 눈을 고정해야만 했다(고후 4:18). 베드로전서는 바울이 쓴 것이 아니지만, 이 서신의 1:8에서는 믿음의 어법을 써서 가시적인 형상 너머에 있는 진리와 능력을 향한 이 신앙과 소망의 의미를 다음과 같이 탁월하게 묘사한다. "여러분은 그분을 보지 못했지만 사랑하고 있습니다. 지금 여러분은 그분을 볼 수 없지만, 그럼에도 그분을 믿으면서 말할 수 없이 영광스러운 기쁨 가운데서 즐거워합니다."(NRSV) 이와 유사하게, 요한복음에서 예수님은 이렇게 말씀하신다. "[나를] 보지 못하고서도 믿게 된 이들은 복이 있다."(요 20:29 NRSV) 물론 그리스도인들은 이후에 자신의 죽음을 감수하면서까지 예수님께 헌신했으며, 따라서 그들은 충성스러운 동시에 신실한 이들이었다. 하지만 그들은 자신들만의 독특한 믿음과 실천을 통해서도 다른 이들과 구별되는 모습을 보여 주었다. 그런 믿음과 실천들 가운데는 특히 자신들의 몸과 공동체를 성전으로 여기는 일, **성령님의** 내주를 믿는 것, 그리고 만물을 다스리시며 우리 눈에 보이지 않으시는 주님께서 장차 구름을 타고 임하셔서 이 세상을 심판하며 구속하실 것이라는 믿음 등이 있었다. 바울의 관점에서, 이것은 단순한 지적인 신념의 차원을 넘어서는 신앙이었다.

참고 문헌

Achtemeier, Elizabeth. *Nahum–Malachi*. Interpretation. Louisville: Westminster John Knox, 1986.

Arzt-Grabner, Peter. "Zum alltagssprachlichen Hintergrund von Πίστις" Pages 241–49 in *Glaube: Das Verständnis des Glaubens im frühen Christentum und in seiner jüdischen und hellenistisch-römischen Umwelt*. Edited by Jög Frey, Benjamin Schliesser, and Nadine Kessler. Wissenschaftliche Untersuchungen zum Neuen Testament 373. Tübingen: Mohr Siebeck, 2017.

Ashton, John. *Understanding the Fourth Gospel*. Oxford: Oxford University Press, 1991.

Aune, David E. *Revelation*. 3 vols. World Biblical Commentary 52A–C. Grand Rapids: Zondervan, 1997.

Babut, Daniel. "Du scepticisme au depassement de la raison: Philosophie et foi religieuse chez Plutarque." Pages 549–81 in *Parerga: Choix d'articles de D. Babut (1974–1994)*. Lyon: Maison de L'Orient Méditerranéen, 1994.

Bagnall, Roger S., and Raffaella Cribiore. *Women's Letter from Ancient Egypt, 300 BC–AD 800*. Ann Arbor: University of Michigan Press, 2006.

Baird, William. "Abraham in the New Testament: Tradition and the New Identity." *Interpretation* 42 (1988): 367–79.

Bammel, Ernst. "Galater i.23." *Zeitschrift für die neutestamentliche Wissenschaft* 59 (1968): 108–12.

Barclay, John M. G. "2 Corinthians." Pages 1353–73 in *Eerdmans Commentary on the Bible*. Edited by James D. G. Dunn. Grand Rapids: Eerdmans, 2003.

―――――. *Flavius Josephus: Translation and Commentary*, vol. 10: Against Apion. Boston: Brill, 2007.

―――――. *Obeying the Truth: The Study of Paul's Ethics in Galatians*. Edinburgh: T&T Clark, 1988.

―――――. *Paul and the Gift*. Grand Rapids: Eerdmans, 2015.

Barclay, John M. G., and Simon J. Gathercole, eds. *Divine and Human Agency in Paul and His Cultural Environment*. London: T&T Clark, 2006.

Barrett, C. K. *The Epistle to the Romans*. Black's New Testament Commentary. Peabody, MA: Hendrickson, 1991.

―――――. *The First Epistle to the Corinthians*. Black's New Testament Commentary. Peabody, MA: Hendrickson, 1968.

―――――. *The Second Epistle to the Corinthians*. Black's New Testament

Commentary. Peabody, MA: Hendrickson, 1991.

Barth, Gerhard. "Glaube und Zweifel in den synoptischen Evangelien." *Zeitschrift für Theologie und Kirche* 72 (1975): 269–92.

———. "Pistis in hellenisticher Religiositat." *Zeitschrift für die neutestamentliche Wissenschaft* 73 (1982): 110–26.

Barth, Karl. *Church Dogmatics*, vol. 4: *The Doctrine of Reconciliation*. Edited by G. W. Bromiley and T. F. Torrance. Edinburgh: T&T Clark, 1956.

———. *Dogmatics in Outline*. New York: Harper, 1959.

———. *The Epistle to the Philippians*. Louisville: Westminster John Knox, 2002 (originally 1947).

———. *The Epistle to the Romans*. Translated by Edwyn C. Hoskyns. London: Oxford University Press, 1968.

Barth, Markus. *The Letter to Philemon*. Eerdmans Critical Commentary. Grand Rapids: Eerdmans, 2010.

Barton, John. *Oracles of God*. Oxford: Oxford University Press, 2007.

Barton, Stephen C. *The Spirituality of the Gospels*. Peabody, MA: Hendrickson, 1992.

Bassler, Jouette. *Navigating Paul*. Louisville: Westminster John Knox, 2007.

Bates, Matthew W. *Salvation by Allegiance Alone: Rethinking Faith, Works, and the Gospel of Jesus the King*. Grand Rapids: Baker, 2017.

Bauer, David. *Structure of Matthew's Gospel: A Study in Literary Design*. London: Bloomsbury, 2015.

Beale, G. K. *The Book of Revelation*. New International Greek Testament Commentary. Grand Rapids: Eerdmans, 1999.

———. "The Old Testament Background of Reconciliation in 2 Corinthians 5–7 and Its Bearing on the Literary Problem of 2 Corinthians 6:14–7:1." *New Testament Studies* 35 (1989): 550–81.

———. *The Temple and the Church's Mission*. Downers Grove, IL: InterVarsity, 2005.

Beavis, Mary Ann. "Mark's Teaching on Faith." *Biblical Theology Bulletin* 16 (1986): 139–42.

Becker, Siegbert. *The Foolishness of God: The Place of Reason in the Theology of Martin Luther*. Milwaukee: Northwest Publishing, 1999.

Begg, Christopher T. *Josephus' Account of the Early Divided Monarchy* (AJ 8,212–420). Leuven: Peeters, 1993.

Beker, J. Christaan. *Paul the Apostle: The Triumph of God in Light and Thought*. Philadelphia: Fortress, 1994.

Best, Ernest. *A Commentary on the First and Second Epistles to the Thessalonians*. Black's New Testament Commentary. Peabody, MA: Hendrickson, 1972.

Blackwell, Ben C., John K. Goodrich, and Jason Maston, ed. *Paul and the Apocalyptic Imagination*. Minneapolis: Fortress, 2016.

Blomberg, Craig L. "Quotations, Allusions, and Echoes of Jesus in Paul." Pages 129–43 in *Studies in Pauline Epistles*. Edited by Dane C. Ortlund and Matthew S. Harmon. Grand Rapids: Zondervan, 2014.

Bloomquist, L. Gregory. "Subverted by Joy: Suffering and Joy in Paul's Letter to the

Philippians." *Interpretation* 61 (2007): 270–82.

Blumenthal, David. "The Place of Faith and Grace in Judaism." Pages 104–14 in *A Time to Speak*. Edited by James Rudin and Marvin R. Wilson. Grand Rapids: Eerdmans, 1987.

Boda, Mark J. *"Return to Me": A Biblical Theology of Repentance*. Downers Grove, IL: InterVarsity, 2015.

Boespflug, Mark. "Is Augustinian Faith Rational?" *Religious Studies* 52 (2016): 63–79.

Böhm, Martina. "Zum Glaubensverständnis des Philo von Alexandrien." Pages 159–1 in *Glaube: Das Verständnis des Glaubens im frühen Christentum und in seiner jüdischen und hellenistisch-römischen Umwelt*. Edited by J. Frey, B. Schliesser, and N. Ueberschaer. Wissenschaftliche Untersuchungen zum Neuen Testament 373. Tübingen: Mohr Siebeck, 2017.

Boring, M. Eugene. *1 and 2 Thessalonians*. New Testament Library. Louisville: Westminster John Knox, 2015.

―――. *Mark*. New Testament Library. Louisville: Westminster John Knox, 2006.

―――. *Revelation*. Interpretation. Louisville: Westminster John Knox, 2011.

Bornkamm, Günther. *Paul*. Translated by D. M. G. Stalker. New York: Harper & Row, 1971.

Bowman, John W. "Three Imperishables: A Meditation on 1 Corinthians 13." *Interpretation* 13 (1959): 433–43.

Bray, Gerald L., ed. *Romans*. Ancient Christian Commentary on Scripture. Downers Grove, IL: InterVarsity, 1998.

Bridges, Linda M. "2 Corinthians 4:7–15." *Interpretation* 86 (1989): 391–96.

Brockington, Leonard H. *Ezra, Nehemiah, and Esther*. New Century Bible. London: Nelson, 1969.

Brown, Alexandra. *The Cross and Human Transformation: Paul's Apocalyptic Word in 1 Corinthians*. Minneapolis: Fortress, 1995.

Brown, Raymond E. *The Gospel according to John I–XII*. Anchor Bible 29. Garden City, NY: Doubleday, 1966.

Bruce, F. F. *The Epistle to the Galatians*. New International Greek Testament Commentary. Grand Rapids: Eerdmans, 1982.

Brueggemann, Walter. *The Covenanted Self: Explorations in Law and Covenant*. Minneapolis: Fortress, 1999.

―――. *Reverberations of Faith*. Louisville: Westminster John Knox, 2002.

Bruner, F. Dale. *Matthew*, vol. 2: *The Churchbook*. Grand Rapids: Eerdmans, 2004.

Bülow-Jacobsen, Adam. "Private Letters." Pages 317–65 in *Didymoi: Une garnison romaine dans le désert oriental d'Égypte*, vol. 2: *Les textes*. Fouilles de l'Ifao 67. Cairo: Institut français d'archéologie orientale, 2012.

Bultmann, Rudolf. *"Pisteuō."* Pages. 849–57 in *Theological Dictionary of the New Testament: Abridged Edition*. Edited by Gerhard Kittel and Gerhard Friedrich. Translated by Geoffrey W. Bromiley. Grand Rapids: Eerdmans, 1985.

―――. *Theology of the New Testament*. Translated by K. Grobel. 2 vols. New York: Scribner, 1951, 1955. German original: *Theologie des Neuen Testament*.

Tübingen: Mohr Siebeck, 1948–53.

Calvin, John. *Commentary on Romans 1–16*. Grand Rapids: Baker, 1993.

———. *Institutes of the Christian Religion*. Translated by H. Beveridge. 2 vols. Repr., Grand Rapids: Eerdmans, 1964 (originally 1845).

Campbell, Douglas A. "2 Corinthians 4:13: Evidence in Paul That Christ Believes." *Journal of Biblical Literature* 128 (2009): 337–56.

———. *The Quest for Paul's Gospel: A Suggested Strategy*. London: T&T Clark, 2005.

———. "Romans 1:17—A *Crux Interpretum* for the Πίστις ΧΡΙΣΤΟΥ Debate." *Journal of Biblical Literature* 113 (1994): 265–85.

Campbell, William S. *Unity and Diversity in Christ*. Cambridge: James Clarke, 2017.

Carey, Greg. "Revelation as Counter-Imperial Script." Pages 157–76 in *In the Shadow of Empire: Reclaiming the Bible as a History of Faithful Resistance*. Edited by R. A. Horsley. Louisville: Westminster John Knox, 2008.

Carlson, Richard. "Whose Faith? Reexamining the Habakkuk 2:4 Citation with the Communicative Act of Romans 1:1–17." Pages 293–324 in *Raising Up a Faithful Exegete: Essays in Honor of Richard D. Nelson*. Edited by K. L. Noll and Brooks Schramm. Winona Lake, IN: Eisenbrauns, 2010.

Carson, D. A. "Matthew." Pages 23–670 in *Matthew and Mark*. New Expositor's Bible Commentary. Edited by Tremper Longman III and David E. Garland. Grand Rapids: Zondervan, 2005.

Catchpole, David. "The Son of Man's Search for Faith (Luke 18:8)." *Novum Testamentum* 19 (1973): 81–104.

Charlesworth, James H. "Revelation and Perspicacity in Qumran Hermeneutics?" Pages 161–80 in *The Dead Sea Scrolls and Contemporary Culture*. Edited by Adolfo D. Roitman, Lawrence H. Schiffman, and Shani Tzoref. Boston: Brill, 2011.

Chester, Stephen. *Reading Paul with the Reformers*. Grand Rapids: Eerdmans, 2017.

Chiraparamban, Varghese P. "The Translation of Πίστις and Its Cognates in the Pauline Epistles." *Bible Translator* 66 (2015): 176–89.

Chroust, Anton-Hermann. "Treason and Patriotism in Ancient Greece." *Journal of the History of Ideas* 15 (1954): 280–88.

Clendenen, Ray. "Salvation by Faith or by Faithfulness in the Book of Habakkuk." *Bulletin for Biblical Research* 24 (2014): 505–15.

Collange, J. F. *Énigmes de la deuxième épitre aux Corinthiens: Étude exegetique de 2 Cor*. Cambridge: Cambridge University Press, 1972.

Collins, Raymond F. *First Corinthians*. Sacra Pagina 7. Collegeville, MN: Liturgical Press, 1999.

Cousar, Charles B. "1 Corinthians 2:1–13." *Interpretation* 44 (1990): 169–73.

Cox, Steven L. "1 Corinthians 13—An Antidote to Violence: Love." *Review and Expositor* 93 (1996): 529–36.

Cranfield, C. E. B. *A Critical and Exegetical Commentary on the Epistle to the Romans*. 2 vols. International Critical Commentary. Edinburgh: T&T Clark, 1975.

Crook, Zeba. *Reconceptualising Conversion: Patronage, Loyalty, and Conversion in the Religions of the Ancient Mediterranean*. Beihefte zur Zeitschrift für die neutestamentliche Wissenschaft 130. Berlin: de Gruyter, 2004.

Culpepper, R. Alan. *Mark*. Smyth & Helwys Biblical Commentary. Macon, GA: Smyth & Helwys, 2007.

Danker, Frederick W., Walter Bauer, William F. Arndt, and F. Wilbur Gingrich. *A Greek-English Lexicon of the New Testament and Other Early Christian Literature*. 3rd ed. Chicago: University of Chicago Press, 2000.

Das, Andrew A. *Galatians*. Concordia Commentary. St. Louis: Concordia, 2014.

Davies, W. D., and Dale C. Allison. *Matthew*. International Critical Commentary. 3 vols. Edinburgh: T&T Clark, 1988–97.

de Boer, Martinus. *Galatians*. Louisville: Westminster John Knox, 2011.

Deissmann, Adolf. *St. Paul: A Study in Social and Religious History*. New York: Hodder & Stoughton, 1912.

deSilva, David A. *Galatians: A Handbook on the Greek New Testament*. Baylor Handbook on the Greek New Testament. Waco, TX: Baylor University Press, 2014.

―――. *Honor, Patronage, Kinship, and Purity: Unlocking New Testament Culture*. Downers Grove, IL: InterVarsity, 2012.

―――. *An Introduction to the New Testament*. Downers Grove, IL: InterVarsity, 2004.

―――. "Measuring Penultimate against Ultimate: An Investigation of the Integrity and Argumentation of 2 Corinthians." *Journal for the Study of the New Testament* 52 (1993): 41–70.

Dio Chrysostom. *Orations*. Translated by James W. Cohoon. LCL 385. Cambridge: Harvard University Press, 1971.

Dionysius of Halicarnassus. *Roman Antiquities*. Translated by Earnest Cary. LCL 338. Cambridge: Harvard University Press, 1950.

Dodd, C. H. *According to the Scriptures*. London: Nisbet, 1952.

Donahue, John R. *The Gospel in Parable: Metaphor, Narrative, and Theology in the Synoptic Gospels*. Minneapolis: Fortress, 1988.

Dunn, James D. G. *1 Corinthians*. Sheffield: Sheffield Academic Press, 1995.

―――. "The Christian Life from the Perspective of Paul's Letter to the Galatians." Pages 1–18 in *The Apostle Paul and the Christian Life*. Edited by S. McKnight and J. B. Modica. Grand Rapids: Baker, 2016.

―――. "Epilogue." Pages 208–20 in *Paul and Judaism: Crosscurrents in Pauline Exegesis and the Study of Jewish-Christian Relations*. Edited by Reimund Bieringer and Didier Pollefeyt. London: T&T Clark, 2012.

―――. "ΕΚ ΠΙΣΤΕΩΣ: A Key to the Meaning of Πιστις ΧΡΙΣΤΟΥ." Pages 351–66 in *The Word Leaps the Gap*. Edited by J. Ross Wagner, C. Kavin Rowe, and A. Katherine Grieb. Grand Rapids: Eerdmans, 2008.

―――. *The Epistle to the Galatians*. Black's New Testament Commentary. Peabody, MA: Hendrickson, 1993.

―――. *Jesus Remembered*. Grand Rapids: Eerdmans, 2003.

———. "The New Perspective on Paul." *Bulletin of the John Rylands University Library of Manchester* 65 (1983): 95–122.

———. *The New Perspective on Paul*. Grand Rapids: Eerdmans, 2008.

———. "The Theology of Galatians." Pages 1:138–46 in *Pauline Theology*. Edited by J. M. Bassler. Minneapolis: Fortress, 1991.

———. *The Theology of Paul the Apostle*. Grand Rapids: Eerdmans, 1998.

———. *The Theology of Paul's Letter to the Galatians*. New Testament Theology. Cambridge: Cambridge University Press, 1993.

———. *Unity and Diversity in the New Testament*. Philadelphia: Westminster, 1977.

———. "What's Right about the Old Perspective on Paul?" Pages 214–29 in *Studies in the Pauline Epistles*. Edited by Matthew S. Harmon and Jay E. Smith. Grand Rapids: Zondervan, 2014.

Easter, Matthew C. *Faith and the Faithfulness of Jesus in Hebrews*. Society for New Testament Studies Monograph 160. Cambridge: Cambridge University Press, 2014.

———. "The *Pistis Christou* Debate: Main Arguments and Responses in Summary." *Currents in Biblical Research* 9 (2010): 33–47.

Ehrman, Bart. *The Apostolic Fathers*, vol. 1: *I Clement, II Clement, Ignatius, Polycarp, Didache*. LCL 24. Cambridge: Harvard University Press, 2003.

Eichrodt, Walther. "Covenant and Law." *Interpretation* 20 (1966): 302–21.

Elliott, Mark W. "Πίστις Χριστοῦ in the Church Fathers and Beyond." Pages 279–90 in *The Faith of Jesus Christ: Exegetical, Biblical, and Theological Studies*. Edited by Michael F. Bird and Preston M. Sprinkle. Peabody, MA: Hendrickson, 2010.

Evans, Craig A. "Prophet, Sage, Healer, Messiah: Types and Identities of Jesus." Pages 1219–22 in *Handbook for the Study of the Historical Jesus*. Edited by T. Holmén and Stanley E. Porter. Leiden: Brill, 2010.

Fee, Gordon D. *The First Epistle to the Corinthians*. Revised edition. New International Commentary on the New Testament. Grand Rapids: Eerdmans, 2014.

———. *Paul's Letter to the Philippians*. New International Commentary on the New Testament. Grand Rapids: Eerdmans, 1995.

Feldman, Louis H. *Judaism and Hellenism Reconsidered*. Boston: Brill, 2006.

Findlay, George G. *The Epistle to the Galatians*. New York: Armstrong, 1902.

Finney, Mark T. *Honour and Conflict in the Ancient World: 1 Corinthians in Its Greco-Roman Setting*. Library of New Testament Studies. London: T&T Clark, 2012.

Fitzmyer, Joseph. *The Gospel according to Luke*. 2 vols. Anchor Yale Bible 28. Garden City, NY: Doubleday, 1981–85.

———. *Pauline Theology: A Brief Sketch*. Englewood Cliffs, NJ: Prentice-Hall, 1967.

———. *Romans*. Anchor Yale Bible 33. New York: Doubleday, 1993.

Fosdick, Harry Emerson. *The Meaning of Faith*. New York: Association Press, 1917.

France, R. T. *The Gospel according to Matthew*. New International Commentary on the New Testament. Grand Rapids: Eerdmans, 2007.

──────── . *The Gospel of Mark*. New International Greek Testament Commentary. Grand Rapids: Eerdmans, 2002.

Frazier, Françoise. "Returning to 'Religious' Πιστις: Platonism and Piety in Plutarch and Neoplatonism." Pages 189–208 in *Saint Paul and Philosophy*. Edited by Gert-Jan van der Heiden, George van Kooten, and Antonio Cimino. New York: de Gruyter, 2017.

Frey, Jörg, Benjamin Schliesser, and Nadine Ueberschaer, eds. *Glaube: Das Verständnis des Glaubens im frühen Christentum und in seiner jüdischen und hellenistisch-römischen Umwelt*. Wissenschaftliche Untersuchungen zum Neuen Testament 373. Tübingen: Mohr Siebeck, 2017.

Furnish, Victor P. *II Corinthians*. Anchor Yale Bible 23A. Garden City, NY: Doubleday, 1984.

──────── . *Jesus according to Paul*. Cambridge: Cambridge University Press, 1993.

──────── . *Theology and Ethics in Paul*. Louisville: Westminster John Knox, 2009.

──────── . *The Theology of the First Letter to the Corinthians*. New Testament Theology. Cambridge: Cambridge University Press, 1999.

Garland, David E. *2 Corinthians*. New American Commentary. Nashville: Broadman & Holman, 1999.

──────── . *First Corinthians*. Baker Exegetical Commentary on the New Testament. Grand Rapids: Baker, 2003.

Garlington, Don. Review of *Paul and Judaism Revisited*. *Journal of the Evangelical Theological Society* 57 (2014): 442–46.

Gaventa, Beverly R. *First and Second Thessalonians*. Interpretation. Louisville: Westminster John Knox, 1998.

──────── . "Galatians." Pages 1374–84 in *Eerdmans Commentary on the Bible*. Edited by J. W. Rogerson and James D. G. Dunn. Grand Rapids: Eerdmans, 2003.

Geoffrion, Timothy. *The Rhetorical Purpose and the Political and Military Character of Philippians: A Call to Stand Firm*. Lewiston, NY: Mellen, 1993.

Georgi, Dieter. "God Upside Down." Pages 148–57 in *Paul and Empire: Religion and Power in Roman Imperial Society*. Edited by R. A. Horsley. Harrisburg, PA: Trinity, 1997.

Gorman, Michael J. *Becoming the Gospel: Paul, Participation, and Mission*. Grand Rapids: Eerdmans, 2015.

──────── . *The Death of the Messiah and the Birth of the Covenant*. Eugene, OR: Wipf & Stock, 2014.

Goulder, Michael. "2 Cor. 6:14–7:1 As An Integral Part of 2 Corinthians." *Novum Testamentum* 36 (1994): 49–57.

Gowan, Donald. "Habakkuk, Book of." Pages 2:705–9 in *The New Interpreter's Dictionary of the Bible*. Edited by Katharine Doob Sakenfeld. Nashville: Abingdon, 2006–2009.

Grabbe, Lester. "Covenant in Philo and Josephus." Pages 251–66 in *The Concept of*

the Covenant in the Second Temple Period. Boston: Brill, 2003.
Grieb, A. Katherine. *The Story of Romans: A Narrative Defense of God's Righteousness.* Grand Rapids: Eerdmans, 2002.
Grindheim, Sigurd. "'Everything Is Possible for One Who Believes': Faith and Healing in the New Testament." *Trinity Journal* 26 (2005): 11–17.
Gundry, Robert. *Matthew: A Commentary on His Literary and Theological Art.* Grand Rapids: Eerdmans, 1982.
Gupta, Nijay K. *1–2 Thessalonians.* Eugene, OR: Wipf & Stock, 2015.
——————. *1-2 Thessalonians.* Zondervan Critical Introductions to the New Testament. Grand Rapids: Zondervan, 2019.
——————. "Fighting the Good Fight: The Good Life in Paul and the Giants of Philosophy." In *Paul and the Giants of Philosophy.* Edited by David Briones and Joseph R. Dodson. Downers Grove, IL: InterVarsity, 2019.
——————. "Mirror-Reading Moral Issues in Paul's Letters." *Journal for the Study of the New Testament* 34 (2012): 361–81.
——————. "Paul and the *Militia Spiritualis* Topos in 1 Thessalonians." Pages 13–22 in *Paul and the Greco-Roman Philosophical Tradition.* Edited by J. R. Dodson and A. W. Pitts. London: T&T Clark, 2017.
Guthrie, George. *2 Corinthians.* Baker Exegetical Commentary on the New Testament. Grand Rapids: Baker, 2015.
Hagen, Jeanette. "Faith as Participation: An Exegetical Study of Some Key Pauline Texts." PhD diss., Durham University, 2016.
Hagner, Donald A. "Matthew: Christian Judaism or Jewish Christianity?" Pages 263–82 in *The Face of New Testament Studies: A Survey of Recent Research.* Edited by S. McKnight and G. Osborne. Grand Rapids: Baker, 2004.
——————. *Matthew.* 2 vols. World Biblical Commentary 33A–B. Grand Rapids: Zondervan, 1993–1995.
Han, Paul. *Swimming in the Sea of Scripture: Paul's Use of the Old Testament in 2 Corinthians 4:7–13:13.* Library of New Testament Studies. London: T&T Clark, 2014.
Hanson, A. T. *Studies in Paul's Technique and Theology.* London: SPCK, 1974.
Harrington, Daniel J. *The Gospel of Matthew.* Sacra Pagina 1. Collegeville, MN: Liturgical, 1991.
——————. "Paul's Use of the Old Testament in Romans." *Studies in Christian-Jewish Relations* 4 (2009): 1–8.
Harris, Murray J. *The Second Epistle to the Corinthians.* New International Greek Testament Commentary. Grand Rapids: Eerdmans, 2005.
Harrison, James. *Paul and the Imperial Authorities at Thessalonica and Rome.* Wissenschaftliche Untersuchungen zum Neuen Testament 273. Tübingen: Mohr Siebeck, 2011.
Harrisville, Roy A. *1 Corinthians.* Minneapolis: Fortress, 1987.
——————. "Paul and the Psalms: A Formal Study." *Word and World* 5 (1985): 168–79.
——————. "Πιστις ΧΡΙΣΤΟΥ: Witness of the Fathers." *Novum Testamentum* 36

(1994): 233–41.

Hawthorne, Gerald F. "Faith: The Essential Ingredient of Effective Christian Ministry." Pages 249–59 in *Worship, Theology, and Ministry in the Early Church*. Edited by M. H. Wilkins and T. Paige. Journal for the Study of the New Testament Supplement 87. Sheffield: JSOT Press, 1992.

Hay, David. "Pistis as 'Ground for Faith' in Hellenized Judaism and Paul." *Journal of Biblical Literature* 108 (1989): 461–76.

Hays, Richard B. *1 Corinthians*. Interpretation. Louisville: Westminster John Knox, 1997.

―――. "Jesus' Faith and Ours: A Rereading of Galatians 3." Pages 257–68 in *Conflict and Context: Hermeneutics in the Americas*. Edited by Mark Lau Branson and C. Rene Padilla. Grand Rapids: Eerdmans, 1986.

―――. "The Letter to the Galatians." Paegs 11:181–348 in *The New Interpreter's Bible*. Edited by Leander E. Keck. Nashville: Abingdon, 2000.

―――. "Lost in Translation: A Reflection on Romans in the Common English Bible." Pages 83–101 in *The Unrelenting God*. Edited by David Downs and Matthew Skinner. Grand Rapids: Eerdmans, 2014.

―――. "Πίστις and Pauline Christology: What Is at Stake?" Pages 272–98 in *The Faith of Jesus Christ*. Grand Rapids: Eerdmans, 2002.

―――. "'The Righteous One': An Eschatological Deliverer: A Case Study in Paul's Apocalyptic Hermeneutics." Pages 191–215 in *Apocalyptic and the New Testament*. Edited by Joel Marcus and Marion L. Soards. Journal for the Study of the New Testament Supplement 24. Sheffield: JSOT Press, 1988.

―――. "Three Dramatic Roles: The Law in Romans 3–4." Pages 151–64 in *Paul and the Mosaic Law*. Edited by James D. G. Dunn. Grand Rapids: Eerdmans, 2000.

―――. "Wisdom according to Paul." Pages 111–23 in *Where Shall Wisdom Be Found?* Edited by S. C. Barton. Edinburgh: T&T Clark, 1998.

Healy, Mary. "Knowledge of the Mystery: A Study of Pauline Epistemology." Pages 134–58 in *The Bible and Epistemology*. Edited by Mary Healy and Robin A. Parry. Eugene, OR: Wipf & Stock, 2007.

Heliso, Desto. *Pistis and the Righteous One: A Study of Romans 1:17 against the Background of Scripture and Second Temple Jewish Literature*. Wissenschaftliche Untersuchungen zum Neuen Testament 235. Tübingen: Mohr Siebeck, 2007.

Hellerman, Joseph. *Reconstructing Honor in Roman Philippi*. Society for New Testament Studies Monograph 132. Cambridge: Cambridge University Press, 2005.

Herman, Gabriel. *Ritualised Friendship and the Greek City*. Cambridge: Cambridge University Press, 2002.

Hiebert, Theodore. "The Book of Habakkuk." Pages 7:623–55 in *The New Interpreter's Bible*. Edited by Leander E. Keck. Nashville: Abingdon, 1997.

Hill, H. "Dionysius of Halicarnassus and the Origins of Rome." *Journal of Roman Studies* 51 (1961): 88–93.

Hirsch-Luipold, Rainer. "Religiöse Tradition und individuelle Glaube: Πίστις und

Πιστεύειν bei Plutarch." Pages 251–73 in *Glaube: Das Verständnis des Glaubens im frühen Christentum und in seiner jüdischen und hellenistisch-romischen Umwelt*. Edited by Jög Frey, Benjamin Schliesser, and Nadine Kessler. Wissenschaftliche Untersuchungen zum Neuen Testament 373. Tübingen: Mohr Siebeck, 2017.

Holloway, Paul. *Philippians*. Hermeneia. Minneapolis: Fortress, 2017.

Holmes, Michael W. *The Apostolic Fathers in English*. Grand Rapids: Baker, 2006.

————. *The Apostolic Fathers: Greek Texts and English Translations*. 3rd ed. Grand Rapids: Baker, 2007.

Hooker, Morna D. *From Adam to Christ: Essays on Paul*. Eugene, OR: Wipf & Stock, 1990.

————. "Phantom Opponents and the Real Source of Conflict." Pages 377–95 in *Fair Play: Diversity and Conflict in Early Christianity*. Edited by Heikki Räisänen, Ismo Dunderberg, C. M. Tuckett, and Kari Syreeni. Novum Testamentum Supplement 103. Leiden: Brill, 2002.

Hopper, David H. *Divine Transcendence and the Culture of Change*. Grand Rapids: Eerdmans, 2010.

Horsley, Richard. *Wisdom and Spiritual Transcendence in Corinth*. Eugene, OR: Wipf & Stock, 2008.

Houghton, Myron J. "A Reexamination of 1 Corinthians 13:8–13." *Bibliotheca Sacra* 153 (1996): 344–56.

Hultgren, Arland J. *Paul's Letter to the Romans*. Grand Rapids: Eerdmans, 2011.

Hunn, Debbie. "Debating the Faithfulness of Jesus Christ in Twentieth-Century Scholarship." Pages 15–31 in *The Faith of Jesus Christ: Exegetical, Biblical, and Theological Studies*. Edited by M. F. Bird and P. M. Sprinkle. Peabody, MA: Hendrickson, 2009.

Hunter, A. M. *Paul and His Predecessors*. London: SCM, 1961.

Inkelaar, Harm-Jan. *Conflict over Wisdom: The Theme of 1 Corinthians 1–4 Rooted in Scripture*. Leuven: Peeters, 2011.

Jansen, Joseph "Greek Oath Breakers?" *Mnemosyne* 67 (2014): 122–30.

Jervis, L. Ann. *At the Heart of the Gospel*. Grand Rapids: Eerdmans, 2007.

Jewett, Robert. *Romans*. Hermeneia. Minneapolis: Fortress, 2007.

Johnson, Andy. "Response to Witherington." *Ex Auditu* 24 (2008): 176–80.

Johnson, Dru. *Biblical Knowing: A Scripture Epistemology of Error*. Eugene, OR: Wipf & Stock, 2013.

Johnson, Elizabeth. "Paul's Reliance on Scripture in 1 Thessalonians." Pages 143–61 in *Paul and Scripture: Extending the Conversation*. Edited by Christopher D. Stanley. Atlanta: Society of Biblical Literature, 2011.

Johnson, Luke Timothy. *The Creed*. New York: Doubleday, 2003.

————. *The Gospel of Luke*. Sacra Pagina 3. Collegeville, MN: Liturgical Press, 1991.

————. *Hebrews*. New Testament Library. Louisville: Westminster John Knox, 2006.

————. *Reading Romans*. Macon, GA: Smyth & Helwys, 2001.

Kaiser, Walter C. *The Christian and the Old Testament*. Pasadena, CA: William Carey Library, 1998.

Käsemann, Ernst. *Perspectives on Paul*. Translated by M. Kohl. London: SCM, 1971.

Kauppi, Lynn Allan. *Foreign but Familiar Gods: Greco-Romans Read Religion in Acts*. Library of New Testament Studies. London: T&T Clark, 2006.

Keck, Leander. *Paul and His Letters*. Philadelphia: Fortress, 1979.

_____. *Romans*. Abingdon New Testament Commentary. Nashville: Abingdon, 2005.

Keener, Craig S. *1–2 Corinthians*. Cambridge: Cambridge University Press, 2005.

_____. "Paul and the Corinthian Believers." Pages 46–62 in *Blackwell Companion to Paul*. Edited by Stephen Westerholm. Oxford: Blackwell, 2011.

_____. *Romans*. New Covenant Commentary Series. Eugene, OR: Wipf & Stock, 2009.

Kennedy, George. *New Testament Interpretation through Rhetorical Criticism*. Chapel Hill: University of North Carolina Press, 1984.

Kim, Yung Suk. *Truth, Testimony, and Transformation*. Eugene, OR: Wipf & Stock, 2014.

Kingsbury, Jack D. *The Christology of Mark's Gospel*. Philadelphia: Fortress, 1983.

Knowles, Michael P. "Paul's 'Affliction' in Second Corinthians: Reflection, Integration, and a Pastoral Theology of the Cross." *Journal of Pastoral Theology* 15 (2005): 64–77.

Koch, D.-A. "Der Text von Hab 2:4b in der Septuaginta und im Neuen Testament." *Zeitschrift für die neutestamentliche Wissenschaft* 76 (1985): 68–85.

Koester, Craig. *Revelation and the End of All Things*. 2nd ed. Grand Rapids: Eerdmans, 2018.

_____. *The Word of Life: A Theology of John's Gospel*. Grand Rapids: Eerdmans, 2008.

Konstan, David. "Trusting in Jesus." *Journal for the Study of the New Testament* 40 (2018): 247–54.

Kraftchick, Steve J. "Death in Us, Life in You: The Apostolic Medium." Pages 2:156–81 in *Pauline Theology: 1 and 2 Corinthians*. Edited by David M. Hay. Atlanta: Society of Biblical Literature, 2002.

Kraus, Wolfgang. "Hab 2,3–4 in der hebräischen und griechischen Texttradition mit einem Ausblick auf das Neue Testament." Pages 153–73 in *Die Septuaginta und das frühe Christentum*. Edited by Thomas S. Caulley and Hermann Lichtenberger. Wissenschaftliche Untersuchungen zum Neuen Testament 277. Tübingen: Mohr Siebeck, 2011.

Krauter, Stefan. "'Glaube' im Zweiten Makkabäerbuch." Pages 207–18 in *Glaube: Das Verständnis des Glaubens im frühen Christentum und in seiner judischen und hellenistisch-römischen Umwelt*. Edited by Jörg Frey, Benjamin Schliesser, and Nadine Ueberschaer. Wissenschaftliche Untersuchungen zum Neuen Testament 373. Tübingen: Mohr Siebeck, 2017.

Krentz, Edgar. "Military Language and Metaphors in Philippians." Pages 105–27 in *Origins and Method: Towards a New Understanding of Judaism and Christianity*. Edited by B. H. McLean. Sheffield: JSOT Press, 1993.

Kruse, Colin. *Paul's Letter to the Romans*. Pillar New Testament Commentary. Grand Rapids: Eerdmans, 2012.

Kugler, Chris. "Πιστις ΧΡΙΣΤΟΥ: The Current State of Paul and the Key Arguments." *Currents in Biblical Research* 14 (2016): 244–55.

Kurek-Chomycz, Dominika A. "The Scent of (Mediated) Revelation?" Pages 69–107 in *Theologizing in the Corinthian Conflict: Studies in the Exegesis and Theology of 2 Corinthians*. Edited by Reimund Bieringer et al. Leuven: Peeters, 2013.

Lambrecht, Jan. "The Fragment 2 Cor 6:14–7:1: A Plea for Its Authenticity." *Miscellanea neotestamentica* 2 (1978): 143–61.

——————. "A Matter of Method (II): 2 Cor 4,13 and the Recent Studies of Schenck and Campbell." *Ephemerides Theologicae Lovanienses* 86 (2010): 441–48.

——————. "Reconcile Yourselves … : A Reading of 2 Corinthians 5:11–21." Pages 363–412 in *Studies in 2 Corinthians*. Edited by Reimund Bieringer and Jan Lambrecht. Leuven: Leuven University Press, 1994.

Lampe, Peter. "Theological Wisdom and the 'Word about the Cross': The Rhetorical Scheme in 1 Corinthians 1–4." *Interpretation* 44 (1990): 117–31.

Land, Christopher. *The Integrity of 2 Corinthians and Paul's Aggravating Absence*. Sheffield: Sheffield Phoenix Press, 2015.

Lane, William. *Hebrews 9–13*. World Biblical Commentary 47B. Grand Rapids: Zondervan, 1991.

LaSor, William S., David A. Hubbard, and F. W. Bush. *Old Testament Survey*. Grand Rapids: Eerdmans, 1982.

Law, T. Michael. *When God Spoke Greek*. Oxford; Oxford University Press, 2013.

Lendon, Jon E. *Empire of Honour*. Oxford: Oxford University Press, 1997.

Lenski, Richard C. H. *The Interpretation of St. Paul's Epistle to the Galatians*. Minneapolis: Fortress, 2008 (originally 1946).

Levenson, Jon D. "The Conversion of Abraham to Judaism, Christianity, and Islam." Pages 3–40 in *The Idea of Biblical Interpretation*. Edited by H. Najman and J. H. Newman. Boston: Brill, 2004.

——————. *The Love of God: Divine Gift, Human Gratitude, and Mutual Faithfulness in Judaism*. Princeton: Princeton University Press, 2015.

Lim, Timothy. *Pesharim*. London: Continuum, 2002.

Lincoln, Andrew T. *Truth on Trial: The Lawsuit Motif in the Fourth Gospel*. Peabody, MA: Hendrickson, 2000.

Lindgård, Fredrik. *Paul's Line of Thought in 2 Corinthians 4:16–5:10*. Wissenschaftliche Untersuchungen zum Neuen Testament 189. Tübingen: Mohr Siebeck, 2005.

Lindsay, Dennis R. *Josephus and Faith:* Πίστις *and* Πιστεύειν *as Faith Terminology in the Writings of Flavius Josephus and in the New Testament*. Boston: Brill, 1993.

——————. "Πίστις in Flavius Josephus and the New Testament." Pages 183–205 in *Glaube: Das Verständnis des Glaubens im frühen Christentum und in seiner jüdischen und hellenistisch-rämischen Umwelt*. Edited by Jörg Frey, Benjamin Schliesser, and Nadine Ueberschaer. Wissenschaftliche Untersuchungen zum Neuen Testament 373. Tübingen: Mohr Siebeck, 2017.

Lohse, Bernhard. *Martin Luther's Theology: Its Historical and Systematic Development*. Minneapolis: Fortress, 1999.

Longenecker, Bruce W. *The Triumph of Abraham's God*. Edinburgh: T&T Clark, 1998.

Longenecker, Richard N. *The Epistle to the Romans*. New International Greek Testament Commentary. Grand Rapids: Eerdmans, 2016.

_____. *Galatians*. World Biblical Commentary 41. Grand Rapids: Zondervan, 1990.

Louw, Johannes P., and Eugene Albert Nida. *Greek-English Lexicon of the New Testament: Based on Semantic Domains*. 2 vols. New York: United Bible Societies, 1996.

Lührmann, Dieter. "Pistis im Judentum." *Zeitschrift für die neutestamentliche Wissenschaft* 64 (1973): 19–38.

Luther, Martin. *Commentary on the Epistle to the Galatians*. Translated by T. Graebner. Grand Rapids: Zondervan, 1965.

_____. *Luther's Works*. Edited by Jaroslav Pelikan and Helmut T. Lehmann. Philadelphia: Fortress, 1900–1986.

Luz, Ulrich. *Matthew 21–28*. Hermeneia. Minneapolis: Fortress, 2005.

_____. *The Theology of the Gospel of Matthew*. New Testament Theology. Cambridge: Cambridge University Press, 1995.

Mannermaa, Tuomo. *Christ Present in Faith: Luther's View of Justification*. Minneapolis: Fortress, 2005.

Marincola, John. "Xenophon's Anabasis and Hellenica." Pages 103–18 in *The Cambridge Companion to Xenophon*. Edited by Michael A. Flower. Cambridge: Cambridge University Press, 2016.

Marshall, Christopher D. *Faith as a Theme in Mark's Narrative*. Cambridge: Cambridge University Press, 1994.

Martin, Ralph P. *2 Corinthians*. World Biblical Commentary 40. 2nd ed. Grand Rapids: Zondervan, 2014.

Martyn, J. Louis. *Galatians*. Anchor Yale Bible 33A. New Haven: Yale University Press, 1997.

_____. "The Gospel Invades Philosophy." Pages 13–36 in *Paul, Philosophy, and the Theopolitical Vision*. Edited by Douglas Harink. Eugene, OR: Wipf & Stock, 2010.

_____. "Paul's Understanding of the Textual Contradiction between Hab 2:4 and Lev 18:5." Pages 465–74 in *The Quest for Context and Meaning*. Edited by C. A. Evans, and S. Talmon. Boston: Brill, 1997.

Maston, Jason. *Divine and Human Agency in Second Temple Judaism and Paul: A Comparative Study*. Wissenschaftliche Untersuchungen zum Neuen Testament 297. Tübingen: Mohr Siebeck, 2010.

Matera, Frank. *New Testament Ethics: The Legacies of Jesus and Paul.* Louisville: Westminster John Knox, 1996.

Matlock, R. Barry. "Detheologizing the Πιστις ΧΡΙΣΤΟΥ Debate: Cautionary Remarks from a Lexical Semantic Perspective." *Novum Testamentum* 42 (2000): 13–15.

McGrath, Alister. *Studies in Doctrine.* Grand Rapids: Zondervan, 1997.

Mearns, Chris. "The Identity of Paul's Opponents at Philippi." *New Testament Studies* 33 (1987): 194–204.

Meier, John P. *Matthew.* Wilmington, DE: Glazier, 1980.

Moltmann, Jürgen. *The Way of Jesus Christ: Christology in Messianic Dimensions.* Minneapolis: Fortress, 1993.

Moo, Douglas J. *The Epistle to the Romans.* 2nd ed. New International Commentary on the New Testament. Grand Rapids: Eerdmans, 2018.

——————. *The Epistle to the Romans.* New International Commentary on the New Testament. Grand Rapids: Eerdmans, 1996.

——————. *Galatians.* Baker Exegetical Commentary on the New Testament. Grand Rapids: Baker, 2013.

——————. "Genesis 15:6 in the New Testament." Pages 147–62 in *From Creation to New Creation: Biblical Theology and Exegesis.* Edited by D. M. Gurtner and B. L. Gladd. Peabody, MA: Hendrickson, 2013.

Morgan, Richard. "Faith, Hope, and Love Abide." *Churchman* 101 (1987): 128–39.

Morgan, Teresa. *Roman Faith and Christian Faith: Pistis and Fides in the Early Roman Empire and the Early Churches.* Oxford: Oxford University Press, 2015.

Morris, Leon. *1 and 2 Thessalonians.* Tyndale New Testament Commentary. Grand Rapids: Eerdmans, 1984.

——————. *The Gospel according to Matthew.* Grand Rapids: Eerdmans, 1992.

Moulton, James H., and George Milligan. *The Vocabulary of the Greek Testament.* Repr., Peabody, MA: Hendrickson, 1997 (originally 1930).

Moxnes, Halvor. "Honour and Righteousness in Romans." *Journal for the Study of the New Testament* (1988): 61–77.

Muraoka, Takamitsu. *A Greek-English Lexicon of the Septuagint.* Louvain: Peeters, 2009.

Murphy-O'Connor, Jerome. "Relating 2 Corinthians to Its Context." *New Testament Studies* 33 (1987): 272–75.

——————. *The Theology of the Second Letter to the Corinthians.* New Testament Theology. Cambridge: Cambridge University Press, 1991.

Murphy, Frederick J. Review of *Paul and Variegated Nomism.* Catholic Biblical Quarterly 65 (2003): 148–50.

Murray, John. *The Epistle to the Romans.* Grand Rapids: Eerdmans, 1997 (originally 1968).

Nash, R. Scott. *First Corinthians.* Smyth & Helwys Biblical Commentary. Macon, GA: Helwys, 2009.

Nave, Guy D. *The Role and Function of Repentance in Luke-Acts.* Leiden: Brill, 2002.

Neirynck, Frans. "The Sayings of Jesus in 1 Corinthians." Pages 141–76 in *The Corinthian Correspondence*. Edited by R. Bieringer. Leuven: Peeters, 1996.

Nolland, John. *The Gospel of Matthew*. New International Greek Testament Commentary. Grand Rapids: Eerdmans, 2005.

Noss, Philip, and Kenneth Thompson. *A Handbook on Ezra and Nehemiah*. New York: United Bible Societies, 2005.

O'Day, Gail R. "The Ethical Shape of Pauline Spirituality." *Brethren Life and Thought* 32 (1987): 81–92.

Oakes, Peter. *Galatians*. Paideia. Grand Rapids: Baker, 2015.

──────. *Philippians: From People to Letter*. Society for New Testament Studies Monograph 110. Cambridge: Cambridge University Press, 2001.

──────. "Πίστις as Relational Way of Life in Galatians." *Journal for the Study of the New Testament* 40 (2018): 255–75.

Oropeza, B. J. *Jews, Gentiles, and the Opponents of Paul*. Eugene, OR: Wipf & Stock, 2012.

Osborne, Grant. *Romans*. Downers Grove, IL: InterVarsity, 2004.

Ota, Shuji. "The Absolute Use of Πιστις and Πιστις ΧΡΙΣΤΟΥ in Paul." *Annual of the Japanese Biblical Institute* 23 (1997): 64–82.

──────. "Πιστις ΧΡΙΣΤΟΥ: Christ's Faithfulness to Whom?" *Hitotsubashi Journal of Arts and Sciences* 55 (2014): 15–26.

Perkins, Pheme. *First Corinthians*. Paideia. Grand Rapids: Baker, 2012.

──────. *Introduction to the Synoptic Gospels*. Grand Rapids: Eerdmans, 2009.

Perrin, Norman. *Jesus and the Language of the Kingdom: Symbol and Metaphor in New Testament Interpretation*. Philadelphia: Fortress, 1976.

Peterlin, Davorin. *Paul's Letter to the Philippians in the Light of Disunity in the Church*. Novum Testamentum Supplement 79. Leiden: Brill, 1995.

Plutarch, *Moralia*, vol. 6. Translated by W. C. Helmbold. LCL 337. Cambridge: Harvard University Press, 1939.

──────. *Moralia*, vol. 9. Translated by E. L. Minar Jr., F. H. Sandbach, and W. C. Helmbold. LCL 425. Cambridge: Harvard University Press, 1971.

Przybylski, Benno. *Righteousness in Matthew and His World of Thought*. Cambridge: Cambridge University Press, 1980.

Rabens, Volker. "'Indicative and Imperative' as the Substructure of Paul's Theology-and-Ethics in Galatians? A Discussion of Divine and Human Agency in Paul." Pages 285–305 in *Galatians and Christian Theology*. Edited by Mark W. Eliott et al. Grand Rapids: Baker, 2014.

──────. "Paul's Rhetoric of Demarcation: Separating from 'Unbelievers' (2 Cor 6:14–7:1) in the Corinthian Conflict." Pages 229–53 in *Theologizing in the Corinthian Conflict: Studies in the Exegesis and Theology of 2 Corinthians*. Edited by R. Bieringer et al. Leuven: Peeters, 2013.

Rainbow, Paul A. *Johannine Theology: The Gospels, the Epistles, and the Apocalypse*. Downers Grove, IL: InterVarsity, 2014.

Reasoner, Mark. *Romans in Full Circle*. Louisville: Westminster John Knox, 2005.

Rensberger, David. *1 John, 2 John, 3 John*. Abingdon New Testament Commentary.

Nashville: Abingdon, 1997.

──────. "2 Corinthians 6:14–7:1—A Fresh Examination." *Studia Biblica et Theologica* 8 (1978): 25–49.

Reumann, John. *Philippians*. Anchor Yale Bible 33B. New Haven: Yale University Press, 2008.

Rhoads, David M. *Reading Mark*. Minneapolis: Fortress, 2004.

Rist, John M. "Plutarch's Amatorius: A Commentary on Plato's Theories of Love." *Classical Quarterly* 51 (2001): 557–75.

Rosner, Brian S. "Paul and the Law: What He Does Not Say." *Journal for the Study of the New Testament* 32 (2010): 405–19.

──────. *Paul and the Law: Keeping the Commandments of God*. Downers Grove, IL: InterVarsity, 2013.

Rosner, Brian, and Roy Ciampa. *The First Letter to the Corinthians*. Pillar New Testament Commentary. Grand Rapids: Eerdmans, 2010.

Sampley, Paul. "The First Letter to the Corinthians." Pages 10:771–1003 in *The New Interpreter's Bible*. Edited by Leander E. Keck. Nashville: Abingdon, 2002.

──────. "Romans and Galatians: Comparison and Contrast." Pages 315–39 in *Understanding the Word*. Edited by J. T. Butler et al. Sheffield: JSOT Press, 1985.

Sanders, E. P. *Paul and Palestinian Judaism*. Minneapolis: Fortress, 1977.

Savage, Timothy B. *Power through Weakness: Paul's Understanding of the Christian Ministry in 2 Corinthians*. Society for New Testament Studies Monograph 86. Cambridge: Cambridge University Press, 2004.

Schlatter, Adolf. *Der Glaube im Neuen Testament*. Stuttgart: Calwer, 1883.

Schliesser, Benjamin. "'Christ-Faith' as an Eschatological Event (Galatians 3.23–26): A 'Third View' on Πпίиτις Χριστοῦ." *Journal for the Study of the New Testament* 38 (2016): 277–300.

──────. "'Exegetical Amnesia' and Πιστις ΧΡΙΣΤΟΥ: The 'Faith of Christ' in Nineteenth-Century Pauline Scholarship." *Journal of Theological Studies* 66 (2015): 61–89.

──────. "Faith in Early Christianity." Pages 1–50 in *Glaube: Das Verständnis des Glaubens im frühen Christentum und in seiner jüdischen und hellenistisch-romischen Umwelt*. Edited by Jorg Frey, Benjamin Schliesser, and Nadine Ueberschaer. Wissenschaftliche Untersuchungen zum Neuen Testament 373. Tübingen: Mohr Siebeck, 2017.

──────. *Was Ist Glaube?* Paulinische Perspektiven. Zurich: Theologischer Verlag, 2011.

Schreiner, Thomas R. *Galatians*. Zondervan Exegetical Commentary on the New Testament. Grand Rapids: Zondervan, 2010.

──────. "Justification apart from and by Works: At the Final Judgment Works Will Confirm Justification." Pages 71–98 in *Four Views on the Role of Works at the Final Judgment*. Edited by Alan P. Stanley. Grand Rapids: Zondervan, 2013.

──────. *Magnifying God in Christ: A Summary of New Testament Theology*.

Grand Rapids: Baker, 2010.

Scott, Ian. *Paul's Way of Knowing*. Grand Rapids: Baker, 2008.

Seifrid, Mark. "Paul's Use of Habakkuk 2:4 in Romans 1:17: Reflections on Israel's Exile in Romans." Pages 133–49 in *History and Exegesis: New Testament Essays in Honor of Dr. E. Earle Ellis for His 80th Birthday*. Edited by S.-W. Son. Edinburgh: T&T Clark, 2006.

―――――. "Romans." Pages 607–94 in *Commentary on the New Testament Use of the Old Testament*. Edited by G. K. Beale and D. A. Carson. Grand Rapids: Baker, 2007.

Senior, Donald. *Jesus: A Gospel Portrait*. Mahwah, NJ: Paulist, 1992.

Sierksma-Agteres, Suzan. "The Metahistory of Δικη and Πιστις." Pages 209–30 in *Saint Paul and Philosophy*. Edited by Gert-Jan van der Heiden, George van Kooten, and Antonio Cimino. New York: de Gruyter, 2017.

Skehan, Patrick, and Alexander A. Di Lella. *The Wisdom of Ben Sirach*. Anchor Yale Bible 39. New Haven: Yale University Press, 2007.

Skinner, Matthew L. "'She Departed to Her House': Another Dimension of the Syrophoenician Mother's Faith in Mark 7.24–30." *Word and World* 26 (2006): 14–21.

Soards, Marion. *1 Corinthians*. New International Biblical Commentary. Peabody, MA: Hendrickson, 1999.

Spicq, Ceslas. *Agape in the New Testament*. St. Louis: Herder, 1963.

―――――. "L'Image sportive de 2 Cor 4:7–9." *Ephemerides Theologicae Lovanienses* 13 (1937): 209–29.

―――――. *Theological Lexicon of the New Testament*. Translated and edited by J. D. Ernest. 3 vols. Peabody, MA: Hendrickson, 1994.

Spilsbury, Paul. "Josephus." Pages 241–60 in *Justification and Variegated Nomism: The Complexities of Second Temple Judaism*. Edited by D. A. Carson, Peter T. O'Brien, and Mark Seifrid. Grand Rapids: Baker, 2001.

Sprinkle, Preston. *Paul and Judaism Revisited: A Study of Divine and Human Agency in Salvation*. Downers Grove, IL: InterVarsity, 2013.

―――――. "Πίστις Χριστοῦ as an Eschatological Event." Pages 166–84 in *The Faith of Jesus Christ: Exegetical, Biblical, and Theological Studies*. Edited by Michael F. Bird and Preston M. Sprinkle. Peabody, MA: Hendrickson, 2009.

Stanton, Graham. *Studies in Matthew and Early Christianity*. Edited by M. Bockmuehl and D. Lincicum. Wissenschaftliche Untersuchungen zum Neuen Testament 309. Tübingen: Mohr Siebeck, 2013.

Stegman, Thomas. "'Επίστευσα, διὸ ελάλησα(2 Corinthians 4:13): Paul's Christological Reading of Psalm 115:1a LXX." *Catholic Biblical Quarterly* 69 (2007): 725–45.

Steinmann, Andrew E. *Ezra and Nehemiah*. St. Louis: Concordia, 2010.

Stendahl, Krister. *Paul among Jews and Gentiles*. Philadelphia: Fortress, 1976.

Steyn, Gert. *A Quest for the Assumed LXX Vorlage of the Explicit Quotations in Hebrews*. Göttingen: Vandenhoeck & Ruprecht, 2011.

Still, Todd D. *Conflict in Thessalonica*. Journal for the Study of the New Testament

Supplement 183. Sheffield: JSOT Press, 1999.

Strecker, Christian. "Fides-Pistis-Glaube: Kontexte und Konturen einer Theologie der 'Annahme' bei Paulus." Pages 223–50 in *Lutherische und Neue Paulusperspektive*. Edited by M. Backmann. Wissenschaftliche Untersuchungen zum Neuen Testament 182. Tübingen: Mohr Siebeck, 2005.

Stuhlmacher, Peter. *Paul's Letter to the Romans: A Commentary*. Louisville: Westminster John Knox, 1994.

Talbert, Charles H., and J. A. Whitlark. "Paul, Judaism, and the Revisionists." Pages 11–34 in *Getting "Saved": The Whole Story of Salvation in the New Testament*. Grand Rapids: Eerdmans, 2011.

Taylor, John W. "From Faith to Faith: Romans 1.17 in the Light of Greek Idiom." *New Testament Studies* 50 (2004): 337–48.

Tellbe, Mikael. *Between Synagogue and State: Christians, Jews, and Civic Authorities in 1 Thessalonians, Romans, and Philippians*. Stockholm: Almqvist & Wiksell, 2001.

Theissen, Gerd. *The Miracle Stories of the Early Christian Tradition*. Translated by F. McDonagh. Edited by John Riches. Edinburgh: T&T Clark, 1983.

Thiselton, Anthony. *1 Corinthians: A Shorter Exegetical and Pastoral Commentary*. Grand Rapids: Eerdmans, 2011.

—————. *Doubt, Faith, and Certainty*. Grand Rapids: Eerdmans, 2017.

—————. *The First Epistle to the Corinthians*. New International Greek Testament Commentary. Grand Rapids: Eerdmans, 2000.

—————. *Thiselton on Hermeneutics*. Grand Rapids: Eerdmans, 2006.

Thomas Aquinas. *The Summa Theologica*. Translated by L. Shapcote and D. J. Sullivan. Chicago: Encyclopedia Britannica, 1909–1990.

Thompson, James W. *Moral Formation according to Paul: The Context and Coherence of Pauline Ethics*. Grand Rapids: Baker, 2011.

Torrance, T. F. "One Aspect of the Biblical Conception of Faith." *Expository Times* 68 (1957): 111–14.

Trebilco, Paul. *Self-Designations and Group Identity in the New Testament*. Cambridge: Cambridge University Press, 2012.

Twelftree, Graham. *Jesus the Miracle Worker*. Downers Grove, IL: InterVarsity, 1999.

Tyson, Joseph B. "Paul's Opponents at Philippi." *Perspectives in Religious Studies* 3 (1976): 83–96.

Ueberschaer, Frank. "Πιστις in der Septuaginta." Pages 79–107 in *Glaube: Das Verständnis des Glaubens im frühen Christentum und in seiner jüdischen und hellenistisch-römischen Umwelt*. Edited by Jörg Frey, Benjamin Schliesser, and Nadine Ueberschaer. Wissenschaftliche Untersuchungen zum Neuen Testament 373. Tübingen: Mohr Siebeck, 2017.

Verhoef, Eduard. *Philippi: How Christianity Began in Europe*. London: Bloomsbury, 2013.

Vermes, Geza. *The Religion of Jesus the Jew*. Minneapolis: Fortress, 1993.

Watson, Francis. "Constructing an Antithesis: Pauline and Other Jewish Perspectives on Divine and Human Agency." Pages 99–116 in *Divine and Human*

Agency in Paul. Edited by John M. G. Barclay and Simon J. Gathercole. London: T&T Clark, 2006.

_____. *Paul, Judaism, and the Gentiles: Beyond the New Perspective*. Grand Rapids: Eerdmans, 2007.

Watts, Rikki. "'For I Am Not Ashamed of the Gospel': Romans 1:16–17 and Habakkuk 2:4." Pages 3–25 in *Romans and the People of God: Essays in Honor of Gordon D. Fee*. Edited by Sven K. Soderlund and N. T. Wright. Grand Rapids: Eerdmans, 1999.

Weaver, Dorothy J. "Luke 18:1–8." *Interpretation* 56 (2002): 317–19.

Weima, Jeffrey A. D. "The Reason for Romans: The Evidence of Its Epistolary Framework (1:1–15; 15:14–16:27)." *Review and Expositor* 100 (2003): 17–33.

Weinfeld, Moshe. *Deuteronomy 1–11*. Anchor Bible 5. New York: Doubleday, 1991.

Weiss, Wolfgang. "Glaube-Liebe-Hoffnung: Zu der Trias bei Paulus," *Zeitschrift für die neutestamentliche Wissenschaft* 84 (1993): 197–217.

Wells, Kyle. *Grace and Agency in Paul and Second Temple Judaism: Interpreting the Transformation of the Heart*. Novum Testamentum Supplement 157. Leiden: Brill, 2014.

Westerholm, Stephen. *Understanding Matthew*. Grand Rapids: Baker, 2006.

White, Adam. *Where Is the Wise Man? Graeco-Roman Education as a Background to the Divisions in 1 Corinthians 1–4*. Library of New Testament Studies. London: T&T Clark 2015.

White, Horace. *The Roman History of Appian of Alexandria*. 2 vols. London: Macmillan, 1899.

Whitenton, Michael R. "After Πιστις ΧΡΙΣΤΟΥ: Neglected Evidence from the Apostolic Fathers." *Journal of Theological Studies* 61 (2010): 82–109.

Wildberger, Hans. "Glauben, Erwägungen zu האמין." Pages 372–86 in *Hebräische Wortforschung: Festschrift für W. Baumgartner*. Vetus Testamentum Supplement 16. Leiden: Brill, 1967.

Wilkins, Michael. *The Concept of Disciple in Matthew's Gospel as Reflected in the Use of the Term Mathētēs*. Boston: Brill, 1988.

Williams, H. H. Drake. *The Wisdom of the Wise: The Presence and Function of Scripture within 1 Corinthians 1:18–3:23*. Boston: Brill, 2001.

Wilson, Marvin. *Our Father Abraham*. Grand Rapids: Eerdmans, 1989.

Wilson, Walter T. *Healing in the Gospel of Matthew: Reflections on Methods and Ministry*. Minneapolis: Fortress, 2014.

_____. *The Sentences of Pseudo-Phocylides*. Berlin: de Gruyter, 2005.

Witherington III, Ben. *Conflict and Community in Corinth*. Grand Rapids: Eerdmans, 1995.

_____. *Grace in Galatia: A Commentary on Paul's Letter to the Galatians*. Grand Rapids: Eerdmans, 1998.

_____. *Paul's Letter to the Philippians*. Grand Rapids: Eerdmans, 2011.

Wolter, Michael. *Paul: An Outline of His Theology*. Waco, TX: Baylor University Press, 2015.

Wright, N. T. *The Climax of the Covenant*. Minneapolis: Fortress, 1993.

――――――. *Jesus and the Victory of God*. Minneapolis: Fortress, 1996.
――――――. *Paul and His Recent Interpreters*. Minneapolis: Fortress, 2015.
――――――. *Paul and the Faithfulness of God*. 2 vols. Minneapolis: Fortress, 2013.
Yeung, Maureen W. *Faith in Jesus and Paul*. Tübingen: Mohr Siebeck, 2002.
Yinger, Kent L. *Paul, Judaism, and Judgment according to Deeds*. Society for New Testament Studies Monograph 105. Cambridge: Cambridge University Press, 1999.
――――――. "Reformation Redivivus: Syngerism and the New Perspective." *Journal of Theological Interpretation* 3 (2009): 89–106.
――――――. Review of *Paul and Judaism Revisited*. *Bulletin for Biblical Research* 25 (2015): 580–82.
Zerbe, Gordon. "Believers as Loyalists: The Anatomy of Paul's Language of Pistis." Pages 26–47 in *Citizen: Paul on Peace and Politics* (Winnipeg: CMU Press, 2012).
Zetterholm, Magnus. *Approaches to Paul: A Student's Guide to Recent Research*. Minneapolis: Fortress, 2009.

이름과 주제 색인

갈런드, 데이비드 Garland, David   34n23, 209n46
거스리, 조지 Guthrie, George   221
건드리, 로버트 Gundry, Robert   137
게오르기, 디터 Georgi, Dieter   170
계시 revelation   67, 148, 203, 305
고난과 연약함 suffering and weakness   34, 222, 231, 235, 294
고먼, 마이클 Gorman, Michael   75
그리스도적인 관계성 Christ-relation   65, 83, 117, 266, 270, 272-283, 287, 319-321, 322, 328, 337-338, 347

나이다, 유진 Nida, Eugene   48, 243
내시, 스콧 Nash, Scott   191, 193

다너휴, 존 Donahue, John   143
다스, 앤드루 Das, Andrew   276
다이스만, 아돌프 Deissmann, Adolf   55, 71
던, 제임스 D. G. Dunn, James D. G.   163, 206, 231, 271, 310
데이비스, W. D. Davies, W. D.   36
드실바, 데이비드 deSilva, David   222, 276

라솔, 윌리엄 S. LaSor, William S.   46n35
라우, J. P. Louw, J. P.   48, 197, 243
라이트, N. T. Wright, N. T.   74n43, 120n4
램프, 피터 Lampe, Peter   190n13
레인, 윌리엄 Lane, William   301n21
로이만, 존 Reumann, John   169
로제, 베른하르트 Lohse, Bernhard   64n7
롱제네커, 리처드 Longenecker, Richard   30

루츠, 울리히 Luz, Ulrich   35-36, 132
루터, 마르틴 Luther, Martin   23-24, 61-67, 181-182, 253, 337-338, 340
린지, 데니스 R. Lindsay, Dennis R.   109

마네르마, 뚜오모 Mannermaa, Tuomo   66
마이어, 존 Meier, John   133
마테라, 프랭크 Matera, Frank   121
마틴, J. 루이스 Martyn, J. Louis   258-260, 286, 300n19, 345-346
맥그래스, 알리스터 McGrath, Alister   24
머피 오코너, 제롬 Murphy-O'Connor, Jerome   232, 237, 240
명예 honor   186-187, 293-294
모건, 리처드 Morgan, Richard   212
모건, 테레사 Morgan, Teresa   76-84, 145-146, 192n18, 244n31
목스네스, 할버 Moxnes, Halvor   293-294
몰트만, 위르겐 Moltmann, Jürgen   127
몸(신체) body   193, 227, 229-232, 241-242
무, 더글러스 Moo, Douglas   31, 72, 109n28, 255, 305
믿음 faith
  ~의 은사 gift   204-207, 238
  견해 opinion 로서의   20-21
  구하는 seeking ~   124-131
  수동적인 passive ~   23-26, 47, 253
  신념 belief 으로서의 ~   22, 66, 168, 180, 224, 264
  지식 knowledge 으로서의 ~   61, 68
  치유하는 healing ~   101, 123, 124, 127-131, 144, 333

바르트, 마르쿠스 Barth, Markus 31-35
바르트, 칼 Barth, Karl 19, 68-69, 307-308, 310, 342-344
바우어, 데이비드 Bauer, David 139
바울에 관한 새 관점 New Perspective on Paul 254-255, 261, 291, 328
바이스, 볼프강 Weiss, Wolfgang 210n47
바인펠트, 모셰 Weinfeld, Moshe 161
바클레이, 존 M. G. Barclay, John M. G. 113-114, 220, 223, 260n23, 277n53
바턴, 스티븐 Barton, Stephen 141
배슬러, 쥬엣 Bassler, Jouette 164n23
베스트, 어니스트 Best, Ernest 159n12
베어드, 윌리엄 Baird, William 279
베이스플룩, 마크 Boespflug, Mark 20n2
베이츠, 매튜 Bates, Matthew 75-76, 77
베커, J. C. Beker, J. C. 221, 234
베커, 지그베르트 Becker, Siegbert 64n7
보른캄, 귄터 Bornkamm, Günther 70
보링, M. 유진 Boring, M. Eugene 164n22, 178n42
볼터, 미하엘 Wolter, Michael 73-74
부시, 프레더릭 윌리엄 Bush, Frederic William 46n35
부어, 마르티누스 드 Boer, Martinus de 259, 269
불트만, 루돌프 Bultmann, Rudolf 67-68
브라운, 레이먼드 Brown, Raymond 145n49
브라운, 알렉산드라 Brown, Alexandra 196-197
브루그만, 월터 Brueggemann, Walter 347, 348
브루스, F. F. Bruce, F. F. 278
브리지스, 린다 매키니시 Bridges, Linda McKinnish 232
블루먼솔, 데이비드 Blumenthal, David 19, 47
비비스, 메리 앤 Beavis, Mary Ann 123n10
비일, 그레고리 Beale, Gregory 179

사랑 love 31, 32, 34, 38, 46-47, 58, 60, 92-94, 157-163, 207, 208-214, 286, 336
샌더스, E. P. Sanders, E. P. 115, 261-262, 266
샘플리, 폴 Sampley, Paul 204, 307n39
성령 Spirit 204-207
소망 hope 58, 60, 78, 157-159, 182, 194, 208-214, 240, 241
순종 obedience 28, 32-33, 35-37, 39, 69, 72-73, 103, 155, 161, 307, 324-325
슈라이너, 토머스 Schreiner, Thomas 72
슐라터, 아돌프 Schlatter, Adolf 68n16
스탠턴, 그레이엄 Stanton, Graham 295
스프링클, 프레스턴 Sprinkle, Preston 256-257, 318
스피크, 세슬라스 Spicq, Ceslas 159, 210n47
스필스버리, 폴 Spilsbury, Paul 114-115
시니어, 도널드 Senior, Donald 136
시프리드, 마크 Seifrid, Mark 305
신뢰 trust 27, 28, 30-31, 37-40, 45, 71, 72, 73, 75, 81, 94-99, 109, 132-137, 140, 144, 155, 212-214, 255, 297-304, 307-308, 311

아브라함 Abraham 24-25, 33n20, 57, 62, 71, 83, 108, 267, 272, 279-282
아퀴나스, 토머스 Aquinas, Thomas 60-61
액티마이어, 엘리자베스 Achtemeier, Elizabeth 311
앨리슨, D. C. Allison, D. C. 36
언약 covenant 35, 43-47, 83, 100, 103-104, 111-117, 160, 257-258, 305, 334
언약적 믿음주의 covenantal pistism 263, 267, 273, 283-284, 328
언약적 율법주의 covenantal nomism 51, 114, 262-263, 266, 328
예수님과 바울 Jesus and Paul 149-150
오데이, 게일 R. O'Day, Gail R. 204n33
오즈번, 그랜트 Osborne, Grant 25n7
오크스, 피터 Oakes, Peter 40n30, 269-270
오타, 슈지 Ota, Shuji 317-318, 320, 321n13
와이마, 제프리 Weima, Jeffrey 289
와츠, 리키 Watts, Rikki 306-307
왓슨, 프랜시스 Watson, Francis 264, 284-285
우상 숭배 idolatry 219, 223, 224-225, 241
웨스터홀름, 스티븐 Westerholm, Stephen 139n41
위더링턴, 벤, III Witherington, Ben, III 169
위버, 도로시 진 Weaver, Dorothy Jean 144
의 righteousness 24, 63, 141, 290, 295, 296-298, 311
인간의 역할 human agency 42-47, 256-261, 283-286, 339-349
인식론 epistemology 34, 74, 82, 121, 147, 182,

196, 198-199, 225, 244, 247, 327, 334, 347
잉어, 켄트 Yinger, Kent   257

저비스, L. 앤 Jervis, L. Ann   165
존슨, 루크 티머시 Johnson, Luke Timothy   22-23, 144n47
지혜 wisdom 181-182, 184-203, 206, 214, 230, 308

체스터, 스티븐 Chester, Stephen   66n9
충성 loyalty 39, 75-76, 94, 101, 103, 106, 107, 137-139, 153, 158, 159, 170, 173, 175, 177, 332

카슨, D. A. Carson, D. A.   138n39
카이저, 월터 Kaiser, Walter   24
칼뱅, 장 Calvin, John   66-67, 309
칼슨, 리처드 Carlson, Richard   304
캐치폴, 데이비드 Catchpole, David   143
캠벨, 더글러스 Campbell, Douglas 109n28, 154, 155, 238
캠벨, 윌리엄 S. Campbell, William S.   100n15
케제만, 에른스트 Käsemann, Ernst   70
켁, 리앤더 Keck, Leander   72-73, 251
콕스, 스티븐 Cox, Steven   208n44
콜린스, 레이먼드 F. Collins, Raymond F.   191
쿠사, 찰스 Cousar, Charles   202, 203
크라우스, 볼프강 Kraus, Wolfgang   303n29, 304
크라프트치크, 스티븐 Kraftchick, Steven   239
클렌데넨, 레이 Clendenen, Ray   307n38
키너, 크레이그 Keener, Craig   303
킹스버리, 잭 딘 Kingsbury, Jack Dean   122

테니슨, 앨프리드 Tennyson, Alfred   217
토런스, T. F. Torrance, T. F.   27n11
톰프슨, 제임스 Thompson, James   164-165
트레빌코, 폴 Trebilco, Paul   350
티슬턴, 앤서니 Thiselton, Anthony 185, 212n54, 323

틸링, 크리스 Tilling, Chris   65n8

퍼니시, 빅터 Furnish, Victor   187, 232, 243n27, 251
퍼킨스, 핌 Perkins, Pheme   191
페린, 노먼 Perrin, Norman   330
펠드먼, 루이스 Feldman, Louis   100n15
포스딕, 해리 에머슨 Fosdick, Harry Emerson   151
프랑스, R. T. France, R. T.   124n12, 138
피, 고든 D. Fee, Gordon D.   169, 205
피니, 마크 Finney, Mark   186
피츠마이어, 조지프 Fitzmyer, Joseph   71, 143n44
핀들리, G. G. Findlay, G. G.   253, 254n4

하나님의 역할 divine agency 42-47, 257, 259-260, 283-285, 339-349
해그너, 도널드 Hagner, Donald   131
해링턴, 대니얼 Harrington, Daniel   133
행위와 행함 works and doing 25, 30, 42, 57, 60, 61-66, 69, 80, 176, 178, 251-261, 264, 271, 274-283, 335-339
허바드, 데이비드 앨런 Hubbard, David Allan   46n35
헤이, 데이비드 Hay, David   106n23
헤이스, 리처드 B. Hays, Richard B. 38-39, 204, 206, 209, 212-213, 281, 302-303, 339-341, 349
헬름볼트, W. C. Helmbold, W. C.   151
헬리소, 데스타 Heliso, Desta   298, 303n28
호손, 제럴드 Hawthorne, Gerald   126, 130
호슬리, 리처드 Horsley, Richard   188
호턴, 마이런 Houghton, Myron   211
호퍼, 데이비드 H. Hopper, David H.   181, 182
화이트, 애덤 White, Adam   187
화이트, 호레이스 White, Horace   162
후커, 모나 D. Hooker, Morna D.   262-263, 328
히버트, 시어도어 Hiebert, Theodore   297

이름과 주제 색인   375

성경과 고대 문헌 색인

구약

창세기
15:5   108
15:6   72, 280

출애굽기
17:12   27

레위기
11:33   232
15:12   232
18:5   282

신명기
5:31   107
6:5   161
7:8   46
27:26   267
32:20   100

사무엘상
20:8   111
26:23   100

사무엘하
3:12   112

열왕기하
12:16   100
23:3   112

역대상
9:26   101
9:31   101

역대하
31:12-18   101
34:12   101
34:31   112

느헤미야
9:38   44
10:1   43

시편
32:4 LXX   101
115:2   224
116   235-239
116:10/시 115:1 LXX   236, 248

잠언
14:22 LXX   101
15:27 LXX   101
15:28 LXX   101

이사야
2:18 LXX   229
6:10   148
7:9 LXX   200
10:11 LXX   229
11:5   298
16:12 LXX   229
19:1 LXX   229
21:9 LXX   229

25:1	298
28:16 LXX	199, 200, 294
29:14 LXX	199
29:15	232
31:7 LXX	229
33:18 LXX	199
38:3	27
40:4	135
40:13	199
43:10 LXX	200
45:9	232
46:6 LXX	229
49:11	135
52:13 LXX	246
52:14 LXX	246
53:1	82, 119, 148, 150, 201, 247, 334
53:2-3 LXX	246
54:10	135
64:4	199
64:8	232

예레미야

9:2 LXX	101
9:3 LXX	105
34:15	121

예레미야애가

3:23	298

에스겔

18:21	121

다니엘

5:4 LXX	229
5:23 LXX	229
6:28 LXX	229

호세아

2:22	30

하박국

1:5-11	296
1:12	296
1:13	297
2:2-3	297
2:4	282, 291-292, 295, 296, 303, 304, 327

신약

마태복음

1:21	128
6:30	132
7:7-8	136
8:5-13	124
8:8-9	125
8:13	127, 129
8:26	123, 132
9:2-8	123, 124, 127
9:18-26	123, 124, 128
9:21	128
9:22	128
9:27-31	123, 124, 129
9:28	129
10:1	141
10:8	141
10:14-39	141
13:46	130
14:31	132
15:21-28	123, 124, 129
16:8	132
16:16	132
16:17	125n15
16:20	132
17:8	130
17:14-21	133
17:20	132, 134, 140, 149
21:18-22	123, 133, 135
21:21-22	132, 135
21:23-27	136
21:32	39
23:23	137, 141
24:45	280
27:42	123, 136

마가복음
1:15	120, 335
2:1-12	123
4:40	123
5:21-43	123
5:36	335
7:24-30	123
9:23-24	335
9:29	134
11:20-26	123
11:23	149
14:58	227

누가복음
5:20	142
7:9	142
7:50	142, 333
8:25	142
8:48	142
11:42	137, 139
12:42	280
17:5-6	142
17:19	142
18:8	143, 144
18:42	142
22:31-32	142
22:33	142

요한복음
6:47	147
11:26	146
12:11	146
12:36	147
12:38	148
12:38-41	147
12:41	148
12:46	147
14:1	146
16:27	146
20:29	351

사도행전
3:13-15	302
4:32	281
7:51-53	302
19:26	228

로마서
1:5	32, 68, 291, 325
1:5-6	290
1:8	150, 291, 303, 349
1:12	291
1:15	289, 290
1:16-17	51, 290, 293, 306, 327
1:17	26, 51, 303, 307, 309, 311, 328
3:3	29
3:21	125
3:22-26	291
3:27	291
3:27-28	293
3:30	291
4:2-5	336
4:3	291
4:5	31n16, 150, 303
4:9	291
4:9-10	293
4:13	274
4:16-20	291
5:19	316
6:8	73
8:9-11	278
8:24	211
9:4	43
9:30-32	291
9:32	26, 336
10:9	73, 291
10:9-10	81
16:19	68
16:26	291

고린도전서
1:9	183
1:10-17	188
1:18	188, 191
1:18-2:16	184-188
1:19	199

1:20	199
1:21	150, 183, 188, 199
2:2	187
2:4	185
2:4-5	189, 190, 191
2:5	150, 184, 190
2:9	199
2:16	190, 199
3:5	183
3:13-15	336
4:2	184
4:17	184
7:25	184
10:13	183
11:25	43
12:7-11	204
12:9	184, 203-207
13:2	149, 184, 203-208
13:7	183
13:12	211
13:13	184, 194, 207, 208-214
14:22	183, 281
15:2	183
15:2-11	326
15:11	183
15:12	193
15:12-34	192
15:14	184, 194
15:17	184, 194
15:19	194
16:13	150, 184

고린도후서

1:8-10	222
2:12-17	234
2:14	67
3:6	43
3:14	43
4:1-5:10	218, 225, 230-247
4:4	81, 222
4:6	67
4:7-12	231-235
4:12	222, 234
4:13	81, 237-238
4:13-15	235-240
4:16-18	240-241
4:18	238, 351
5:1	227
5:1-5	241-242
5:6-10	242-247
5:7	34, 81, 150, 217, 243-244, 322, 327
5:13	222
6:16	225
10:15	349
11:5	221
11:13	221
11:16	222
12:11	221

갈라디아서

1:23	273-274
2:16	274-277, 314
2:17	278
2:19	278
2:20	277-279
3:2	274
3:5	274
3:6	279, 334
3:7-14	255
3:8	280
3:8-9	279-282
3:9	33n20, 280, 300
3:10	267, 274, 277
3:10-11	300
3:11-12	265
3:12	267, 274, 277, 282-283
3:14	300
3:15	43
3:19	267
3:19-20	283, 328
3:21	267, 277, 283
3:22	150, 268, 281, 314
3:23	267-272, 315, 319
3:23-26	318
3:25	265, 319
3:26	63, 316

4:24	43
5:6	60, 163, 260, 285
5:12	227
5:22-23	30, 138
6:9-10	336
6:10	74

에베소서
2:8-9	26
2:12	43

빌립보서
1:3-7	174
1:6	342
1:9	168
1:13-14	168
1:25	168, 169
1:26	169
1:27	73, 168, 169, 170, 343
1:28	166
1:29	167
2:1-2	168
2:5-11	316
2:14	168
2:14-16	174
2:17	174
2:25	156
2:27	156
3:3-4	168
3:9	314
3:21	343
4:2	168

골로새서
4:9	280

데살로니가전서
1:3	32, 157, 178, 210, 212, 285
1:7	350
1:8	150
2:13	150
3:2	164
3:5-8	164
3:10	349
4:14	73
5:8	156, 158, 162, 163
5:15-22	336

데살로니가후서
1:3	349
1:11	285

디모데전서
4:6	22

빌레몬서
5절	31

히브리서
9:11	227
10:22-23	300
10:26	300
10:32-34	300
10:38	300
11:1	34, 240

야고보서
2:19	23
5:6	303
5:15	326

베드로전서
1:8	243n30, 351
3:18	303
5:12	280

요한일서
2:1	303
2:29	303
3:7	303

요한계시록
2:9	177
2:13	177
2:19	178, 179
2:20	177

2:23–24	177
2:25	178
13:10	179

Deuterocanonical Works
제2 경전 작품

Judith 유딧기
8:18	228

Wisdom of Solomon 솔로몬의 지혜서
14:8	228
15:1–16	244
15:7	233
15:8	233
15:13	233
15:15–17	234

Sirach 집회서
1:27	103
15:15	103
22:23	104
27:16	104
45:4	165
46:15	165

Bel and the Dragon 「벨과 용」
4b–5	229
7	234

1 Maccabees 마카베오서 1권
2:59	165
10:27	102

2 Maccabees 마카베오서 2권
1:2	280

3 Maccabees 마카베오서 3권
3:3	102

4 Maccabees 마카베오서 4권
14:20	102

15:12	102, 165
15:14	165
15:15	103
15:23	102
16:22	102

OT Pseudepigrapha
구약 외경

2 Baruch 바룩 2서
57.2	279

1 Enoch 에녹 1서
38.2	302

Jubilees 희년서
24.11	279

Psalms of Solomon 솔로몬의 시편
14.1	161

Pseudo-Phocylides 포킬리데스 위경
1.13	105
1.218	105, 151

Testament of Asher
7.7	105

Testament of Levi
8.2	105

Dead Sea Scrolls
사해 사본

1QpHab
7.17–8.3	299

Philo
필론

Allegorical Interpretation
3.208	106

On the Change of Names
201	107

On the Cherubim
85	107

On the Confusion of Tongues
31	107

On Dreams
1.68	108

On Drunkenness
40	106

On the Decalogue
15	82n52
172	106

On the Life of Abraham
268	105
273	104

On the Life of Joseph
100	82n52
258	106

On the Life of Moses
1.90	82n52
1.280	109

On the Migration of Abraham
43	108

Who Is the Heir?
91	108
93	108

Josephus
요세푸스

Against Apion 아피온 반박문
1.72	110
2.18	110
2.42–43	110
2.163	110
2.165	74n42
2.169	110
2.210	74n42

Jewish Antiquities 유대 고대사
6.228	111
7.24	112
7.107	163
10.63	112
13.349	112
14.186	160
15.87	111
15.134	87
15.366	111
15.368	111
15.369	111
17.1	112
17.53	112
17.78	112
17.146	112
19.289	163

Rabbinic Literature
랍비 문학

b. Mak.
23b	300

Greco-Roman Writings
그리스 로마 작품

Appian of Alexandria 알렉산드리아의 아피아노스
Mithridatic Wars 미트리다테스 왕의 전쟁들
12.7.47 — 161

Cicero 키케로
Tusculan Disputations
1.22.52 — 232

Dio Chrysostom 디온 크리소스토무스
On Trust, On Distrust 신뢰에 관하여, 불신에 관하여
73.3 — 95
73.7 — 95
73.9 — 95
74.5 — 96

Dionysius of Halicarnassus 할리카르낫소스의 디오니시우스
Roman Antiquities 로마 고대사
11.11.5 — 89
11.34.5 — 89
11.49.4 — 89

Epictetus 에픽테토스
Discourses 담화록
2.4 — 99n12

Plato 플라톤
Republic 국가
7.533E–534A — 100n15

Plutarch 플루타르크
Dialogue on Love 사랑에 관한 대화
756AB — 91
763A — 92
763C — 93
767E — 93
768E — 94
769B — 94
770C — 94

Moralia
503B — 152
506C — 153

Xenophon 크세노폰
Anabasis 진군기
3.2.4 — 171
3.2.6 — 172
3.2.7 — 172
3.2.8 — 172
3.2.11 — 172
3.3.2 — 173
3.3.4 — 173

Documentary Papyri
파피루스 문서

O.Did 415 — 97
P.Bad. 2.35 — 97
P.Col. 4.64 — 98
P.Erasm. 1.1 — 98
P.Hib II 268 — 97
SB 14.12172 — 98

πίστις

Paul and the Language of Faith